KARL A. DOSTAL
DER DEUTSCHE AUFSATZ II

Karl A. Dostal

Der deutsche Aufsatz II

Texte verfassen auf der
5.–12. Schulstufe

23., erneuerte Auflage
nach der neuen Rechtschreibung
(200.–202. Tausend)

Die Deutsche Bibliothek – CIP-Einheitsaufnahme

Dostal, Karl A.:
Der deutsche Aufsatz II / Karl A. Dostal. – Nach der neuen
Rechtschreibung – Wien: Leitner, 1997
23., erneuerte Auflage 2003
ISBN 3-85157-067-7

Umschlagentwurf: Gerri Zotter
Gesamtherstellung: Wiener Dom-Verlag, Wien

ISBN 3-85157-067-7

Vorwort

Dieses Buch ist in erster Linie als **Lernhilfe für Schüler und Studenten von der 5. Schulstufe bis zur Reifeprüfung** gedacht und will zeigen, wie die Schwierigkeiten des schriftlichen Ausdruckes überwunden werden können.

Studierende finden darin **Ratschläge,** ausgearbeitete **Aufsatzbeispiele** von Schülern, **Dichtertexte für** Stiluntersuchungen, **Gliederungen, über 600 Aufsatzthemen** jeder Art und eine Einführung in den **Schriftverkehr** des Alltags.

Das Buch ist aber auch **für die Hand des Lehrers** bestimmt, der darin neben methodischen Anregungen eine reiche Stoff- und Aufgabensammlung vorfindet. Es eignet sich sowohl für den Aufsatzunterricht an mittleren und höheren Schulen (Hauptschule, Polytechnischer Lehrgang, Gymnasium usw.) als auch **für den häuslichen Nachhilfeunterricht.**

Schließlich wurde dieses Buch **für Eltern** geschrieben, die sich um das sprachliche Wachstum ihrer Kinder bemühen.

Die erfreuliche Aufnahme, welche die Neufassung fand, macht nun schon die 22. Auflage erforderlich. Hierfür wurde das Buch neuerlich überarbeitet und durch das Kapitel „Texte interpretieren" erweitert.

Professor Regierungsrat Karl A. Dostal

INHALTSVERZEICHNIS

Hinweise für Lehrende

Warum werden Texte (Aufsätze) verfasst?

Das Verfassen von Texten (Aufsätzen) dient der Verständigung zwischen den Menschen, der Kommunikation. Texte werden daher immer in einer bestimmten Situation aus einem bestimmten Anlass verfasst. Man schreibt, weil man dem Leser einen bestimmten Sachverhalt oder Inhalt mitteilen will. Dabei verfolgt der Verfasser (Autor) immer eine bestimmte Absicht, einen bestimmten Zweck.

Beispiele: Ein Schüler will an einem Erzählwettbewerb teilnehmen, daher verfasst er eine Kurzgeschichte. Andere wollen ein Theaterstück zum Schulschlussfest aufführen, sie dramatisieren daher eine lustige Geschichte aus dem Lesebuch. Jemand will ein Klavier verkaufen, er verfasst einen Text für ein Inserat. Ein Mädchen hat etwas Besonderes erlebt, es will daher der Brieffreundin davon berichten. Ein Polizist wird zu einem Verkehrsunfall gerufen, er muss nach Befragung der Tatzeugen eine schriftliche Meldung an seine vorgesetzte Dienststelle richten u. dgl. m.

Die Form des Textes, die zu wählende Textsorte bzw. Aufsatzgattung, ergibt sich folglich aus der Absicht des Schreibers und dem Zweck des Schreibens:

Wer den Leser unterhalten will, schreibt Erlebniserzählungen, erfundene Geschichten, Kurzgeschichten, Gedichte, Schilderungen, dramatische Szenen und ähnliche Texte.

Wer den Leser informieren oder belehren will, verfasst Erlebnisberichte, Meldungen, Protokolle, Vorgangsbeschreibungen, Inhaltsangaben, Gebrauchsanleitungen, Spielregeln, Verlustanzeigen, Abhandlungen und ähnliche Textsorten.

Wer an den Leser appellieren will, also bewirken will, dass der Leser im Sinne des Verfassers handelt, verfasst Werbetexte, Bestellungen, Beschwerden, Gesuche, Mahnschreiben, Aufrufe, Entschuldigungsschreiben u. dgl.

Wer zu Problemen Stellung nehmen will oder etwas erklären will, verfasst Leserbriefe, Kommentare, Essays, Kritiken, Gutachten u. dgl. Mit manchen Textsorten werden allerdings mehrere Absichten verfolgt, die Fabel soll z. B. unterhalten, aber auch belehren und den Leser beeinflussen, Tagebucheintragungen (eine Art Selbstgespräch) können dem späteren Erinnern dienen, aber auch zur inneren Befreiung (der Autor will sich seine Sorgen von der Seele schreiben). Ähnlich verhält es sich bei Briefen, sie können der Information des Lesers dienen, aber auch zu dessen Unterhaltung.

Da jede Textsorte (Aufsatzgattung) eine bestimmte Absicht des Verfassers zum Ausdruck bringt oder erkennen lässt, ist auch jede durch bestimmte inhaltliche und sprachliche Merkmale gekennzeichnet, die eingehalten werden müssen, wenn der Zweck des Textes erfüllt werden soll. Diese besondere sprachliche Form ist dank der Stilregeln oder Schreibstrategien erlernbar und kann das Verfassen von Texten (Aufsätzen) unterstützen und fördern. Auf sie wird im Buch daher immer besonders hingewiesen.

Immer sollte der Verfasser eines Textes beim Schreiben auch den Leser (die Lesegruppe) berücksichtigen, an welchen sich der Text richtet, denn nicht jeder Leser hat die gleichen Lebenserfahrungen, das gleiche Vorwissen, die gleiche Vorbildung, steht in der gleichen Beziehung zum Verfasser. Wenn z. B. das Vorwissen nicht berücksichtigt wird, kann es geschehen, dass der Leser den Text nicht versteht und daher sehr bald weglegt. So sollte man beispielsweise einen Brief an einen Vorgesetzten anders abfassen als etwa einen Brief gleichen Inhalts an eine Freundin.

Zu berücksichtigen ist schließlich ferner, mit welchen Mitteln die Kommunikation erfolgt, also welche Medien dabei verwendet werden. Der Stil eines Briefes wird daher anders sein müssen als der Stil eines Telegramms, eines Zeitungsartikels oder eines Hörspieltextes.

Wer dies alles beim Schreiben berücksichtigt, wird besser, das heißt erfolgreicher Texte verfassen.

In der Schule wird es freilich nur selten möglich sein, echte Anlässe für sprachliches Handeln zu finden, daher wird in den meisten Fällen von fiktiven (angenommenen) Situationen ausgegangen werden müssen. Dem Lehrenden fällt bei diesem kommunikativen Aufsatzunterricht daher die Aufgabe zu, immer neue lebensnahe kommunikative Situationen zu suchen, in denen Texte verfasst werden können. Das ist für die Motivation des Schülers von großer Bedeutung.

Die Verfahren im Aufsatzunterricht

a) Sollen Aufsätze vorbereitet werden?

Der natürliche Weg führt vom gesprochenen Wort zur schriftlichen Sprachgestaltung. Wir werden daher, wo immer dies möglich ist, vom gesprochenen Wort ausgehen, erzählen, berichten, diskutieren lassen, die Fantasie anregen, Erkenntnisse schaffen und erst dann an die Niederschrift schreiten. Denn das Reden ist dem Schüler etwas Natürliches, das Schreiben etwas Fremdes, Künstliches. Wir müssen jedoch dem Schüler zeigen, dass auch die geschriebene Sprache ihre Vorzüge hat: die Möglichkeit des Ausfeilens, den wohldurchdachten Aufbau, die straffere Form.

Den Stoff für unsere Aufsatzarbeit suchen wir in den Erlebnissen, Erfahrungen und Erkenntnissen unserer Schüler. Am eigenen Erlebnisinhalt muss der Schüler die stilistische Form bilden. Das gilt besonders für die Aufsätze der Unterstufe.

Aus dem Bestimmungszweck des Aufsatzes ergibt sich die jeweils beste Stilform.

Um den Erfolg zu sichern, müssen wir – bei aller Freiheit der Gestaltung – den Aufsatz v o r b e r e i t e n. Denn stets sollen alle Voraussetzungen erfüllt werden, um den Schüler vor einem Misserfolgserlebnis zu bewahren. Die Vorbereitung wird bei jeder Aufsatztype anders aussehen und in manchen Fällen auch ganz wegbleiben können.

D i e f o r m a l e V o r b e r e i t u n g geschicht durch bewusste Beobachtung, durch mündliches Beschreiben, Berichten, Erzählen, durch Diskussionen, durch das aufmerksame Lesen und Betrachten von Stilvorbildern, durch Vergleich des eigenen Aufsatzes mit den besten Leistungen der Klasse (vorlesen!), durch gemeinsames Umformen schlechter Schüleraufsätze, durch die Erweiterung des Wortschatzes und durch Übungen zur Schärfung des Sprachgefühls.[1]

Vor allem aber ist die Eigenart der jeweiligen Textsorte an Beispielen zu klären.

---

[1] Siehe „Der deutsche Aufsatz“, 1. Teil.

Die Vorbereitung des Inhaltes erfolgt durch das Bereitstellen des spezifischen Wortschatzes zum Thema, durch geplantes Beobachten eines Vorganges (Beobachtungsaufgaben!), durch die Klärung des Sachverhaltes in Form von Gesprächen, durch das Studium von Fachliteratur und wissenschaftlichen Texten (bei Besinnungsaufsätzen und Facharbeiten) und durch eine gefühlsmäßige Einstimmung (bei Erlebnisdarstellungen). Damit der Schüler zum Schreiben angeregt wird, kann auch ein guter Schüleraufsatz oder ein Dichtertext vorgelesen werden, der formal zur Aufgabe passt. Der Inhalt der Stilprobe darf selbstverständlich nicht nacherzählt werden.

Grundsätzlich werden die Aufsätze jedoch nur so weit inhaltlich vorzubereiten sein, als dies im Hinblick auf das Leistungsvermögen der Schüler gerechtfertigt erscheint. Keinesfalls darf die Vorbereitung dazu führen, dass die Eigentätigkeit des Schüler eingeschränkt wird. In diesem Sinne sind auch die in diesem Buch enthaltenen Aufsätze zu verstehen. Sie sollen anregen, die Klarstellung der Stileigenart unterstützen, zeigen, wie man es machen kann, zum Wetteifern herausfordern. In vielen Fällen dienen sie als Vorlage für Umformungen, Erweiterungen, Verkürzungen, Gliederungen.

An den Schülerarbeiten soll schließlich auch der altersgemäße Stil gezeigt werden. Sie sind nach der Korrektur grober Verstöße gegen die Rechtschreibung und der Sprachrichtigkeit originalgetreu abgedruckt worden. Es sind daher keine sprachlichen Meisterwerke. Das literarische Beispiel hingegen soll die Sinne öffnen für die Möglichkeiten des Gestaltens. Schließlich darf nicht vergessen werden, dass der Aufsatzunterricht Mittelpunkt des muttersprachlichen Unterrichts ist und alle Übungen, auch jene zur Rechtschreibung und Sprachlehre, indirekt die Ausdrucksfähigkeit fördern. Sie sollen daher in engem Zusammenhang mit dem Aufsatzschreiben gepflegt werden.

b) Das Thema

Das Thema muss immer so sein, dass es den Schüler zum Schreiben anregt. Um dies zu gewährleisten, gestatte man (wenigstens anfänglich) größte Wahlfreiheit in Bezug auf den Stoff.

Sehr gut haben sich Rahmenthemen bei allen Arten der Erlebnisdarstellung bewährt. Dabei stellt sich der Schüler das eigentliche Aufsatzthema selbst, vom Lehrer wird nur der Rahmen (in Form eines Stichwortes) angegeben.

Beispiel: Rahmenthema „Hund".
Aufsatztitel: Mein Freund Ajax.
Als ich einmal von einem Hund gebissen wurde.
Wie unser Nero Kuchen gestohlen hat.

Gelegentlich kann der Lehrer auch die Textsorte freistellen und es dem Schüler überlassen, jene Aufsatzgattung für die Ausarbeitung zu wählen, die ihm am meisten liegt. Manchmal kann dem Schüler das Rahmenthema zur gründlichen Überlegung schon früher mitgeteilt werden. Die Schüler sollen mit der Gewissheit an die Arbeit gehen, dass sie ihrer Aufgabe gewachsen sind. Bei jeder Art der Themenstellung ist zu beachten, dass das Thema nicht zu weit gespannt ist, da es der Schüler sonst schwer lösen kann. In der Überschrift muss die Kernfrage klar umrissen sein. Der Schüler muss merken, innerhalb welcher Grenzen er sich bewegen darf. Man wähle bei allen Arbeiten möglichst zeitlich nahe liegende Themen, die dem Erlebnisbereich der Altersstufe entsprechen.

c) Die Ausarbeitung

Sie vollzieht sich in folgenden Schritten:
stichwortmäßiges Festhalten der Grundgedanken,
Niederschrift des Aufsatzentwurfes,
Korrektur des Entwurfes durch den Lehrer, Vorlesen einzelner Aufsätze durch die Schüler,
gemeinsame Besprechung (vor der Klasse oder einzeln),
Überarbeitung (in Klassenarbeit, Gruppenarbeit oder einzeln),
Reinschrift.

Damit die Rechtschreibung während der Niederschrift nicht zusätzliche Schwierigkeiten bereitet, darf das Wörterbuch benützt werden. Bevor der Schüler den Aufsatzentwurf dem Lehrer zur

Durchsicht übergibt, möge er ihn mehrmals (möglichst laut lesend) auf Stil, Sprach- und Rechtschreibfehler überprüfen. Die Bemerkungen des Lehrers sollen dem Schüler weiterhelfen und ihn nicht entmutigen.

d) Die Nachbesprechung

Die Nachbesprechung und die folgende Überarbeitung der Niederschriften der Schüler sind wesentliche Teile des Aufsatzunterrichts.

Die Nachbesprechung könnte etwa nach folgenden Leitgedanken erfolgen:

Entspricht der Aufsatz den Stilregeln der geforderten Aufsatzgattung? Stimmt der Inhalt mit der Form überein?

Ist der Aufsatz lesenswert? Erfährt der Leser Neues?

Wurde das Wesentliche ausführlich behandelt? Wurde genau beobachtet? Wurden alle Probleme berücksichtigt? Welche Möglichkeiten einer Erweiterung, Ausschmückung bestehen?

Wurde in der richtigen Reihenfolge erzählt, berichtet, abgehandelt? Ist die Disposition logisch? Sind Anfang und Ende gelungen?

Passt der Inhalt zur Überschrift (oder umgekehrt)?

Sind die Sätze sprachrichtig?

Sind die verwendeten Ausdrücke (Zeitwörter, Namenwörter, Eigenschaftswörter) treffend? Könnte die Anschaulichkeit nicht durch andere Wörter erhöht werden? Welche Ausdrücke sind zu allgemein? Treten unschöne Wortwiederholungen auf?

Bei welchen Wörtern herrscht noch Unsicherheit in der richtigen Schreibung? Sind die Satzzeichen richtig gesetzt?

Die nachfolgende Überarbeitung kann durch den Schüler allein oder unter Mithilfe des Lehrers erfolgen.

Abschließend wird der Aufsatz in ein großformatiges Heft oder – besser – auf losen Blättern (normiertes Format A4) ins Reine geschrieben. Die Blätter können in einem Ringbuch oder in einer Mappe gesammelt werden. Der Lehrer verlange aus erziehlichen Gründen eine tadellose äußere Form und eine deutliche, gut lesbare Schrift. Man betrachte dies nicht als Nebensächlichkeit!

e) Anschlussübungen

Sie bestehen einerseits in allgemeinen Rechtschreib-, Sprach- und Stilübungen im Zusammenhang mit den Fehlern im Aufsatz, andererseits im (selbständigen) Ausführen weiterer ähnlicher Aufgaben, gegebenenfalls mit gesteigerten Anforderungen.

Der sinnvolle Einsatz des Buches

Dieses Buch eignet sich sowohl als Wiederholungs- und Übungsbuch für Schüler mittlerer und höherer Schulen als auch als Stoff- und Aufgabensammlung für Lehrer. Erst diese werden es zweckmäßig einsetzen. Reifere Schüler können es allerdings auch selbständig benützen. Aus diesem Grunde wurden auch sämtliche Abschnitte mit Arbeitsanleitungen versehen, in denen der Schüler direkt angesprochen wird. Die „Anmerkungen" am Beginn jedes Kapitels sind für den Unterrichtenden vorgesehen.

Über den Sinn der Stilproben und der Aufsatzbeispiele wurde bereits im Abschnitt über die Vorbereitung des Aufsatzes gesprochen. Sie werden einleitend gelesen und auf ihre Stileigenart untersucht. Aus ihnen können Stilregeln oder sonstige Erkenntnisse über den Aufbau und die Eigenart der Aufsatzgattung abgeleitet werden. Daran schließen sich die im Buch angeführten Stilübungen zur Bereitstellung des Wortschatzes im Hinblick auf ein bestimmtes Thema, Gliederungsübungen, Umformungen, Erweiterungen u. dgl. Nun müssen die Schüler einen Aufsatz der gleichen Gattung selbständig ausarbeiten. Übungsthemen werden in großer Zahl angeführt.

Weiters kommt das Buch in der Nacharbeit zum Einsatz. Der Lehrende wählt aus den zahlreichen Übungen jene aus, die für seine Schüler am geeignetsten sind. Die meisten Aufsatzbeispiele sind Schülerarbeiten. Sie sollen zeigen, welches Niveau auf den einzelnen Entwicklungsstufen zu erwarten ist. Die Dichtertexte sollen den Schülern zum Vorbild dienen. An ihnen können Stilanalysen vorgenommen werden.

Im Selbststudium können die ausgearbeiteten Facharbeiten und Besinnungsaufsätze sowohl als Stoffsammlung als auch als Muster für das Nachschaffen (möglichst mit anderer Gliederung) dienen.

Die Textsorten wurden im Hinblick auf ihre Eignung für die einzelnen Entwicklungsstufen in drei Gruppen geordnet:

Unterstufe = 5., 6. Schulstufe;
Mittelstufe = 7., 8., 9. Schulstufe;
Oberstufe = 10., 11., 12. Schulstufe.

Dies bedeutet, dass die einzelnen Textsorten in den jeweils angeführten Schulstufen v o r h e r r s c h e n d geübt werden sollen. In Einzelfällen werden die einzelnen Gattungen schon früher angewendet werden können, immer aber später (mit höheren Anforderungen). Entscheidend ist die individuelle geistige Reife der Schüler und Schülerinnen.

Hinweise für Schüler

Das Verfassen von Texten (Aufsätzen) kann von jedem erlernt werden. Es ist leichter als du denkst. Du musst dabei allerdings einige Regeln und Ratschläge beachten und fleißig üben.

Vor jedem Aufsatz sollst du dir folgende Fragen beantworten:

Aus welchem Anlass will ich den Text verfassen? Was will ich mit dem Text erreichen?

Wem bzw. für wen will ich schreiben?

Warum (in welcher Absicht) verfasse ich den Aufsatz? (Zum Beispiel um den Leser zu unterhalten, um ihn zu informieren, um etwas zu erreichen, um den Leser zu überzeugen, um Stellung zu nehmen oder Kritik zu üben oder um einige Gedanken für mich selbst festzuhalten.)

Was soll ich schreiben? Welchen Sachverhalt (Inhalt) will ich dem Leser mitteilen? Wenn dir anfänglich nichts einfällt, beginne mit Bilderzählungen, Nacherzählungen, Umformungen.

Wie (in welcher dem Zweck des Schreibens angemessenen sprachlichen Form) soll ich meine Gedanken ausdrücken, damit der Leser auch versteht, was ich meine?

Anschließend überprüfe, ob dein Text beim Leser auch die erhoffte Wirkung erzielen kann.

Wenn du keinen Leser für deinen Text zu haben glaubst, so suche dir einen: den Freund, die Freundin, die Schwester, den Bruder, einen Mitschüler, die Eltern oder vielleicht sogar die Öffentlichkeit. Stelle dir während des Schreibens den Leser vor, das wird dir bei der Formulierung helfen.

Gehe dabei folgendermaßen vor:

1. Notiere dir in Stichworten vorerst alles, was dir zum Thema einfällt!
2. Bringe diese Gedanken in eine logische Ordnung!
3. Entwirf nun den Text auf einem Blatt Papier, lass aber große Zeilenabstände für Korrekturen und Änderungen!
4. Lies dir den Entwurf mehrmals durch und überprüfe, ob du die für diese Textsorte (Aufsatzgattung) geltenden Stilmerkmale berücksichtigt hast! Erforderlichenfalls arbeite den Aufsatz um!
5. Nun erst fertige eine Reinschrift für den Leser an! Bemühe dich dabei um eine deutliche, gut lesbare Schrift! Rechtschreibfehler und Verstöße gegen die Sprachrichtigkeit kannst du mit Hilfe des ersten Bandes dieses Werkes ausmerzen. Auch das „Übungsbuch zur neuen Rechtschreibung“ und das „Übungsbuch zur Grammatik“ (im selben Verlag erschienen) können dir helfen, solche Fehler zu vermeiden.

Werde nicht ungeduldig, wenn dir ein Aufsatz nicht gleich so gelingt, wie du es erwartet hast. Wenn du beharrlich übst, wird sich der Erfolg gewiss einstellen, denn es ist noch kein Meister vom Himmel gefallen.

AUFSATZFORMEN DER UNTERSTUFE

(5. und 6. Schulstufe)

Von Erlebnissen erzählen und berichten

Anmerkungen: Der Erlebnisbericht ist die ursprüngliche kindgemäße Aufsatzform. Der Schreiber berichtet wenig ausführlich, unterscheidet nicht zwischen Wesentlichem und Unwesentlichem, macht auch Gedankensprünge, die den Zusammenhang nur ahnen lassen. Handlungshöhepunkte sind keine vorhanden. Dieser Erlebnisbericht muss weitergeführt werden zur Erlebniserzählung, bei welcher der Erlebniskern ausführlich dargestellt wird. Der naive Erlebnisbericht muss aber andererseits auch zum sachlichen Bericht führen, wie er im Leben sehr häufig verwendet wird. Alle Aufsatzformen der Unterstufe können selbstverständlich auch auf der Mittelstufe eingeübt werden.

Vergleiche die folgenden beiden Aufsätze! Welchen Unterschied zeigt die Darstellung? Versuche dein Urteil zu begründen!

Ein Erlebnis aus den Ferien

In den letzten Ferien waren mein Freund Fritz und ich in einem Ferienheim bei Graz. In der ersten Nacht, es war ungefähr zwei Uhr, weckte mich Fritz, der sein Bett neben mir zugewiesen bekommen hatte, und fragte mich, wo das Klosett sei. Ich, noch ganz verschlafen und kaum fähig klar zu denken, brummte: „Die Treppe hinunter und dann links!“ Mein Freund ging, ich versuchte wieder einzuschlafen. Plötzlich schreckte mich ein Schrei aus dem Schlummer. Das konnte nur Fritz gewesen sein! In wenigen Sekunden war ich glockenwach. Meinem Freund musste etwas zugestoßen sein! Das Schreien wiederholte sich, es kam von unten. In kürzester Zeit war ich angezogen, hatte die Taschenlampe in der Hand und stürmte die Treppe hinunter. Im Erdgeschoß bog ich nach rechts ein, denn dort lagen die Aborte. Der Strahl meiner Lampe tastete alle Türen ab. Sie waren nur angelehnt, in keinem Abteil war Fritz zu bemerken. Da fiel mir ein, dass sich mein Freund nach der anderen Seite gewandt haben könnte. Dort ging es zum Wirtschaftshof. Rasch lief ich hinüber, und dabei wäre es mir beinahe so ergangen wie dem armen Fritz. Er war nämlich statt nach rechts nach links eingebogen und im stockdunklen Hof in eine Jauchengrube gestürzt. Ohne zu zögern, befreite ich ihn aus seiner schlimmen Lage. Er stank fürchterlich. Durch den Lärm, den ich beim Ankleiden verursacht hatte, waren auch andere Kinder erwacht und hatten inzwischen unsere Erzieherin geweckt. Als ich ihr nun den ganzen Sachverhalt erklärte, standen viele um mich und hörten zu. Am nächsten Tag wusste daher das ganze Dorf von dem bedauerlichen Vorfall, und mein Freund wurde von allen Buben und Mädchen gehänselt.

Ja, wer den Schaden hat, hat auch den Spott!

(Viktor, 11 Jahre)

Eine Bauernhochzeit

Vor einiger Zeit wurden meine Eltern und ich zur Hochzeit meines Onkels ins Burgenland eingeladen. Als wir am Abend in dem kleinen Flecken ankamen, erwartete uns schon mein Onkel mit einem Pferdewagen. Es gab ein frohes Wiedersehen. Im Hause des Onkels wurden uns gleich Erfrischungen angeboten. Als ich satt war, wurde ich trotz meines Widerstandes ins Bett verfrachtet, was mir gar nicht passte. Ich schlief sogleich ein.

Am nächsten Morgen hörte ich Motorengeräusch und Stimmengewirr. Meine Mutti half mir beim Anziehen, und ich lief schnell hinaus. Onkel nahm mich mit dem Auto mit, um die Braut abzuholen. Ich war sehr erstaunt über die vielen Worte, die an die Brautmutter gerichtet werden mussten, ehe wir endlich eingelassen wurden. Nun wurde von neuem Essen angeboten. Nachher musste der Bräutigam seine Braut suchen. Als das Paar endlich vereint war, wurden ihnen von den Verwandten Geschenke überreicht. Auf dem Weg zur Kirche wurden Böller abgebrannt, und die Leute legten Baumstämme über den Weg. Die Wagen durften nicht früher weiter, bevor der Bräutigam bezahlt hatte.

Von der Trauung verstand ich nicht viel, denn der Priester sprach nur ungarisch. Nach der Vermählung fuhren alle Gäste zu einem Dorfgasthaus. Dort war das Festessen. Auf den Tischen standen schöne hohe Torten. Für die Kinder war ein eigener Tisch vorbereitet, an dem auch ich saß. Bis in die Nacht hinein wurde nun gegessen, getrunken, getanzt und gesungen. – Ich wünsche mir auch eine so schöne Hochzeit.

(Margarete, 11 Jahre)

Beachte die folgenden Ratschläge:

a) **In einer Erlebniserzählung soll nur ein einziges, zeitlich eng begrenztes Erlebnis dargestellt werden. Dieses muss so geartet sein, dass es den Leser fesselt und unterhält.**

b) **Das Wesentliche des Geschehens muss a u s f ü h r l i c h erzählt werden und zu einem Höhepunkt führen.**
Schreib nicht nur über den allgemeinen Ablauf des Ereignisses, sondern auch Einzelheiten über Gesehenes, Gehörtes, Empfundenes, soweit diese zur Erklärung der Handlung beitragen können. Schweife jedoch nicht ab!

c) **Willst du fesselnd und lebendig erzählen, s c h a l t e R u f- u n d F r a g e s ä t z e e i n und v e r w e n d e a n s c h a u l i c h e, t r e f f e n d e A u s d r ü c k e! Lass die Personen w ö r t l i c h s p r e c h e n!**

d) **Der E r l e b n i s b e r i c h t unterscheidet sich von der Erlebniserzählung vor allem durch die fehlende Spannung, den fehlenden Höhepunkt. Er umschließt meist einen größeren Zeitraum und ist weniger breit ausgeführt. Der Zweck des Erlebnisses ist es, etwas mitzuteilen.**

e) **Bei beiden Aufsatzarten musst du in genau der gleichen R e i h e n f o l g e erzählen wie du die Sache erlebt hast. Jeder folgende Satz muss an den Inhalt des vorigen anknüpfen.**

f) **Die Ü b e r s c h r i f t soll den Kern der Erzählung oder des Berichtes treffen.**

Welcher der beiden vorstehenden Aufsätze ist ein Erlebnisbericht? Wann wird der Erlebnisbericht praktisch angewendet?

Untersuche die folgenden Schüleraufsätze im Hinblick auf die oben angeführten Stilgesetze!

Hilfe, ein Gespenst

Vorige Woche war meine Großmutter krank, sodass meine Mutter mit mir das Bett tauschte. Mutter hatte an jenem Tage gebügelt und die geplättete Wäsche in einem Paket auf einen Stuhl in jenem Zimmer gelegt, in welchem ich jetzt schlief. Mitten in der Nacht wachte ich plötzlich durch ein lautes Knarren auf. Ich fuhr empor und sah zu meinem Schrecken – ein Gespenst! Vor Entsetzen ließ ich mich gleich wieder auf den Polster zurückfallen und verkroch mich unter der Decke. Erst nach geraumer Zeit guckte ich verstohlen hervor. Ich hoffte, dass das Gespenst inzwischen verschwunden sei. Doch da erblickte ich nicht bloß e i n Gespenst; aus allen Ecken grinsten mich höhnische Fratzen an. Das war jedoch nur eine augenblickliche Täuschung meiner erregten Sinne. Aber e i n Gespenst war tatsächlich vorhanden. Es saß auf dem Stuhl in der Nähe meines Bettes. Ich hatte inzwischen ein bisschen Mut gefasst und wollte die Erscheinung packen, da – wieder das laute Knarren, das mich vorhin so erschreckt hatte. Diesmal ließ ich mich aber nicht ins Bockshorn jagen und streckte langsam die Hand nach der weißen Gestalt aus. Noch ein kleines Stückchen, und ich hatte das vermeintliche „Gespenst" am Kragen. Ein letztes Mal fragte ich mich: Soll ich oder soll ich nicht? Dann griff ich beherzt auf – das Wäschepaket. Als ich das gewahrte, war ich vorerst sehr verdutzt, aber dann musste ich so lachen, dass mein Bauch schmerzte. Eines aber blieb mir noch unklar: das seltsame Knarren.

Am nächsten Morgen fand ich auch dafür die Erklärung. Meine Mutter sagte, das wären die Kästen gewesen, die sich manchmal dehnten. Als sie die Gespenstergeschichte erfuhr, lachten wir beide um die Wette. Wir sprachen noch lange über den beherzten Griff nach dem „Gespenst".

(Monika, 11 Jahre)

A u f g a b e : Zu welcher Gattung gehört dieser Aufsatz? Durch welche Wendungen wird Spannung erreicht? Auf welchen Zeitraum erstreckt sich die Handlung?

Die Kuh

Als ich in den vergangenen Ferien auf dem Lande war, erlebte ich etwas Aufregendes. Die Magd vom Bauernhof kam eines Abends zu mir und fragte: „Traudl, willst mitgehn? I geh zum Etbauern mit der Kua." Ich stimmte freudig ein, da ich gerne in die Umgebung ging. Mali, so hieß die Magd, holte die Kuh aus dem Stall, und wir zogen los. Die Kuh wollte zuerst nicht weiter, doch als Mali sie unsanft auf ihr Hinterteil schlug, sprang sie schnell davon. Mali und ich liefen hinterdrein. Es ging den Berg hinunter zu einem Bach, den wir überqueren mussten. Doch die Kuh wollte nicht hinüber. Sie bekam Schläge, aber vergebens. Was war da zu tun? Mali wusste Rat. Sie schrie: „Wart nur, du elendiges Viech, dir werd ichs schon zeigen!" Dann packte sie das Tier an den Nüstern und zog. Das schmerzte die Kuh, und sie sprang gleich davon. Mali hinter ihr nach. Ich konnte kaum so schnell schauen, waren sie schon im Walde verschwunden. Nun stand ich ganz allein da. Es war inzwischen dunkel geworden, man hörte nur den Bach plätschern. Ich fürchtete mich sehr. Mein Herz klopfte hörbar, und ich begann leise vor mich hinzuweinen. Ich getraute mich nicht einmal zu schnäuzen. Vor Müdigkeit setzte ich mich auf den Boden und schlief ein.

Als ich wieder aufwachte, lag ich in meinem Bett im Bauernhof, war jedoch ganz angezogen. Nach und nach fiel mir das Erlebte ein. Aber wie war ich hierher gekommen? Erst in der Küche erfuhr ich es.

Mali hatte nach einiger Zeit bemerkt, dass ich nicht mehr neben ihr herlief. Aus Angst, dass mir etwas zustoßen könnte, ließ sie die Kuh einfach stehen und ging mich suchen. Ich war leicht zu finden, doch da sie mich allein nicht tragen konnte, lief sie den Berg hinauf, holte den Bauern, und beide beförderten mich dann ins Bett. Ich lachte und fragte: „Und wo ist die Kuh?" Jetzt erschrak Mali. Die hatte sie vergessen. Sogleich wurde das ganze Gesinde ausgesandt, das verlaufene Tier zu suchen. Als viel später alle wieder nach Hause kamen, hatten sie die Kuh noch immer nicht. Mali ging in den Stall, um die übrigen Tiere zu füttern. Da stand die Kuh an ihrem Platz. Sie war allein nach Hause gekommen.

(Traude, 11 Jahre)

A u f g a b e : Die Schülerin ließ in diesem Aufsatz die Magd in ihrer Mundart sprechen. Dadurch wird die Arbeit besonders lebendig. Die Lösung des Knotens erfährt der Leser erst im letzten Satz. Welche Merkmale kennzeichnen den Aufsatz als Erlebniserzählung?

Ein Zusammenstoß auf der Straße

Einmal schickte mich meine Mutter um Milch. Ich nahm mein Rad und fuhr zum Kaufmann. Auf dem Rückweg wurde ich Zeuge eines Verkehrsunfalles.

Ich war schon beinahe zu Hause, da begegnete ich einem Lieferauto. Es fuhr die Hauptstraße unserer Siedlung entlang und hatte den Vorrang, weil in den Seitenstraßen Nachrangschilder standen. Ein Motorradfahrer kam aus einer Seitenstraße und wollte die Hauptstraße queren. Beide Fahrer bremsten ihre Fahrzeuge jäh ab, um ein Unglück zu vermeiden. Nun gab der Lenker des Autors dem Motorradfahrer ein Zeichen, er möge weiterfahren. Genau dasselbe machte aber auch der Motorradfahrer. Beide benahmen sich wie richtige Verkehrskavaliere. Da wollte der Schofför des Autos weiterfahren und gab Gas. Und, o Schreck, genau dasselbe tat auch der Motorradfahrer. Jeder glaubte, der andere bliebe stehen. Da war auch schon das Unglück geschehen. Der Motorradfahrer war mit seinem Vorderrad in das Auto gefahren. Er selbst wurde durch den Anprall kopfüber von seinem Fahrzeug geschleudert und lag am Rande des Gehsteiges. Der Lenker des Autos blieb sogleich stehen, um den Schaden zu untersuchen. Als er bemerkte, dass sich der Motorradfahrer mit schmerzverzerrtem Gesicht den Arm hielt, lief er gleich zum nächsten öffentlichen Fernsprecher und verständigte die Rettung. Die kam bald angesaust und nahm den Verletzten mit. – Das Ganze war wirklich ein Unglück, denn beide Fahrer wollten sich ja höflich benehmen und dem anderen Straßenkameraden den Vorrang lassen. Ich selbst war kaum eine Minute vorher über die gleiche Kreuzung gefahren . . .

Mit zitternden Knien und einer halb vollen Milchkanne kam ich nach Hause. Meine Mutter schimpfte aber trotzdem nicht. – Sie sagt immer wieder die gleichen Worte, wenn ich mein Rad nehme: „Gib Acht auf der Straße!“

(Felix, 11 Jahre)

A u f g a b e : Welche Merkmale einer Erzählung zeigt dieser Erlebnisbericht? Beachte den belehrenden Schluss!

Eine Tiergeschichte

Seit drei Jahren habe ich eine herzige kleine Katze. Das heißt, klein war sie wohl damals, als ich sie bekam, jetzt ist sie bereits ein dicker, großer Kater, mit vielen dummen Streichen im Kopf, die er auch prompt ausführt. Wollte ich sie alle erzählen, würde wohl der Platz nicht reichen. Darum wähle ich einen davon aus.

Es war vor drei Jahren, am Heiligen Abend. Wir hatten Maunzi noch nicht lange. In unserem Zimmer stand ein schöner großer Christbaum und strahlte im hellsten Kerzenlicht. Für Maunzi war dies ein Ereignis. Er schlich rund um den Baum, beschnupperte ihn, sah auf uns, doch als er bemerkte, dass wir ihm zusahen, schlich er schnell auf sein Plätzchen zurück. Kaum aber fühlte er sich unbeobachtet, nahm er seine Reise rund um den Christbaum wieder auf. Immer näher wagte er sich an das grüne Ungetüm heran. Ja, er wurde so mutig, dass er es sogar wagte, vorsichtig mit einem Pfötchen nach einer Kerze zu tappen. Oh, war das unangenehm warm! Ganz entsetzt sprang er zurück und maunzte. Um ihm eine zweite unliebsame Begegnung mit der Kerze zu ersparen, löschte Mutti sie aus. Da war Maunzi der Christbaum gleich wieder sympathisch. Er nahm seinen Rundgang wieder auf. Dabei machte er ein recht würdevolles Katzengesicht und tappte ab und zu nach den untersten Zweigen und den nun erloschenen Kerzen. Wir achteten fast gar nicht mehr auf ihn, da plötzlich geschah es. Bevor wir es noch verhindern konnten, erkletterte Maunzi den Baum bis zur halben Höhe und fiel mit diesem krachend zu Boden. Zuerst erschraken wir sehr, aber dann brach ein wahrer Lachsturm los, denn Maunzi, geschmückt mit Engelhaar und Silberketten, kroch ganz verdutzt unter dem Baum hervor und flüchtete schleunigst in seine Ecke. Während meine Eltern mit dem Aufstellen des Baumes zu tun hatten, tröstete ich Maunzi. Es dauerte lange, bis der Baum seine frühere Herrlichkeit wieder hatte. Aber ebenso lange war Maunzi damit beschäftigt, sein Fell in Ordnung zu bringen.

Der Schreck, den uns Maunzis Streich damals eingejagt hat, ist längst vergessen. Aber an sein drolliges Gehabe erinnern wir uns noch heute gern.

(Ingeborg, 11 Jahre)

A u f g a b e : Welche Ausdrücke sind in diesem Aufsatz besonders treffend und erhöhen die Anschaulichkeit? Wo ist der Höhepunkt der Handlung? Durch welche Einzelheiten wird Spannung erzeugt?

Ein schreckliches Erlebnis

Sommer in Portorose. Es war ein heißer Tag, und ich ging allein zum Meer um zu baden, denn meine Eltern frühstückten noch.

An diesem Tag war das Meer sehr bewegt. Ich kleidete mich geschwind um und zog die Bademütze über das Haar. Mit der Luftmatratze bewaffnet stieg ich ins Wasser. Die Wellen trieben mich immer weiter hinaus. Die Sonne brannte auf mich, und das Wasser war seidig, weich und warm. Ich lag mit dem Bauch auf der Matratze, hatte die Augen geschlossen und träumte in den hellen Tag hinein.

Auf einmal spürte ich den Wind, und mir wurde kalt. Darum wollte ich zurückrudern. Doch die Wellen waren inzwischen sehr stark geworden, sodass ich nicht weiterkonnte. Alle Kraft wendete ich auf, doch ich kam nicht vom Platz. „Mutti! Mutti!“, schrie ich in meiner Todesangst. Doch keine Mutti war in der Nähe. Kein Boot trieb auf dem Meer, kein Mensch war weit und breit zu sehen. Den Strand sah ich nur mehr ganz klein, die Menschen konnte ich überhaupt nicht mehr ausnehmen. Bald stieg ich von der Matratze herunter und versuchte zu schwimmen. Die Matratze ziehen und zugleich schwimmen konnte ich aber nicht. Ein kleines Stück ging es zwar, doch bald bekam ich Herzklopfen, die Luft ging mir aus, die Wellen peitschten mir ins Gesicht, und ich schluckte das Salzwasser. Es war zum Verzweifeln. Mit Müh und Not konnte ich wieder auf die Luftmatratze hinauf. Erschöpft blieb ich eine Weile ruhig liegen. Mir war eiskalt, und die Zähne schlugen mir aufeinander, obwohl es an diesem Tag 30 Grad Celsius im Schatten hatte.

Zu meinem Glück wurden die Wellen kleiner, und ich konnte ein Stück dem Strand näher rudern. Als ich schon sehr müde war, kniete ich mich auf die Matratze, nahm die Bademütze vom Kopf und winkte, winkte. Jemand sah mich und kam mir zu Hilfe. Ein Slowene zog mich ans Ufer. Meine Eltern waren schon sehr verängstigt. Mein Retter wurde mit innigem Dank überhäuft. Wäre er nicht gewesen, würde ich heute vielleicht nicht mehr leben.

(Beatrix, 12 Jahre)

Aufgabe: Gib an, wo in dieser Erlebniserzählung der Höhepunkt ist! Wodurch wird Spannung erzeugt?

Ich helfe meinem Vater

An einem Samstag kam ich früher als sonst von der Schule nach Hause. Ich aß mein Mittagmahl, und als ich mit dem Essen eben fertig war, kam mein Vater zur Türe herein. Er fragte mich, ob ich ihm helfen wolle, das gehackte Holz in den Schuppen zu tragen. Ich bejahte und begleitete meinen Vater in unseren Schuppen, wo er mir zeigte, wie ich das Holz aufschlichten solle. Dann gingen wir in den Garten, wo das Holz lag. Ich wollte sogleich eine Hand voll packen, doch mein Vater riet mir, eine Kiste zu nehmen. Daher holte ich vorerst aus dem Schuppen zwei Kisten, für mich eine und für meinen Vater eine. Dann füllte ich meine Kiste an. Ich trug die gefüllte Kiste in den Schuppen und schichtete die Scheiter auf. Mein Vater hackte inzwischen das restliche Holz. Damit wurde er rasch fertig, und dann half er mir tragen. Als er sah, wie schwer ich trug, sagte er, dass ich mir die Kiste nicht so anzufüllen brauche, wir hätten Zeit genug. Der Holzhaufen im Garten wurde immer kleiner, der im Schuppen dafür größer. Einmal ließ ich meine Kiste fallen. Da sie schon alt war, löste sich dabei eine Wand. Da holte mein Vater Nägel und einen Hammer. Er trieb einen Nagel nach dem anderen in das Holz. Ich sammelte inzwischen die Holzscheiter wieder ein. Bald war auch die Kiste wieder in Ordnung. Wir arbeiteten ungefähr eine Stunde, dann waren wir fertig. Ich war vom Tragen müde geworden. Wenn mein Vater allein gearbeitet hätte, wäre er bestimmt nicht so rasch fertig gewesen.

(Walter, 11 Jahre)

A u f g a b e : Zu welcher Aufsatzgattung gehört diese Arbeit? Begründe deine Entscheidung! Die Sachlichkeit dieses Aufsatzes wird durch die indirekte Rede noch erhöht.

Mein erster Kochversuch

„Christl, bitte sei so lieb und koche heute für mich, ich muss leider fort! Onkel wird dir bestimmt helfen." So empfing mich eines Tages meine Tante, als ich von der Schule nach Hause kam. „Fein", frohlockte ich, „das habe ich mir schon lange gewünscht!"

Ich lief gleich zu Onkel Hans und überbrachte ihm die Nachricht. Er machte zwar ein süßsaures Gesicht, aber das störte mich wenig: „Wir können gleich beginnen!", rief ich. „Was kochen wir denn überhaupt?" Ja, das war die Frage, die weder Onkel noch ich beantworten konnten. Schnell wollte ich noch Tante fragen, doch sie war nicht mehr da. Seufzend stöberte ich nun in der ganzen Küche umher und fand endlich eine Stelze. Ich zeigte sie Onkel Hans, und wir machten lange Gesichter. Wie bereitet man eine Stelze zu? „Nun, ich habe einmal gehört, dass man sie braten kann", erklärte Onkel. – „Das ist ein guter Gedanke!" – Ich zog nun die Bratpfanne hervor und stellte sie auf den Herd. Dann gab ich recht viel Fett hinein. Nachher, als das Fett schon heiß war, goss ich noch ein bisschen Wasser dazu. Ich kümmerte mich nun um die Suppe. Auch mein Onkel ging anderen Arbeiten nach. So vergaßen wir ganz auf den Braten. Als mir endlich ein unangenehmer Geruch in die Nase stieg, lief ich bestürzt zum Herd. Alles war braun verkrustet. Nun versuchte ich zu retten, was zu retten war. Zu meiner Freude konnte ich feststellen, dass manche Teile der Stelze doch noch genießbar waren. Beim Tischdecken nahm ich mir daher umso mehr Mühe. Als meine Tante nach Hause kam, stellte sie bald den „Duft" fest, aber sie sagte nichts. Nachdem ich aufgetragen hatte und wir zu essen anfingen, spürte ich sogleich den Geschmack des verbrannten Fleisches. Ich blickte meinen Onkel an, doch der aß mit Todesverachtung sein Stück. Da konnte auch die Tante nichts anderes tun als lachen.

Sie meinte später zu mir: „Nun, gerade ruhmreich ist eure Kocherei ja nicht verlaufen. Was würdet ihr tun, wenn ihr mich nicht hättet? Aber das nächste Mal wird es bestimmt besser werden.“ Das sagte sie, als sie mein enttäuschtes Gesicht sah.

(Christine, 13 Jahre)

Mein Feuersalamander

Im vergangenen Sommer fand ich in unserem Garten einen Feuersalamander. Ich nahm ihn auf meine Hand und trug ihn ins Haus. Dort suchte ich eine leere Schachtel. Als ich sie gefunden hatte, ging ich wieder hinaus, um Gras für die neue Behausung des Salamanders zu holen. Inzwischen war der Salamander allein auf dem Küchenboden. Als ich zurückkam, war er verschwunden. Ich suchte ihn überall, konnte ihn aber nicht finden. Traurig ging ich am Abend zu Bett.

Mitten in der Nacht wachte ich durch ein Geräusch auf. Ich richtete mich im Halbdunkel auf und blickte mich um. Da, etwa einen halben Meter von mir entfernt bewegte sich etwas auf dem Leintuch! Eine Schlange! fuhr es mir durch den Kopf. Ich hatte Todesangst. Endlich getraute ich mich zum Lichtschalter. Klick, das Licht brannte. Jetzt erst sah ich, dass mein Salamander im Bett umherkroch. Ich fing ihn rasch ein und legte ihn in die vorbereitete Schachtel. Dann ging ich erleichtert zu Bett.

(Christoph, 10 Jahre)

Aufgabe: Welche Teile des Aufsatzes hätte der Schüler breiter ausmalen sollen? Arbeite den Aufsatz um und erweitere ihn!

Damals

Es war am Ersten Mai. Ich war damals fünf Jahre alt. Meine Eltern waren bei Einbruch der Dunkelheit mit mir ins Stadion gegangen, um ein Feuerwerk zu beobachten. Ich durfte sie begleiten. Aufgeregt rutschte ich auf dem Sitz umher, war es doch das erste Mal, dass ich ein Feuerwerk sehen sollte. Langsam vergingen die Minuten. Endlich verkündete ein Ansager durch den Lautsprecher den Beginn der Vorführung. Es wurde ganz still. Alle Zuschauer starrten zum Himmel. Plötzlich eine ohrenbetäubende Detonation! Eine leuchtende Rakete stieg auf und zerstob mit einem lauten Knall in tausend kleine Funken, die langsam verglühend zu Boden sanken. Mit weit geöffneten Augen starrte ich in den Himmel. Ängstlich kauerte ich mich an der Seite meiner Mutter zusammen. Immer neue Raketen wurden losgelassen und fuhren krachend in die Höhe. Schöner und prächtiger wurde das Farbenspiel. Wunderbare Formen zeigten sich am nächtlichen Firmament. Mein Interesse stieg. Nach und nach gewöhnte ich mich an das Knallen der Feuerwerkskörper. Als die letzte Rakete am Himmel verzischte, war meine Furcht gänzlich verflogen, und es tat mir leid, dass die leuchtende Pracht schon zu Ende war.

(Peter, 11 Jahre)

Vergleiche die „Kindheitserinnerung“ von Hans Carossa im 1. Band mit diesem Aufsatz. Beachte besonders die Wortwahl des Dichters!

Man muss sich zu helfen wissen

Als ich von der Schule nach Hause kam, empfing mich meine kleine Schwester wieder bei der geöffneten Tür, was ihr meine Mutter schon oft verboten hatte. Kaum hatte sie mich erblickt, lief sie sogar auf den Gang hinaus. Meine Mutter musste das bemerkt haben und eilte ihr nach, um den kleinen Bengel wieder hineinzuholen. Da – ein Krach! Ein Windstoß hatte die Tür zugeschlagen! Mit verdutzten Gesichtern standen wir vor unserer Wohnung und konnten nicht hinein. Das Schloss war eingeschnappt, und wir hatten keinen Schlüssel. Was nun? Wir überlegten hin und her, und als meine Mutter einen Schlosser holen wollte, durchzuckte mich ein Gedanke. Hatte ich nicht unlängst in einer finstern Ecke des Kellers eine lange eiserne Stange entdeckt, die mich an einen großen Schürhaken erinnert hatte? Wir handelten rasch. Die Hausbesorgerin sperrte uns den Keller auf, dann fuhren wir mit dem Aufzug wieder zu unserer verschlossenen Wohnungstür. „Was hast du vor?“, fragte meine Mutter. „Das wirst du gleich sehen“, antwortete ich und drückte die Klappe des Briefschlitzes an der Wohnungstür ein. Dann fuhr ich langsam mit dem gebogenen Eisenstab zur Türklinke hinunter. Voll Spannung sahen alle auf die Tür und warteten, was geschehen werde. Ein leichter Druck auf die Klinke – die Tür stand offen! Die Hausbesorgerin, die ebenfalls zugesehen hatte, sagte nur:

„Man muss sich eben zu helfen wissen!"

Seit diesem Tag steht der Eisenstab wieder in der Ecke im Keller. Vielleicht kann er noch anderen Hinausgesperrten Dienste leisten.

(Walter, 11 Jahre)

Meine liebste Beschäftigung

„Traude, Traude, wo bist du denn?", rief meine kleine Schwester wohl schon zum dritten Male. Sie wurde richtig zornig, weil sie mich nicht fand. Ich aber saß auf einem Schemel unter dem Pflaumenbaum, dessen herabhängende Zweige mich ganz verdeckten. Auf meinen Knien lag ein aufgeschlagenes Buch. Ich las so eifrig darin, dass alles andere um mich versank. Meine Gedanken kreisten nur um die versteinerte „Frau Hitt". Ihr kennt doch sicher die Sage von Frau Hitt, die ihren Sohn, der sich beschmutzt hatte, mit Brot reinigte.

Als meine Schwester endlich mein Versteck aufgestöbert hatte, sagte sie weinend: „Da hab' ich eben eine ganz kleine Eidechse gefangen, und nun ist sie mir entschlüpft." Ich tröstete sie, indem ich versprach, ihr eine lange, lange Geschichte zu erzählen. Als sie mich dann verließ, vertiefte ich mich gleich wieder in mein Buch, froh, den kleinen Quälgeist los zu sein. Ich wollte eben eine neue Sage zu lesen beginnen, als auch mein Schwesterlein kam und mir kurzerhand das Buch wegnahm.

So musste ich nun schweren Herzens das geliebte Lesen lassen und der kleinen Schwester die versprochene Geschichte erzählen.

(Waltraut, 13 Jahre)

Wie anfangen, wie schließen?

Aller Anfang ist schwer, das gilt auch für das Verfassen von Aufsätzen. Da fällt einem lange nichts ein, doch wenn man einmal begonnen hat, kommen einem die Gedanken von selbst.

Man kann aber auch lernen, wie man eine Erzählung, einen Erlebnisaufsatz anfangen kann.

- **Die beliebteste Form des Anfangs ist es, Angaben über die Zeit des Geschehens an den Beginn zu stellen.**
- **Eine andere Möglichkeit besteht darin, mit Angaben über den Ort des Geschehens zu beginnen.**
- **Auch mit der Darstellung der näheren Umstände des Geschehens kann begonnen werden.**
- **Lebendiger wirkt es allerdings, wenn du mit der wörtlichen Rede anfängst.**
- **Eine weitere Möglichkeit besteht darin, das Ereignis anzukündigen.**
- **Schließlich kann auch unmittelbar mit der Darstellung des Hauptereignisses begonnen werden.**

Auf welche Weise wurde in den folgenden Aufsätzen begonnen? Ordne sie den oben angeführten Regeln zu!

a) Ich habe eine Freundin. Sie heißt Gabriele . . .

b) Nach dem Abendessen fragte die Mutter Gerlinde: „Hast du schon deine Aufgabe geschrieben?“

c) Als ich in den vergangenen Ferien auf dem Lande war, erlebte ich etwas Aufregendes . . .

d) „Christl, bitte sei so lieb und koche heute für mich, ich muss dringend weg!“ So empfing mich meine Tante, als ich von der Schule nach Hause kam.

e) Nicht dass ich besonders stolz darauf bin, in einem alten grauen Haus zu wohnen, dessen Verputz von den Mauern fällt und in dem die Hausbesorgerin den Klatsch des ganzen Viertels verbreitet, aber eines hat unser Wohnhaus den anderen in der Gasse voraus: Wir beherbergen einen Flickschuster . . .

f) Ich habe einen Wellensittich namens Maxi. Im Sommer badet er am Samstag, im Winter höchstens einmal im Monat . . .
g) Die Bahn hatte die letzte Krümmung des Weges überwunden, und der Hallstätter See breitete sich vor unseren Augen aus . . .

Auch für den Schluss eines Erlebnisaufsatzes gibt es verschiedene Möglichkeiten:
Du kannst ein Geschehen zusammenfassen.
Du kannst mit einem Hinweis auf das weitere Geschehen enden.
Du kannst einen Vorsatz zum Ausdruck bringen.
Du kannst aber auch mit einer Rückerinnerung schließen.
Beachte aber: Besser kein besonderer Schluss als ein gekünstelter!

Untersuche auch die nachstehenden ***Schlüsse*** *in den Erlebnisaufsätzen:*

1. (Da hatte ich aber Angst)
. . . An der Haustür erwartete mich schon meine Mutter und empfing mich mit den Worten „Siehst du, Vater hatte doch Recht. Das Gewitter kam schneller als du dachtest.“ Ich konnte nur stammeln: „Es hat eingeschlagen! Ganz in der Nähe! Ich werde nie wieder beim Herannahen eines Gewitters in den Wald gehen!“
2. (So ein Feigling)
. . . Und Dieter, der von allen als Feigling bezeichnet worden war, nahm sich vor, künftig seine Furcht zu überwinden. Aber das kann natürlich auch nur ein Vorsatz bleiben.
3. (Wie ich einmal fürchterlich erschrocken bin)
. . . Ich hörte die Stimme meines Vaters: „Peter!“ – „Ja“, sagte ich, tief Luft holend, „ihr habt mir einen schönen Schrecken eingejagt.“ Dann schlief ich beruhigt ein.
4. (So eine Frechheit)
. . . Nun trennten wir uns und gingen zu unseren Eltern.
5. (Ins Schwarze getroffen)
. . . Für mich war das ein großer Tag, denn ich hatte noch nie vorher ein richtiges Gewehr in den Händen gehalten.
6. (Glück gehabt)
. . . Ich fiel mitten auf einen beladenen Heuwagen. Dann waren auch schon meine Freunde da. „Ist dir was passiert?“, fragten sie mich

besorgt. „Nein, ich glaube nicht“, antwortete ich ziemlich verdattert. „Aber eines sage ich euch: Auf ein Dach klettere ich nie wieder!“

7. (Beinahe wäre ein Unglück geschehen)
... Als Gerti nach einer Woche wieder in die Schule kam, fiel uns nur eine kleine Narbe am linken Ellbogen auf.
8. (Wie wir einmal einen Riesenspaß hatten)
... Wir machten noch viele Spiele, bis wir ins Bett gingen.
9. (Ein kühner Sprung)
... Immer wenn ich seither ein Sprungbrett sehe, muss ich an diesen kalten Schrecken denken.
10. (Ein erfundenes Märchen)
... Sie lebten in der neuen Wohnung zufrieden und glücklich bis an ihr Ende.
11. (Begegnung mit einem Igel)
... So hatte ich wenigstens einmal einen Igel aus der Nähe beobachten können.

Merke dir, wie in einer Erzählung (Kurzgeschichte u. dgl.) Spannung erzeugt werden kann.

1. Durch Schaffung einer „offenen Situation“.

Beispiel: Peter sieht im Fernsehen einen Bergsteigerfilm. Das Seil, an dem der Bergsteiger hängt, beginnt an einem scharfen Felsvorsprung durchzuscheuern. Keiner der beiden Bergsteiger jedoch bemerkt das. Zum Gipfel ist es aber noch weit. Peter ist neugierig und gespannt, ob die Kletterer es trotzdem schaffen und was weiter passieren wird.

Der Film zeigt eine offene Situation. Solche offenen Situationen lösen Gefühle der Neugierde, der Hoffnung, der Angst, der Freude und dergleichen aus. Der Zuseher (Leser) verlangt nach einer Lösung der Spannung.

Beispiele für offene Situationen findest du auch in den Texten auf den Seiten 21, 24, 25, 27, 28, 30, 31, 32, 38, 40.

2. **Durch „Zeitdehnung", also indem du die Information des Lesers verzögerst.** Dabei wird die vom Leser erwartete Wendung (Lösung der offenen Situation) durch die Darstellung von Einzelheiten, Gedanken und Gefühlen der am Geschehen beteiligten Personen hinausgeschoben.

Beispiele findest du auf den Seiten 38 und 40.

3. **Durch den Wechsel der Zeitform am Höhepunkt der Handlung** (vom Präteritum zum Präsens) oder durch die Darstellung im Präsens (Gegenwart). Siehe Seite 40.

4. **Durch Andeutung der Lösung am Beginn des Aufsatzes.**

Beispiel: Am letzten Sonntag wollten meine Eltern und ich eine Fußwanderung auf den Schneeberg machen. Aber es sollte anders kommen. Schon am frühen Morgen . . .

Weitere Beispiele für spannende Erzählungen:

Untersuche, wie Dichter Erlebnisse erzählen:

Ein Jungenstreich

Es war eben Topfmarkt gewesen, und man hatte nicht allein die Küche für die nächste Zeit mit solchen Waren versorgt, sondern auch uns Kinder dergleichen Geschirr im kleinen zu spielender Beschäftigung eingekauft. An einem schönen Nachmittag, da alles ruhig im Haus war, trieb ich im unteren Hausflur mit meinen Schüsseln und Töpfen mein Wesen, und da weiter nichts dabei herauskommen wollte, warf ich ein Geschirr auf die Straße und freute mich, dass es so lustig zerbrach. Die drei gegenüber wohnenden Brüder von Ochsenstein, welche sahen, wie ich mich daran ergötzte, dass ich sogar fröhlich in die Händchen patschte, riefen: „Noch mehr!" Ich säumte nicht, sogar einen Topf und auf immer fortwährendes Rufen: „Noch mehr!" nach und nach sämtliche Schüsselchen, Tiegelchen, Kännchen gegen das Pflaster zu schleudern. Meine Nachbarn fuhren fort, ihren Beifall zu zeigen, und ich war höchlich froh, ihnen Vergnügen zu machen. Mein Vorrat aber war aufgezehrt, und sie riefen immer: „Noch mehr!" Ich eilte daher stracks in die Küche und holte die irdenen Teller, welche nun freilich im Zerbrechen noch ein lustigeres Schauspiel gaben, und so lief ich hin und wieder, brachte einen Teller nach dem anderen, wie ich sie auf dem Topfbrett der Reihe nach erreichen konnte, und weil sich jene gar nicht zufrieden gaben, so stürzte ich alles, was ich von Geschirr erschleppen konnte, in gleiches Verderben. Nur später erschien jemand zu hindern und zu wehren. Aber das Unglück war geschehen.

(Johann Wolfgang Goethe)

Meine erste Ballonfahrt

Seit Wochen war ich dabei, die Kunst des Ballonfahrens zu lernen. Das Landen war das Schwierigste dabei. Mit zwei mächtigen Brennern unterhalb der Ballonhülle musste man immer wieder Feuerstöße geben, um nicht zu rasch zur Erde zu sausen. Endlich beherrschte ich auch dieses „Durchstarten". Mein Fluglehrer hatte Vertrauen zu mir, mein erster Ballonflug begann.

Ich heizte und schoss in die Höhe wie eine Rakete. Ein Südwind trieb mich in nördliche Richtung. Das Herbstlaub färbte sich schon braun. Ich fühlte mich wie auf Engelsflügeln und sang, beglückt über meine Freiheit, laut vor mich hin. Hinter der Stadt erschienen wie auf dem Reißbrett abgezirkelte Flächen von Grünland, ein paar Kühe und Pferde. Dann, mit einem Schlag, verschwand alles in einer grauen Leere. Bodennebel, dachte ich. Ohne den Horizont als Anhalt wusste ich nicht, ob ich stieg oder fiel. Ich durfte nicht absinken, denn sonst konnte es mir passieren, dass ich auf einer Landstraße oder ins Wasser niederging – oder gar in Hochspannungsleitungen.

Nervös heizte ich weiter, und plötzlich schien die Sonne, war der Himmel ein klares Blau. Dicke, flauschige Wolken erstreckten sich unter mir wie ein endloser weißer Plüschteppich. Regenwolken!

In den nächsten 40 Minuten spielte ich Wolkenhüpfen und schob die unvermeidliche Entscheidung hinaus: entweder oben zu bleiben, in der Hoffnung, die Wolken würden sich plötzlich teilen wie das Rote Meer, oder niederzugehen.

Schließlich musste ich ja wohl oder übel hinunter, weil mein Treibstoff zu Ende ging. Tiefer und tiefer ging ich, hinein in die dicke, graue Leere, und immer noch tiefer, bis ich Berggipfel vor mir sah – oder waren es weiße Wolken, die sich jetzt plötzlich schwarz gefärbt hatten? Also stieg ich wieder, um eine andere Luftströmung zu finden. Mit klopfendem Herzen begann ich erneut niederzugehen. Meine Augen, die angestrengt Ausschau hielten, trauten den ersten Lichtspuren beim langsamen Auseinanderweichen der grauen Wolkendecke noch nicht. Doch dann tauchte unter mir die Erde auf, eine bunte Palette. Ich war sicher aus den Wolken heraus und nicht in Stücke gerissen. Es herrschte kein Bodennebel, es hatte ihn nie gegeben. Ich hatte nur eine niedrige Wolkenschicht in 500 Meter durchfahren und sie für Nebel gehalten. Nun, da ich wieder einen Horizont hatte, an dem ich meine Fahrt messen konnte, sah ich, dass der Ballon viel zu rasch dahintrieb. Während meiner zweistündigen Angstpartie war der Wind stärker geworden. Die Felder, die ich überquerte, waren klein, die nahe gelegenen Straßen gesäumt von elektrischen Leitungen. Ich versuchte, auf einer Weide niederzugehen. Der Wind erfasste die Gondel und schüttelte sie so heftig, dass ich zu Boden geworfen wurde.

Aufwärts und weiter zum nächsten Feld. „Aber jetzt“, sagte ich laut, und ging nieder. Der Ballon berührte kurz den Grund, schlingerte und sprang wieder in die Höhe, auf eine Überlandleitung zu. Die Brenner auf volle Kraft gestellt, überfuhren wir sie mit knapper Not. Ich trieb über eine Autobahn und auf Bäume zu, geschoben von einer Bö, die mich fast über sie hinweghob, aber nicht ganz. Ich hörte etwas reißen, als das Gewebe durch die Äste streifte. Unmittelbar vor mir erhob sich das graue, bizarr geformte Skelett einer abgestorbenen Kiefer. Ihre scharfen, nackten Äste griffen nach mir. Ich setzte mich auf den Boden der Gondel und machte mich auf den Aufprall gefasst. Er kam!

Die Gondel stand zitternd still. Ich hing in etwa 20 Meter Höhe. An der rechten Hand hatte ich einen Schnitt, aber meine Knochen waren noch alle heil. Ich hörte etwas knistern und blickte nach oben: Der Baum hatte durch die Brenner des Ballons Feuer gefangen. Rasch drehte ich die Brennstoffleitung ab. Das Feuer erlosch allmählich, und ich krabbelte aus der Gondel und saß nun in den Ästen des Baumes.

Dank eines Autofahrers, der bei verringerter Fahrt meine sprunghaften Manöver beobachtet hatte, war ich bald gerettet. Eine Sirene heulte, und eine Bergungsmannschaft kam in einem Krankenwagen herangebraust. Der Feuerwehrhauptmann erkletterte einen benachbarten Baum. Erneute Sirenen: die Polizei. Frauen mit Kindern starrten mit offenem Munde zu mir herauf. Männer mit karierten Holzfällerhemden riefen mir Ratschläge zu. Der Feuerwehrhauptmann warf mir ein Seil zu und gab Anweisung mich festzubinden. Männer erschienen und spannten direkt unter mir ein rundes Netz aus.

„Springen! Springen!“, riefen die Kinder wie blutrünstige kleine Wilde.

Schließlich wurde eine Leiter an den Baum gestellt, und ich stieg vorsichtig hinunter. Unten bekam ich lauten Beifall. Mein Fluglehrer brauchte zwei Tage, um den Ballon aus dem Baum herauszubekommen. Danach wurde er zur Ausbesserung der Hülle an eine Firma in Süddakota geschickt. Ich kam in ein Krankenhaus in Catskill. Wie viele Nähte der Ballon brauchte, weiß ich nicht. Ich bekam sechs! Seither bleibe ich auf dem Boden.

(Jeannette Bruce)

Boing 707 brennt!

Die riesige Boing 707 Intercontinental startet. Die Betonpiste flitzt unter den Kabinenfenstern vorbei, immer schneller: hundertfünfzig Kilometer . . . zweihundert Kilometer pro Stunde. Die Fluggäste haben sich längst wieder in ihre Zeitungen vertieft. Niemand ahnt, was sich in diesen Sekunden vorn im Piloten-Cockpit abspielt. Schweißüberströmt, mit zusammengebissenen Zähnen, versucht Flugkapitän Turduri die dahinjagende Boing wieder abzubremsen und zugleich auf der Betonpiste zu halten. Das zum Mitsteuern auf der Startbahn unentbehrliche Bugrad ist blockiert.

Neunhundert Meter weit gelingt dem Piloten der halsbrecherische Balanceakt, die schwere Maschine beim Abbremsen allein mit dem Seitenruder auf der Startbahn zu halten. Jetzt aber gibt es einen dumpfen Knall. Anscheinend ist ein Reifen geplatzt. Jäh bricht die Maschine nach links aus. Meterhoch wirbeln Fetzen der weichen, nassen Grasnarbe empor. Metallteile vom Flugzeugrumpf brechen ab und schleudern durch die Luft. Ein Kabinenfenster zerplatzt. Mit kreischendem Geräusch reißt das Bugrad ab. Aber noch immer rast der hundertdreiunddreißig Tonnen schwere Koloss weiter, pflügt seine großen Hauptfahrwerke durch das Erdreich. Geistesgegenwärtig schaltet Turduri noch rasch die Kraftstoffzufuhr für alle vier Triebwerke ab. Ein furchtbarer Ruck, ein ohrenbetäubendes Krachen: Das Backbord-Fahrwerk ist abgebrochen, die Maschine schlägt nach links um. Jetzt malmen die Backbordtriebwerke wie Planierraupen durch den Dreck. Schließlich kippt das Flugzeug nach vorn über und stürzt in eine Bodensenke. Seine Schnauze bohrt sich in die Erde. Der Rumpf wird rechtwinkelig herumgerissen, bäumt sich noch einmal auf und zerschellt in drei Teile – genau an den Sollbruchstellen. Die Trennwand zwischen beiden Kabinenklassen geht prasselnd in Trümmer, Gepäckstücke kullern durcheinander.

Die Stewardessen reißen sofort Türen und Notausstiege auf. Völlig benommen springen die ersten Fluggäste ins Freie. Es kam so unerwartet, es hat sich ja alles in wenigen Sekunden abgespielt.

O Gott, Feuer! Flammen züngeln an beiden äußeren Triebwerken auf. Mit furchtbarer Geschwindigkeit verbreitet sich auch unter den Tragflächen ein Brand. Aus einer zollstarken Kraftstoffleitung sprudelt Kerosin (Brennöl) heraus, weil zwei Triebwerke abgerissen sind. Explosionsgefahr! Die Flughafenfeuerwehr braucht keinen Alarm. Ihre Männer sitzen längst in ihren Fahrzeugen, die mit laufenden Motoren einsatzbereit vor der Flughafenfeuerwache stehen. Sie hatten Sitzbereitschaft. Das ist eine von Laien belächelte Vorsorge, die immer dann getroffen wird, wenn eine Düsenmaschine mit entsprechend großen Kraftstoffmengen zum Flug über die Polarroute startet.

Sofort jagt die Fahrzeugkolonne mit gellenden Starktonhörnern und blitzenden Kennleuchten los. Unterwegs bemerken die Feuerwehrleute, dass der Riesenvogel nach links ausbricht, rollt, rutscht, schlittert, über die Grasfläche pflügt und in der Versenkung verschwindet. Dann steigt dicker schwarzer Qualm auf. Es ist keine Sekunde zu verlieren! Ein Trockenlöschfahrzeug flitzt wie ein Wiesel hinter der ausbrechenden Maschine her und beginnt sofort den Schnellangriff. Ungeachtet aller Explosionsgefahr stößt das Fahrzeug dicht an die brennende, mit Kraftstoff voll getankte Backbordtragfläche heran. Das Ventil der Druckgasflaschen ist schon geöffnet. Die Feuerwehrmänner schnappen sich ihre Pulverstrahlrohre und ersticken das heftige Feuer blitzartig. Jetzt sind auch bereits andere Fahrzeuge der Feuerwehr am Rande der Grube erschienen. Vom Tanklöschfahrzeug aus wird sofort ein Schaumrohr vorgenommen, um den Pulverlöscherfolg zu sichern, während die verunglückte Maschine noch einmal gründlich durchsucht wird. Aber dank der Umsicht der Stewardessen konnten binnen zweier Minuten alle Fluggäste und die Besatzung ins Freie gelangen.

Minutenlang hing das Leben der Flugzeuginsassen und ihrer Retter am seidenen Faden, weil die Flammen der Triebwerke sogleich auf die Tragflächen übergegriffen und einen ausgedehnten Bodenbrand verursacht hatten. Aber der Wettlauf mit der Zeit wurde gewonnen.

(H. G. Prager)

Aufgaben:

Wähle von den nachstehenden Rahmenthemen eines aus, über das du etwas zu erzählen weißt! Überarbeite anschließend deinen Entwurf, indem du weitere genaue Angaben über die Begleitumstände machst, deine Gefühle und Gedanken durch Ausrufe, Fragen, Wünsche ausdrückst! Suche nach dem treffenden Wort und ersetze die farblosen Ausdrücke durch anschauliche (Wortschatzbereitstellung)! Prüfe, ob dir die Einleitung und das Ende gelungen sind! Vergleiche deine Einleitung mit jenen in den Arbeitsvorlagen! Untersuche, ob dein Aufsatz die Merkmale einer Erlebniserzählung aufweist! Schließlich suche eine passende Überschrift und schreibe den Aufsatz ins Reine!

Rahmenthema: **Angst – Furcht – Schrecken**

(Angst im Dunkeln. Angst im Wald. Furcht vor Hunden oder anderen Tieren. Furcht vor Strafe. Bei einem Unwetter im Freien u. dgl. m.)

Wortschatzbereitstellung:
Suche Ausdrücke zum Thema „Angst“! Vergleiche anschließend mit der nachstehenden Zusammenstellung!

Namenwörter: Kleinmütigkeit, Zaghaftigkeit, Hasenfuß, Feigling, Memme.

Zeitwörter: zittern, beben, sich fürchten, erbleichen, erblassen, erschauern, die Gänsehaut kriegen, Herzklopfen bekommen, in Verwirrung geraten, sich entsetzen, erschrecken, wie Espenlaub zittern, die Fassung verlieren, den Kopf verlieren, die Flucht ergreifen, den Mut sinken lassen.

Eigenschaftswörter: ängstlich, furchtsam, fassungslos, starr, stumm, bestürzt, verwirrt, entsetzt, weiß wie Kreide, angstgrün, zitternd.

Erkläre den Bedeutungsunterschied, indem du die Wörter in sinnvollen Sätzen anwendest!

R a h m e n t h e m a : **Missgeschick, Unglücksfall.**

(Flecke auf Kleidern, Heften, Missgeschick mit zerbrechlichen Gegenständen. Die verschüttete Milch.)

Wortschatzbereitstellung:

Suche Ausdrücke zum Thema „Missgeschick“, erkläre den Bedeutungsunterschied und wende die Wörter in sinnvollen Sätzen an! Vergleiche mit der nachstehenden Sammlung!

Namenwörter: Unglücksrabe, Pechmarie; Unglücksfall, Verhängnis, schlechtes Ende, Pech, Zufall, Schaden.

Zeitwörter: Missgeschick, Pech haben; schief gehen, straucheln, ausgleiten, zu Fall kommen, entgleiten, durch die Finger schlüpfen, das Nachsehen haben, die Rechnung ohne den Wirt machen, ins Blaue schießen, in Brüche gehen, scheitern; zerbersten, zerspringen, zerschellen, zerbrechen, zerschlagen, in Stücke gehen.

Eigenschaftswörter: schlimm, unangenehm, peinlich, traurig.

R a h m e n t h e m a : **Ein lustiges Ereignis.**

(Eine freudige Überraschung. Da musste ich lachen.)

Wortschatzbereicherung:

Sammle treffende Ausdrücke zu diesem Thema und wende sie in deinem Aufsatz an!

Namenwörter: Glück, Treffer, Erfolg, Glückspilz, Sonntagskind, Spaß, Scherz, Heiterkeit, Fröhlichkeit, Gelächter, Freude, Hochgefühl, glücklicher Zufall.

Zeitwörter: glücken, sich zum besten wenden, gelingen, den Wunsch erfüllt sehen, vom Glück verwöhnt werden, überrascht sein, lachen, scherzen, spaßen, sich freuen, sich glücklich fühlen.

Eigenschaftswörter: froh, glücklich, selig, günstig, heiter, lustig, freudig, beglückt.

Rahmenthema: **Ein Erlebnis mit einem Tier.**

Wortschatzbereitstellung:

Suche Ausdrücke für Tätigkeiten, Bewegungen, Laute des Pferdes, des Hundes, der Katze, der Vögel! Welche Eigenschaften haben diese Tiere? Suche sinnverwandte Wörter für Pferd, Hund! Bezeichne die Gliedmaßen von Tieren!

Wende in sinnvollen Sätzen an: brüllen, winseln, bellen, kläffen, heulen, knurren, schnurren, miauen, fauchen, brummen, zwitschern, tirilieren, piepsen, krächzen, girren, wiehern, schnauben usw.!

Weitere Themen für Erlebniserzählungen oder Erlebnisberichte:

Da kam Hilfe eben zurecht

Dem Tod entgangen

Vergessen!

Verschlafen! Zu spät!

Gerade noch zurechtgekommen!

Das ging noch gut aus! (Noch einmal Glück gehabt!)

Als ich das erste Mal . . .

Wo ich gerne zusehe

Meine liebste Beschäftigung

Unglücksfälle in der Küche, im Haus, auf der Straße

Ein Abenteuer (Horch, es hat geknackt! Verirrt!)

Krankheit. (Im Spital. Beim Zahnarzt. Ich habe mich erkältet.)

Erlebnisse beim Wandern, Reisen, beim Wintersport

Auf dem Rummelplatz. Kirmes. Feste

Wenn ich morgens aufwache

Worüber ich mich einmal geärgert habe
Wenn ich allein daheim bin
Probieren geht übers Studieren
Mein letzter Geburtstag
War das eine Überraschung!
Ich lasse einen Drachen steigen
Was ich heute Besonderes gesehen habe
Das solltest du gesehen haben!
Zu lange in der Sonne
Eine mutige Tat
Das ist ein Angeber!
Maskiert!
Nächtlicher Spuk
Mein erstes selbstverdientes Geld
Man muss sich zu helfen wissen
Das war aufregend!
Das werde ich nie vergessen
Ich weiß noch genau . . .
Ich blättere im Fotoalbum
Am liebsten spiele (lese, turne . . .) ich
Ich habe einen Bruder (eine Schwester)
Pech gehabt! Glück gehabt!
Freundschaft
Hilfe, es brennt!
Damals . . .
Lügen haben kurze Beine
Das ist mir gelungen
Durfte ich mir das erlauben?
Als ich einmal den Kürzeren zog

Belausche ein Gespräch (beim Kaufmann, in der Straßenbahn, in der Eisenbahn)! Schreib das Gehörte auf!

Schreib ein Gespräch zweier Freunde über einen neuen Fotoapparat, über eine Autotype nieder! Lass sie verschiedener Meinung sein und ihre Meinung begründen! Gib dem Gespräch jedoch immer ein Ziel, sonst wird es ein zielloses Gerede!

Stilübungen:

a) Vermeide wörtliche Wiederholungen, *sie sind unschön und langweilig! Verbessere die folgenden Sätze!*

Meine Eltern wohnten früher in Innsbruck. Ich wurde auch in Innsbruck geboren. Dann zogen wir nach Linz. In Linz besuchte ich die Volksschule. Jetzt wohnen wir in einem Einfamilienhaus. Neben dem Haus liegt ein freier Platz, hinter dem Haus ein großer Garten mit vielen Obstbäumen. Zwischen zwei Bäumen habe ich eine Schaukel. Wir Kinder schaukeln dort häufig. Beim Schaukeln geht es immer lustig zu. In der Mitte des Gartens liegt ein künstlich angelegter Teich. In dem Teich schwimmen Fische. Einmal entdeckte ich im Garten ein Vogelnest. In dem Nest waren junge Vögel. Die alten Vögel flogen immer hinzu und fütterten die jungen Vögel.

Setze ein: dort, hier daneben, darin, dahinter u. dgl.!

b) Der Vater ist noch immer nicht von seiner Arbeitsstätte zurück. Sicher musste er einen dringenden Auftrag vollenden.

Bilde Sätze, in denen ähnliche Vermutungen ausgesprochen werden: wahrscheinlich ... vielleicht ... jedenfalls ... gewiss ... hoffentlich ...!

c) Nero, unser Hund, läuft immer weg.

Bilde ähnliche Sätze mit fortwährend, andauernd, stets, unaufhörlich, wiederholt!

d) Bei uns regnet es manchmal (hin und wieder, zeitweilig, bisweilen, ab und zu, gelegentlich . . .).

Wende die eingeklammerten Wörter in Sätzen an!

e) Der Vater hat gerufen. Sofort legt Fritz das Spielzeug zur Seite und eilt ins Haus.

Wie könnte man statt „sofort" noch sagen? Bilde ähnliche Sätze mit sogleich, augenblicklich, geschwind, rasch, schleunigst, eiligst, flugs, hurtig!

f) Setze treffende Zeitwörter ein:

Viel Lärm auf der Straße: Die Straßenbahn . . ., die Autos . . ., Motorräder . . ., die Bremsen . . ., die Lastkraftwagen . . ., die Kinder . . ., die Zeitungsverkäufer . . ., die Polizeibeamten . . .

Auf dem Bahnhof herrscht reges Leben: Schaffner . . ., Lokomotivführer . . ., die Reisenden . . ., die Kofferträger . . ., die Zeitungsverkäufer . . ., die Speisenträger . . ., die Kinder . . ., Wartende . . ., Zuspätkommende . . ., der Fahrdienstleiter . . ., der Zug fährt ab.

Im Industrieviertel: Schlote . . ., Sirenen . . ., Lokomotiven . . ., Maschinen keuchen, ächzen, surren, rattern . . .

g) Alle Menschen g e h e n auf ihre Weise.

Gib an, wer humpelt, schlurft, stolziert, spaziert, hüpft, bummelt, tänzelt, läuft, hastet, schlendert, sich dahinschleppt!

h) Alle s a g e n es auf eine andere Art!

Fritz schwätzt, die Tante erzählt, der Schüler fragt, der Lehrer antwortet . . . Wer schimpft, stöhnt, murmelt, brummt, meldet etwas, schilt, stottert, tuschelt, flüstert, nörgelt, erklärt, plaudert, befiehlt, versichert, teilt mit, berichtet, antwortet, verspricht, trägt vor . . .?

i) Setze statt des a l l g e m e i n e n Ausdruckes einen b e s o n d e r e n !

Sage also nicht: Heute ist s c h ö n e s Wetter; das ist eine s c h ö n e Radiosendung; ein s c h ö n e r Abend . . ., sondern: Heute ist mildes, sonniges, heiteres . . . Wetter; das ist eine unterhaltende Radiosendung; ein gemütlicher, stiller . . . Abend!

V e r b e s s e r e : Ein s c h ö n e s Kleid, ein s c h ö n e r Film, eine s c h ö n e Geschichte, ein s c h l e c h t e r Mensch, eine s c h l e c h t e Aussprache, ein s c h l e c h t e r Apfel, s c h l e c h t e s Licht, ein s c h l e c h t e r Witz, ein s c h l e c h t e s Gerät . . .

j) Bilde Vergleiche: Er ist munter wie ein Fisch, so schnell wie der Blitz, so wild wie . . ., so rund wie . . ., so dürr wie . . .; sie schreit wie . . ., schimpft wie . . ., raucht wie . . ., spricht wie ein . . .!

B e a c h t e auch die Stilübungen im ersten Band!

Geschichten erfinden und Texte nachgestalten

Lies die folgende Geschichte aufmerksam durch und denke darüber nach, wodurch sich dieser Aufsatz von den Erlebnisberichten und Erlebniserzählungen unterscheidet!

Aus drei Worten wird eine Geschichte
Fuchs – Dackel – Wurst

Ein Dackel bekam einmal eine dicke Wurst. Da er satt war, trug er sie in seine Hütte und bewahrte sie in einer Ecke auf. Dann lief er zu seinem Herrn und zog mit ihm auf die Jagd.

Ein Fuchs, der unweit des Forsthauses in einer Höhle wohnte, wollte zur gleichen Zeit den Hühnerstall aufsuchen. Als er jedoch an der Hütte des Hundes vorbeikam, stieg ihm der Duft der Wurst in die Nase. Er schlich in die Hundehütte, stahl die Wurst und lief geschwind dem Walde zu. Dort verkroch er sich in seinem Bau, um die Wurst in Ruhe zu fressen. Doch kaum wollte er damit beginnen, hörte er auch schon den Dackel vor seiner Höhle kläffen. Der Hund war kurze Zeit nach dem Diebstahl nach Hause gekommen und hatte die Wurst nicht mehr vorgefunden. Da war er der Spur des Fuchses gefolgt. Nun verlangte er entschieden die Wurst. Doch der Fuchs wusste sich zu helfen. Er kroch dem Dackel entgegen und sagte: „Du hättest dir den Weg zu mir sparen können, denn die von dir gesuchte Wurst ist gar keine echte, mit Fleisch gefüllte Wurst, sondern eine künstliche. Als ich hineinbiss, brach ich mir ein paar Zähne aus. Ich werde sie dir gleich bringen.“ Damit wandte er sich um und tat so, als wollte er die Wurst holen. Da erwiderte der Dackel: „Wenn es sich so verhält, darfst du die Wurst behalten.“

In Wirklichkeit war es aber wohl eine echte Wurst. Der Fuchs fraß sie nun mit Genuss auf.

(Walter, 10 Jahre)

Beachte die folgenden Ratschläge:

Bei der erfundenen Geschichte (Fantasieerzählung) kommt es auf originelle Einfälle an. Du musst sie wie bei der Erlebniserzählung breit ausführen. Denke dich dabei ganz in ein Tier, eine Pflanze, einen Menschen hinein und stelle dir vor, wie sie in einer bestimmten Situation handeln könnten. Hüte dich jedoch vor Übertreibungen. Erzähle folgerichtig! Im Übrigen gelten dieselben Stilregeln wie für die Erlebniserzählung. (Siehe S. 23!)

Aufgabe: Untersuche, ob diese Grundsätze in den folgenden Aufsätzen verwirklicht wurden!

Meine Spielsachen sprechen

Eben hatten die Glocken vom Kirchturm Mitternacht geschlagen. Eine Weile war es ganz ruhig. Plötzlich aber regte sich in meinem Zimmer etwas. Es raschelte und wisperte, und da hörte ich ein feines Stimmchen: „Mutti, gehen wir auch zur Gerichtsverhandlung?“ Diese Worte hatte Lilo gepiepst, ein drei Jahre altes, sehr herziges Puppenmädchen mit blonden Zöpfen. Ihre Mutter, eine sehr alte Puppe mit Namen Lore, konnte ihre Neugierde nicht ganz verbergen und fragte: „Ja, worüber wird denn Gericht gehalten?“ „Über Onkel Heinrich aus Hamburg!“ Lilos Stimme kippte fast über vor Aufregung. Übrigens, Onkel Heinrich aus Hamburg war ein echter Hamburger Zimmermann. „Also diese Fremden!“, entsetzte sich Frau Lore, „was soll er denn getan haben?“ „Gestohlen!“ „Was? Nein, so etwas! Und was denn? Wem?“ „Dem Onkel Bär, und zwar Baumstämme.“ „Nun, mein Kind, wir werden hingehen.“ Frau Lore nahm Lilo an der Hand, und bald gelangten sie zum Gerichtsplatz.

Dort herrschte reges Leben. Stimmen riefen durcheinander. Da gebot Richter Schnupper, ein weiser, alter Hase, Ruhe. Sofort schwiegen alle. Nun hob Schnupper an: „Herr Brumm, bitte sprechen Sie.“ Gleich brummte der Teddy: „Also eine Frechheit ist das, brumm, das lasse ich mir nicht bieten. Nein diese Dreistigkeit . . .“ Er verschnaufte, und Richter Schnupper benutzte diese Pause, um würdevoll zu sagen: „Kommen Sie zur Sache, lieber Herr Bär!“ „Hm, naja also, brumm, ich werde Ihnen erzählen, wie dieser Flegel, dieser, dieser …

ich finde keine Worte mehr. Also gestern Abend schmauchte ich wie immer im Garten mein Pfeifchen. Da rief meine liebe Frau Brümmchen, sie hätte frischen, guten Honig. Darauf ging ich sofort zu ihr. Als ich dann nach beendeter Mahlzeit zum Liegestuhl trat, traute ich meinen Augen nicht. Meine drei schönen Baumstämme waren fort. Verschwunden! Natürlich rannte ich sogleich ein Stück von meiner Behausung weg. Und wen treffe ich? Den dort. Diesen Dieb, diesen ganz gemeinen Hamburger! Und er, er war der Dieb! Brumm!" „Woraus schließen Sie das?", fragte der Hase. „Euer Ehren, er hat sich schon immer für mein Holz interessiert. So ein Holz brauche er, hat er gemeint. Und jetzt hat er es gestohlen. Bei meinen Bärenkräften, ich schwöre . . ." „Lieber Herr Brumm, Sie sagen schon unter Eid aus", mahnte Schnupper. „Bitte nun einen Zeugen!" Da schlich der Fuchs herbei und zischelte: „Ich hab' etwas auszusagen." „Sprich!", gebot der Richter. Der Schlaumeier warf einen listigen Blick auf den Hamburger und katzbuckelte: „Ja, Euer Ehren, ich habe gestern den Zimmermann gesehen, wie er einen Baumstamm getragen hat." „Soso, um wie viel Uhr war das?" „Ooch, um die Zeit, da der liebe Bär angibt seinen guten Honig gegessen zu haben." Der Rotrock war pfiffig und umging jede nähere Zeitangabe. Nun trat Willibald als nächster Zeuge vor. Er war ein übel beleumdeter Trunkenbold und hatte vom vielen Trinken einen dicken, fassförmigen Bauch bekommen. Wie immer hatte er eine Flasche mit Alkohol in der Hand. Sein Hut mit einer grünen Feder war verrutscht, und so torkelte er vor den Richter: „Hick, ich hab', hab' es auch gesehen. Hupp. Oh, entschuldigen, hupp." „Nehmen Sie sich zusammen, Willibald", mahnte der Richter. „Erzählen Sie zunächst!" Nun berichtete Willibald, was er gesehen hatte. Und dann wurde Heinrich, der kurz Hein gerufen wurde, aufgefordert sich zu verteidigen. „Ich habe nur zu sagen, dass ich unschuldig bin", meinte er im Hamburger Dialekt. Damit setzte er sich und sprach kein Wort. Nun wurden Zeugen aufgerufen um seine Unschuld zu beschwören. Zuerst der kleine Hund Wuff. Dann kamen Herr Weißfeder, ein sehr schöner Schwan, Frau Gutmilch, eine weißbraun gefleckte Kuh, und sogar das kleine Teuflein Puki. Herr Weißfeder, der stolze Schwan, hatte Hein gestern etwa um die besagte Zeit gesehen. Bei Frau Amalia. Diese bezeugte das lebhaft. Frau Amalia hatte ein spitzes Näschen und einen noch spitzeren und schärferen „Keppelzahn". Dem armen Richter Schnupper erzählte sie mit ihrer Sprachgewandtheit die Angelegenheit Hein – Herr Brumm sehr genau. Endlich kam sie darauf zu sprechen, dass Hein bei ihr gewesen war. Sie hätten über diese teuren Zeiten gesprochen. Ein Ei kostet nun beim Kaufmann Müller schon wieder einen Schilling fünfzig und . . . Der geduldige Richter unterbrach sie nun aber doch: „Sie sollten nur wegen Hein aussagen!“

Als man auch die redefreudige Frau Amalia hinter sich hatte, musste man Hein doch mangels Unschuldsbeweise verurteilen. Da kam plötzlich der verschlafene Biber herbei. Er hatte alles verschlafen und nur gehört, warum Hein verurteilt werden sollte. Da sagte er, dass er die Baumstämme geholt habe. Aber Herr Brumm werde schon sehr vergesslich. Habe er nicht die Baumstämme für so viel guten Honig ihm, dem Biber, verkauft? Da erinnerte sich auch Herr Brumm und alles war wieder in Ordnung. Hein drückten alle die Hand. Dann nahm Puki seine Rute und beschloss, den Fuchs, der sich feige gedrückt hatte, fest durchzuwichsen. Auch Willibald gab eine Erklärung für seine falsche Aussage ab. Der Fuchs habe gesagt, er bekäme Geld, wenn er diese gäbe. Und er habe gar nicht gewusst, was los sei. Nun wandten sich alle dem Hamburger zu. Bébéchen, Wuff, Frau Gutmilch, Herr Weißfeder, Frau Amalia, Fräulein Inge und Lollo versicherten immer wieder, keiner habe an seine Schuld geglaubt. Auch Frau Lore und die kleine Lilo kamen zu Hein. Das war ein Durcheinander von Stimmen. Plötzlich erklang ein dumpfer Glockenton. Ein Uhr! Da war mit einem Schlag alles still.

Als ich am nächsten Morgen erwachte, wie fand ich da mein Spielzeug! Schnupper unter dem Schreibtisch! Vor diesem Hein, der Hamburger, und viele Spielsachen neben ihm! Unter dem Kasten lagen Puki und der Fuchs Schlaucherl. In einer Ecke kauerte Willibald. Gegenüber dem Biber. Und neben ihm – was glaubt ihr wohl? – waren drei meiner Mikadostäbe. Und einer war abgebrochen. Ich glaube aber eher zerbissen, vom Biber.

(Gabriele, 13 Jahre)

Wenn zwei streiten, freut sich der Dritte
(Eine erfundene Geschichte)

An einem Sommertag lag Minka, die kleine Katze, faul in der Sonne. Plötzlich raschelte es vor ihr im Gras. Sie spitzte die Ohren.

Da raschelte es wieder und Minka gewahrte eine kleine Maus. Auf leisen Sohlen schlich sich die Katze näher. Doch die Maus hatte Minka gesehen und lief eilig davon. Die Katze hinterher. Vergeblich versuchte sie das Mäuslein zu erwischen. Schon sah die Maus das rettende Loch vor sich, da packte ihre Feindin sie beim Genick. Die Maus quietschte kläglich. – Dadurch wurde Struppi, ein kleiner Schnauzer, auf sie aufmerksam, lief zu den beiden hin um zu sehen, was los sei. Er bemerkte die kleine Maus und wollte sie sogleich der Katze abjagen. Zuerst knurrte er nur böse. Minka ließ sich jedoch nicht einschüchtern und kratzte Struppi mit ihren Krallen. Das war zu viel! Wild sprang er auf Minka zu und biss sie in den Schwanz. Nun begannen sich die beiden zu balgen. Dabei ließ die Katze die Maus los. Diese nahm die Gelegenheit sogleich wahr und verschwand geschwind im nächsten Loch.

Als die Streiter endlich voneinander abließen, war die Maus verschwunden, und die beiden hatten das Nachsehen.

(Peter, 11 Jahre)

Vergleiche mit diesem Aufsatz die Fabel gleichen Titels im ersten Band der Aufsatzschule!

Aus der Katzenperspektive
(Rahmenthema: Mit den Augen eines Tieres)

Es ist ein schönes Leben, das ich im Kreise meiner Menschenfamilie führe. Hie und da muss ich mich freilich ärgern. Zum Beispiel heute: Es fing schon zeitig am Morgen an. Ich wachte auf und merkte, dass Mutti und Inge noch schliefen. „Schlamperei, so etwas“, dachte ich, „es muss doch schon spät sein!“ Denn wenn ich die Uhr auch nicht kenne, weiß ich doch immer genau die Zeit. So etwas hat man als kluger Kater, wie ich einer bin, im Gefühl. Ich erhob mich also aus meiner Schachtel, meinem derzeitigen Lieblingsplatz. Mutti darf die Schachtel auf keinen Fall verbrennen, was sie schon einmal versucht hat. Damals bin ich sehr ärgerlich geworden, und hätte ich die Schachtel nicht wieder bekommen, ich hätte mindestens acht Tage lang getrutzt. Oh, ich kann sehr bockig sein, wenn einmal etwas nicht nach meinem Kopf geht! Da nützt es dann gar nichts, wenn Inge mich dann noch so zärtlich in eine Decke wickelt, mich in ihren Puppenwagen legt und mich im Zimmer herumführen will. Ich strample mich ab und laufe davon. Dabei liebe ich das Herumgeführtwerden sonst sehr. Schließlich bin ich ja beleidigt!

Aber ich wollte doch von heute Morgen erzählen. Wenn meine beiden Menschenlieblinge verschlafen, dann nehmen sie sich nie Zeit, mir einen Guten-Morgen-Kuss auf meine Ohrenspitzen zu geben. Darauf verzichten zu müssen ist schrecklich für mich. Was blieb mir also anderes übrig, als die beiden aufzuwecken. Ich sprang, es war ein wahrer Meistersprung, von meinem Platz beim Ofen in Muttis Bett. Vati ist schon längst im Geschäft. Ja, ja, wir Männer sind eben Frühaufsteher. Mutti, die noch fest schlief, merkte gar nicht, wie ich knurrend auf sie zuschlich. Noch ein Schritt und ich stieß mit meiner Nase an die ihre. Nichts! Nun versuchte ich es mit den Haaren. „Geh weg!“, brummte Mutti verschlafen, brachte ihren Kopf in eine andere Lage und schubste mich aus dem Bett. Dann schlief sie wieder prompt ein. „So wecke ich eben Inge zuerst!“ Ich sprang also zu Inges Bett. Nicht auf dem kürzesten Weg, o nein, meine schwere Weckarbeit ist stets auch meine Morgengymnastik. Man muss doch auf seine Linie achten! Ich turnte und kletterte also über sämtliche Möbelstücke und landete schließlich glücklich bei der tief schlafenden Inge. Aber auch hier wurde ich ziemlich unsanft aus dem Bett geschubst. Ein Glück nur, dass unsere Art immer auf allen vier Pfoten landet. Aber zu meinem Unglück habe ich mir einmal eines meiner vier Beine dreifach gebrochen. Jetzt ist alles wieder verheilt, aber trotzdem habe ich manchmal noch Schmerzen. Da ist ein Hinauswurf aus dem Bett nicht gerade angenehm.

„Miau, miau, wollt ihr denn gar nicht aufstehen?“, schrie ich empört und ungeduldig und miaute so lange, bis mein Weckruf Erfolg hatte.

Wohin jetzt zuerst? Ich war ganz aus dem Häuschen. Das bin ich übrigens jeden Morgen. Ich schmiegte mich zuerst an Inge, dann an Mutti. Wir balgten uns ein wenig, dann bekam ich meine ersehnten Küsse. Nur zu bald sind diese herrlichen Minuten am Morgen zu Ende. Mutti und Inge müssen zur Schule. Dieses Fortgehen meiner Lieben ist mir stets ein Gräuel. Da ich aber ein kluger Kater bin, füge ich mich in das Unabänderliche, es bleibt mir ohnehin nichts anderes übrig.

Wirklich glücklich bin ich nur, wenn wir alle zusammen zu Hause sind.

„Schah von Persien" nennt mich Inge manchmal, oder gar „dicker, fetter Pfannkuchen". Wenn sie wüsste, wie ich diese Anreden hasse! Man hat doch seinen Katzenstolz. Inge hat überhaupt die Angewohnheit, mir die dümmsten Namen zu geben. Ich mag sie gar nicht aufzählen. Gestern nannte sie mich sogar „Blasius Pavian". Was das wohl heißt? Ich war auf alle Fälle empört. Aus Rache ließ ich sie nicht ihre Hausaufgaben schreiben. Quer über die aufgeschlagenen Hefte und Bücher legte ich mich auf dem Tisch zurecht und dehnte mich behaglich. Inge guckte mich erstaunt an und flötete mir ins Ohr: „Mäuschen, Kätzchen, Liebling, verschwinde!" Aber ich tat, als ob ich schliefe: „Haben Sie einen Vogel, Major Donald?", brüllte mich da Inge plötzlich an. Und schwups hatte sie mich vom Tisch geschoben und auf den Boden gesetzt. Einen Klaps, einen zärtlichen freilich, bekam ich obendrein noch hinten drauf. Na bitte, so geht es mir!

(Ingeborg, 11 Jahre)

Anmerkung: Hier hat sich die Verfasserin ganz in den Charakter ihrer Katze hineingedacht und die Umwelt und die Ereignisse bis in alle Einzelheiten so dargestellt, wie sie sich tatsächlich ereignet haben. Dadurch ist die Wahrscheinlichkeit im Rahmen des Themas gewahrt.

Erfundene Geschichten von Dichtern:

Was sich bei der Erschaffung der Erde begeben hat

Bevor der Herr die Erde erschaffen hatte, rief er die Tiere zusammen und fragte sie, wie er sie wohl machen sollte.

„Mache sie recht eben und weit, dass sie nicht aufhört!", rief das Pferd und wieherte mutig.

„Mache sie recht dick und weich", sagte der Maulwurf, „dass ich überall durchkomme."

„Wenn sie nicht ganz voll Wasser und flüssig ist", meinte der Fisch, „so habe ich wenig Freude daran."

„Ich will, dass sie voller hoher, spitzer Berge ist!“, sagte der Adler. „Ich will hoch über ihnen fliegen und hinunterschauen und thronen auf ihnen.“

„Mache sie nur nicht zu klein“, bat die Mücke. „Recht groß lass sie sein, damit viele Mücken auf ihr Platz haben.“

Der Herr hatte ihnen zugehört, und da er sie alle gleich liebte, Groß wie Klein, erfüllte er jedem Einzelnen den Wunsch; und so, wie er es tat, waren sie zufrieden. Er machte die Erde eben und weit für das Pferd und dick und weich für den Maulwurf, dass er überall durchkam; machte genug Wasser auf ihr, dass die Fische Freude hatten, und machte sie auch voll spitziger Berge, wie sie der Adler liebte, und groß genug, dass die Mücken Raum hatten zu spielen.

Der Mensch aber sah, dass die Erde für sie alle gemacht war, er aber nicht gefragt worden war, wie er sie wünschte. Da wandte er sich mit Klagen an den Herrn und sprach:

„Alle Geschöpfe hast du gefragt, wie die Erde ihnen taugen soll, nur mich nicht. Da darfst du auch nicht erwarten, dass ich mit ihr zufrieden bin, da du sie doch gemacht hast, wie sie alle wollen, und nicht, wie ich sie will!“

Der Herr aber entgegnete: „Du bist auch nicht gemacht, um an ihr Genüge zu haben. Hast du wie die Tiere die Augen zur Erde gewendet? Du sollst auf ihr zu Hause sein, aber der anderen Heimat, die du hast, gedenken. Dazu bist du da.“

(Max Mell)

Münchhausen erzählt: Das Pferd auf dem Kirchturm

Meine erste Reise nach Russland unternahm ich mitten im tiefsten Winter. Denn im Frühling und im Herbst sind die Straßen und Wege in Polen, Kurland und Livland vom Regen so zerweicht, dass man stecken bleibt, und im Sommer sind sie knochentrocken und so staubig, dass man vor lauter Husten nicht vorwärts kommt. Ich reiste also im Winter und, weil es am praktischsten ist, zu Pferd. Leider fror ich jeden Tag mehr, denn ich hatte einen zu dünnen Mantel angezogen, und das ganze Land war so zugeschneit, dass ich oft genug weder Weg noch Steg sah, keinen Baum, keinen Wegweiser, nichts, nichts, nur Schnee.

Eines Abends kletterte ich, steif und müde, von meinem braven Gaul herunter und band ihn, damit er nicht fortlief, an einer Baumspitze fest, die aus dem Schnee herausragte. Dann legte ich mich nicht weit davon, die Pistolen unterm Arm, auf meinen Mantel und nickte ein.

Als ich erwachte, schien die Sonne. Und als ich mich umgeschaut hatte, rieb ich mir erst einmal die Augen. Wisst ihr, wo ich lag? Mitten in einem Dorf, und noch dazu auf einem Kirchhof! Donner und Doria!, dachte ich. Denn wer liegt schon kerngesund, wenn auch ziemlich verfroren, auf einem Kirchhof? Außerdem war mein Pferd verschwunden! Und ich hatte es doch neben mir angepflockt! Plötzlich hörte ich's laut wiehern. Und zwar hoch über mir! Nanu! Ich blickte hoch und sah das arme Tier am Wetterhahn des Kirchturms hängen. Es wieherte und zappelte und wollte begreiflicherweise wieder herunter.

Aber wie um alles in der Welt war's denn auf den Kirchturm hinaufgekommen? Allmählich begriff ich, was geschehen war. Also: Das Dorf mitsamt der Kirche waren eingeschneit gewesen, und was ich im Dunkeln für eine Baumspitze gehalten hatte, war die Wetterfahne der Dorfkirche gewesen! Nachts war dann das Wetter umgeschlagen. Es hatte getaut. Und ich war, während ich schlief, mit dem schmelzenden Schnee Zentimeter um Zentimeter hinabgesunken, bis ich zwischen den Grabsteinen aufwachte.

Was war zu tun? Da ich ein guter Schütze bin, nahm ich eine meiner Pistolen, zielte nach dem Halfter, schoss ihn entzwei und kam auf diese Weise zu meinem Pferd, das heilfroh war, als es wieder Boden unter seinen Hufen hatte. Ich schwang mich auf den Sattel, und unsere abenteuerliche Reise konnte weitergehen.

(Nach Erich Kästner)

Auch aus gegebenen Anfangsbuchstaben eines Wortes kann man eine Geschichte erfinden. Schreibe zuerst die Buchstaben eines beliebigen Wortes, z. B. deines Vornamens, in Blockschrift untereinander auf. Danach verwende diese Buchstaben als Anfangsbuchstaben des Wortes, mit dem du den Satz beginnen willst. Achte jedoch darauf, dass die aufeinander folgenden Sätze inhaltlich zusammenpassen, sodass ein zusammenhängender Text entsteht (Akrostichontechnik). Von oben nach unten gelesen müssen die Anfangsbuchstaben die Überschrift ergeben.

GESPENSTERHAUS

Gestern hörte ich von einem Geisterhaus, das sich am Ende der Straße, in der ich wohne, befinden soll.

Es ist schon seit Jahren unbewohnt, und die Leute erzählen, dass es in dem Haus nachts spuke.

Seine letzten Besitzer sind schon vor Jahren ins Ausland verzogen.

Paul, mein Freund, und ich beschlossen in das Haus zu schleichen um festzustellen, ob es in dem Haus wirklich Gespenster gebe.

Es war nicht schwierig, durch ein eingeschlagenes Fenster in das Haus einzusteigen.

Natürlich funktionierte das elektrische Licht nicht, sodass wir uns mit Hilfe einer mitgebrachten Taschenlampe zurechtfinden mussten.

Schon wollten wir uns wieder zurückziehen, als wir vom Dachboden ein unheimliches Heulen vernahmen, das uns vor Angst erschauern ließ.

Trotzdem wagten wir es die knarrende Tür zum Dachboden zu öffnen.

Einer nach dem anderen betrat die Bodenkammer, aber wohl war uns dabei nicht zu Mute.

Rauschend umkreiste uns plötzlich ein unsichtbares Wesen.

„**H**ast du gesehen, was es ist?“, fragte mich Paul.

Aber ich konnte nur stumm verneinen.

Unsere Angst wuchs noch, als wir durch das geöffnete Dachbodenfenster einen Schatten davonfliegen sahen.

Später stellte sich heraus, dass sich in dem Dachboden ein Käuzchen eingenistet hatte, das durch seine schaurigen Rufe die Leute erschreckte.

Lustig ist es auch, vorgegebene Texte (Gedichte) fortzuführen oder nachzugestalten, wie die folgenden Beispiele zeigen.

Von Eva Rechlin stammt dieser Text:

Stellt euch vor, wir hätten keine Eichenblätter mehr!
Womit blättern wir danach die Eichen?

Stellt euch vor, wir hätten keine Zeichenstifte mehr!
Womit stiften wir danach die Zeichen?

Stellt euch vor, wir hätten keine Ziegelsteine mehr!
Womit steinen wir danach die Ziegel?

Stellt euch vor, wir hätten keine Spiegeleier mehr!
Womit eiern wir danach die Spiegel?

Stellt euch vor, wir hätten keine Flaschenöffner mehr!
Womit öffnen wir danach die Flaschen?

Stellt euch vor, wir hätten keine Taschentücher mehr!
Womit tüchern wir danach die Taschen?

Stellt euch vor, wir hätten keine Kegelkugeln mehr!
Womit kugeln wir danach die Kegel?

Stellt euch vor, wir hätten keine Segelboote mehr!
Womit booten wir danach die Segel?

Spiele weiter und setze den Text mit den folgenden Wörtern fort: Damenhüte, Suppenschüsseln, Puppenmütter, Bilderbücher, Butterblumen, Sonnennetze, Fledermäuse, Lattenzäune, Nasenbohrer, Nudelsuppe, Schneckenhäuser, Klapperschlangen!

Auch das folgende Gedicht von James Krüss lässt sich leicht nachahmen. Es beginnt so:

Eine Frau und zweiundzwanzig Tiere

Es war mal eine **Frau**,
die hatte einen **Pfau.**
Der Pfau war ihr zu **bunt**,
da nahm sie einen **Hund**.
Der Hund war ihr zu **brav**,
da nahm die Frau ein **Schaf**.
Das Schaf schrie nach dem **Schäfer**,
da nahm sie einen **Käfer**.
Der Käfer kroch zu **fleißig**,
da nahm sie einen **Zeisig**.
Der Zeisig sang zu **viel**,
da kam ein **Krokodil**.
Das Krokodil war **roh**,
da nahm sie einen **Floh**.
Der Floh stach sie ins **Bein**,
da kaufte sie ein **Schwein**.
Das Schwein war ihr zu **faul**,
da nahm sie einen **Gaul**.

Setze das Gedicht fort!

Verfasse ein ähnliches Gedicht! Es könnte so beginnen:

Es war einmal ein Mann,
der hatte eine Kann'.
Die Kann' war ihm zu groß,
da baute er ein . . . .

Auch alte Märchen lassen sich umgestalten und parodieren. Eine Parodie ist eine komische, übertriebene Darstellung eines dichterischen Textes.

Isolde, 12, hat versucht, das Märchen vom Rotkäppchen zu parodieren. Sie sollte dabei möglichst viele Firmennamen, wie sie einem täglich im Fernsehen und auf Plakaten begegnen, verwenden.

Rotkäppchen heute

„Rotkäppchen", rief die Mutter, „du musst zur Großmutter gehen und ihr KAISERS BRUSTKARAMELLEN bringen, denn sie ist schrecklich verkühlt!"

„Gern“, sagte das Rotkäppchen, „aber ich nehme auch eine Packung SOFTI-Taschentücher mit.“

Als Rotkäppchen kurze Zeit später mit den neuen ELEFANTIS-Schuhen von DELKA, frisch geputzt mit PICO-BELLO, durch den Wald zur Großmutter eilte, begegnete ihm der Wolf. Er fuhr auf seinem neuen Citybike, das er kürzlich von einem Onkel zum Geburtstag geschenkt bekommen hatte, und war sehr hungrig. Er hatte nämlich beim Frühstück seine Dose CHAPPI-Wolfsfutter nicht öffnen können. Sein FAKELMANN-Dosenöffner war nämlich kaputt.

Der Wolf begleitete das Mädchen bis zum HANSE-Fertigteilhaus der Großmutter und schlug ihm vor, noch ein paar SMARTIES beim ADEG-Kaufmann zu holen, er werde bei der Großmutter auf sie warten. Inzwischen schlich der Wolf durch die sicherheitsverstärkte DANA-Tür an der REGINA-Küche vorbei ins KIKA-Schlafzimmer und fraß die Großmutter samt und sonders auf.

Als Rotkäppchen zurückkam, lag der Wolf, bekleidet mit dem ADIDAS-Jogginganzug der Großmutter im JOKA-Bett. Ohne Umstände verschlang er sogleich auch das Rotkäppchen.

Der Jäger, der kurze Zeit später mit seinem SUBARU-Allradwagen am Haus vorbeifuhr, wollte nachsehen, wie es der alten Frau ginge. Statt der Großmutter fand er den schnarchenden Wolf im Bett der Großmutter. Böses ahnend öffnete der Jäger mit seinem Schweizer Allzweckmesser IMMERSCHARF den Bauch des Wolfes und war sehr überrascht, als er nicht nur die Großmutter mit ihrem QUELLE-Nachthemd fand, sondern auch das Rotkäppchen zum Vorschein kam. Zum Glück waren sie noch unverdaut. Zu dritt füllten sie nun den Bauch des Wolfes mit THERMO-PLUS-Hohlraumziegeln und nähten ihn mit der PFAFF-Automatik-Nähmaschine wieder fein säuberlich zu.

Nachdem das Rotkäppchen wieder zu Hause war, eilte es sogleich zum PHILIPS-Farbfernseher um die neueste MINIZIB zu hören. Dort konnte es zu seiner Genugtuung erfahren, dass der Wolf trotz der Einnahme von vier Schachteln DARMOL-Abführtabletten die Hohlblockziegel nicht los werden konnte und sich im AKH (Allgemeinen Krankenhaus) einer Operation unterziehen lassen musste. In der Intensivstation schwebt er in Lebensgefahr. An seinem Aufkommen wird ärztlicherseits gezweifelt.

Gestalte auf ähnliche Weise das Märchen von Hänsel und Gretel um! Lass dabei die beiden Kinder böse sein und die Hexe gut!

Aufgaben:

a) Denke dir zu einigen der folgenden Überschriften Geschichten aus!

Ein erfundenes Märchen
Weshalb die Schnecke ihr Haus auf dem Rücken trägt
Warum der Esel lange Ohren hat
Wie der Elefant zu einem langen Rüssel gekommen ist
Weshalb sich der Frosch aufbläht
Weshalb das Marienkäferchen schwarze Punkte auf den Flügeln hat

Ein entflohener Wellensittich erzählt von seinen Abenteuern
Ein Käfer (Schmetterling) erzählt von einem gefahrvollen Erlebnis
Ein altes Pferd erzählt
Streit in der Schultasche
Die alten Möbel (die Kleider) werden gesprächig
Was ein alter Lindenbaum zu erzählen weiß
Eine Briefmarke erzählt von ihrer Reise

Was ich auf der Reise in die Vergangenheit erlebt habe
Ein alter Römer (Herr Biedermeier) erlebt unsere Zeit
Ein Tag in tausend Jahren
Mein erster Flug zum Mars

Wenn ich einen Bruder (eine Schwester) hätte
Wenn mir drei Wünsche in Erfüllung gingen
Wenn ich ein Mädchen (ein Junge) wäre
Wenn ich gratis überall reisen dürfte
Ein Personalcomputer wird gesprächig

b) Lass dich durch die Bilder auf den Seiten 62 und 63 anregen und erfinde zu den Bildern eine ausführliche Geschichte!

Angst macht Beine

(Aus: „e. o. plauen, Vater und Sohn“, Gesamtausgabe © Südverlag GmbH Konstanz 1982. Mit Genehmigung der Gesellschaft für Verlagswerte GmbH, Kreuzlingen/Schweiz)

Betrachte die 6 Bilder genau!
Überlege: Was ist vorher geschehen? Was wird nachher sein?
Gib den Beteiligten Namen!
Schreib jetzt die Geschichte nieder!

c) Wähle aus den nachstehenden Wortreihen eine aus und verfasse eine Geschichte!

Mädchen – Ball – Krankenhaus
Knabe – Boot – Fischer
Hund – Katze – Wurst
Katze – Rabe – Fleisch
Fußball – Fensterscheibe – Polizei
Motorrad – ich
Alarmglocke – Aufregung – gutes Ende
Keller – Bettler – Brief

d) Schreib nach folgenden Grundgedanken ausführliche Aufsätze! Verwende dabei die direkte Rede!

Nimm an, Till Eulenspiegel lebte in unserer Zeit; erweitere den Erzählkern:

Eulenspiegel als Automechaniker. Er bekommt den Auftrag einen Wagen abzuschmieren und nicht mit dem Fett zu sparen. Eulenspiegel beschmiert nun den ganzen Wagen innen und außen dick mit Fett.

Eulenspiegel als Anstreicher. Er soll Fenster streichen. Eulenspiegel bestreicht auch die Glasscheibe dick mit Farbe, sodass man nicht mehr durchsehen kann.

Eulenspiegel als Frisör. Er soll einer Dame das Haar schneiden und dann in Wellen legen. Eulenspiegel schneidet der Dame alle Haare bis auf den Haarboden ab und legt die langen Haare dann auf dem Tisch in Wellen zusammen.

e) Erfinde Parallelgeschichten zu den Erzählungen über Münchhausen. Zum Beispiel:

Münchhausen als Flieger, als Astronaut, als Tiefseeforscher.

Was würde der fantasievolle Aufschneider nicht alles zu erzählen wissen?

f) Erfinde Geschichten zu den Themen „Zerstreutheit" und „Reisefieber"!

g) Lies das Epos „Reineke Fuchs" von Goethe und versuche, eine Szene in Form eines Spieles aus dem Stegreif zu gestalten!

h) Erzähle weiter:

1. Eines Tages lief ich mit meinen beiden Freunden, dem langen Karl und dem dicken Fritz, in den Wald. Hier entdeckten wir einen großen Findling, der aus einer Fichtenschonung aufragte. Sofort erkletterten wir diesen Felsblock. Da zog Fritz eine bebilderte Zeitschrift hervor. Ein Bild war zu sehen: Von einem hohen Felsen sprang ein Mann in eine gähnende Tiefe. Darunter stand: Der Sprung ins Ungewisse. „Traust du dich?", fragte Karl, „wagst du den Sprung?" Fritz und ich zögerten. Wir beugten uns vor und starrten hinab. Unter uns lag der Fichtenwald so dicht, dass man kein Stückchen Boden sah. Da trat Karl an den Rand des Abgrundes und murmelte: „Je mehr Zweige, desto größer der Widerstand." . . .

(Nach Bruno Brehm)

2. In der Nähe unseres Dorfes lag ein großer Steinbruch. Dort umherzuklettern, war für uns Buben sehr verlockend. Leider war dies nicht immer möglich, denn tagsüber werkten die Arbeiter dort, und am Abend war es meist schon zu dunkel. Sonntags aber verboten es uns die Eltern. Eines Tages, es war ein Feiertag, schlich ich mich unter dem Vorwand von zu Hause weg, zu meinem Freund Fritz zu gehen. Das stimmte insofern, als ich mich wirklich mit Fritz traf. Wir gingen jedoch nicht in den großen Garten hinter dem Wohnhaus der Eltern meines Freundes, sondern . . .

3. Der 20-jährige Rudolf H. und sein Freund, der schwerinvalide 21-jährige Johann A., unternahmen eine Spazierfahrt auf dem Traunsee. Plötzlich sahen sie, dass Wasser in das Boot eindrang. Schon wenige Minuten später sank das Boot, 400 Meter vom Ufer entfernt. Rudolf H. war ein mäßig guter Schwimmer, doch der

Invalide Johann konnte gar nicht schwimmen. Und doch sollten beide mit dem Leben davonkommen . . .

i) Erfinde einen Anfang und einen Schluss:

. . . verlangte fünf Plätze. Zuerst wollte sie ihm die Kassiererin nicht geben, da sagte der Granitblock bloß oho, und schon hatte er die fünf Billette. Er hatte erste Reihe gelöst, weil er seine Brille vergessen hatte. Als er sich auf seine fünf Plätze setzte, krachten gleich alle Armlehnen zusammen, und dann fing das Vorprogramm an. Der Granitblock schaute interessiert zu und bestellte in der Pause zehn Eiscremes, die er sofort hinunterschluckte. Jetzt fing der Hauptfilm an, und der Granitblock unterhielt sich ausgezeichnet. Da er an Humor nicht gewöhnt war, musste er über jede Kleinigkeit lachen, zum Beispiel wenn eine Tante zur anderen sagte, na, altes Haus? Er schlug sich auf die Schenkel und lachte, dass das ganze Kino zitterte und die Leute durch die Notausgänge flüchteten. Als dann eine Tante der anderen mit dem Schirm auf den Kopf schlug, war der Granitblock nicht mehr zu halten. Er hüpfte jaulend auf und ließ sich auf die Sessel plumpsen, sodass diese sogleich zusammenbrachen . . .

(Aus: Elisabeth Borchers,
„Das große Lalalu“)

Geschichten nacherzählen

Anmerkung: Der moderne Aufsatzunterricht räumt dieser Aufsatzgattung den ihr gebührenden Platz ein, denn sie ist für den schriftlichen Ausdruck ebenso von Bedeutung wie andere Aufsatzformen, kommt man doch im Leben häufig in die Lage, Gehörtes oder Gelesenes mündlich oder schriftlich nachzuerzählen, sei es in Form eines Briefes, sei es als Referat. Allerdings ist das Abfassen von Nacherzählungen viel schwieriger, als dies den Methodikern früher schien, denn die Nacherzählung verlangt eine vollständige gedankliche Durchdringung des Stoffes und die Auswahl des Wesentlichen bei der Wiedergabe.

Wir üben sie als Nacherzählung mit verändertem Standpunkt, als Kürzung, als Erweiterung und, auf höherer Stufe, als Kurzgeschichte (siehe diese!).

Bei der Nacherzählung können die Texte unmittelbar nach dem Hören oder Lesen nacherzählt werden oder erst einige Tage später (mit oder ohne vorherige Ankündigung). Die zweite Art ist eher zu empfehlen, denn sie führt den Schüler zu größerer sprachlicher Selbständigkeit. Man wähle für die Unterstufe keine langen Erzählungen mit verknüpfenden Handlungen, denn diese können von Schülern dieser Altersstufe nur schwer wiedergegeben werden. Sehr gut eignen sich dagegen Märchen und Sagen, die Fabeln Lessings, die Erzählungen J. P. Hebels.

Lies die folgende Geschichte aufmerksam durch!

Mein Freund und ich

Eines Tages rangen Karl und ich miteinander in knabenhaftem Übermut. Aber der Parkettboden war glatt, wir beide, noch fest umschlungen, glitten aus, und ich stürzte dabei mit dem Hinterhaupt auf die scharfe, harte Kantenecke einer offenen Schreibtischlade. War es das Möbel, oder war es mein Schädel, was so gekracht hatte? Einen Augenblick lang blieb ich betäubt, dann erhob ich mich etwas unsicher und griff mir an den Kopf. Er blutete nicht, aber eine große Beule war im Nu aufgeschwollen.

Über diesen Ausgang unserer Unterhaltung zutiefst erschrocken wurden wir kleinlaut.

An diesem Tag spielten wir nicht weiter. Ich schlug vor, keinem Menschen von diesem Vorfall etwas zu sagen, wir schworen's einander zu, und dann begab ich mich, noch etwas schwindlig, auf den Heimweg.

Am nächsten Morgen erwachte ich mit dumpfen, pochenden Schmerzen, die ich natürlich verschwieg. Denn hätte ich sie verraten, so wäre ich gefragt worden, wie ich mir die Beule zugezogen, und hätte ich zugegeben, dass mir dies beim Spiel mit Karl geschehen sei, so wäre unfehlbar – dazu kannte ich meinen Vater nur zu gut! – der weitere Verkehr mit ihm verboten worden. Und dies durfte nicht sein! Um keinen Preis der Welt durfte dies sein! Allerhand Pläne gingen mir für den Fall der Entdeckung durch den Kopf, nahmen aber noch nicht feste Umrisse an. Dieser Zustand der Angst, den Freund zu verlieren, dauerte zwei Tage. Da ich während ihrer natürlich zur Schule musste, so ging in dieser Zeit ein wahrer Platzregen von „Nichtgenügend" über mein wundes, benommenes Haupt nieder. Besonders der Mathematiker und der Naturwissenschaftler hatten es auf mich abgesehen. Dabei wuchsen die Schmerzen von Stunde zu Stunde, zogen sich vom Hinterhaupt zum Nacken herunter und von dort in die linke Seite des Halses. Dann platzte die Bombe!

Am dritten Nachmittag nach dem Ereignis wurde ich von den Eltern zum gemeinsamen Spaziergang befohlen. Widerrede gab es nicht, obwohl mein schlechtes Aussehen nicht unbemerkt geblieben war. Aber gerade deshalb musste ich mit, weil es doch keinen anderen Grund haben konnte, als dass ich zuwenig in frischer Luft war. Also gingen wir – ich immer drei Schritte den Eltern voran – durch die Schmidgasse hinunter, am Rathaus vorüber der Inneren Stadt zu. Da warme Jahreszeit war, trug ich einen sogenannten Girardihut. Aber wie trug ich ihn? Zum Ärger meiner Eltern – schief und in die rechte Stirnseite gedrückt. Zweimal ermahnte mich der Vater im Guten, den Hut ordentlich aufzusetzen, dann riss ihm die Geduld! Mit ein paar Schritten war er bei mir und presste mir mit einem wuchtigen Ruck den harten Innenrand des Strohhutes in die richtige Lage. Ich hätte aufschreien mögen, muckste jedoch nicht. Da war aber auch schon eine verdächtige Röte bemerkt worden, die sich aus den Haaren hinter dem linken Ohr in den Nacken verbreitete. Diese Entdeckung ereignete sich genau beim Wetterhäuschen des an die Stadiongasse grenzenden Rathausparkes. Der Spaziergang wurde sofort abgebrochen.

Zu Hause angekommen nahm man mich sogleich ins Gebet. Ob mir etwas weh tue? Nach einigem Zögern: Ja. Was mich schmerze? Ich wie früher: Der Kopf. Wo? – Ich schwieg.

Da machte der Vater kurzen Prozess und fuhr mir durch die Haare, und im nächsten Augenblick riss er die Hand an die Augen: Eiter, Blut! – Ich verlor die Besinnung.

(Anton Wildgans)

Gliedere nun den Inhalt in Abschnitte und vergleiche anschließend deine Gliederung mit der folgenden Übersicht über die Hauptgedanken!

a) Ringkampf mit Freund, Sturz, Blutbeule auf dem Kopf.
b) Verheimlichung, trotz heftiger Schmerzen.
c) Der Vater setzt seinem Sohn bei einem Spaziergang den Hut zurecht. Dabei platzt die Beule.
d) Verhör. Ohnmacht des Buben beim Anblick des Blutes.

Versuche nun auf Grund dieser Gliederung den Inhalt auf die nachfolgende Weise kurz anzugeben!

Inhaltsangabe der Erlebniserzählung „Mein Freund und ich“

Der Dichter Wildgans erzählt ein Erlebnis aus seiner Jugend:

Bei einem Ringkampf mit Karl, seinem Freund, stürzt er und fällt mit dem Kopf auf die scharfe Kante einer Schreibtischlade. Eine große Beule ist die Folge. Trotz heftiger Schmerzen erzählt er seinen Eltern von dem Vorfall jedoch nichts, um nicht den Umgang mit Karl verboten zu bekommen.

Benommen besucht er weiter die Schule und versagt bei Prüfungen vollkommen. Erst am dritten Nachmittag platzt die Bombe.

Bei einem Spaziergang mit seinen Eltern trägt er seinen Hut stark auf die rechte Seite gerückt, da ihn die Beule auf der linken Seite des Kopfes schmerzt. Seinem Vater missfällt dies, er fordert ihn mehrmals auf, den Hut gerade aufzusetzen. Da er die Anordnung nicht befolgt, reißt seinem Vater die Geduld, und er drückt dem Buben den Hut kräftig auf die linke Seite. Dabei platzt die Blutbeule, die Rotfärbung wird bemerkt, der Spaziergang wird abgebrochen.

Zu Hause gibt es ein strenges Verhör, bei dem Anton trotz starker Schmerzen verstockt schweigt. Da fährt der Vater seinem Sohn mit der Hand durch das Haar und stellt erschrocken Blut und Eiter fest. Darüber fällt Anton in Ohnmacht.

Nun drücke den Inhalt mit eigenen Worten in einer zusammenhängenden Erzählung aus! Vergleiche mit dem nachfolgenden Aufsatz!

Gekürzte Nacherzählung der Geschichte „Mein Freund und ich“

Der Dichter Anton Wildgans erzählt:

Als ich noch ein Bub war, raufte ich einmal zum Spaß mit meinem Freund Karl. Da der Parkettboden unseres Zimmers sehr glatt war, stürzte ich und fiel mit dem Kopf auf die Kante einer geöffneten Schreibtischlade. Als ich wieder aufgestanden war, stellte ich zu meinem Schrecken eine große Beule auf meinem Kopf fest. Auch Karl war darüber sehr bestürzt, und wir schworen, von dem Vorfall niemandem etwas zu erzählen.

Am nächsten Morgen hatte ich starke Kopfschmerzen, ging jedoch trotzdem zur Schule, denn hätte ich meinen Eltern von der Ursache der Beule berichtet, wäre mir sicher der Umgang mit Karl verboten worden. Und das durfte unter keinen Umständen sein.

An den folgenden Tagen bekam ich bei Prüfungen in der Schule ein Nichtgenügend nach dem anderen, denn ich konnte wegen meiner Schmerzen nicht aufmerken.

Am dritten Nachmittag platzte dann die Bombe. Ich musste mit meinen Eltern spazieren gehen. Dabei trug ich meinen Hut stark nach rechts gerückt, da ich ja auf der linken Seite des Kopfes die schmerzhafte Beule hatte. Das missfiel aber meinem Vater. Er sagte: „Setz den Hut gerade auf!“ Ich tat jedoch nichts dergleichen. Er wiederholte die Aufforderung, und dann riss ihm die Geduld. Er drückte mir den Hut fest auf die linke Seite! Ich hätte aufschreien mögen, doch verbiss ich meine Schmerzen. Da bemerkte man eine verdächtige Rotfärbung hinter meinem linken Ohr, wir kehrten daher sofort nach Hause zurück.

Dort gab es ein strenges Verhör, bei dem ich nur gestand, dass ich Kopfschmerzen hätte. Da fuhr mir mein Vater mit der Hand durch die Haare und entdeckte – oh Schreck! – Blut und Eiter. Dabei wurde ich ohnmächtig.

Wodurch unterscheidet sich die Inhaltsangabe von der Nacherzählung?

Beachte die folgenden Ratschläge:

a) In der gekürzten Nacherzählung (Kürzung) wird der Inhalt der Geschichte mit eigenen Worten erzählt. Es müssen daher die Merkmale der Erzählung beachtet werden. (Sieh Abschnitt „Erlebniserzählung“!)
Die wörtliche Rede darf angewendet werden; die geeignete Zeitstufe ist die Mitvergangenheit (Präteritum).

b) Die Inhaltsangabe ist keine Erzählung, sondern ein Bericht. Sie gibt nur das Wesentliche des Inhalts in knapper Form und sachlicher Sprache wieder.
Achte jedoch auf den klaren Zusammenhang der einzelnen Abschnitte und lass nur unwesentliche Einzelheiten weg! Der Leser muss sich aus der Inhaltsangabe ein Bild des Geschehens machen können.
Die wörtliche Rede ist zu vermeiden, die geeignete Zeitstufe für die Inhaltsangabe ist die Gegenwart (das Präsens).

Stoffe für Nacherzählungen und Inhaltsangaben

Bearbeite die folgenden Stoffe auf die oben angeführte Weise und gib sie zuerst als Nacherzählung, dann als Inhaltsangabe wieder!

Auf der Bahnstrecke

Auf der Bahnstrecke zwischen Fiers und Doufort in Frankreich tat der Weichensteller Andreux seinen täglichen Dienst. Um die Mittagsstunde kreuzten dicht neben seinem Häuschen zwei Züge.

Kurz vor dieser Zeit sandte ihm seine Ehefrau durch den Sohn, wie jeden Tag, das Mittagessen. Der Junge sprang auf seinem Weg zum Vater von Schwelle zu Schwelle, glitt aber kurz vor seinem Ziel aus und fiel so unglücklich, dass er sich ohne Hilfe nicht erheben konnte. Der Vater, der das gesehen hatte, wollte dem Sohn schnell zu Hilfe kommen. Im gleichen Augenblick ertönte aber das Signal zum Weichenstellen, da der Schnellzug heranraste. Die Pflicht gebot, einen Zusammenstoß zwischen ihm und dem Expresszug zu vermeiden; andererseits wollte doch der Vater seinem Kinde helfen.

Rettete er aber erst den Sohn vor dem herannahenden Schnellzug, so kam das Leben vieler Hunderter, das ihm anvertraut war, in höchste Gefahr.

In diesem seelischen Konflikt drehte er zuerst die Weiche und wollte dann seinem Jungen zu Hilfe eilen. Es war jedoch zu spät, der Bejammernswerte befand sich bereits unter den Rädern des Schnellzuges. Obwohl der zum Halten gebracht wurde, konnte nur noch die Leiche des kleinen Andreux geborgen werden.

Der pflichtgetreue Beamte erhielt vom Präsidenten der Republik das Kreuz der Ehrenlegion. Damit wurde ein verdienter Mann ausgezeichnet, der das Leben seines einzigen Kindes in die Schanze geschlagen hatte, um das von Hunderten zu erhalten.

Die Mutter des Getöteten aber nannte ihren Mann den Mörder seines eigenen Kindes. Sie ertrug das Geschehene nicht und musste in eine Nervenheilanstalt gebracht werden, wozu die Leute wieder den alten Satz äußerten: „Was dem Vater nur bis zum Knie geht, das geht der Mutter bis ans Herz.“

(Herbert Kranz)

Inhaltsangabe:

Einem Weichensteller schickt seine Frau durch ihren kleinen Sohn das Mittagessen zur Arbeitsstelle. Auf dem Weg stürzt der Bub auf die Schienen und kann sich nicht mehr erheben. Der Vater will ihm zu Hilfe eilen, da hört er das Signal, das das Nahen des Schnellzuges ankündigt. Rettet er das Kind, kann er nicht rechtzeitig die Weichen stellen, und der Schnellzug stößt mit dem fast gleichzeitig aus der Gegenrichtung kommenden Express zusammen.

In diesem seelischen Zwiespalt stellt er zuerst die Weichen, dann eilt er seinem Sohn zu Hilfe.

Es ist jedoch zu spät, der Bub wird überfahren.

Wegen seiner Pflichttreue wird der Eisenbahner ausgezeichnet.

Seine Frau kann ihm jedoch nicht verzeihen, sie sieht in ihm den Mörder ihres Kindes.

Aufgabe: Erzähle die Geschichte nach! Lass dabei den Eisenbahner erzählen, in einem anderen Aufsatz die Mutter!

Erweitere die Geschichte durch Einzelheiten! Suche für das Ende der Geschichte eine andere Lösung!

Der kluge Richter

Ein reicher Mann hatte eine beträchtliche Geldsumme, welche in ein Tuch eingenäht war, aus Unvorsichtigkeit verloren. Er gab daher seinen Verlust bekannt und bot, wie man zu tun pflegt, dem ehrlichen Finder eine Belohnung an, und zwar hundert Taler. Da kam bald ein guter und ehrlicher Mann daher. „Dein Geld habe ich gefunden. Dies wird's wohl sein! So nimm dein Eigentum zurück!“ So sprach er mit dem heiteren Blick eines ehrlichen Mannes und eines guten Gewissens, und das war schön. Der andere machte auch ein fröhliches Gesicht, aber nur, weil er sein verloren geglaubtes Geld wieder hatte. Denn wie es um seine Ehrlichkeit aussah, das wird sich bald zeigen. Er zählte das Geld und dachte unterdessen geschwind nach, wie er den treuen Finder um seine versprochene Belohnung bringen könnte. „Guter Freund“, sprach er hierauf, „es waren eigentlich achthundert Taler in dem Tuch eingenäht. Ich finde aber nur noch siebenhundert

Taler. Ihr werdet also wohl eine Naht aufgetrennt und Eure hundert Taler Belohnung schon herausgenommen haben. Da habt Ihr wohl daran getan. Ich danke Euch.“ Das war nicht schön. Aber wir sind noch nicht am Ende. Ehrlichkeit währt am längsten, und Untreue schlägt ihren eigenen Herrn.

Der ehrliche Finder, dem es weniger um die hundert Taler als um seine unbescholtene Rechtschaffenheit zu tun war, versicherte, dass er das Päckchen so gefunden habe, wie er es bringe, und es so bringe, wie er's gefunden habe. Am Ende kamen sie vor den Richter. Beide bestanden auch hier noch auf ihrer Behauptung; der eine, dass achthundert Taler eingenäht gewesen seien, der andere, dass er von dem Gefundenen nichts genommen und das Päcklein nicht versehrt habe. Da war guter Rat teuer. Aber der kluge Richter, der die Ehrlichkeit des einen und die schlechte Gesinnung des anderen im Voraus zu kennen schien, griff die Sache so an: Er ließ sich von beiden über das, was sie aussagten, eine feste und feierliche Versicherung geben und tat hierauf folgenden Ausspruch: „Demnach und wenn der eine von euch achthundert Taler verloren, der andere aber nur ein Päckchen mit siebenhundert Talern gefunden hat, so kann auch das Geld des Letzteren nicht das Nämliche sein, auf welches der Erstere ein Recht hat. Du, ehrlicher Freund, nimmst also das Geld, welches du gefunden hast, wieder zurück und behältst es in guter Verwahrung, bis der kommt, welcher nur siebenhundert Taler verloren hat. Und dir da weiß ich keinen Rat, als du geduldest dich, bis derjenige sich meldet, der deine achthundert Taler findet.“ So sprach der Richter, und dabei blieb es.

(J. P. Hebel)

Inhaltsangabe:

Ein Mann verliert eine große Geldsumme und verspricht dem ehrlichen Finder eine Belohnung.

Der Finder bringt das Geld, und der Verlierer will den ehrlichen Mann um den Finderlohn prellen.

Er verdächtigt ihn, den Finderlohn bereits an sich genommen zu haben.

Der Finder geht zum Richter; dieser durchschaut die Sache.

Er fällt ein kluges Urteil, das den Undankbaren straft und den ehrlichen Mann belohnt.

Wie die Schildbürger ihr Rathaus bauten

Nach harter Arbeit und gemeinsamem Schaffen hatten die Schildbürger ihr neues Rathaus hergestellt. Wohlgefällig betrachteten sie das Meisterwerk und schritten stolz zur ersten Sitzung.

Wie erstaunten sie aber, als sie in allen Räumen nicht die Hand vor den Augen sahen! Die Narren hatten versäumt, Fenster freizulassen. Guter Rat war teuer. Schließlich hatte einer der Bauherren einen glänzenden Einfall. Er meinte, dass man vielleicht das Licht oder den Tag in einem Sack ins Rathaus tragen könne, gleichwie das Wasser in Eimern getragen werde. Diesem Rat stimmten die Schildbürger mit Freuden zu.

Um Mittag versammelten sich Männlein und Weiblein mit allerlei Geschirr vor dem Rathaus. Als die Glocke eins schlug, griffen sie zu Schaufeln, Gabeln und Löffeln, um das Licht einzufangen. In Säcken, Kesseln und Tüten trugen sie es ins Rathaus. Aber so sehr sie sich auch mühten, gewannen sie doch nichts dabei. Das Rathaus blieb dunkel, und die Schildbürger suchten Trost im Wirtshaus.

Die Briefmarkensammlung

Als ich ein Bub von etwa zehn Jahren war, legte ich mir eine Briefmarkensammlung an. Mein Vater sah es nicht gern, er sagte, solche Spielereien hielten mich vom Lernen ab. Aber ich liebte nun einmal alte Briefmarken – liebte sie fast ebenso wie meinen Freund, den Loisl.

Loisl! Ich kann heute, nach fünfzig Jahren, sagen, dass kein menschliches Gefühl mir so schön erschien wie meine Freundschaft mit Loisl. Sie entsprang der Begeisterung, dem überschäumenden Lebensdrang, dem Überfluss und Überschwang der Jugend. Mein Vater war Notar, ein würdiger, angesehener und strenger Herr.

Und ich hatte den Loisl ins Herz geschlossen, dessen Vater ein Holzknecht, dessen Mutter eine Waschfrau war. Ich verehrte und vergötterte meinen Loisl, der zerzaust war wie ein Sperling, weil er geschickter war als ich, weil er selbständig und schnell war wie eine Ratte, weil er Sommersprossen auf der Nase hatte und Steine mit der linken Hand schleudern konnte – ich weiß nicht mehr, was ich so sehr an ihm liebte; aber ich weiß, dass er die größte Liebe meines Lebens war; und es ist selbstverständlich, dass er mein Vertrauter war, als ich die Markensammlung anlegte.

So eine Markensammlung ist etwas Herrliches. Sie ist nicht nur Besitz, sie ist auch Erlebnis. Sie ist der Ausdruck einer ewigen Reisesehnsucht, der Wunsch nach Abenteuer- und Seefahrertum – wie die Kreuzzüge. Mit jeder Marke berührt man ein Stück fernen Landes, ein unbekanntes, geheimes Zauberreich, und bahnt so mit diesen Märchenländern einen persönlichen und vertrauten Verkehr an.

Wir mussten uns mit meiner Markensammlung auf dem Dachboden verstecken, damit uns mein strenger Vater nicht dahinterkomme. Eine alte Truhe stand dort, eine Mehltruhe; in diese verkrochen wir uns mit unserem Schatz wie zwei Mäuse: „Siehst du, die sind aus den Niederlanden! Diese aus Ägypten! Die ist aus Sverige, auch Schweden geheißen!“ Und weil wir so geheimnisvoll tun mussten, war in unserem Treiben etwas unaussprechlich Schönes.

Ein großes Geheimnis war es auch, wie ich mir die Marken beschaffte. In unserer Stadt gab es viele Fabriken, die alles Mögliche herstellten: Jute, Kaliko, Kreton und baumwollene Stoffe für die farbigen Stämme der ganzen Erdkugel. Ich ging zu bekannten und unbekannten Firmen und bettelte um alte Briefmarken. Meine seligsten Stunden waren, wenn ich, auf dem Dachboden kauernd, Stöße verstaubten Papiers durchstöbern und Marken heraussuchen durfte. Fand ich dann Siam und Südafrika, China, Borneo, Brasilien, Neuseeland, Indien, Kongo, so verspürte ich eine beinahe quälende Lust. O Gott, und wenn ich gar eine Briefmarke von Straits Settlements fand oder von Korea, Neuguinea, Sierra Leone, Madagaskar! Dieses Gefühl kann nur ein Jäger verstehen oder ein Schatzsucher oder ein Forscher.

So vergingen ein oder zwei Jahre, es waren die schönsten meines Lebens. Dann aber bekam ich Scharlach, und mein Freund wurde nicht zu mir gelassen, obwohl er in unserem Haus wohnte und jedesmal pfiff, wenn er an unserer Tür vorbeiging. In einer unbewachten

Stunde entwischte ich einmal aus dem Bett – hinaus auf den Dachboden, um nach meinen Marken zu sehen. Ich war so geschwächt, dass es mir Mühe machte, den Deckel der Truhe zu heben – sie war leer! Die Truhe war leer! Die Schachtel mit den Marken war fort. Ich musste eine ganze Weile wie versteinert dagestanden sein. Weinen konnte ich nicht.

Fürchterlich war es, dass meine Marken fort waren, fürchterlicher aber war die Gewissheit, dass kein anderer sie genommen haben konnte als Loisl, mein Freund! Ich weiß nicht, wie ich vom Dachboden herunterkam, weiß nur, dass ich dann wieder in Fieber lag. In klaren Augenblicken gab ich mich meinem Schmerz hin, aber weder dem Vater noch der Tante, die mich pflegte – meine Mutter lebte damals nicht mehr –, vermochte ich etwas über die Ursache meiner Verzweiflung zu sagen. „Ihr versteht mich ja doch nicht“, war alles, was ich auf ihre drängenden Fragen erwiderte. Fast wäre ich an Loisls Verrat gestorben.

Als ich nach vielen Wochen zum ersten Male ausging, stand er auf dem Treppenabsatz. Er wurde hochrot im Gesicht, als er mich erblickte – vor Scham, stellte ich bei mir fest –, er trat auf mich zu und streckte mir beide Hände hin. Ich aber wandte mich ab: „Ich verkehre nicht mehr mit dir“, sagte ich voll Hochmut. Loisl wurde noch röter, und erst nach einer Weile, ich war schon einige Stufen tiefer, hörte ich ihn leise sagen: „Auch recht.“ Seit der Zeit hasste er mich.

Ich machte mir nichts daraus. Nur anfangs, wenn ich sah, dass er neue Freunde hatte, verspürte ich einen Stich im Herz. Aber auch das gab sich mit der Zeit. Ich hatte das Vertrauen zu allen Menschen verloren. Nie wieder habe ich einen Freund gehabt, und als ich heranwuchs, tat ich mir darauf etwas zugute, allein zu sein.

Unlängst aber musste ich in alten Familienurkunden nach einem Schriftstück suchen. Auf dem Dachboden stand ein Kasten voll mit alten Papieren, Briefen, Andenken. In einem Bündel wohl verwahrt fand ich meine Schulhefte. Mein gestrenger Vater hatte sie aufbewahrt und geordnet, ich erkannte seine Schrift auf dem weißen Umschlag: „Mein lieber Bub“, stand darauf, und etwas zog mir die Kehle zusammen, als ich das las. In der Tiefe der Schublade lag eine mit dem Petschaft meines Vaters versiegelte Schachtel. Als ich sie öffnete, fand ich darin die Markensammlung, meine Markensammlung, die mir vor mehr als fünfzig Jahren abhanden gekommen war. Ich trug diese Schachtel wie einen Schatz in mein Zimmer und saß die ganze Nacht davor. Jetzt verstand ich alles. Als ich damals krank war, hatte man meine Sammlung gefunden, und mein strenger Vater hatte sie fortgetan. Wohl nur aus Sorge und Liebe um mich, aber er hätte das nicht tun sollen. Ich sehe ihn vor mir, den strengen Vater, und noch ein anderer tauchte aus der Vergangenheit vor meinem Blick auf: Loisl! Der sommersprossige, der zerzauste Kerl!

Für nichts also hatte ich ihn verworfen.

(Karl Čapek)

Der Vater

In meinem dritten Schuljahr hatte ich eines Tages einem armen Handwerker in unserer Straße ein Fenster eingeworfen. Der Mann lief zu meinem Vater, erzählte ihm meine, wie er glaubte, absichtlich begangene Tat und fügte hinzu, dass ich auch außerdem ein Tunichtgut und Straßentyrann wäre.

Als am Abend mein Vater mir dies alles wieder berichtete und auf ein Geständnis drang, war ich über den Ankläger so empört, dass ich auch den unbestreitbar geschehenen Fensterschuss hartnäckig leugnete. Ich wurde wie gewöhnlich hart gezüchtigt und glaubte nun vollends, meinen Trotz nicht brechen zu dürfen.

So verhielt ich mich einige Tage scheu und feindselig, während mein Vater schwieg und ein Schatten auf dem ganzen Haus lag. In diesen Tagen war ich unglücklicher als jemals zuvor.

Nun musste mein Vater für eine Woche verreisen.

Als ich an jenem Tag aus der Schule kam, war er schon abgereist und hatte ein Brieflein für mich dagelassen. Nach Tisch begab ich mich in die oberste Bodenkammer und öffnete den Brief. Ein schönes Bild fiel heraus und ein Zettel von der Hand des Vaters:

„Ich habe dich für ein Vergehen gestraft, das du nicht gestanden hast. Hast du die Sache dennoch begangen und mich also angelogen, wie soll ich dann noch mit dir reden? Ist's anders, dann habe ich dich mit Unrecht geschlagen. In einer Woche, wenn ich wiederkomme, sollte doch einer von uns dem andern verzeihen können.

Dein Vater."

Den ganzen Tag lief ich beklommen und erregt mit dem Zettel in Haus und Garten herum. Dieses Wort von Mann zu Mann erfüllte mich mit Stolz und Reue und traf mich im Herzen, wie kein anderes Wort es hätte können.

Am nächsten Tag kam ich mit dem Blatt ans Bett meiner Mutter, weinte und fand keine Worte. Darauf ging ich im Hause umher wie nach einer langen Abwesenheit; alles war so alt und neu, war mir wiedergeschenkt und von einem Bann erlöst.

Abends saß ich seit langer Zeit wieder zum ersten Male meiner Mutter zu Füßen und hörte sie erzählen wie in den Kleinkinderjahren. Es kam so süß und mütterlich von ihrem Munde, aber was sie erzählte, war kein Märchen. Sie sagte mir von Zeiten, da ich ihr fremd geworden sei und wie da ihre Angst und Liebe mich begleitete; sie beschämte und beglückte mich mit jedem Wort, und dann redeten wir beide mit Namen der Liebe und Ehrfurcht von meinem Vater und freuten uns mit Sehnsucht auf seine Heimkehr.

Der Tag der Rückkehr war zugleich der letzte Tag vor meinen Sommerferien und vollendete so mein Glück.

Nach einer kurzen Unterredung kam der Vater mit mir aus seinem Studienzimmer hervor und führte mich der Mutter zu, indem er sagte: „Hier hast du unseren Buben wieder, Mama. Er gehört seit heute wieder mir."

„Mir schon seit einer Woche!", rief sie lächelnd dagegen, und wir saßen fröhlich zu Tisch.

(Hermann Hesse)

Weitere Übungsstoffe für Nacherzählungen:

Ein Schelmenstreich Till Eulenspiegels
Ein Schildbürgerstreich
Ein Abenteuer des Freiherrn von Münchhausen
Eine Erzählung von Peter Rosegger oder von Johann Peter Hebel

Ein Abenteuer des Ritters Don Quijote
Eine Sage aus deiner Heimat
Eine Rittersage
Eine Heldensage
Eine Erzählung aus deinem Lesebuch

Siehe auch die Stilproben im 1. Band dieses Aufsatzwerkes!

Erweiterungen, Umformungen, Nacherzählungen mit verändertem Standpunkt

Forme die nachstehenden kurzen Zeitungsberichte in Erlebniserzählungen um, indem du sie durch Einzelheiten bereicherst, den Höhepunkt breit ausmalst und eine andere Person erzählen lässt. Auch kannst du die Handlung zu einem anderen Zeitpunkt einsetzen lassen.

Beispiel:

Pilot gab sein Leben für einen Stadtteil
(Zeitungsbericht)

Am Freitagmorgen um 10.15 Uhr spielte sich über Fürstenfeldbruck Folgendes ab. Hauptmann Higgins von der US-Army war mit einem Düsenjäger vom Typ „F 84“ zu einem Probeflug aufgestiegen. Er hatte die Jagdmaschine, die längere Zeit nicht geflogen und repariert worden war, zu testen. Die Maschine zog über der Stadt einige Schleifen, und es schien alles in Ordnung, da meldete Hauptmann Higgins plötzlich an den Kontrollturm, dass ein Düsenaggregat ausgefallen sei und er an Höhe verliere. Der Offizier im Kontrollturm gab daraufhin den Befehl, sofort mit dem Fallschirm abzuspringen. Doch Higgins wollte das Flugzeug noch aus dem Luftraum über der dicht bevölkerten Stadt weglenken, um nicht Menschenleben zu gefährden. Dabei verlor er so an Höhe, dass er, als er sich endlich von seinem Sitz wegschleudern ließ, zu Boden stürzte, ohne dass sich sein Fallschirm noch hätte öffnen können. Er war sofort tot.

In Fürstenfeldbruck wohnt auch Frau Higgins mit ihren zwei Kindern, die 2 und 8 Jahre alt sind.

Heldenstück des Hauptmann Higgins
(Erlebniserzählung des Soldaten aus dem Kontrollturm)

Als ich am Freitag um 10 Uhr meinen Dienst im Funkturm des Militärflugplatzes von Fürstenfeldbruck antrat, teilte mir mein Vorgesetzter, Major Bird, lakonisch mit, dass in 15 Minuten Hauptmann Higgins mit dem Düsenjäger „F 84 Thundersteak" zu einem Probeflug aufsteigen würde. Die „Thundersteak" war in Reparatur gewesen und sollte nun getestet werden, ehe sie wieder zur Einsatzeinheit kam. Higgins war unser erfahrenster Testpilot, und die Prüfung der Maschine war mehr oder weniger Routinesache.

Ich beobachtete daher ohne besonderes Interesse, dass das Flugzeug glatt von der Startbahn abhob, über Fürstenfeldbruck einige Schleifen zog und dabei zunehmend an Höhe gewann. Alles in Ordnung, dachte ich noch und wollte mich eben der Morgenzeitung zuwenden, als überraschend die Stimme Higgins' im Lautsprecher ertönte: „Hier Higgins auf F 84. Kontrollturm, bitte melden! Mein Dü senaggregat hat plötzlich ausgesetzt, ich verliere an Höhe!"

Ich schaltete sofort zu Major Bird durch und funkte seinen Befehl zurück: „Sofort aussteigen!"

Mit meinem Feldstecher verfolgte ich nun gemeinsam mit Major Bird die Flugbahn der Maschine.

Higgins befand sich eben über dem am dichtesten besiedelten Stadtteil von Fürstenfeldbruck. Wenn er jetzt absprang, sauste die Maschine mitten ins Wohnviertel und explodierte.

Mein Herz klopfte. Ich biss mich nervös auf die Unterlippe. Würde es Higgins noch schaffen, die Kiste von der Stadt wegzusteuern? Er hatte anscheinend diese Absicht, denn das Flugzeug nahm Kurs auf das Wäldchen nördlich der Stadt.

Immer tiefer sank die Maschine. Wenn er jetzt nicht aussteigt, ist es zu spät, schoss es mir durch den Kopf.

Endlich! Die F 84 war nur mehr einige hundert Meter über dem Boden und trudelte schon ab, da sah ich seinen Körper aus dem Flugzeug schnellen. Er hatte den Schleudersitz betätigt, nachdem es ihm doch gelungen war, die Maschine aus dem Luftraum über dem Wohnviertel zu lenken. Ich atmete auf.

Aber warum öffnete sich der verdammte Fallschirm nicht? Mein Herz begann wie rasend zu klopfen. „Higgins!“, schrie ich, „Higgins!“, als ob ihm meine verzweifelten Schreie etwas nutzen könnten! Dann verlor ich ihn aus dem Blickfeld.

Sofort gab ich Notalarm, und wenige Sekunden später sausten zwei Ambulanzwagen in die von mir angegebene Richtung.

Als sie nach einer halben Stunde zurückkehrten, brachten sie Higgins, oder besser, das, was von ihm übrig geblieben war. Sein Leib war völlig zerschmettert, denn sein Fallschirm hatte sich wegen der geringen Höhe nicht mehr geöffnet.

Higgins hatte sein Leben geopfert, um andere vor dem sicheren Tode zu bewahren.

Das war mein Freund Higgins, 31 Jahre alt, Vater von zwei unversorgten Kindern . . . Higgins! Hauptmann Higgins!

Stoffe für Erweiterungen und Umformungen:

Mit brennenden Kleidern auf der Straße

Vor einigen Tagen lief der Bauarbeiter Michael S., lichterloh brennend, quer über die Freyung in der Wiener Innenstadt. S. gehört zu einem Bautrupp, der dort Kabelkanäle aushebt. Es war schon knapp vor Arbeitsschluss, und S. hatte die Aufgabe, die etwa dreißig Lampen mit Petroleum zu füllen, die in der Nacht die Baustellen sichern. Er goss das Petroleum in die Lampen und entzündete sie auch. Plötzlich fuhr ihm eine Stichflamme entgegen, und wenige Sekunden später glich der Arbeiter einer lodernden Fackel. Er ließ die Lampe fallen, die er eben in Händen hielt, und schrie gellend um Hilfe. Dann lief er brennend vor den Augen Hunderter entsetzter Menschen quer über die Freyung zu der wenig entfernten Baustelle, um von seinen Arbeitskollegen Hilfe zu erlangen. Herbert K., ein Bankbeamter, sah den brennenden Menschen über die Kreuzung laufen und rannte ihm kurz entschlossen sofort nach. Mitten auf der Straße holte er den Unglücklichen ein und riss ihm die brennenden Kleider vom Leibe. Er achtete nicht darauf, dass ihm selbst die Flammen die Hände verbrannten. Michael S. brach zusammen. Mit den Händen erstickte K. die Glut am Körper des Arbeiters. Man brachte ihn schnell ins Spital. Der geistesgegenwärtige Helfer aber ging an seinen Arbeitsplatz in die Bank zurück. Später ließ auch er seine verbrannten Finger behandeln.

Aufgabe: Lass den Verunglückten erzählen!

Mit den Händen ausgegraben

Der Landwirt Johann Sch. wollte sich auf seinem Grund einen eigenen Brunnen graben. Der Arbeiter Hermann K. half ihm dabei. Am Abend war der Brunnenschacht bereits vier Meter tief, und K. stand auf dem Boden des Schachts, um die Wände mit Betonringen auszulegen. Sch. leuchtete ihm mit einer Taschenlampe. Plötzlich bemerkte der Bauer, dass sich vom Rand des Schachts Erde löste. „Achtung!", schrie er, aber da stürzte der Schacht auch schon ein, und K. wurde von den Erdmassen begraben. Der Bauer verlor keinen Augenblick den Kopf und keine Sekunde Zeit. Mit den Händen begann er den Verschütteten auszugraben. Sein Schwager, der zur Unglücksstätte gelaufen kam, half ihm dabei. Wenige Sekunden später hatten sie den Kopf des Verschütteten frei gegraben. K. war voll bei Bewusstsein und spürte auch keine Schmerzen. Sch. und sein Schwager schaufelten mit den Händen weiter, bis sie auch die Schultern des Verunglückten freigelegt hatten und keine Gefahr mehr bestand, dass der Arbeiter durch nachrutschende Erde neuerlich begraben würde. Dann alarmierte Sch. die Feuerwehr. Die Feuerwehrleute zogen K. mit einem Rettungsseil aus dem Schacht. Der Verunglückte überstand das lebensgefährliche Abenteuer nahezu unverletzt.

Aufgabe: Lass den Schwager des Landwirtes erzählen!

Schenken ist nicht strafbar

Ein junger Mann ließ die Polizei von Baltimore (USA) in letzter Zeit merkwürdige Dinge erleben. Er wanderte durch die Straßen der ärmlichen Stadtviertel, klopfte an viele Türen, überzeugte sich, ob es den Leuten schlecht ging, und dann drückte er ihnen, je nachdem, 25 oder sogar 50 Dollar in die Hand. Die Polizeibeamten dachten zuerst, das müsse Falschgeld sein, aber die Geldscheine waren echt. Dann war man schnell darüber einig, dass nur ein reumütiger Verbrecher so handeln könne; aber auch dieser Verdacht erwies sich als nicht richtig. So stempelte man den unbekannten Wohltäter zum Irrsinnigen, und dann fand man ihn.

Der junge Mann, der 27-jährige Arthur Foster, wurde auf frischer, sozusagen „auf guter Tat ertappt“ und auf die Polizeistube gebracht. Da stellte sich nun schnell heraus, dass man es keineswegs mit einem Irren zu tun hatte. Arthur Foster hatte von seiner Großmutter vor einiger Zeit 65 000 Dollar geerbt. Da er selbst in den besten Verhältnissen lebt, beschloss er, einen Teil des eben geerbten Vermögens den Armen von Baltimore zu geben. Gedacht, getan! Die Adressen besorgte er sich von der Heilsarmee, aber er überzeugte sich immer auch selbst von der Bedürftigkeit der Bezeichneten. Als sich die Polizei mit ihm beschäftigte, hatte Foster bereits einige Tausend Dollar verschenkt. Dagegen konnte schließlich auch die Polizei nichts einwenden; man ließ den jungen Mann wieder sein Werk aufnehmen. Wer sein Geld verschenkt, kann dafür wohl nicht bestraft werden. Man kann sogar von einem guten, nachahmenswerten Beispiel sprechen. Dass ein reicher Mann freiwillig seinen Reichtum mit anderen teilt, ist ohnedies selten genug.

Aufgabe: Lass den Polizeibeamten erzählen!

Im Jänner dieses Jahres

hatte es in Braunau minus 15 Grad. Ein vierjähriges Mädchen rodelte einen Hang hinunter und geriet dabei in die Enknach. Der dreizehnjährige Realgymnasiast Albert sah den Unfall, sprang in den Bach und packte das Mädchen, das unterzugehen drohte. Er schwamm mit der

Kleinen ans Ufer. Glücklicherweise hat das kalte Bad weder dem Buben noch dem Mädchen geschadet.

Aufgabe: Lass Albert ausführlich erzählen!

Rettung durch Lastauto

Eine Gruppe von Engländern war in einem holländischen Autobus auf der Rückfahrt von Dänemark nach den Niederlanden, als der Bus auf einer Steigung der Autobahn bei Bielefeld infolge Kupplungsschadens anhalten musste. Der Fahrer legte einen Bremskeil unter ein Hinterrad und reparierte dann die Kupplung. Vor dem Wiederanfahren nach beendeter Reparatur entfernte ein Mitreisender den Bremsklotz, und gleichzeitig setzte sich der Bus rückwärts in Bewegung. Als der Fahrer bremsen wollte, versagten plötzlich die Bremsen, und der Bus rollte mit seinen Insassen, immer schneller werdend, die abschüssige Autobahn rückwärts hinunter auf eine zehn Meter hohe Böschung zu. Eine Katastrophe schien unvermeidlich. In diesem kritischen Augenblick kam der Fahrer Zander mit seinem Lastzug angefahren, erkannte die drohende Gefahr und stellte ohne Zögern seinen Zug quer über die Autobahn, um den nach rückwärts rollenden Autobus aufzufangen. Zanders tapfere Tat wurde ein voller Erfolg. Der Bus prallte im nächsten Augenblick gegen den quer stehenden Lastzug und kam dadurch zum Stehen. Lediglich zehn der Insassen erlitten leichte Verletzungen.

Aufgabe: Lass einen Insassen erzählen!

Ein gefundenes Vermögen

hat der redliche Finder sofort zur Polizei getragen. Das Geld war früher als der Verlierer eingetroffen.

Unlängst zögerte der 35-jährige Karl Mayer keinen Augenblick, als er in Wien, in der Schleifmühlgasse, ein Paket mit 55 000,– Schilling fand; er trug das Geld sofort zur Polizei. Als der Verlierer, ein Landwirt aus Hainburg, ein wenig später aufgeregt zur Polizei kam, konnte er das Geld schon in Empfang nehmen. Der Landwirt hatte das Geld in ein Stück Packpapier eingeschlagen und das Paket in seine Brusttasche gesteckt. Als er beim Notar im IV. Bezirk, bei dem er das Geld hinterlassen wollte, in die Brusttasche griff, war die Tasche leer. Der Notar riet ihm, sofort zur Polizei zu gehen. Das tat der Landwirt auch, aber er hatte wenig Hoffnung sein Geld wieder zu bekommen. Umso mehr war er froh, als er es bereits im Kommissariat vorfand. Der ehrliche Finder hat rund 3000,– Schilling Finderlohn bekommen. Er will das Geld dazu verwenden, seine Frau, die eben eine schwere Operation überstanden hat, auf Erholungsurlaub zu schicken.

Aufgabe: Lass den redlichen Finder erzählen!

Stilübungen:

a) Drücke die folgenden Redewendungen oder Sprichwörter in schlichten Sätzen aus! Erkläre ihre Bedeutung!

Da fiel es mir wie Schuppen von den Augen. Ich möchte am liebsten aus der Haut fahren. Daran kann er sich die Zähne ausbeißen. Dem Mann brennt der Boden unter den Füßen. Ihm fiel ein Stein vom Herzen. Sie findet überall ein Haar in der Suppe. Mit ihm habe ich noch ein Hühnchen zu rupfen. Fritz ließ sich einen Bären aufbinden. Wer hat dir diesen Floh ins Ohr gesetzt? Er sollte nicht aus jeder Mücke einen Elefanten machen. Sie wohnten dort, wo sich die Füchse „Gute Nacht!“ sagen. Das hieße Wasser in die Donau schütten oder Eulen nach Athen tragen. Schmücke dich nicht mit fremden Federn! Neue Besen kehren gut. Er fühlt sich als das fünfte Rad am Wagen. Hans hat bei seinem Vorgesetzten einen Stein im Brett. Diesmal ist er noch mit einem blauen Auge davongekommen. Man soll sein Licht nicht unter den Scheffel stellen. Wenn er weiter so über die Schnur haut, wird er bald fertig sein. Der Mann lässt sich kein X für ein U vormachen. Sicher hat er etwas auf dem Kerbholz. Es ist nicht alles Gold, was glänzt.

Wende diese Sprichwörter und Fügungen in deinen Aufsätzen gelegentlich an!

b) Drücke die nachstehenden Gedanken mit Hilfe fester Redewendungen aus! Vergleiche dein Ergebnis anschließend mit den Lösungen im Buch!

1. Hans ist von dem Erlebnis so erfüllt, dass er es anderen mitteilen muss. 2. Karl ist nicht dumm. 3. Der Lehrer hat Erich sehr ausgescholten. 4. Denk darüber nicht zu viel nach! 5. Gretes vorlaute Äußerung hatte böse Folgen. 6. Erich bekam gleich Angst. 7. Der Vernehmungsbeamte hat den Untersuchungshäftling verhört. 8. Manche Leute denken nicht daran, wovon sie am nächsten Tag leben sollen. 9. Erich lebt entschieden über seine Verhältnisse. 10. Er soll seine Schuld besser bei sich suchen.

Lösungen:

1. Wes das Herz voll ist, des geht der Mund über. 2. Karl ist nicht auf den Kopf gefallen. 3. Der Lehrer hat Erich tüchtig den Kopf gewaschen. 4. Lass dir darüber keine grauen Haare wachsen. 5. Grete hat sich den Mund verbrannt. 6. Ernst fiel gleich das Herz in die Hosen. 7. Der Vernehmungsbeamte hat dem Untersuchungshäftling ein bisschen auf den Zahn gefühlt. 8. Manche Leute leben von der Hand in den Mund. 9. Erich lebt auf großem Fuß. 10. Er soll sich nur bei der eigenen Nase nehmen.

c) Drücke die folgenden Sätze durch anschauliche Redewendungen aus! Die Wörter in den Klammern deuten dir die betreffende Fügung an.

Der alte Tischler war damals noch nicht überflüssig in seinem Betrieb. (Rad) – Er ließ sich von niemandem etwas Unrichtiges einreden. (X, U) – Seine Äußerungen waren verständlich und klug. (Hand, Kopf) – Er war ein Mann von der Art, wie man sie früher noch öfters fand. (Schrot, Korn) – Es kam aber die Zeit, wo sein Sohn Hans das Geschäft übernahm. (Zügel) – Dieser lebte verschwenderisch und machte sich wegen der leeren Kasse nur wenig

Sorgen. (Fuß, graue Haare) – Schließlich stand er völlig mittellos da. (Heller) – Er machte Schulden, und als er sah, dass er sie nicht zurückzahlen konnte, flüchtete er ins Ausland. (Boden, Staub) – Zwar gab sein Vater noch nicht die Hoffnung auf (Flinte), doch gelang es ihm nicht, das Geschäft wieder einzurichten. (Sattel)

d) Ergänze die folgenden Wortpaare:

Dieser Volksstamm wurde mit Stumpf und _______ ausgerottet. Das Schiff ging mit Mann und _______ unter. Er war ohne Rast und _______. Sie lief von Pontius zu _______, ohne etwas zu erreichen. Was nicht _______ und nagelfest war, ließ der Einbrecher mitgehen. Sie arbeitete in ihrem Beruf mit Lust und _______. Man darf diese Menschen nicht in Bausch und _______ verurteilen. Die beiden lebten in Saus und _______. Endlich haben wir alles unter Dach und _______. Sie hatten alles in Hülle und _______. Es fehlte an allen Ecken und _______.

e) Drücke den Sinngehalt der nachstehenden Sätze in Wortpaaren aus!

Sie gerät außer sich. (Rand.) – Das Raubtier fraß seine Beute vollständig auf. (Haut, Haare.) – Der Mann war bei jedem Wetter im Freien. (Wind, Wetter.) – Sie ritten über unebenes Gelände. (Stock.) – Er hatte alles verloren. (Haus.) – Er zog immer weiter und gönnte sich nirgends Ruhe. (Rast.) – Die Dame trug kostbare Kleider. (Samt.) – Nach diesem Vorfall wurden mehrere Angestellte völlig überraschend entlassen. (Knall.) – Sei völlig bei der Sache! (Leib.) – Die Gattin teilte das Schicksal ihres Mannes. (Freud'.) – Nur unter großen Schwierigkeiten gelang es ihm zu entkommen. (Müh'.) – Durch den Krieg hatte die Familie ihren ganzen Besitz eingebüßt. (Hab'.)

Über Beobachtungen berichten

Anmerkungen: Während bei einem Erlebnisbericht oder bei einer Erlebniserzählung das zufällig Erlebte aus der Erinnerung wiedergegeben wird, beruht der Beobachtungsbericht auf planmäßigen, bewussten Beobachtungen einer Hantierung, eines Vorganges, eines Geschehens. Der Hauptzweck des Beobachtungsberichtes ist es, den Schüler zu genauem Schauen anzuregen, um dadurch seine Vorstellung zu bereichern. Es genügt aber nicht bloß, genau zu beobachten; das Erschaute muss vielmehr auch durch klare sprachliche Formulierung ins Bewusstsein gehoben werden. „Erst der Ausdruck vollendet den Eindruck", sagt Bruder Christiansen in seiner „Prosaschule". Der Beobachtungsbericht steht in der Mitte zwischen Schilderung, Sachbericht und Beschreibung und ist gleichzeitig eine Vorübung für diese Aufsatzgattungen.

Lies die folgenden Schüleraufsätze aufmerksam durch! Stelle fest, welcher von ihnen auf einer genauen Beobachtung beruht!

a) Meine Schwester beim Spiel

Als ich gestern nach Hause kam, stand ein eigenartiges Bauwerk in der Mitte unseres Zimmers. „Hat hier jemand Holz aufgeschichtet?", fragte ich mich. Doch die Antwort folgte auf dem Fuß, denn meine kleine Schwester kam hereingesprungen und rief: „Hansl, pass auf, dass mir niemand mein Schloss umwirft, ich muss nur geschwind den König dazu holen!"

Sie musste eine sehr rege Fantasie haben, um sich dieses Gebäude als stolzes Königsschloss auszumalen. Ich setzte mich auf einen Sessel, neugierig, wie wohl der König aussehen würde. Bald war sie auch wieder da, ein anderes Scheit in der Hand. Dieses Scheit also war der König, er passte ganz zu seinem Schloss. Nach und nach bekam er auch Gefolgsleute, die aus demselben Stoff bestanden wie ihr König. Meine Schwester ließ den König mit dem Riesengefolge aufmarschieren. Jedes der Scheiter musste einzeln vorwärts geschoben werden. Nun galt es, das Tor aufzubringen, ohne dass der Vorderteil einstürzte. Nach einigen Versuchen, bei denen die Klötze allerdings bedenklich wackelten, gelang es, das Scheit, das als Tor fungierte, wegzuschieben, wobei Schwesterlein aber das Gleichgewicht verlor und gerade auf dem würdigen König zu sitzen kam.

Als die kleine Gesellschaft dann einmarschierte, verklemmte sich ein Span, und der Turm, er sah wenigstens so aus, stürzte ein. Zum Unglück fiel ein ziemlich großer Block auf die Finger meiner Schwester. Ich fürchtete mich schon vor dem Mordsgebrüll, das sie sonst bei solcher Gelegenheit anzustimmen pflegt; doch sie verzog nur einen Augenblick die Mundwinkel und sah prüfend auf den schmerzenden Finger, dann spielte sie ruhig weiter, so, als ob nichts geschehen wäre.

Plötzlich erspähte sie einen meiner Bleireiter auf dem Kästchen. Da sie ihn nicht erreichen konnte, zerrte sie einen Sessel zu dem Möbel, stieg hinauf und holte sich meinen Reiter. Schnell machte sie das Tor des Schlosses auf, der hölzerne König flog davon, entthront von meinem Bleireiter.

Doch plötzlich, als freue sie das Spiel nicht mehr, stellte sie den Reiter auf seinen Platz und bewarf ihr Schloss mit großen Klötzen. Einer flog aber ziemlich weit neben das Ziel, krachte neben mir an die Wand, dass man es in der Küche laut hören musste.

Und wirklich, sofort kam unsere Mutter herein und fragte: „Was treibt ihr denn da? Kommt lieber und helft mir in der Küche!“

Aus war das Spiel.

(Hans, 12 Jahre)

b) Meine Schwester beim Spiel

Gestern beobachtete ich meine Schwester beim Spiel. Sie baute zuerst aus Holz ein Königsschloss, dann holte sie weitere Holzscheite und sagte, das seien der König und seine Gefolgsleute. Den König und sein Gefolge ließ sie dann in das Gebäude einmarschieren. Dabei verklemmte sich ein Span. Der Turm fiel um. Als sie einen Bleireiter erblickte, holte sie sich diesen und erklärte ihn zum König. Plötzlich freute sie ihr Spiel nicht mehr, und sie bewarf ihr Schloss mit Holzklötzen. Da dabei Lärm entstand, kam die Mutter und holte uns in die Küche.

Beachte die folgenden Ratschläge:

Um einen guten Beobachtungsbericht zu schreiben, musst du vorerst einen Vorgang sehr genau beobachten und das Gesehene anschließend b i s i n a l l e E i n z e l h e i t e n mit treffenden Worten ausdrücken!

Noch besser ist es, wenn du schon w ä h r e n d der Beobachtung deine Eindrücke sprachlich festhalten kannst. Wähle für Beobachtungen nur A u s s c h n i t t e von Geschehnissen, z. B. bestimmte Hantierungen! Vermeide bei der Niederschrift Wortwiederholungen, besonders gleiche Satzanfänge!

Prüfe, ob die angeführten Grundsätze in den folgenden Schüleraufsätzen verwirklicht wurden!

Mein Vater beim Einschlafen

Mein Vater kommt müde vom Büro nach Hause. Nach dem Abendessen legt er sich sogleich ins Bett. Er schließt die Augen und dreht sich auf die rechte Seite. Plötzlich wird ein leises Brummen vernehmbar. Ich muss unwillkürlich an einen Bären denken – mein Vater schnarcht. Dann macht er ein saures Gesicht, wahrscheinlich hat er einen bösen Traum. Stöhnend dreht er sich auf die andere Seite. Das Bett kracht in allen Fugen. Schließlich wirft er die Decke von seinem Körper und kommt in seine frühere Lage. Nachdem er einige Male kräftig gehustet hat, zieht er die Decke im Halbschlaf wieder über sich. Bald darauf murmelt er etwas Unverständliches. Nach einiger Zeit hört man ein Krachen; der Wecker ist vom Nachtkästchen gefallen. Mein Vater fährt mit einem Satz im Bett hoch und hebt schlaftrunken den Wecker auf. Dann legt er sich wieder hin und starrt mich entgeistert an. Er schließt die Augen, und man hört wieder ruhige, gleichmäßige Atemzüge. Endlich verfällt er in einen tiefen Schlaf.

(Walter, 12 Jahre)

Das Bad am Samstagabend

Wir haben einen Wellensittich namens Maxi. Im Sommer badet er am Samstag, im Winter höchstens einmal Monat, weil ihn sehr leicht friert. Wenn Maxi baden will, stellen wir ihm ein gläsernes Badehäuschen auf den Tisch. Maxi kommt dann mit Geschrei und betrachtet die kleine Wanne. Er hüpft auf den Rand, plustert seine Federn auf, taucht den Schnabel ins Wasser und spritzt sich an. Dann folgen die Flügel, zuerst der linke, dann der rechte. Es sieht so aus, als ob er die Temperatur des Wasser prüfen wolle. Anscheinend ist das Wasser warm genug, denn Maxi springt mit einem Schwups hinein. Fast ebenso schnell kommt er wieder heraus und läuft ein paarmal um das Badehäuschen herum. Dieser Vorgang wiederholt sich mehrmals, nur bleibt Maxi immer länger im Wasser. Aber auch das schönste Bad nimmt ein Ende. Maxi fliegt zu seinem Käfig zurück und sieht ganz mager aus, denn die nassen Federn kleben an seinem Körper. Sehr behaglich scheint er sich nicht zu fühlen, denn er bleibt zitternd auf einer Sprosse sitzen und wartet, bis er trocken ist.

(Alexander, 11 Jahre)

Ich beobachte einen Hund

Von unserem Küchenfenster blicke ich in den Hof. Es ist ein wunderschöner Frühlingstag, und die Märzsonne meint es besonders gut. Schnuppi, der Hund des Hausbesorgers, findet die Wärme auch wohltuend und hat sich an der Hausmauer niedergelegt. Er ist klein, stämmig, halb Dackel, half Schäferhund. Eine große brummende Fliege stört sein Mittagsschläfchen. Ärgerlich schnappt er nach ihr, doch der Störenfried ist schneller. Von seiner Ruhe aufgeschreckt, beginnt er, an der linken Vorderpfote zu lecken. Seine Zunge ist dabei emsig in Bewegung. Plötzlich spitzt er die Ohren und erhebt sich rasch. Heftig mit dem Schwanz wedelnd, läuft er seinem Herrchen entgegen. Dieser krault ihn am Schädel, was sich Schnuppi freudig bellend gefallen lässt. Auf einmal erblickt er den Hofhahn mit seiner Hühnerschar. Die Hühner sind draußen auf dem Feld, aber knapp vor dem Hoftor. Das Herrchen ist vergessen, und mit weiten Sprüngen, die Zähne fletschend, nähert er sich dem ahnungslosen Federvieh von hinten. Nun gibt es ein zorniges Gekläffe, ein aufgeregtes Gegacker, und alle Hühner fliegen erschreckt auseinander. Schnuppi ist hinter dem Hahn her, der das Stalldach als letzte Rettung wählt. Hier kann ihn sein Verfolger nicht mehr erreichen. Der Hund bellt noch einige Zeit wütend dem Hahn nach, dann trottet er wieder zu seinem sonnigen Plätzchen zurück, um sein Mittagsschläfchen fortzusetzen.

(Robert, 11 Jahre)

Eine Straße wird gepflastert

Ich stehe auf dem Gehsteig und beobachte die Straßenarbeiter. Einer lockert mit dem Krampen die granitenen Blöcke, ein zweiter wirft mit einem Greifer Stein für Stein an den Straßenrand. Unweit davon kniet ein junger Mann auf dem Boden und drückt einen Quader nach dem anderen in den aufgeschütteten Kies. Dabei pfeift er eine Melodie. Seine Knie sind dick mit Sackleinen umwickelt. Mit einer Zigarette im Mund kehrt sein Kollege Sand über die in Reih und Glied liegenden Pflastersteine, damit die Fugen ausgefüllt werden. Zwei andere Arbeiter schaufeln Kies in eine Scheibtruhe und führen ihn zu dem knienden Pflasterer. Ein dicker Mann, anscheinend der Meister, gibt Anweisungen.

An einer anderen Stelle lädt ein weißhaariger Arbeiter Steine, die ein Lastauto gebracht hat, auf einen Karren. Dabei muss er oft rasten. Nach einiger Zeit entfacht der alte Mann ein Holzfeuer und stellt die Essgeschirre der Arbeiter auf einen Rost, der über dem Feuer angebracht ist. Das sieht lustig aus, denn die Flammen tanzen unruhig hin und her. Als das Essen warm ist, ruft der Alte seine Kollegen. Sie lassen die Arbeit ruhen und gehen schwerfällig zum Feuer. Dort langen sie nach ihrem Geschirr und hocken sich dann auf die aufgetürmten Pflastersteine. Alle haben Hunger und Durst. Manche trinken Bier aus der Flasche. Da bekomme auch ich Appetit und eile nach Hause.

(Rudolf, 10 Jahre)

Beachte, wie anschaulich und eindeutig D i c h t e r ihre Beobachtungen wiedergeben! Durch welche Ausdrückte wird dies ermöglicht?

Die Maus

Die langen Halme schwanken hin und her; es rispelt und krispelt im Grase, raschelt und rappelt unter den Brombeerranken. Ein Mäuschen ist es, ein allerliebstes Kerlchen. Es sitzt da und sieht sich um, macht einen Sprung, fasst eine Fliege, springt mit seiner Beute wieder unter das dornige Rankengehege zurück und macht sich daran, sie zu verspeisen. Niedlich sieht das Mäuschen aus, wie es da auf den Keulen sitzt, die Fliege zwischen den weißen Pfötchen hält, ihr mit den scharfen Zähnen Flügel und Beine anknipst und sie hastig aufknabbert. Dann leckt es sich die weißen Lippen, streicht sich die seidenen Schnurrhaare zurück und sieht sich mit funkelnden schwarzen Augen nach neuer Beute um.

(Hermann Löns)

Der Schuhputzer

Der italienische Schuhputzer beginnt sein Werk mit der Sorgfalt eines Arztes, der einen schweren Fall übernimmt, aber seiner Heilkunst sicher ist. Zuerst rückt er sich den Fuß auf dem eisernen Tritt zurecht; dann bürstet er die Hosen ab und schiebt links und rechts einen Pappendeckel in den Schuh, um die Socken vor der Wichse zu schützen. Wenn der Straßenstaub entfernt ist, wählt er aus der kleinen Drogerie, die er in einem Gestell mit sich führt, ein Fläschchen mit gelblicher Tinktur und reibt mit ihr das Leder ein; sie schäumt wie Seifenspiritus. Hierauf trocknet er es, entnimmt einem Tiegel etwas Krem und verbürstet sie ausgiebig. Danach trägt er eine gelbbraune Salbe spärlich auf. Und wieder wird gebürstet, aber die entscheidende Leistung steht noch bevor. Es ist, als spiele ein rasend gewordener Cellist mit zwei Bogen auf einem Instrument, so fegt er mit zwei Bürsten über das Leder hin. Schließlich lässt er das Furioso mit einem Pianissimo enden. Er legt die Bürste weg und zieht die überblanke Glätte mit einem violetten Sammetstreifen ab.

(Hans Carossa)

Ein Zug fährt vorüber

Der Bahnwärter hatte die Schranke geschlossen und lehnte wartend an der schwarzweißen Sperrstange. Jetzt trat er einen Schritt vor. Am Horizont, da, wo die Geleise sich trafen, wurde ein dunkler Punkt sichtbar, der sich zusehends vergrößerte. Von Sekunde zu Sekunde wachsend, schien er doch auf einer Stelle zu stehen. Plötzlich bekam er Bewegung und näherte sich; durch die Geleise ging ein Beben und Summen, ein rhythmisches Geklirr, ein dumpfes Getöse, das, lauter und lauter werdend, zuletzt den Hufschlägen eines heranbrausenden Reitergeschwaders nicht unähnlich war. Ein Krachen und Brausen schwoll stoßweise fernher durch die Luft. Dann plötzlich zerriss die Stille. Ein rasendes Tosen und Toben erfüllte den Raum, die Geleise bogen sich, die Erde zitterte – ein starker Luftdruck – eine Wolke von Staub, Dampf und Qualm, und das schwarze schnaubende Ungetüm war vorüber. So wie sie anwuchsen, starben nach und nach auch die Geräusche.

(Gerhart Hauptmann)

Aufgaben:

Beobachte das Verhalten einer Katze oder eines Hundes beim Spielen, eines Vogels beim Fressen, einer Spinne in ihrem Netz, einer Fliege!

Beobachte Menschen bei verschiedenen Hantierungen und Tätigkeiten! (Die Mutter in der Küche, den Vater bei der Gartenar-

beit, den Straßenbahnschaffner, den Verkehrspolizisten, den Schuhmacher, den Zeitungsverkäufer.)

Schreib anschließend das Ergebnis deiner Beobachtungen ausführlich nieder! Am Ende lies deinen Aufsatz durch und beachte, ob du nicht da oder dort einen allgemeinen Ausdruck durch einen treffenderen ersetzen kannst! Im Zweifelsfall benütze ein Synonymenwörterbuch!

Weitere Themen für Beobachtungsberichte:

Ich beobachte den Fahrer auf der Straßenbahn
In der langen Pause
Die Schule ist aus
Beim Kaufmann
Mein Hund (meine Katze) ist krank
Ein wütender Mensch
Ein Betrunkener
Wie mein Laubfrosch Fliegen fängt
Meine Schwester lernt laufen
Ein Handwerker bei seiner Arbeit
Ich beobachte kleine Kinder beim Spielen
Ich stehe am Fenster
Ein Zug kommt
Unsere Hühner gehen schlafen
Raufende Hunde
Zwei Affen im Tiergarten
Eine Straße wird aufgegraben
Ich sehe auf einer Baustelle zu
Mein Vater bei der Arbeit (Meine Mutter bei der Arbeit)
Ich stehe in einem Kaufhaus
Die Ordner löschen die Tafel
Ich beobachte einen Verkehrspolizisten
Ein Auto wird aufgetankt
Vor der Verkehrsampel auf der Kreuzung
Mein Bruder wäscht unser Auto
Ich beobachte den Frisör

Beim Zahnarzt
Meine Mutter beim Melken
Mein Vater pflügt (pflanzt, sät, eggt . . .)
Mein Bruder reinigt sein Fahrrad
Mein Vater startet sein Auto
Meine Mutter kocht ein
Ein Handwerker bei der Arbeit

Stilübungen:

Suche mehrere Ausdrücke für die Bewegungen des Ringers, Fußballers, Bergsteigers, Turners, Verkäufers, Polizisten! Bezeichne die Bewegungen der Hand, des Fußes!

Was tun die Tiere beim Futtersuchen?

Schreib auf, was du auf dem Bahnhof alles h ö r e n *kannst!*

Setze an Stelle der gesperrt gedruckten allgemeinen Ausdrücke treffendere, genauere!

In unserem Garten blühen B l u m e n . Die Allee bestand aus vielen B ä u m e n . Ein Korb O b s t . Heute gibt es G e f l ü g e l . Wo hast du deine S a c h e n hingelegt? Gib sofort das D i n g her!

Schreib ab und wähle von den eingeklammerten Ausdrücken die treffendsten aus:

a) Da (sitzt, hockt) der Eisvogel stumm, nur ab und zu den Kopf (drehend, wendend, bewegend), auf einer über das Wasser hängenden Dornenhecke, einem Zweig oder einem Pfahl und (wartet, lauert), bis seine (scharfen, guten) Augen irgendeine kleine Beute im Wasser (erblicken, erspähen, sehen, bemerken). Mit einem jähen Ruck (stürzt, plumpst, fliegt, fällt) er dann ins Wasser, kommt mit einem Sprühregen wieder zum Vorschein, schüttelt die Wasserperlen von seinem bunten Gefieder, wirft den Kopf (in den Nacken, nach hinten), (wirft, schleudert) mit einem kurzen Ruck die Beute (ein Stückchen, ein wenig) in die Luft, fängt sie mit seinem zolllangen, spitzen Schnäbelchen so auf, dass der Kopf des Fisches oder der Larve nach hinten liegt und (schluckt, würgt, schlingt) sie hinab.

(Nach Hermann Löns)

b) Der Schuster hat sein Leder geklopft und (schneidet, zerkleinert) es mit einem scharfen Schustermesser, das an der äußersten Spitze noch einmal auf einem Stein (abgezogen, geschärft, geschliffen) wird, in zwei kleinere Stücke. Dann (nimmt, fasst, greift) er nach einem (Werkstück, Herrenstiefel), (entfernt, reißt) rasch die (alte, benützte, durchlöcherte) Sohle ab und beginnt das neue Sohlenstück mit Zwecken an die Brandsohle zu (befestigen, nageln, heften). Belustigt schaue ich zu, wie der Hammer Zwecke auf Zwecke in die Löcher (treibt, schlägt), die mit der Ahle durch schnelle Hammerschläge vorgebohrt worden sind. Auch eine Kunst, die nicht jedermann kann!

Mancher Holzpflock würde krumm und schief werden, abspringen oder nur halb ins Leder hineinflitzen, wenn ich es selber versuchen würde. Aber bei dem alten Schuster, der so manchen Schuh (besohlt, bearbeitet) hat, geht es (rasch, Schlag auf Schlag). Jede Zwecke hat ihren Platz. Es ist kaum ein halbes Stündchen vergangen, da (nagelt, klopft, schlägt) er schon die untergepflockte Sohle scharf an den Rand, und dann schneidet das Messer langsam aber sicher alles (wegstehende, überflüssige) Leder ab. Der Rand wird (schwarz gemacht, geschwärzt) und poliert, und der Stiefel ist bis auf den Absatz wieder (in Ordnung, fertig, verwendungsfähig).

(Nach Heinrich Scharrelmann)

B e a c h t e auch die Ausdrucksübungen im ersten Band!

AUFSATZFORMEN DER MITTELSTUFE

(7., 8. und 9. Schulstufe)

(Alle Aufsatzformen der Mittelstufe können selbstverständlich auch auf der Oberstufe mit erhöhten Anforderungen geübt werden.)

Sachlich berichten

Vergleiche die folgenden Aufsätze und überlege, welchem Zweck sie gedient haben mögen!

Ein Besuch in einem Salzbergwerk

a) Die Bahn hatte die letzte Krümmung des Weges überwunden, und der Hallstätter See breitete sich vor unseren Augen aus. Dunkelgrün und spiegelglatt lag er vor uns, umgrenzt von hohen Bergen, deren Hänge dichte Wälder trugen. Zur Erklärung möchte ich hinzufügen, dass „wir" zweiundzwanzig Mädchen waren, die diese malerische Gegend auf einem Schulausflug besuchten. Als der Zug hielt, sprangen wir gleich von den Wagen und wanderten zum Seeufer. Dort wartete schon ein Dampfer, mit dem wir dann nach dem malerischen Hallstatt fuhren, das am anderen Ufer liegt.

Unser erster Weg führte uns auf den steilen Salzberg. Erst nach einem zweistündigen Aufstieg standen wir vor unserem Ziel, dem Salzbergwerk. Zunächst verzehrten wir unsere Brote, denn wir waren inzwischen hungrig geworden. Dann gingen wir in den Umkleideraum, wo wir die Bergmannskleidung, die wir anzuziehen hatten, vorfanden. Nun begann ein Wählen und Probieren, bis endlich jeder das Kleidungsstück hatte, das ihm nach seiner Meinung am besten passte. Zuletzt drückten wir uns noch ein Käpplein übers Ohr, und nun konnte der Einstieg in das Bergwerk beginnen. Der Weg führte uns durch einen 700 Meter langen Stollen aus „taubem Gestein", und dann standen wir vor der ersten Rutsche. Ein wenig ängstlich sahen wir dem

Kommenden entgegen. Als wir uns unten aber alle wohlbehalten wiederfanden, freuten wir uns schon auf die nächste „Rutschpartie“. So gelangten wir schließlich zu einem kleinen Salzsee, der, wie uns erklärt wurde, ein Rückstand von der Auslaugung des Gesteins war. Plötzlich schaltete unser Führer, ein Bergmann, das elektrische Deckenlicht aus, und zauberhaft beleuchtet lag der kleine See vor uns. Eine Weile bestaunten wir stumm das schöne Bild. Dann wurde das Licht wieder eingeschaltet, und wir mussten nun über Holztreppen nach oben steigen. Und jetzt kam das Schönste, die Fahrt auf einem „Hunt“, das ist das Beförderungsmittel im Bergwerk. In sausender Fahrt wurden wir ins Freie gebracht.

Als wir uns unserer Bergmannstracht wieder entledigten, dachte ich mit Bedauern: Besser wäre es, wenn wir in die Kittel erst hineinschlüpfen könnten!

(Veronika, 14 Jahre)

b) Am 6. Juni unternahm die 4. Klasse der Pestalozzi-Schule von Ischl aus einen Ausflug nach Hallstatt und besuchte dort das bekannte Salzbergwerk. Mit der Bahn fuhren die 22 Mädchen bis zur Station Hallstatt und überquerten anschließend mit einem Dampfschiff den See. Nach einer kurzen Besichtigung des Ortes stiegen sie zu dem sehr hoch gelegenen Eingang des Bergwerkes auf. Um im Stollen nicht beschmutzt zu werden, mussten die Schülerinnen in Bergmannskleidung schlüpfen. Dann betraten sie unter Führung eines Bergmannes den 700 Meter langen Eingangsstollen. Über mehrere Rutschen gelangten sie alsdann in die „Kammern“ und zu einem kleinen Salzsee, einem Rückstand von der Auslaugung des Gesteins. Der Führer erklärte ihnen dort ausführlich die Salzgewinnung und brachte die Mädchen schließlich zu einem kleinen „Hunt“, auf welchem es in rascher Fahrt wieder ins Freie ging. Der Besuch des Bergwerkes dauerte etwa eine Stunde und war ohne jeden Zwischenfall verlaufen.

c) 8 Uhr Abfahrt Ischl. 8.30 Uhr Ankunft in Station Hallstatt. Überfahrt mit Dampfschiff. Kurze Besichtigung des Ortes. Aufstieg zum Stolleneingang. Schutzkleidung. Eingangsstollen 700 m. Rutschen zu „Kammern" und zu Salzsee. Führer erklärt Salzgewinnung. Fahrt mit „Hunt" ins Freie.

Aufgabe: Welche Niederschrift könnte man als Erlebnisbericht bezeichnen, welche als Sachbericht, welche als Berichtsskizze? Wodurch unterscheiden sich die Aufsätze?

Beachte die folgenden Ratschläge:

Der Sachbericht ist eine wahrheitsgetreue, sachliche Darstellung tatsächlicher Vorgänge oder Ereignisse für einen bestimmten Zweck. Dabei soll nur das für den Verwendungszweck Wesentliche ausgesagt werden. Die wirkliche Reihenfolge des Geschehens ist bei der Wiedergabe unbedingt einzuhalten. Fertige dir vor der ausführlichen Niederschrift eines Berichtes eine kurze Berichtskizze an, welche nur die richtige Reihenfolge der Vorgänge oder Ereignisse wiedergibt!

Die Sprache des Berichtes soll knapp und klar sein. Die direkte Rede wird gewöhnlich vermieden.

Erlebnisberichte (etwa in Form privater Briefe) und Reiseberichte werden lebendiger und persönlicher sein müssen als die mehr sachlichen Gebrauchsanweisungen, Meldungen, Zeitungsberichte.

Untersuche die Darstellungsweise in den nachfolgenden Berichten! In welcher Reihenfolge wird berichtet? Für welchen Zweck wurden diese Berichte geschrieben?

So arbeitet ein Mixgerät

Nachdem man das Gerät angeschlossen, gefüllt und eingeschaltet hat, wird durch einen Motor das Messerkreuz in sehr schnelle Umdrehungen versetzt. Infolge der Drehgeschwindigkeit, die durch verschiedene Schaltstufen geregelt werden kann, entsteht in der Bechermitte ein starker Sog. Er zieht den Inhalt nach unten in den Bereich der Messer. Dort wird er blitzschnell zerkleinert und an der Becherwand entlang wieder nach oben gedrückt. Daraufhin kommt er erneut in den Sog. So entsteht ein regelrechter Kreislauf. Je öfter dieser Kreislauf stattfindet, desto feiner wird der Inhalt. Wenn die Masse im Becher zu zäh wird, wird die Mixarbeit gestört. Um den Kreislauf wieder herzustellen, gibt man etwas Flüssigkeit hinzu. Jedoch muss vorher das Gerät abgestellt werden, um zu vermeiden, dass der Inhalt über den Becherrand geschleudert wird. Soll eine flüssigkeitsarme Masse nur grob zerhackt werden, darf kein Kreislauf zustandekommen. Darum wird der Becher nur zu einem Drittel gefüllt.

Aufgabe: Forme diese Gebrauchsanleitung in einen persönlichen Bericht um! Berichte in der Ichform, wie du den Mixer bedienst!

Die Banditen vom Irak

Gegen Mittag sehen wir schwarze Punkte am Horizont. Wir denken an eine Abteilung der „Arab Legion“, dergleichen sind wir seit unserer Abfahrt von Amman schon begegnet.

Etwas später sehen wir nichts mehr: Anstatt größer zu werden, sind die schwarzen Punkte verschwunden. Jacobsen ist gerade dabei, mir die Geschichte einer Fata Morgana zu erzählen, die er in der Wüste Seistan erlebt hat, als zehn Gestalten vor uns auftauchen, jede mit zwei Gewehren bewaffnet, das eine über die Schulter gehängt, das andere auf uns gerichtet. Man zwingt uns anzuhalten und auszusteigen. Wir sind Gefangene einer irakischen Räuberbande! Die kleinste Bewegung, die diese bärtigen Gesellen im langen braunen Burnus falsch verstehen, kann uns den Kopf kosten. Deshalb bleiben wir unbeweglich stehen, die Arme über dem Kopf, und stammeln mit den wenigen arabischen Brocken, die uns zur Verfügung stehen, dass wir „Françaouis“ und somit Freunde sind. Keine Antwort. Stattdessen scheucht uns einer der Bärtigen gewalttätig vom Wagen weg, den inzwischen zwei Räuber von oben bis unten durchsuchen. Dann machen sie es sich mit ihren Gewehren und Munitionstaschen im Wagen bequem, heißen uns einsteigen und abfahren. Jacobsen setzt sich ans Steuer.

Zunächst fahren wir schweigend, während sich die Araber unterhalten. Als wir eine Kreuzung erreichen, gebietet der Bandenführer Jacobsen plötzlich, die in nördlicher Richtung führende Straße einzuschlagen. Ihnen zu erklären, dass dies nicht unsere Fahrtrichtung ist, hat keinen Sinn. Die neue Straße ist in solch verlottertem Zustand, dass sie sicherlich nirgends endet. Nach etwa zehn Kilometern Fahrt ins Ungewisse, während der die Fahrgäste unsere Kekse aufessen und unseren Vorrat an Zucker schlecken, holt Vitold seine Kamera hervor. Angesichts des Apparates springt der Chef auf und richtet sein Schießeisen auf Vitolds Bauch, sicherlich in der Annahme, dass er eine Maschinenpistole in der Hand habe. Vergeblich suche ich ihn mit den Worten: „Saourné, saourné" – Foto, Foto – zu beruhigen, aber umsonst. Die Banditen befehlen uns anzuhalten. Hinter uns steigen die Araber, bis an die Zähne bewaffnet, aus.

Sie stoßen Jacobsen, Vitold und mich gegen das Auto, entfernen sich, stellen sich in einer Reihe auf und öffnen ihre Munitionstaschen. Uns überkommt ein Frösteln. Werden sie uns wie Spione niederknallen? Aber nein, die Banditen ziehen aus ihren Taschen viereckige Kopfbedeckungen und neue Schals hervor, schmücken sich damit und stellen sich in Positur vor uns auf. „Foto, Foto!", ruft der Chef aus, und Vitold, glücklich über den Ausgang, knipst sie aus allen Richtungen. Die Banditen sind sehr stolz und fragen uns, ob ihre Aufnahmen in amerikanischen Zeitschriften erscheinen werden.

Nach diesem kleinen Zwischenspiel schlägt die Stimmung vollkommen um. Unsere Reisegefährten, alles vergnügte Burschen, die ein wenig kindlich und leicht zum Lachen zu bringen sind, stellen sich schließlich als recht sympathische Leute heraus. Nun setzen wir, Kaffee trinkend, Zigaretten rauchend und Höflichkeitsbezeugungen austauschend, unsere Reise fort. Die sechsundzwanzig Gewehre liegen auf einem Haufen in der Wagenecke. Es sind englische Springfield, billig erstanden in Jordanien, die sie bei den Kurden des nördlichen Irak, Volksstämmen, die sich unablässig gegen die Behörden auflehnen, zu jedem Preis los werden.

Nach mehreren Stunden Fahrt gibt der Häuptling dem fahrenden Jacobsen ein Zeichen, die Fahrbahn zu verlassen und rechts ab in nordöstlicher Richtung mitten in die Wüste einzubiegen. Obwohl wir immer noch nicht wissen, wohin sie uns verschleppen wollen und wie viele Tage wir ihnen auf diese Weise als Mietwagen dienen sollen, sind wir über diese Richtungsänderung fast froh, denn jetzt dürften wir nicht mehr weit von dem jordanischen und irakischen Grenzposten entfernt sein.

Alle bewahren ihr lächelndes Gesicht. Nur der Häuptling erscheint unruhig.

Er weiß wohl, dass ein Zusammenstoß mit einem Spähtrupp der „Arab Legion", der gar nicht ausgeschlossen ist, ihn zu einer regelrechten Schlacht zwingen würde, was er natürlich vermeiden will. Seine zusammengekniffenen Augen sind unverwandt auf den Horizont gerichtet. Seine Gedanken erratend, teilen wir um so mehr seine Unruhe, als wir unbewaffnet sind. Und gegen wen sollten wir schon Krieg führen? Mit einem Mal wird uns bewusst, dass die unerwarteten Gäste unsere Freunde geworden sind. Plötzlich wünschen wir ihnen gute Ankunft, wohin auch immer ihre Reise gehen mag. Gegen Abend neuer jäher Wechsel der Fahrtrichtung. Jetzt rollen wir nach Osten. Wir merken, dass die Nomaden, die unsere Lotsen spielen, genau wissen, wo sie sind. Die große Syrische Wüste ist ihre Heimat, von Kindesbeinen an haben sie sie nach allen Himmelsrichtungen durchzogen.

Bei Einbruch der Nacht wächst die Unruhe unserer Weggenossen. Wir entnehmen daraus, dass ein Polizeiposten in der Nähe sein muss. Zu unserer Überraschung heißt der Chef uns anhalten. Seine Leute ergreifen ihre Knarren, ihre Taschen und steigen aus. Wir füllen ihre Wasserschläuche, schenken ihnen unsere letzten Konservenbüchsen und Zigaretten. Dann bedanken sie sich mit überschwänglichen Gebärden, verabschieden sich und ziehen im Gänsemarsch in die Wüste.

Wir warten, bis sie hinter einer Bodenerhöhung verschwunden sind, und dann nehmen wir unsere Fahrt wieder auf. Da wir keine Ahnung haben, wo wir sind, fahren wie einfach geradeaus weiter und stoßen nach drei- oder vierhundert Metern auf eine Fahrstraße, oder besser auf Spuren eines Lastwagens, denen wir folgen. Ein paar Minuten später erreichen wir einen Polizeiposten. Die Polizisten untersuchen unsere Pässe, inspizieren das Wageninnere, dann lassen sie uns ziehen.

Am nächsten Abend erblicken wir in der Entfernung Palmen: Bagdad.

(Aus: „Vom Nil zum Ganges" von Pierre Rambach)

A u f g a b e : Forme diesen persönlich gehaltenen R e i s e b e r i c h t in einen s a c h l i c h e n B e r i c h t für die Zeitung um. Vergleiche anschließend die folgenden Zeitungsmeldungen mit deiner Arbeit!

Zwischenfall in der Wüste (Zeitungsbericht)

Am 5. Juni dieses Jahres wurde eine Gruppe französischer Reisender in der Syrischen Wüste von fünf irakischen Banditen angehalten und mit Waffengewalt gezwungen, sie in ihrem Wagen mitzunehmen. Auch musste der Fahrer eine andere Richtung als die gewünschte einschlagen.

Als einer der Reisenden einen Fotoapparat herausnahm, wurde dem Lenker mit vorgehaltener Pistole befohlen, sofort stehen zu bleiben, und alle Insassen mussten aussteigen. Die Reisenden meinten nun, man würde sie erschießen. Doch zu ihrer Überraschung wollten die Banditen nur fotografiert werden.

Nach diesem Zwischenfall durften die Überfallenen gemeinsam mit ihren „Beschützern" die Reise fortsetzen. Nahe der jordanischen Grenze verabschiedeten sich die Wegelagerer herzlich, und die Europäer konnten unbehindert nach Bagdad weiterfahren.

(Helmut, 12 Jahre)

Beachte die folgenden Ratschläge:

Bei sachlichen Berichten über Vorfälle (Zeitungsbericht, Zeugenbericht, Meldung) stelle dir vorerst folgende Fragen: W a n n ist der Vorfall geschehen? W a s ist geschehen? W o hat sich der Vorfall ereignet? W i e (in welcher Reihenfolge) ist die Sache verlaufen?

Aus der sachlichen (unpersönlichen) Beantwortung dieser Fragen ergibt sich der S a c h b e r i c h t .

Weitere Arbeitsvorlagen für Berichte:

Drei Kinder aus den Flammen geholt

hat Annemarie H., als ein kleiner Bub ein Haus in Brand gesteckt hatte. Das war vor einiger Zeit in St. Georgen in der Obersteiermark. Als der Brand entdeckt wurde, war keine Aussicht mehr, das Gebäude zu retten. Es brannte vollständig nieder. Aber fast wären auch drei Menschenleben zu beklagen gewesen. Als das Gebäude schon hellauf brannte, stellte man fest, dass eine Arbeiterin in dem Hause wohnte, deren drei Kinder nicht zu sehen waren. Da erinnerte man sich, dass die Frau einkaufen gegangen war. Die drei Kinder mussten noch in dem brennenden Haus sein. Tatsächlich war die Tür zu der Wohnung versperrt, und hinter der Tür schrien die Kinder. Da drang Frau H., obgleich das Haus jeden Augenblick einzustürzen drohte, unerschrocken in das brennende Gebäude ein und brachte die drei Kleinen wohlbehalten ins Freie. Die Kinder sind im Alter von fünf und drei Jahren, und das jüngste ist nur vier Monate alt. Kurze Zeit später stürzte das Haus zusammen.

Aufgaben: a) Schreib auf Grund dieses Zeitungsberichtes eine dienstliche Meldung des Feuerwehrkommandanten! Diese Meldung soll u. a. die nachstehenden Fragen beantworten: Wann wurde die Feuerwehr gerufen? Stärke der Löschmannschaft? Art der Bekämpfung? Erfolg? Dauer des Einsatzes?
b) Lass die Nachbarin oder Frau Annemarie H. von der Rettung berichten!

Das lustige Knotenspiel

Alle Mitspieler sitzen im Kreis. Einer wird zum Sucher bestimmt und muss in die Mitte, um den Knoten zu suchen. Die anderen Teilnehmer halten mit beiden Händen eine Schnur fest, die durch einen Knoten zusammengefügt wurde. Nun wird die Schnur einmal nach rechts, einmal nach links, einmal langsamer, einmal schneller weitergegeben, aber möglichst so, dass der Knoten immer verdeckt ist. Der Sucher muss währenddessen trachten, den Knoten zu finden. Wenn er ihn endlich entdeckt hat, so muss derjenige, bei dem er gefunden wurde, in die Mitte des Kreises und seinerseits den Knoten suchen. Hat der Sucher aber auf einen Mitspieler getippt, bei dem der Knoten gar nicht war, so muss er ein Pfand hergeben und weiter suchen. Durch allerlei lustige Zwischenrufe kann man den Sucher leicht ein wenig irreführen.

Aufgabe: Lass diese Spielregel einen Knaben seinem Freund erklären! Schreib ein Gespräch dieses Inhaltes auf!

Halma (Eine Spielregel)

„Halma" ist ein sehr unterhaltsames Spiel.

Die beiden Spieler besetzen zwei schräg gegenüberliegende Höfe mit je fünfzehn Steinen, wobei die Steine auf die kleinen Kreise der Spielplatte zu stellen sind. Aufgabe jedes Spielers ist es, seine Steine in den Hof des Gegners zu führen. Wem dies zuerst glückt, der ist Sieger. Das hat in folgender Weise zu geschehen: Abwechselnd ziehen die Spieler immer einen Stein in Richtung auf den gegnerischen Hof um ein Feld weiter. Kommt ein Stein vor einem anderen zu stehen, gleichgültig, ob vor einem eigenen oder einem fremden, darf dieser übersprungen werden, falls dahinter ein Kreis frei ist. Das Springen darf auch so lange fortgesetzt werden, als man noch Steine vor sich stehen hat. Die Spieler werden also bestrebt sein, ihre Steine so zu führen, dass sie möglichst oft Gelegenheit haben, auf diese Weise ihre Fortbewegung zu beschleunigen und, gegebenenfalls mit Hilfe der gegnerischen Steine, rascher ans Ziel zu gelangen.

(Wilhelmine, 14 Jahre)

Eine Spielregel: Drittabschlagen

Zum „Drittabschlagen" ist eine gerade Zahl von Spielern nötig. Als Spielfeld kann jeder größere Platz im Freien oder in einem Saal verwendet werden.

Zuerst werden zwei Spieler gewählt, welche Fänger und Verfolgter sind. Die anderen Spieler stellen sich dann so in einem Kreis auf, dass je zwei hintereinander zu stehen kommen. Die beiden Kinder außerhalb des Kreises laufen einander um den Kreis herum nach. Wird der Verfolgte vom Fänger abgeschlagen, wird in umgekehrter Reihenfolge gelaufen. Der Verfolgte kann den Fänger aber auch dadurch abschütteln, dass er sich vor ein Paar des Kreises stellt; dann muss der Fänger dem Dritten nachlaufen. Das wiederholt sich immer wieder.

(Gemeinschaftsarbeit von drei Schülern der 7. Schulstufe)

Weitere Stilmuster befinden sich im 1. Band.

Beachte folgende Ratschläge:

Berichtest du über Arbeitsvorgänge (Spielregeln, Gebrauchsanleitungen), so musst du den Gesamtablauf in Einzeltätigkeiten zerlegen und vorher genau überlegen,

a) in welcher Reihenfolge berichtet werden muss;

b) welche Fachausdrücke für den Bericht voraussichtlich nötig sein werden.

Stell dir daher schon vor der Niederschrift auf einem Zettel die treffenden Bezeichnungen für die Geräte (Bestandteile) und die einzelnen Tätigkeiten zusammen! Wenn du die Bezeichnung nicht kennst, so frage einen Fachmann oder schlage in einem Bildwörterbuch (Bilderduden) nach!

Das folgende Beispiel zeigt dir, wie dies gemeint ist.

Aufsatzthema: **Wie ist dieser Füllhalter zu füllen** (Gebrauchsanleitung.)

Bereitstellung des Wortschatzes:

Die Teile des Füllhalters: Schutzkappe, Halteklammer, System Kolbenfüller, Gewinderillen, Angriffsfläche der Finger, Tintensicht,

Drehschraube, Spindel mit dem Kolben, zylinderförmiger Tintenbehälter, Schreibfeder, die Zunge mit den Füllkanälen und den Ausgleichskammern, das Vakuum im Tintenbehälter beim Füllen, Füllhaltertinte . . .

Tätigkeiten: füllen, eintauchen, versenken, abschrauben, drehen, Drehbewegung, einfließen lassen, eindringen, probieren, versuchen, reinigen, abwaschen, aufschrauben . . .

Ausarbeitung:

Dies ist ein sogenannter Kolbenfüller. Wollen Sie ihn füllen, so müssen Sie vorerst die Schutzkappe abschrauben. Dann lösen Sie durch eine Linksdrehung den Verschluss am oberen Ende des Halters! Dadurch wird eine gerillte Drehschraube sichtbar; diese steht durch eine Spindel mit dem Kolben in Verbindung, welcher den zylinderförmigen Tintenbehälter nach oben abschließt. Drehen Sie nun an der Schraube nach links, so schiebt sich der Kolben im Tintenbehälter langsam nach und presst die Tintenreste aus dem Halter. Daraufhin stecken Sie das Gerät so tief in Füllhaltertinte, dass Feder und Tintenzunge völlig davon verdeckt sind! Wenn Sie anschließend an der Drehschraube langsam nach rechts drehen, so schiebt sich der Kolben wieder nach oben, und in das Vakuum des Tintenbehälters fließt durch die Kanäle der Zunge Tinte ein. Ehe Sie jedoch den Verschluss am Ende des Halters aufschrauben, prüfen Sie bitte, ob sich genügend Tinte im Behälter befindet! Ist dies nicht der Fall, so muss der Vorgang wiederholt werden. Abschließend sind mit einem weichen Lappen alle Tintenreste von der Angriffsfläche für die Finger zu entfernen. Der Halter ist nun gebrauchsfertig.

(Erich, 13 Jahre)

Aufgabe: Wie würde dieser Sachbericht als Erlebnisbericht lauten? Arbeite den Aufsatz um!

Wie man Schuhe putzt

Zuerst entfernt man von den Schuhen mit einer groben Bürste den Straßenkot und den Staub. Dann trägt man sorgfältig die in der Farbe zum Schuh passende Paste auf. Dazu benützt man zweckmäßigerweise eine kleine Bürste mit einem Stiel oder einen Lappen. Bei Berg- und Schischuhen werden außerdem die Nähte gründlich eingefettet, um sie vor Nässe zu schützen. Nun lässt man die Schuhkreme etwa fünf Minuten einwirken und trocknen, ehe man die Schuhe mit der Glanzbürste glänzt und mit einem weichen Lappen fest abreibt. Der Glanz der Schuhe zeigt an, wann man die Arbeit beenden kann.

(Gemeinschaftsarbeit von vier Schülern der 7. Schulstufe)

Aufgabe: Arbeite diesen Sachbericht in einen Erlebnisbericht um! Vergleiche ihn auch mit dem Dichtertext auf S. 94!

Stilübungen:

a) Nenne Werkzeuge des Schneiders, des Tischlers, des Schlossers, des Maurers, des Friseurs, des Schuhmachers!

Welche Geräte benützt die Mutter (der Vater) zum Zubereiten des Mahles?

Womit arbeitet der Bauer, der Gärtner?

Beobachte und benenne die Tätigkeit des Tischlers, des Schlossers, des Schmiedes, des Fleischers, der Schneiderin!

Berichte nun über einen Arbeitsvorgang, bei dem du schon einmal zugesehen hast!

b) Vermeide gleiche Satzanfänge!

Schreib nicht bloß: dann . . . dann . . . dann, sondern auch . . . nachdem . . . später . . . endlich . . . nun . . . daraufhin . . . anschließend . . . schließlich . . . zuletzt . . . abschließend!

c) Ersetze das Wörtchen „machen“ durch bezeichnendere Ausdrücke!

Was Rudi alles m a c h t. Rudi ist sehr fleißig, er m a c h t immer etwas. Gleich wenn er aufsteht, m a c h t er das Fenster auf und m a c h t Turnübungen. Anschließend m a c h t er sein Bett, danach m a c h t er das Zimmer. Auch das Frühstück m a c h t er sich selber. Da es dabei meist spät wird, m a c h t er sich dann rasch auf den Weg zur Schule. In der Schule merkt er, dass er die Aufgaben nicht g e m a c h t hat, also m a c h t er schnell noch einige Rechnungen. Manchmal ist dies jedoch nicht mehr möglich, er bekommt daher Strafen. Doch das m a c h t Rudi nichts. In den Pausen m a c h t er Geschäfte mit seinen Kameraden. Nach Unterrichtsschluss m a c h t er sich nicht gleich auf den Heimweg, sondern er m a c h t häufig noch einen Umweg, um zu sehen, was sein Freund, ein junger Schäferhund, m a c h t . Zu Hause m a c h t er dann verschiedene Bastelarbeiten. Das m a c h t er bis in die späte Nacht hinein, auch wenn seine Mutter deshalb schilt.

Weitere Themen für Sachberichte:

Ich packe meinen Rucksack für eine Wanderung
Wie man einen Fahrradschlauch flickt und aufpumpt
Wie man einen Tisch deckt
Wie man rasch einheizt
Wie man Kartoffeln schält oder Äpfel brät
Wie man Kaffee kocht
Wie ein Garten im Frühjahr bestellt wird
Ich war dabei (Zeugenbericht)
Schreib die Regeln eines dir bekannten Spieles auf!
Schreib einen Bericht an die Direktion der Schule über einen Unfall beim Turnen, beim Ausflug!
Schreib eine Meldung an die Polizei über einen Verkehrsunfall!
Arbeite einen Erlebnisbericht in einen Zeitungsbericht um!
Schreib für eure Klassenzeitung einen persönlichen Bericht über deine letzte Ferienreise!
Schreib einen Erlebnisbericht über den Verlauf einer schönen Unterrichtsstunde!
Berichte in Briefform, wie du deiner Mutter hilfst! (Beim Kochen, beim Waschen, beim Bügeln u. dgl.)
Was muss ich tun, wenn ich Zeuge eines Verkehrsunfalles werde?
Wie verhält man sich bei Bahnübergängen?
So werden Kühe mit der Melkmaschine gemolken
Berichte über eine Exkursion, über eine Staatsfeier, eine Fernseh- (Rundfunk)sendung, eine Wanderung!

Den Leser über Inhalte von Texten informieren

(Siehe auch S. 71!)

Anmerkungen: In manchen Schulen hat der Schüler ein Lektüreheft zu führen, in dem er den Inhalt des in der Schule oder privat gelesenen Werkes einträgt. Besser als das Eintragen in ein Heft ist nach meinen Erfahrungen die Niederschrift auf einzelnen Blättern, die später nach Art einer Kartei geordnet werden. Für jedes Buch verwende man nur ein Blatt. Der Vorteil besteht in der Möglichkeit der Ausscheidung misslungener Besprechungen und in der Gruppierung nach dem Inhalt, z. B. Romane, Dramen, wissenschaftliche Werke usw., oder nach dem Autor.
Eine Inhaltsangabe kann auf verschiedene Art abgefasst werden: Man hebt nur das Motiv der Dichtung heraus, man erzählt den Inhalt in kurzer Form, oder man bringt eine ausführliche Inhaltsangabe. Die nachfolgenden Beispiele zeigen die verschiedenen Arten. Welche man anwendet, wird durch den Zweck und die persönliche Neigung des Schülers bestimmt.

Vergleiche die nachstehenden Inhaltsangaben miteinander!

Der Inhalt eines Kapitels aus dem Roman „Don Quijote"

(Miguel Cervantes)

In einer Schänke wird für Don Quijote und seinen Knappen Sancho eine Bettstatt zurechtgemacht. Vorerst jedoch lassen sich beide von der Wirtin ihre Wunden bepflastern, die sie sich im Kampf geholt haben. Sancho stellt bei dieser Gelegenheit der Wirtin seinen Herrn als fahrenden Ritter vor und rühmt seine Taten.

Am nächsten Morgen bereitet Don Quijote den heilsamen Balsam des Fierabras zu. Ritter und Knappe trinken von diesem, worauf sie fürchterlich schwitzen und erbrechen. Don Quijote fühlt sich aber schließlich so erleichtert, dass er wieder auf Abenteuer ausziehen will. Er dankt dem Gastgeber, dem vermeintlichen „Vogt", für die Bewirtung und sprengt davon, ohne die Zeche bezahlt zu haben. Der Wirt fordert nun von Sancho die Schuld, doch der Knappe verweigert die Zahlung. Daraufhin wird er von einigen derben Gestalten auf eine Decke geworfen und immer wieder hoch geschnellt. Don Quijote hört das Geschrei seines Dieners und eilt ihm zu Hilfe. Doch erst als Sanchos Peiniger müde werden, lassen sie von ihm ab. Schnell reitet nun Sancho auf seinem Esel davon und freut sich, den Wirt doch noch um die Zeche geprellt zu haben.

(Walter, 13 Jahre)

Der Schimmelreiter (Theodor Storm)

Hauke Haien ist Kleinknecht beim Deichgrafen Tede Volkerts geworden. Er geht ihm in allen Arbeiten tüchtig zur Hand und wird ihm so unentbehrlich. Der Großknecht Ole Peters ist ihm missgünstig gesinnt, doch gewinnt er die Zuneigung der Tochter des Deichgrafen, Elke Volkerts. Als der Großknecht das Haus verlässt, wird Hauke sein Nachfolger. Aber als sein Vater kränkelt, kehrt er ins Elternhaus zurück.

Nach dem Tode des Deichgrafen wird Hauke durch Elkes Eingreifen Deichgraf und gewinnt ihre Hand. Er lebt ganz seiner verantwortungsvollen Aufgabe und zieht sich viele Feinde zu, vor allem schürt Ole Peters die üble Nachrede. Nun hat Hauke einen gewaltigen Plan entworfen; er will einen neuen Deich bauen und dem Meere Land abgewinnen. Die Gemeinde muss sich fügen, es ist ja zu ihrem Besten. Aber die feindliche Stimmung steigt immer mehr an.

Hauke hat in der Stadt die Genehmigung zum Bau des Deiches erhalten. Auf dem Heimweg kauft er einen halb verhungerten Schimmel, der bald sein Lieblingspferd wird. Der Dienstjunge Karsten hat ein heimliches Grauen vor dem Pferde, das nur seinen Herrn auf seinem Rücken duldet. So verlässt er den Dienst und geht zu Ole Peters, wo seine Schauergeschichten von dem Teufelspferd willig Glauben finden. Seit dieser Zeit heißt der Deichgraf nur der Schimmelreiter. Die Leute sehen in ihm ein unheimliches Wesen, das mit dem Teufel im Bunde steht. Mittlerweile hat die Deicharbeit begonnen. Hauke ist auf seinem Schimmel überall zur Stelle, aber er findet nur missmutige Gesichter, und so schafft er schließlich hart und erbittert an seinem großen Werke. Im neunten Jahr seiner Ehe wird ihm ein Töchterchen geboren, das Kind ist schwachsinnig. Der neue Deich bewährt sich. Vergeblich toben die Winterstürme gegen das Menschenwerk.

Das Unglücksjahr 1756 naht. Die Menschen sehen überall schlimme Vorzeichen. Im Oktober bricht das Unwetter los. In finsterer Nacht stürmt der Deichgraf auf seinem Schimmel auf den gefährdeten Deich. Da bricht der alte Damm, aber der neue hält den Anprall der Sturmflut aus. Plötzlich taucht im Dunkel ein Wagen auf, darin sind Haukes Frau und das Kind. Sie ahnen nicht die Gefahr, und Hauke muss den Untergang der beiden mit ansehen ohne helfen zu können. Da gibt er dem Schimmel die Sporen und stürzt sich in die Fluten. So enden der Deichgraf, seine Frau und sein Kind. Sie sind die einzigen Opfer dieser Unglücksnacht.

Die Geschichte vom Schimmelreiter lebt bei den friesischen Bauern fort, und wenn die Sturmflut die Deiche zu zerstören droht, dann glauben sie den Schimmelreiter vorbeijagen zu sehen, warnend und Unheil verkündend.

(Hans, 15 Jahre)

Anmerkung: Beispiel für eine ausführliche Inhaltsangabe einer Novelle. Reiches Geschehen, in gedrängter Form dargestellt.

Die vierzig Tage des Musa Dagh (Franz Werfel)

In diesem Roman gibt der österreichische Dichter Franz Werfel ein mächtiges Bild von der brutalen Unterdrückung der christlichen Armenier durch die mohammedanischen Türken während des Ersten Weltkrieges. Die Armenier sind von der Verschleppung bedroht, und ein Teil von ihnen setzt sich daher auf dem Berg Musa Dagh zur Wehr, geführt von Gabriel Bagradian, einem gebildeten Großkaufmann, der eine Französin zur Frau hat. In atemberaubender Weise schildert der Dichter den Verlauf des heldenmütigen vierzigtägigen Kampfes gegen die Unterdrücker. Bagradian verliert dabei seinen geliebten Sohn und fällt am Ende selbst. Die Überlebenden werden von englischen und französischen Kriegsschiffen aufgenommen und gerettet.

(Dieter, 16 Jahre)

Anmerkung: Knappe Inhaltsangabe eines umfangreichen Romans. Der Wert der Arbeit liegt in der Herausarbeitung der wichtigsten Begebenheiten. Wird eine solche Inhaltsangabe bis auf wenige Sätze verkürzt, erhält man das Motiv der Dichtung. Hier: Menschen bekämpfen einander, weil sie anderen Glaubens sind, einer anderen Rasse angehören.

Hermann und Dorothea (Johann Wolfgang von Goethe)

Der Wirt „Zum goldenen Löwen" unterhält sich mit seiner Frau. Pfarrer und Apotheker kommen hinzu und berichten von dem schweren Schicksal der flüchtenden Landsleute. Auch die Wirtsleute haben bereits ihren Sohn Hermann mit Gaben zu den Flüchtenden geschickt. Zurückgekehrt berichtet er über die Verteilung der Gaben und über seinen Entschluss zu heiraten. Der Vater ist nicht einverstanden, denn er hat bereits ein reiches Bürgermädchen für den Sohn in Aussicht genommen. Hermann aber weigert sich, es zu heiraten, denn seine Liebe gehört einem Mädchen, das er bei den Flüchtlingen getroffen hat. Pfarrer und Apotheker erbieten sich, als Freunde der Familie vorerst Erkundigungen über die Fremde einzuholen. Die Auskünfte fallen günstig aus. Auch Dorothea ist bereit, Hermann als Magd in das Haus seiner Eltern zu folgen. Beide wandern nun gemeinsam dem Elternhaus Hermanns zu. Durch einen Scherz des Vaters entsteht ein Missverständnis. Dorothea ist gekränkt, verrät aber ihre Neigung zu Hermann. Dieser findet nun den Mut, dem Mädchen seine Liebe zu gestehen. Sie werden ein glückliches Paar.

Anmerkung: Ausführlichere Inhaltsangabe einer epischen Dichtung. Sie könnte auch nach Gesängen gegliedert werden.

Minna von Barnhelm (Gotthold Ephraim Lessing)

I. 1–8: In einem Vorstadtgasthof in Berlin hat der Wirt den mittellosen Major von Tellheim in dessen Abwesenheit aus seinem Zimmer ausquartiert, um es einer fremden Dame einzuräumen. Tellheim will deshalb den Gasthof verlassen, weiß aber nicht, womit er seine Schulden beim Wirt bezahlen soll. Ihm anvertrautes Geld seines Wachtmeisters will er nicht angreifen; ein Darlehen, das ihm die Witwe seines ehemaligen Rittmeisters zurückerstatten will, weist er großmütig zurück. 9–10: Die fremde Dame, ein Edelfräulein aus Dresden, lässt sich durch ihren Diener bei Tellheim entschuldigen. Es verrät dabei, dass das Fräulein den Bräutigam suche. Der Major will den Auszug beschleunigen und beauftragt seinen Diener Just, beim Wirt einen kostbaren Ring zu versetzen. Der Wachtmeister bietet dem Major neuerlich seine Hilfe an.

II. 1–2: Aus der Unterhaltung zwischen Minna von Barnhelm und ihrer Zofe Franziska geht hervor, dass Tellheim der gesuchte Bräutigam ist. Der geschwätzige Wirt zeigt dem Fräulein den verpfändeten Ring. 3–9: Minna bittet den Major zu sich. In kühler Höflichkeit tritt er ihr gegenüber. Er verrät jedoch, dass er Minna immer noch liebt, jetzt aber sei er verabschiedet, an seiner Ehre gekränkt, ein Krüppel, ein mittelloser Mann und darum ihrer Hand nicht würdig. Er eilt davon.

III. 1–3: Just überbringt für das Fräulein einen Brief des Majors. Weiteren Aufschluss über die Vorgeschichte bringt die Unterhaltung Franziskas mit dem Wirt. 4–11: Der Wachtmeister Werner warnt die Zofe vor dem Wirt und lässt diesen seine Verachtung fühlen. Annäherung des Wachtmeisters an Franziska, die Gefallen an dem wackeren Mann findet. Tellheim erscheint, und Werner bietet ihm nochmals seine Hilfe an. Der Major will den edlen Wachtmeister nicht abermals kränken und verspricht ihm daher, sich an ihn zu wenden, wenn er sich in wirklicher Not befinde. Sein spröder Stolz ist gebrochen. Franziska bringt den Brief ungelesen zurück und zugleich die Einladung zu einem neuerlichen Zusammentreffen mit dem Fräulein. Tellheim sagt zu. 12: Minna will durch eine List den Verlobten zurückgewinnen.

IV. 1–5: Sie weiht Franziska in ihren Plan ein und neckt sie mit ihrem Wachtmeister. Der Glücksritter Riccaut, das Gegenstück Tellheims, erfährt die milde und freigebige Gesinnung Minnas, er deutet an, dass ein königliches Handschreiben unterwegs sei. Werner meldet die Verzögerung im Erscheinen Tellheims und lässt auch dadurch die baldige Wendung ahnen. 6: Minna sucht bei der zweiten Zusammenkunft den Major durch Vernunftgründe umzustimmen. Alle Vorstellungen prallen an seinem starren Ehrgefühl ab. 7–8: Nun greift sie zu einer List. Sie nimmt plötzlich eine ablehnende Haltung ein, gibt dem Major den, wie er meint, von ihm erhaltenen Ring zurück und verlässt ihn mit der Andeutung, dass sie sich selbst im Unglück befinde. Von Franziska erfährt der Major, dass das Fräulein von ihrem Oheim enterbt worden sei, weil sie den Major liebe. Dadurch wird Tellheim gänzlich umgewandelt. Nun fühlt er sich verpflichtet ihr beizustehen.

V. 1: Tellheim schenkt der guten Nachricht Werners keinen Glauben, weiht diesen in seine Absicht ein und sichert sich von ihm die nötigen Geldmittel. 2–5: Nun ist er zu neuer Tatkraft erwacht: Er bittet Minna, den Verlobungsring zurückzunehmen. Diese weigert sich, mit ihrem Unglück das seinige zu vergrößern. Mit Freude erkennt sie nun, dass er von seinem übertriebenen Ehrgefühl geheilt ist. 6–8: Ein Feldjäger überbringt dem Major ein königliches Handschreiben. Der Wirt ersucht Minna um Rückgabe des Ringes, da Tellheim ihn wieder einlösen wolle; das Fräulein weist ihn ab. 9: Tellheim teilt mit, dass seine Ehre wieder hergestellt sei und dass er die den sächsischen Ständen vorgeschossenen Gelder zurückerhalte. Minna will dem Geliebten noch eine weitere Lehre geben und weigert sich, wie er früher, in ihrem Unglück von ihm ein großmütiges Opfer anzunehmen. 10–11: Tellheim erfährt von Just, dass das Fräulein im Besitze seines verpfändeten Ringes ist und wendet sich entrüstet von der vermeinten Treulosen ab, die sich von ihm lossagen wolle. 12–15: Graf Bruchsal, der Oheim Minnas, ist angekommen, und Tellheims Unwille schwindet. Vereint gehen beide dem Grafen entgegen. Tellheim gibt noch dem erzürnten Wachtmeister volle Genugtuung, und auch Franziska findet den Mut, sich ihrem Wachtmeister zu erklären.

Anmerkung: Beispiele einer ausführlichen Inhaltsangabe eines Dramas, nach Akten und Szenen gegliedert, wobei Szenen mit gleichem Schauplatz zusammengezogen sind.

Inhaltsangabe des Films „Scotts letzte Fahrt“

Der englische Marineoffizier Kapitän Scott rüstet im Jahre 1910 zu einer Expedition in die Antarktis. Er will als erster den Südpol erreichen. Mit dem gesammelten Geld der englischen Bevölkerung kauft er ein Schiff, Motorschlitten, Pferde, Polarhunde und die weitere Ausrüstung. Am 1. Juni 1910 ist es soweit, die „Terra Nova" startet mit einer auserwählten Besatzung. Das Schiff überquert den Atlantischen Ozean, dann werden an der Küste der Antarktis Winterquartiere bezogen.

Da erhält Scott ein Telegramm, in dem ihm mitgeteilt wird, dass der Norweger Amundsen ebenfalls auf dem Wege zum Südpol ist . . . Als die Expedition im Frühjahr aufbricht, fallen schon nach kurzer Zeit die beiden Motorschlitten aus. Auch die Pferde müssen bald darauf erschossen werden, weil die Anstrengung für sie zu groß ist. Die wenigen Hunde, die noch am Leben geblieben sind, bringen die Post zur Küstenstation, nachdem sie Vorräte für die Depots abgesetzt haben. Die letzten Meilen ziehen die fünf Männer unter der Führung von Kapitän Scott die Schlitten selbst. Als sie nach unvorstellbaren Strapazen den Südpol erreichen, sehen sie vor sich die Flagge Norwegens.

Amundsen hat mit seinen Hundeschlitten als erster den Südpol erreicht!

Nun beginnt der qualvolle Rückmarsch, bei dem schließlich alle fünf Männer den Tod finden.

Die heldenhafte Tat Kapitän Scotts und seiner mutigen Gefährten bleibt unvergessen.

(Gemeinschaftsarbeit einer Schulklasse der 7. Schulstufe)

Beachte die folgenden Ratschläge:

Die Inhaltsangabe ist ein Sachbericht. Willst du eine Inhaltsangabe abfassen, so musst du vorerst das Werk aufmerksam lesen. Je nach dem Verwendungszweck kann man den Inhalt ausführlich oder auszugsweise in Stichworten wiedergeben. Diese Art ist besonders beim Studium wissenschaftlicher Werke zu empfehlen. Es kommt immer darauf an, das Wesentliche herauszuarbeiten, ohne dass dabei der Zusammenhang verloren geht.

Inhaltsangaben werden in der Gegenwart geschrieben.

Aufgaben:

a) Schreib eine ausführliche Inhaltsangabe des ersten Aktes von „Wilhelm Tell!“

b) Lies das Drama „Weh dem, der lügt“ von Franz Grillparzer und schreib eine kurze Inhaltsangabe!

c) Berichte über den Inhalt des Dramas „Der Hauptmann von Köpenick“ (Zuckmayer)!

d) Gib eine Gliederung des Dramas „Der Traum ein Leben“ (Grillparzer) und vergleiche deine Arbeit anschließend mit dem nachstehenden Beispiel:

Der Traum ein Leben (Inhaltsgliederung)

I. Aufzug.

Entschluss Rustans, auf Abenteuer auszugehen. Der Sklave Zanga als „böser Geist“. (Übergang in die Traumwelt am Schluss des I. Aufzuges.)

II. Aufzug.

Traumbild: Errettung des Königs von Samarkand vor einer Riesenschlange. Auf Rat Zangas gibt sich Rustan als Retter aus. Als der eigentliche Retter erscheint, wird er von Rustan getötet.

III. Aufzug.

Traumbild: Rustan hat als Feldherr die Feinde Samarkands besiegt. Der Leichnam des eigentlichen Retters des Königs wird gefunden. Der König verdächtigt Rustan des Mordes und findet durch Gift den Tod. Volk huldigt Rustan.

IV. Aufzug.

Traumbild: Die Wahrheit kommt ans Licht. Aufruhr gegen Rustan. Flucht. Sprung in den Fluss. (Ende der Traumhandlung.) Rustan erwacht aus dem Traum und erkennt die Wertlosigkeit des Ruhmes. Er beschließt, nicht auf Abenteuer auszuziehen. Zanga wird frei. Rustan verlobt sich mit Mirza.

Aufgabe: Erweitere nun diese Gliederung zu einer zusammenhängenden, ausführlichen Inhaltsangabe!

e) Lies einige der nachstehend angeführten Erzählungen oder Dramen und schreib anschließend ausführlichere und kurze Inhaltsangaben einzelner Abschnitte oder des gesamten Werkes!

Ferd. Raimund: Der Bauer als Millionär
Jos. Eichendorff. Aus dem Leben eines Taugenichts
C. F. Meyer: Gustav Adolfs Page
Th. Storm: Pole Poppenspäler
G. Keller: Das Fähnlein der sieben Aufrechten
J. Gotthelf. Die schwarze Spinne
H. Kleist: Michael Kohlhaas
E. T. A. Hoffmann: Meister Martin, der Küfer
A. Stifter: Abdias. Der Hochwald. Bergkristall
Ed. Mörike: Mozart auf der Reise nach Prag
A. v. Droste-Hülshoff: Die Judenbuche
M. v. Ebner-Eschenbach: Krambambuli. Die Spitzin
W. Bergengruen: Die drei Falken
R. Binding: Wir fordern Reims zur Übergabe auf
K. H. Waggerl: Das Jahr des Hernn
St. Zweig: Die unsichtbare Sammlung
E. Schaper: Das Christkind aus den großen Wäldern
St. Andres: Die Vermummten
K. Schönherr: Der Judas von Tirol
G. Britting: Der Eisläufer
H. Hartung: Gitte wartet auf der Brücke
A. Lernet-Holenia: Der Baron Bagge
M. Luserke: Das schnellere Schiff
O. Gmelin: Konradin reitet
J. Wassermann: Das Gold von Caxamalca
H. Böll: Der Mann mit den drei Messern
J. London: Die Beute der Wölfe
R. L. Stevenson: Der Flaschenkobold
L. Tolstoj: Wie viel Erde braucht der Mensch?

f) Erzähle den Inhalt eines Filmes, den du vor kurzer Zeit gesehen hast und der dich sehr beeindruckt hat!

g) Lies Erzählungen von Peter Rosegger und berichte über den Inhalt jener Geschichten, die dir besonders gut gefallen haben!

Sachtexte exzerpieren und gekürzt wiedergeben

Beim Studium wirst du immer wieder vor die Aufgabe gestellt, Sachtexte (nicht dichterische Texte) zu studieren, einen Auszug (ein Exzerpt) anzufertigen oder eine Inhaltsangabe in Kurzform zu schreiben, weil man nach einem Auszug oder einer Kurzfassung besser lernen kann.

Folgende Vorgangsweise hat sich dabei bewährt:

1. Lies den Text aufmerksam durch und unterstreiche oder übermale (wenn dies möglich ist) mit einem bunten „Marker" jene Textstellen, die wichtige Informationen enthalten.

2. Darfst du im Buch keine Unterstreichungen vornehmen, kannst du die wichtigsten Informationen auch auf einem neben dem Text liegenden Blatt in Stichworten oder kurzen Sätzen übersichtlich angeordnet herausschreiben. Solche Notizen können dir auch als Merkhilfe bei einem Referat dienen.

3. Wenn erforderlich, formuliere dann den Inhalt des Textes mit Hilfe der Stichworte zu einer Kurzfassung. Dabei solltest du nur die Fachausdrücke wörtlich übernehmen.

Beispiel:
Insektenbekämpfung

Mit etwa 800.000 verschiedenen Arten gehören die Insekten zur artenreichsten Tiergruppe. Da Insekten sehr häufig in großer Anzahl vorkommen, haben sie im Haushalt der Natur eine besondere Bedeutung. So haben sie an der Erfüllung der Bestäubungsaufgabe bei den Blütenpflanzen einen hohen Anteil. Da es ohne Bestäubung keine Befruchtung und Fruchtbildung gibt und der Mensch viele Früchte und Samen für seine Ernährung braucht, sind ihm die Insekten dadurch sehr nützlich. Das gilt besonders für die Honigbiene, da sie nicht nur die Blüte bestäubt, sondern auch Wachs und den nahrhaften Honig liefert, der in früheren Jahren die wichtigste Zuckerquelle war.

Viele Insekten sind aber für den Menschen schädlich. Gefräßige Ameisen vernichten, besonders in heißen Ländern, die Vorräte der Menschen. Wanderheuschrecken richten durch Kahlfraß in den Pflanzungen schweren Schaden an. Gefährliche Krankheiten werden von Fliegen, Gelsen oder vom Floh übertragen. Andere wieder schmarotzen an Haus- und Wildtieren.

Auch Nutzpflanzen werden von Insekten befallen. Da der Mensch im Feldbau und häufig auch im Waldbau dazu übergegangen ist, auf großen Flächen immer nur eine Pflanzenart zu kultivieren (Monokultur), können sich die Pflanzenschädlinge schlagartig und rascher als ihre natürlichen Feinde ausbreiten, und es kommt zu Schäden. Das veranlasst den Menschen einzugreifen. Früher hat man schädliche Insekten von befallenen Pflanzen gesammelt (Kartoffelkäfer) oder abgeschüttelt (Maikäfer). Bei den großen Anbauflächen und den wenigen Menschen, die jetzt für diese Arbeit zur Verfügung stehen, reicht diese Art der Schädlingsbekämpfung nicht aus. Man hat daher Insektenvertilgungsmittel (Insektizide) erzeugt, die die Insekten auf chemischem Weg töten. Man verteilt sie durch Verstäuben oder durch Versprühen mit Handgeräten oder Maschinen vom Boden oder vom Flugzeug aus.

Solche Gifte durchlaufen aber oft unverändert die Nahrungskette und werden von einem Glied der Kette zu anderen mehr und mehr angesammelt. Pflanzen speichern die Gifte in ihren Früchten, bis ihre Menge schließlich dem Menschen gefährlich wird. Außerdem werden dabei auch unschädliche Insekten vernichtet und die Tiere der Nahrungskette geschädigt. Daher versuchen Forscher, solche Gifte zu erzeugen, die nur die Schädlinge abtöten, für andere Tiere und für den Menschen aber ungefährlich sind.

Eine Bekämpfungsart, die nur die Schädlinge beseitigt, ohne die anderen Lebewesen zu gefährden, ist die biologische Schädlingsbekämpfung. Sie besteht darin, dass man die natürlichen Feinde der Schädlinge in ihrer Vermehrung begünstigt. Man züchtet sie und lässt sie an den gewünschten Stellen frei. Man sucht also im Naturhaushalt einen Zustand zu erreichen, bei dem weder die Fleischfresser noch die Pflanzenfresser durch Massenvermehrung große Zerstörung hervorrufen. Man strebt also ein biologisches Gleichgewicht an.

(Aus Hännl-Tezner, Welt des Lebens 2, Verlag Ueberreuter-Schulbuch)

Auszug aus dem ersten und zweiten Absatz in Stichworten:

800.000 Insekten; die artenreichste Tiergruppe; besondere Bedeutung: Bestäubung von Blütenpflanzen. Ohne Bestäubung keine Fruchtbildung, daher manche Insekten nützlich (Honigbiene: Honig, Wachs, Zuckerquelle).

Viele für Menschen schädlich: Ameisen, Wanderheuschrecken (Kahlfraß), Fliegen, Gelsen, Floh (Krankheitsüberträger).

Gekürzte Form des ersten und zweiten Absatzes:

Es gibt 800.000 Insektenarten. Sie haben im Haushalt der Natur eine besondere Bedeutung, denn sie bestäuben die Blütenpflanzen. Ohne Bestäubung gibt es keine Früchte, die der Ernährung des Menschen dienen. Nützlich ist vor allem die Honigbiene, die Wachs und den zuckerhältigen Honig liefert. Viele Insekten sind aber schädlich, so die Ameisen, die Wanderheuschrecken (Kahlfraß) und die Krankheiten übertragenden Fliegen, Gelsen und Flöhe.

Aufgaben:

a) Exzerpiere auf ähnliche Weise den restlichen Teil des Textes!
b) Exzerpiere und kürze ein Kapitel aus deinem Geografiebuch!

Personen, Tiere, Gegenstände beschreiben

Anmerkungen: Die Beschreibung erfordert eine genaue Beobachtung, die gelernt und geübt werden muss. Voraussetzung ist daher: Sehen lernen, Interesse für den Gegenstand wecken, den Ausdruck üben. Das kann man am besten an einfachen Gegenständen tun: Wohnzimmer, Schulklasse, Wohnhaus, Garten, Heimatort, Gebrauchsgegenstände u. dgl.

Die Beschreibung ist ein getreues Abbild der äußeren Erscheinung eines Gegenstandes. Die Darstellung soll sachlich sein, sie braucht deshalb aber nicht zur trockenen Aufzählung werden. Die Beschreibung ist dann gelungen, wenn sie im Leser eine klare Vorstellung des beschriebenen Gegenstandes, Ortes u. dgl. zu wecken vermag. Um das Interesse an der Beschreibung wachzurufen, übe man Beschreibungen in Form von Verlustanzeigen, Werbeschriften, Beschreibungsrätseln und dergleichen.

Höhere Anforderungen stellen Beschreibungen von Kunstwerken.

Die Beschreibung von Personen übe man in Form von Beschreibungsrätseln und Abgängigkeitsanzeigen. Personsbeschreibungen leiten bereits zur Charakterisierung über. (Siehe diese!)

Lies die folgenden Verlustanzeigen aufmerksam durch!
Was fällt dir an der Art der Darstellung auf?

a) Grete Wieser
Libellenweg 8
4033 Linz

Direktion der Städtischen Straßenbahnen
L i n z

Linz, 3. April 20 . .

V e r l u s t a n z e i g e

Am Sonntag, dem 30. März, wurde um 10 Uhr Vormittag in der Straßenbahn Linie 3 ein Damenschirm vergessen. Die Bespannung besteht aus olivgrüner, schillernder Seide und weist mehrere kleine Risse auf. Der hellbraun lackierte Stock des Schirmes endet in einem krückenförmigen Handgriff aus Bambusholz. Die metallene Schirmspitze wurde erst vor kurzer Zeit erneuert. Der Schirm hat bei seiner Anschaffung 16 Euro gekostet.

Ich bitte um Mitteilung, ob im Fundbüro der Städtischen Straßenbahnen ein derartiger Schirm abgegeben wurde.

Mit höflichem Gruß
Grete Wieser

b) Lieber Herr Straßenbahndirektor!

Vor einigen Tagen habe ich meinen Schirm verloren. Wahrscheinlich ließ ich ihn in der Straßenbahn stehen. Er hat einen braunen Griff, der oben schön gebogen ist, die Seide ist bunt und lässt kein Regenwasser durch.

Da der Schirm ein Erbstück darstellt, möchte ich ihn gern wiederhaben. Der Finder des Schirms wird gebeten ihn gegen Belohnung abzugeben.

Herzliche Grüße Ihre
Eulalia Grieshuber
Rabenweg 8, Linz

Welche Darstellung ist wertlos? Begründe deine Meinung! Welche Merkmale soll eine Verlustanzeige haben?

Beachte die folgenden Ratschläge:

a) **Bei der Beschreibung kommt es darauf an, das Kennzeichnende, Besondere, Andersartige eines Gegenstandes, Ortes, Geländes oder einer Person objektiv wiederzugeben.**
b) **Durch den Zweck der Beschreibung werden Inhalte und Sprachformen bestimmt (ausführlich oder kurz; sachlich oder aufgelockert und lebendig).**
c) **Nach der Art des zu beschreibenden Gegenstandes unterscheidet man Gegenstandsbeschreibungen, Beschreibungen von Örtlichkeiten, Geländebeschreibungen, Bildbeschreibungen, Personenbeschreibungen (Steckbrief) usw.**
d) **Die gebräuchlichste Zeitform für Beschreibungen ist die Gegenwart.**
e) **Bloße Beschreibungen sind oft langweilig. Verknüpfe die Beschreibung daher, wenn möglich, mit einer Handlung! Erzähle etwa deinem Freund in Form eines Briefes, wie dein Wohnhaus aussieht, führe ihn im Geist in deinem Heimatort umher und zeige ihm die Besonderheiten!**

Weise die vorgenannten Ratschläge an den folgenden Texten nach! In welcher Reihenfolge wird beschrieben?

Eine alte Verkäuferin

Es ist spät am Nachmittag. Ich eile die Treppen hinab, dem Krämerladen zu, um einige Lebensmittel zu holen. Als ich die Tür öffne, fällt mein Blick sofort auf die alte Verkäuferin, die mir entgegenkommt. Nach dem Gruß bestelle ich die gewünschten Nahrungsmittel und habe nun Zeit, mir die Frau näher zu betrachten.

Ihr Antlitz ist von Falten durchzogen, doch trotz ihres Alters, sie mag etwa 60 Jahre sein, strahlen ihre Augen in jugendlicher Frische. Die angegrauten Haare sind kurz geschnitten, der lächelnde Mund lässt eine Reihe gepflegter Zähne sichtbar werden. Sie trägt eine blaue handgestrickte Weste und darüber eine weiße saubere Schürze, deren Bänder auf dem Rücken verknotet sind. Aus einer der tiefen Schürzentaschen ragt ein Zipfel eines Putztuches hervor. Der graue, zerknitterte Rock reicht ihr bis an die Knöchel, wo er mit dem rissigen Leder der hohen Schnürschuhe zusammenstößt.

Mit geschäftigen Bewegungen holt die Frau die bestellten Waren von den Regalen.

Sie bedient die Kunden so freundlich und ansprechend, dass ich Lust bekomme, noch längere Zeit in ihrem alten Laden zu verweilen.

(Walter, 13 Jahre)

Anmerkung: Beschreibung einer Person im Rahmen eines Erlebnisberichtes. Der letzte Satz leitet schon zur Charakterisierung über.

Schülerin vermisst!

Erika Berger, 15 Jahre alt, aus Innsbruck, Andreas-Hofer-Straße 7, wird seit Samstag, dem 12. Juni 19.., vermisst.

Das Mädchen hat gegen sieben Uhr früh die elterliche Wohnung verlassen, um zur Schule zu gehen. Es ist seither nicht mehr gesehen worden. Der Grund seines Verschwindens ist unbekannt. Ein Verbrechen ist nicht ausgeschlossen.

Erika Berger ist 1,56 m groß, schlank, hat dichtes blondes Haar, das sie zurückgekämmt trägt. Die Gesichtsform ist oval, die Augen sind grau, die oberen Schneidezähne stehen etwas vor. Bekleidet war sie zuletzt mit einem schwarzen T-Shirt, Blue Jeans und Martensschuhen. Dazu trug sie maschinengestrickte Halbstrümpfe aus blauer Wolle. An ihrem linken Arm hatte sie eine runde Armbanduhr mit Lederband, Marke Doxa.

Wer kann über den Verbleib der beschriebenen Person Auskunft geben? Angaben erbeten an die nächste Polizei- oder Gendarmeriedienststelle.

(Erika, 15 Jahre)

A n m e r k u n g : *Vermisstenanzeigen (Steckbriefe) verlangen eine klare, nüchterne Sprache, die den Sachverhalt genau kennzeichnet. Man beschränkt sich dabei auf die Beschreibung sichtbarer äußerer Merkmale.*

Vor mir liegt ein Blatt wilden Weines

Vor mir liegt ein Blatt wilden Weines. Das Erste, was mir an ihm auffällt, sind die schönen Farben. Die einzelnen Teilblätter sind dunkelrot bis hellrot, eines hat am Rand einen gelben Fleck. Der Stängel ist ungefähr zwei Spannen lang. Er wird unten dicker und bildet eine kleine Rinne. Die Blattkrone besteht nur mehr aus zwei Teilen. Die anderen Blätter sind abgefallen. Dort, wo diese früher gesessen sein müssen, sieht man nur mehr drei hellgrüne Grübchen. Die Blätter sind stark geädert. Längs der Adern weist das Blatt dunklere Stellen auf. Die gelben Rippen zeichnen sich besonders gut auf der blassroten Rückseite ab. Viele Adern zweigen von der Hauptader ab, die immer schmäler wird und bis in die Blattspitze führt. Das ganze Blatt ist von einem Netz von starken bis allerfeinsten solcher Linien durchzogen, die bis in jede Spitze des gezackten Randes verfolgt werden können. Die Zacken sind sehr unregelmäßig. Sie beginnen bei einem Blatt erst in der oberen Hälfte, beim anderen gleich dort, wo es noch ganz schmal ist. Die Zacken sehen aus wie kleine Feuerzungen. Sie sind unten breit und haben eine schön geschwungene Spitze.

Das Blatt selbst ist eiförmig, ungefähr eine Spanne lang und so breit wie vier Finger meiner Hand. Eines der beiden noch vorhandenen Teilblätter ist zerrissen und hat an dieser Stelle einen bräunlichen, etwas eingeschrumpften Rand. Man sieht, dass das Blatt kurz vorher noch an einem Strauch gehangen sein muss. Es ist etwas schmutzig. Spinnweben hängen daran, und die Bruchstelle ist zwar schon eingetrocknet, aber noch ganz hell.

Der bereits erwähnte gelbe Fleck ist einer besonderen Beschreibung wert. Die Farbe geht nur langsam von dunkelrot in ein richtiges Gelb über. Dieser Übergang zeigt sich daran, dass sich rote Flecken bilden, die gelb umrandet sind. Die Ränder werden immer breiter, bis die ganze Fläche gelb ist. Der Rand des Blattes ist rosa. Der wilde Wein gefällt mir wegen der Vielfalt seiner Farben im Herbst besonders gut.

(Christine, 15 Jahre)

Unser Garten

Meine Großmutter hat einen Garten, ein winzig kleines Fleckchen Erde, so lang wie Großvaters Werkstatt und halb so breit.

Zwischen der Werkstatt und der hinteren Mauer des benachbarten Fleischhauer-Stalles ist eine große Eisentür eingelassen. Man muss sich fast auf die Klinke hängen, um die Tür aufzubringen, und dann fällt man geradezu hinaus in den Garten, so plötzlich schnellt sie auf.

Betritt man im Frühling den Garten, so regnet es auf einmal Blüten, denn die obere Kante der Tür streift einige Äste des Apfelbaumes, der unmittelbar vor ihm steht. Vom Apfelbaum weg wuchert auf beiden Seiten eine ganze Hecke aus Sträuchern schwarzer und roter Johannisbeeren. Nur eine kleine Lücke besteht, und wenn man durch diese hindurchschlüpft, erschließt sich einem erst der ganze Zauber des kleinen Gartens.

Rechts wächst, an die hässliche Mauer gedrängt, ihre Schäbigkeit halb verdeckend, ein Fliederbusch, der im Spätfrühjahr herrliche lila Blüten trägt. Vor den Sträuchern liegt ein Stück Rasen, dazwischen sind einige junge Bäume gepflanzt.

Im Sommer ist der Garten am schönsten. Da blühen die vielfarbigen Blumen, die meine Großmutter gesetzt hat, und wenn man die Augen zu einem schmalen Spalt schließt, wogt vor einem ein buntes Meer auf hellgrünem Grund, während der Apfelbaum die Strahlen der heißen Sonne wehrt.

(Elisabeth, 13 Jahre)

Anmerkung: Diese Beschreibung zeigt schon Stilelemente der Schilderung. Welche? (Siehe S. 155!)

Ein altes Pferd

Den Kopf gesenkt, stiert es auf den Hafersack. Die Augen scheinen hervorquellen zu wollen, und die feinen Adern der Hornhaut sind stark entzündet. Eine gelbe Flüssigkeit, die sich an den Backenknochen ansammelt, lockt die Insekten an. Die Knochen sind deutlich sichtbar, nur die Haut überzieht sie.

Vom Maul triefen große, schmutzige Schaumflocken, und das im Maul verweste Heu leuchtet grün zwischen den gelben, zum Teil ausgebrochenen Zähnen hervor.

Der Kopf ist schmutzig-weiß mit dunklen Flecken. Eine aschfahle Mähne überdeckt die zurückgelegten, herabhängenden Ohrmuscheln. Der Hals ist lang, fürchterlich lang und sehr schmal.

Die Schulterknochen ragen ein klein wenig über das Rückgrat hinaus. Die Sehnen, die früher die Beine strammgehalten haben, sehen Krampfadern ähnlich, und das weißbraune Fell zeigt aufgescheuerte glatzige Stellen. Die Knie sind stark aufgeschunden; bräunliche Haare, die weit oben am Fuß ansetzen, verdecken die Hälfte der schäbigen Hufe.

Der schmale Körper biegt sich von den Schultern zu den Hüften durch, und der Rippenbogen sieht wie ein aufgespannter Regenschirm aus.

Der Bauch hängt tief herab, die Hinterbeine scheinen wie hineingestoßen in ihn, und die schmalen Oberschenkel ragen ebenfalls über den Schwanzansatz hinaus. Das Pferd steht etwas knieweich da, der lange Schweif pendelt unruhig über die Fußknochen. Seine Farbe ist ein wenig heller als die der Mähne; einige Strähnen sind zusammengeklebt.

(Richard, 13 Jahre)

Vergleiche diesen Schüleraufsatz mit dem folgenden gleichen Themas! Er stammt von einem Dichter.

Das Reitpferd

Der Kopf ist von feinem Meißel gemeißelt, die Nase gerade und schmal. Der Hals wird lang, frei und leicht getragen und wächst zwischen aufrechten, eng an den Leib anliegenden Schultern empor, die von der Macht des Rumpfes nicht auseinander gepresst werden. Die Brust ist nicht zu breit, aber tief, und auf den Schultern liegt kein Fett oder dickes Gewebe. Der Widerrist ist schmal, stark und wohl ausgebildet und läuft wie ein festes Band in den prall von Muskeln federnden Rücken. Darunter bedeckt ein tiefer, unerforschlicher Brustraum Lungen und Herz.

Dennoch scheint die Linie des Rückens nicht enden zu wollen. Das Becken ist lang und greift weit nach vorn. Frei und still trägt sich der Schweif. Gereckte, gerade Hinterbeine streben von dem im Bug sichtbaren Knie zur Erde. Alle Gelenke sind wie herabgedrückt, stark und klar. Feines, pralles Geäder zeichnet sich unter der dünnen Haut. Die Sehnen der Vorderarme, der Hacke, sind fast mit dem Auge abzutasten, hinab zu den festen Federn der Fesseln über den runden, ruhenden Hufen.

(Rudolf G. Binding)

Weitere Beschreibungen von Dichtern als Stilmuster:

Die Tulpen

Sie stehen vor mir in der weißen Vase auf dem Schreibtisch, die drei roten Tulpen. Das Alpenlicht scheint durch ihre langen, lichtgrünen Schilfblätter, leuchtet durch die Wunderpracht ihrer großen, runden, von Sonne und Zimmerwärme weit geöffneten Kelche wie durch die bunten Radfenster einer gotischen Kirche. Herrlichstes Rosenrot glüht auf in den eirunden, sanft geschwungenen Blütenblättern, die ein weißer Doppelstreif in der gewölbten Mitte durchflammt. In jedem Streifen mündet am Grunde der spitze, violette Zackenrand des großen, weißen Mittelsterns, aus dem sahnegelb, schwer und kantig der Stempel steigt mit der dreigezackten, lichten Krone, den die sechs tiefschwarzen, schmalen Staubträger umstehen, deren Pollen leuchtend königsblaue Linien auf den weißen Stern ziehen. Jede zarteste Äderung ist in den strahlenden, hellroten Blütenblättern zu erkennen; sie scheinen dünner als ein Mohnblatt und sind trotz ihres Seidenglanzes doch glatt und fest wie ganz feines Leder.

(Agnes Miegel)

A n m e r k u n g : Durch das Wunder der Sprache ist es der Dichterin gelungen, die Tulpen vor unseren Augen aufglühen zu lassen. Die Blüten werden mit großer Genauigkeit beschrieben, ohne dass etwas von dem Zauber der Natur verloren geht.

Die Wohnstube in einem alten steirischen Bauernhaus

Die „Leutstube“ ist der größte Raum des Hauses; sie hat zwei Türen, wovon die eine in die Lauben, die andere in die Küche führt. Sie wird von fünf Fenstern erhellt. Über den Fenstern zieht sich an der Wand eine mäßig breite Holzleiste hin, die als Gestell für kleine Geräte dient. Rings an den Wänden sind Bänke angebracht, unter denen die Knechte ihre Schubladen für Schuhnägel, Hammer und Zange haben. Die Bänke und Stühle sind weiß gescheuert. Auf den Türen stehen, mit Kreide gezeichnet, die Buchstaben der Heiligen Drei Könige, die jedes Jahr erneuert werden. Und daneben an dem Türpfosten hängt ein tönernes, grün glasiertes Weihwassertöpfchen. Über einer der Türen ist ein Schubfensterchen angebracht, um an Backtagen Dunst und überflüssige Hitze hinauszulassen.

In der Ecke zwischen den beiden Türen steht der große, gemauerte und mit grünen Kacheln besetzte Ofen. Er dient zum Backen des Brotes und zur Erwärmung der Stube. Um den Ofen zieht sich die Ofenbank und das Ofengeländer. Das ist die eigentliche Heimstätte der Großmutter und ihrer Märchen und der traulichste Platz im ganzen Haus.

Neben dem Ofen, unmittelbar an der Laubentür, steht ein Bett. Es ist stets hoch geschichtet. An der hölzernen Kopflehne ist der „süße Namen“ und die Jahreszahl der Zimmerung des Bettes gemalt. Neben dem Bett prangt der braun angestrichene Uhrkasten mit der Schwarzwälderuhr. – Nun steht noch ein Kasten in der Stube, bemalt mit vielen Rosen und roten Vögeln mit grünen Flügeln.

Dann aber kämen wir zum Heiligtum des Hauses, zum Tisch und Hausaltar. Mancher Bauer ist stolz auf seinen großen, glatten, stets rein gescheuerten Tisch, der oft ein wahres Kunstwerk ist. Der Tisch ist aus hartem Holz gearbeitet, und fest und behäbig steht er da auf seinen halbrund gebogenen Füßen; er hat ein gewichtiges Wesen, und wenn er irgendeinmal notwendig einen Zollbreit beiseite gerückt werden soll, müssen mehrere daran. Neben dem Tisch steht die „Siedel“, eine altmodische, schmale Truhe mit einer drehbaren Sitzlehne über der Decke. Und an der Tischecke ist der Hausaltar.

(Peter Rosegger)

A u f g a b e : Versuche nach dieser Beschreibung die Stube zu zeichnen!

Bei Gegenstandsbeschreibungen verfahre auf folgende Weise:

a) Bestimme die Art des Gegenstandes!

b) Nenne die wesentlichen Teile aus welchen sich der Gegenstand zusammensetzt! Notiere deren Namen! (Wortschatzsammlung!)

c) Gib an, wie die wesentlichen Teile zusammenhängen, wie sie aussehen (Form, Größe, Farbe, Material, besondere Eigenschaften) und wie sie gegebenenfalls arbeiten (Handhabung, Zweck, Erhaltungszustand, Wert u. dgl.)!

d) Willst du die Beschreibung verlebendigen, so setze die Beschreibung in eine Handlung um! Erkläre z. B. deiner Schwester die Bedienung einer Schreibmaschine!

e) Sind dir manche Bezeichnungen unklar, so sieh in einem Bildwörterbuch (Bilderduden) oder Lexikon nach!

Beispiel:

Sie wollen eine Kamera kaufen?

Die Autoflex zählt heute mit zu den meistgekauften Spiegelreflexkameras der ganzen Welt.

So leistungsfähig diese bewährte Kamera ist, so bequem, sicher und leicht lässt sie sich auch bedienen: Das Mattscheibenbild zeigt in Format, Größe und Ausschnitt genau das Bild, das auch das Aufnahmeobjektiv „sieht“ und das der Film bei der Aufnahme festhält. Mit Hilfe der hochklappbaren Sucherlupe stellen Sie das Mattscheibenbild mit einem großen handlichen Triebknopf, der an der rechten Seitenfront der Kamera angebracht ist, haarscharf ein. Neben diesem Einstellknopf mit einem Einstellbereich von 90 cm bis „unendlich“ können Sie an Hand einer Skala die Schärfentiefe ablesen. Die Blenden- und Verschlusseinstellung wird durch die Lichtwertskala vereinfacht. Durch das Verschieben eines kleinen Hebels werden Blende und Belichtungszeit in das richtige Verhältnis zueinander gebracht. Dann brauchen Sie nur noch den Verschluss zu spannen, und Ihre Autoflex ist aufnahmebereit.

Die sinnvolle Sperre schützt vor Doppelbelichtungen und Leerschaltungen. Bei Mehrbelichtung für Trickaufnahmen kann diese Doppelbelichtungssperre ausgeschaltet werden. Das Xenar 1: 2, ein bekanntes Schneider-Markenobjektiv, bürgt für einwandfreie, scharfe Aufnahmen. Es ist vergütet und für Farbaufnahmen bestens geeignet. Das Objektiv befindet sich in einem voll synchronisierten Synchro-Compur-Verschluss, der auch beim Blitzen kürzeste Verschlusszeiten bis 1/500 sek. gestattet. Angenehm ist hier auch der eingebaute Selbstauslöser. Ein kleiner Hebeldruck, das Vorlaufwerk läuft an und gibt Ihnen ganze 10 Sekunden Zeit, um sich in die aufzunehmende Personengruppe oder in das Motiv einzuordnen. Erst dann schnappt der Verschluss auf und belichtet den Film.

Und hier noch einige weitere Vorzüge der Autoflex: für Sportaufnahmen ein Rahmensucher im Lichtschacht, Lichtwerttabellen an der Kamera-Rückwand und Bajonettfassung an Sucher- und Aufnahmeobjektiv zur sicheren und schnellen Befestigung von Filtern, Vorsatzlinsen und Gegenlichtblende. Dazu kommen noch eine Merkscheibe für Filmempfindlichkeit, die Sperrvorrichtung für den Blitzlichtstecker gegen unbeabsichtigtes Herausziehen des Verbindungskabels und ein Sicherheitsriegel, der ein versehentliches Öffnen der verschlossenen Rückwand verhindert.

(Nach einem Werbebrief)

Ein Beschreibungsrätsel

Der Gegenstand, den ich beschreibe, hat eine recht eigenartige Form. Er steht in einer Ecke unseres Wohnzimmers. Von oben gesehen ist er dreieckig, zwei Seiten sind an die Wand gebaut. Die Deckplatte ist aus dunkelroten Keramikkacheln zusammengesetzt. Die Vorderseite ist rechts und links mit ockerfarbigen Fliesen belegt, in der Mitte ist ein schwerer eiserner Einsatz mit einer dunkelroten emaillierten Vorderfront. Darüber spannt sich ein verchromtes Gitter.

Der Gegenstand strahlt wohltuende Wärme aus, vorausgesetzt, dass man ihn richtig füttert. Er ist im Winter unbedingt notwendig.

Wenn es draußen kalt ist, gibt es nichts Behaglicheres, als sich in seiner Nähe aufzuhalten. Er hat viele Artgenossen, die wohl in Form und Farbe verschieden sind, aber doch die gleiche Aufgabe zu erfüllen haben. Es wird kaum eine Wohnung geben, wo man ihn nicht findet. Im Sommer kann man auf seine Dienste verzichten, und bei uns steht während dieser Zeit eine Vase mit Blumen auf ihm.

Was ist das?

(Der Kamin)

(Reinhard, 13 Jahre)

Was ist das? (Beschreibungsrätsel)

Ich kenne ein Ding, das sehr viel gebraucht wird; fast jeder Mensch besitzt es. Es ist ein Teil der Bekleidung. Bei Regenwetter ist man froh, es zu haben, besonders aber im Winter leistet es einem gute Dienste. Das Oberteil des gefragten Gegenstandes besteht meist aus Leder, die Unterseite aus Leder oder Gummi. Ein Band, das durch mehrere Ösen läuft, hält das Ding an den Körperteil. Seine Pflege erfolgt durch kräftiges Bürsten und durch Einfetten. Ist etwas daran beschädigt, bringt man es zu einem Handwerker, der seine Berufsbezeichnung von diesem Gegenstand ableitet. Auch gibt es verschiedene Ausführungen, wodurch das Ding im Einkauf verschieden viel kostet. Je weniger Material verwendet wurde, umso teurer ist es dann meist.

Aber gerade diese Modelle lieben manche Damen.

Und noch ein Hinweis: Wenn man barfuß geht, braucht man es nicht.

Was ist es?

(Schuhe)

(Walter, 14 Jahre)

Stilübungen:

Thema: **Mein Zimmer**

Benenne die Einrichtungsgegenstände und vergleiche anschließend mit der folgenden Zusammenstellung:

Bett, Couch, Klappbett, Bettbank, Sofa, Sessel, Stuhl, Lehnstuhl, Hocker, Wäsche-, Kleiderschrank, Kasten, Kommode, Nachttisch, Nachtkästchen, Truhe, Ausziehtisch, Schreibtisch, Esstisch, Anrichte, Kredenz, Bücherbrett, Bücherkasten, Bücherbord, Blumentisch, Ofen, Kamin, Kachelofen, Gasstrahler, elektrischer Wärmestrahler, Beleuchtungskörper, Luster, Leuchte, Lampe, Teppich, Läufer, Brücke.

Gliederung:

I. Lage des Zimmers im Haus.
II. a) Überblick.
 b) Einrichtung und Ausstattung.
 c) Ein Blick durch das Fenster.
III. Das Wohnzimmer als Mittelpunkt des Heimes.

Thema: **Unser Wohnhaus**

Benenne die Teile des Hauses, vergleiche anschließend mit der nachstehenden Zusammenstellung:

Hochhaus, Landhaus, Villa, Zinskaserne, Miethaus, Einfamilienhaus, Fachwerkbau, Blockhaus, Bauernhaus, Heimstätte, Eigenheim, Siedlungshaus, Anbau, Trakt, Flügel, Hinterhaus, Eingang, Haustor, Treppenhaus, Stiegenhaus, Einfahrt, Gang, Diele, Geschoß, Stockwerk, Erdgeschoß, Vorhof, Vorgarten, Dach, Walmdach, Flachdach, First, Traufe, Dachvorsprung (Gesims), Schornstein, Dachrinne, Loggia, Balkon, Erker, Geländer, Rolladen, Fensterladen, Garage, Terrasse, Hausgarten, Einfriedung, Zaun, Umzäunung, Lattenzaun, Pflanzenzaun, Laubengang, Dachterrasse, Pultdach, Zentralheizung, Keller, Waschküche, Mülltonne, Abfallkübel, Hauswand, Verputz.

Gliederung:

I. Die Lage: Stadtteil, Ortsteil.
II. Beschreibung:
 a) Die äußere Form.
 b) Die räumliche Einteilung.
 c) Die Verwendung: Wohnung, Geschäft, Büro, Werkstätte.
III. Seine Bedeutung für mich als Elternhaus.

D a s T h e m a : **Das Auto meines Vaters**

Benenne die Teile des Autos und vergleiche anschließend mit der nachstehenden Zusammenstellung:

Limousine (geschlossenes Auto), Kupee, Roadster (Sportzweisitzer), Kabriolett (mit Faltdach), Kombiwagen, Motorhaube, Notsitz, Kotflügel, Kofferraum, Bremslicht, Tankeinfüllstutzen, Blinker, Nummernschild, Kennzeichen, Stoßstange, Fond, Autotür, Türgriff, Scheibenrad, Scheinwerfer, Rundsichtwindschutzscheibe, Türfenster mit Kurbelantrieb, Felge, Autoreifen, Reserverad, umklappbare Rückenlehne, Rücksitz, Hintersitz, Karosserie, Chassis (Fahrgestell), Benzintank, Armaturenbrett, Lenkrad (Volant), Tachometer, Kilometerzähler, Scheibenwischer, Defrosterschlitz, Zündschlüssel, Handbremse, Handschuhkasten, Benzinuhr usw.

B e s c h r e i b e i n F o r m e i n e s B r i e f e s an einen fernen Freund das Auto deines Vaters! Führe ihn dabei im Geiste um das Auto herum, dann lass ihn einsteigen und erkläre ihm die Dinge, die es da zu sehen gibt! Auf Besonderheiten musst du eigens hinweisen!

Ersetze die häufig vorkommenden Wörter (ist, war, steht usw.) durch treffendere! *Forme die Aufsätze um, vermeide dabei auch die Wortwiederholungen!*

a) Mein Heimatort heißt Oberndorf. Er ist nur wenige Kilometer von Oldenbrunn entfernt. Inmitten des Ortes stoßen zwei Straßen aufeinander, dort ist der Dorfplatz. Auf diesem Platz ist auch die Kirche, hinter der Kirche ist der Dorffriedhof. Unweit der Kirche ist das Bürgermeisteramt. Der Bahnhof ist außerhalb des Ortes. Gegenüber dem Bahnhof ist das Bahnhofsrestaurant. Am anderen Ende des Ortes ist eine große Sägemühle, in deren Nähe ist auch das Haus, in dem ich wohne. Es ist einstöckig. Vor dem Haus ist ein kleiner Blumengarten. Hinter dem Haus ist ein kleiner Stall, in welchem unsere Hühner und Ziegen sind. Oberndorf ist ein gern besuchter Aufenthaltsort für Erholungssuchende.

b) Der Wohnraum meiner Großmutter war rechteckig. Er hatte ein dreiteiliges Fenster, von dem aus ein Garten zu sehen war. Die

Wände waren hellgrün tapeziert. Man sah verschiedene Möbel. In der Mitte des Zimmers war ein viereckiger Tisch mit mehreren Sesseln. Vor dem Fenster war ein altmodischer Schaukelstuhl. Besonders fiel mir auf, dass kein Ofen im Zimmer stand. Auf einer Kommode stand eine alte Biedermeieruhr. Sie ging aber nie. Der Fußboden war ungepflegt und zum Teil mit abgetretenen Teppichen bedeckt. Auf einer alten Kredenz, die an einer Wand stand, waren stets alte, bemalte Teller zu sehen.

Weitere Themen für Beschreibungen:

Beschreibe einen Gegenstand in Form eines Rätsels!

Gib in Form einer Verlustanzeige die Beschreibung einer Armbanduhr, einer Handtasche, einer Aktenmappe, eines Taschenmessers, eines Schmuckstückes!

Nimm an, dein Fahrrad sei gestohlen worden. Wie sieht es aus? Beschreibe es!

Beschreibe für Werbezwecke die besonderen Vorteile eines Fernsehempfängers, einer Mähmaschine, einer Nähmaschine, eines Mopeds! Vergleiche sie mit anderen Typen!

Beschreibe einen Hund, der sich verlaufen hat!

Beschreibe eine seltsame Frucht!

Kennzeichne mit treffenden Worten dein Klassenzimmer, deine Schule, deinen Schulweg!

Beschreibe eine Blume, die dir besonders gefällt, einen Garten, einen Sportplatz, einen Verkehrsgarten, einen Park!

Beschreibe in Form eines Rätsels einen Klassenkameraden so genau, dass ihn deine Mitschüler erkennen können!

Verfasse eine Vermisstenmeldung!

Mein Tonbandgerät (CD-Player).

Vergleiche zwei Autotypen!

Betrachte genau einen Badestrand, ein Schigelände und versuche, die Landschaft sachlich zu beschreiben! Fertige dazu eine Skizze an!

Weitere Stilmuster für Beschreibungen finden sich im 1. Band.

Bilder beschreiben und deuten

A n m e r k u n g e n : Durch Bildbeschreibungen sollen die Schüler und Schülerinnen genau beobachten lernen und erkennen, was an einem Bild wesentlich ist. Die Schwierigkeit der Bildbeschreibung liegt hauptsächlich in der Darstellung, denn es gilt, das Nebeneinander des Bildinhaltes durch die Sprache in ein Nacheinander umzuwandeln. Man wählt für die Mittelstufe möglichst inhaltsreiche Bilder, auf denen ein Geschehen dargestellt wird. Stimmungsreiche Landschaftsbilder oder Stillleben bleiben der Oberstufe vorbehalten. Besonders eigenen sich für die Mittelstufe kulturgeschichtliche Bilder, erdkundliche Darstellungen, aber auch erzählende Illustrationen und Grafiken.
Wird das Bild nur sachlich beschrieben, haben wir es mit einer B i l d b e s c h r e i b u n g zu tun; deutet der Leser darüber hinaus den Inhalt des Bildes, erwähnt er das mutmaßliche vorherige oder spätere Geschehen, die mutmaßlichen Gedanken der dargestellten Personen u. dgl., so wird aus der Bildbeschreibung eine B i l d d e u t u n g . Eine klare Grenze zwischen den beiden Arten ist schwer zu ziehen und ist in unserem Fall auch nicht wesentlich. Bei einer B i l d e r z ä h l u n g wird aus einer Bilderreihe eine zusammenhängende Bildgeschichte konstruiert. Hierbei liegt der Schwerpunkt nur auf dem Inhalt des Bildes. Der Zweck dieser Darstellungsart ist weniger die genaue Beobachtung als vielmehr die Schulung der Vorstellungskraft. Bilderzählungen eignen sich hauptsächlich für die Unterstufe (siehe Seite 62!).

Betrachte den abgebildeten Holzschnitt von Alfred Rethel und lies anschließend die nachstehende Bildbeschreibung!

Der Tod als Freund (Siehe Abbildung I!)

Wir blicken in ein Turmstübchen. Der Raum ist sehr klein. Links vorne führt eine schmale Treppe herauf und weiter empor zu einer offenen Galerie. Rechts sehen wir eine Wand, die oben von einem kleinen Bogenfenster durchbrochen ist. Geradeaus öffnet sich das Stübchen auf eine Art Balkon, über dessen Brüstung man einen Blick in eine weite, ebene Landschaft tut. In der Stube selbst sitzt rechts in einem alten Lehnstuhl ein Greis. Seine Hände sind gefaltet, die Augen geschlossen. Nebenan auf dem Tisch liegt ein aufgeschlagenes Buch, wohl eine Bibel. Man könnte meinen, dass der Alte, müde vom Lesen, sich zurückgelehnt habe und mit geschlossenen Augen über Gottes Wort nachdenke. Aber ein Blick auf die dunkle Gestalt links an der Stiege gibt uns die richtige Deutung. Hier steht der Knochenmann in einer Pilgerkutte, die Kapuze über den Kopf gezogen, und läutet die Totenglocke für den, der so vielen Menschen die Sterbeglocke geläutet hat. Auf dem Tisch sind noch die Reste eines bescheidenen Mahles sichtbar, neben dem Tisch lehnt ein Pilgerstab, und auf der Stuhllehne hängt ein breitkrempiger Hut mit einer Pilgermuschel. Ruhig ist die Haltung des Toten und friedlich sein Gesicht. Und um diesen Eindruck noch mehr zu verstärken, sehen wir fern am Horizont die Sonne untergehen. Der Himmel ist wolkenlos, nichts stört den Frieden der Natur, nur ein kleiner Vogel sitzt auf der Brüstung und singt dem Toten ein Abschiedslied. Hoch oben am Himmel zieht eine Schar Vögel dahin, einer neuen Heimat entgegen, wie auch die Seele des müden Erdenbürgers der ewigen Heimat entgegeneilt.

Hier hat der Tod keinen Schrecken um sich verbreitet, hier hat sein Erscheinen kein lautes Klagen und Weinen geweckt; er, der Ruhelose, hat einem müden Menschen die Pforten zur Ewigkeit geöffnet. Hier ist der Tod als Freund erschienen.

(Ernst, 14 Jahre)

Anmerkung: In welcher Anordnung ist das Bild beschrieben? In welcher Zeit stehen die Zeitwörter? Gehört der letzte Absatz auch zur eigentlichen Beschreibung, oder ist hier bereits eine Deutung des Bildes versucht worden?

Beachte Folgendes:

a) Wenn du ein Bild beschreiben willst, so betrachte es vorerst eingehend und schreib dir die treffenden Ausdrücke für die auf dem Bild dargestellten Dinge, Personen, Örtlichkeiten usw. auf.

b) Beantworte nun im Besonderen die folgenden Fragen:

1. **Was soll mit dem Bild dargestellt werden? Was ist sein Gesamtinhalt?**
2. **Was ist die Hauptsache des Bildes?**
3. **Was lässt sich über die Örtlichkeit sagen?**
4. **Wie ist der Gesamteindruck, die Stimmung?**
5. **Welche Absicht verfolgte vermutlich der Künstler mit diesem Bild?**
6. **Wie drückt er seine Absicht aus? (Form, Farbe.)**

c) Notiere daraufhin, in welcher Reihenfolge du die einzelnen Dinge darstellen willst!

Man beginnt meist mit der Hauptsache und fügt das Nebensächliche (Umwelt, Hintergrund) erst im Anschluss daran hinzu. Die Hauptsache ist a u s f ü h r l i c h mit allen wesentlichen Einzelheiten zu beschreiben (Aussehen nach Form und Farbe, Ausdruck der Bewegungen).

Es ist aber auch möglich, sich die Hauptsache für den Schluss aufzusparen und vorher die Umwelt darzustellen. Abschließend kann man die Stimmung erwähnen, die das Bild hervorruft.

d) Lass bei der Ausführung die Dinge oder Personen möglichst h a n d e l n! Schreib nicht blasse Ausdrücke wie: . . . i s t ein Baum . . ., s t e h t ein Sofa . . ., s i e h t man ein Mädchen . . ., sondern: . . . ragt ein Baum gegen den Himmel . . ., . . . lädt ein Sofa zum Ausruhen ein . . ., . . . blickt ein Mädchen verträumt in die Ferne . . . usw.!

e) Lies am Schluss deinen Aufsatz aufmerksam durch und versuche, schmückende Eigenschaftswörter durch kennzeichnende zu ersetzen! Schreib z. B. nicht: . . . ein s c h ö n e s Bauernhaus . . ., sondern: . . . ein niedriges (altes, verfallenes . . .) Gehöft!

Untersuche die folgenden Aufsätze und stelle fest, ob in ihnen die oben angeführten Grundsätze verwirklicht wurden! Gliedere sie!

Eine Töpferwerkstätte (Bildbeschreibung)

Das Bild zeigt eine Töpferwerkstätte. Der Töpfer, ein großer, stattlicher Mann, sitzt an der Wand auf einer Bank. Seine Füße bewegen die Töpferscheibe. Mit seinen Händen – die Hemdärmel sind aufgestreckt – formt er eben einen Topf. Vor das schmutzig graue Hemd hat er eine blaue Leinenschürze gebunden, eine lehmverschmierte Hose bedeckt seine Beine. Der Gesichtsausdruck des Töpfers ist ernst, er blickt aufmerksam auf die Töpferscheibe. Neben ihm auf der Bank liegen brotlaibförmige Lehmklumpen. Ein hölzerner Schemel dient zum Ausruhen der Füße. Quer durch den Raum erstreckt sich ein Brett, das auf zwei „Böcken" ruht. Darauf sind Töpfe aller Größen und Formen zum Trocknen abgestellt. Auf dem Tisch unter dem Fenster erblickt man Flaschen und Krüge, darunter einen Bottich, der wahrscheinlich Wasser zum Besprengen des Tones enthält. In der Fensternische hängt an einem Haken ein rundes Sieb. Links auf dem Fußboden sind bereits gebrannte Gartengeschirre aufgetürmt und warten auf Käufer.

Das helle Sonnenlicht fällt durch das Fenster im Hintergrund in die Werkstätte. Ein Blick hinaus zeigt einen blühenden Baum.

(Maria, 12 Jahre)

Aufgabe: Versuche, die Töpferwerkstätte nach dieser Beschreibung zu zeichnen!

Vor dem Auftritt (Deutung eines Bildes von Edgar Degas)

Aufgeregtes und nervöses Summen hinter dem Vorhang, gleich wird er sich heben. Unermüdlich üben die Tänzerinnen ihre Figuren, eine Pirouette nach der anderen wird gedreht. Eine der drei Solotänzerinnen ist besonders nervös. Sie tanzt heute zum ersten Male eine der größeren Rollen, und wenn sie jetzt versagt, dann bekommt sie das ihr zugesicherte Opern-Engagement nicht. Dann müsste sie sich wie bisher schlecht und recht durchs Leben bringen. Freilich, wenn sie das Engagement bekommt, wird sie wahrscheinlich mehr und härter arbeiten und trainieren müssen. Aber was nimmt sie nicht alles auf sich für eine Aufstiegsmöglichkeit! Insgeheim träumt auch sie, wie jede andere Tänzerin, davon, einmal Primadonna zu werden. Sie ist sich aber völlig im Klaren, dass der Weg dahin sehr mühselig ist. Sie bringt mit zittrigen Händen die Frisur in Ordnung und nimmt sich fest vor, heute ihre Chance zu nützen und so exakt zu tanzen, wie es ihr möglich ist. Blutige Zehen spielen keine Rolle, wenn ein Opern-Engagement winkt.

Ihrer Kollegin sieht man an, dass eine Solorolle für sie nichts Neues mehr bedeutet. Sie ist die Ruhe selbst. Verächtlich blickt sie zu der „aufgeregten Kleinen" neben ihr. Die Nervosität wird bald vergehen. Albern, wie sie immer wieder überprüft, ob ihre Frisur in Ordnung ist und ihr Kleid tadellos sitzt! „Sie hat etwas von einem Opern-Engagement gesagt. Das kann ich nicht glauben, sie ist doch viel zu jung und unerfahren. Na, wir werden ja sehen, falls etwas Wahres daran ist, werde ich mich natürlich auch darum bewerben. Was die kann, kann ich schon lange!"

Die dritte Solotänzerin ist ganz mit sich selbst beschäftigt und merkt nichts von Neid und Missgunst unter ihren Kolleginnen. Dekorativ befestigt sie zwei Rosen an ihrem Kleid. Auch Ohrringe aus kleinen, weißen Rosen hat sie genommen, die kontrastieren so gut zu ihrem schönen, tiefschwarzen Haar. Hoffentlich geht alles gut – und sie überdenkt noch einmal ihre Rolle. „Es muss klappen, ich habe alles genau einstudiert und sehr oft geübt. Heute bin ich eigentlich gar nicht nervös. Ich will das als gutes Vorzeichen betrachten!"

(Judith, 15 Jahre)

Vorfrühling im Wienerwald (Beschreibung eines Bildes von Ferdinand Waldmüller, siehe Abbildung II!)

Wir sehen spielende Kinder auf einer Waldlichtung im Vorfrühling. Im Vordergrund hocken zwei pausbäckige, etwa zehnjährige Mädchen vor den ersten Frühlingsblumen. Das eine Mädchen hält bereits einige in ihrer linken Hand, während es mit der rechten nach unten greift, um weitere zu pflücken. Seine Schwester oder Freundin dahinter hat sich sogar auf den Boden niedergelassen und sieht ihr aufmerksam zu. Beide Mädchen sind mit Dirndln bekleidet und haben ihre Haare mit Kopftüchern, die hinten verknotet sind, bedeckt. Vor ihnen leuchten aus dem dunklen Boden die ersten Frühlingsblumen: Kuhschellen, Primeln, Leberblümchen.

Rechts dahinter bemerken wir eine weitere Gruppe: drei etwas ältere Mädchen, die von einem jungen Burschen ein Sträußchen Blumen verehrt bekommen. Er hält sein Geschenk schüchtern hin, sie blicken verlegen auf die Blumen.

Die drei Mädchen tragen bis zu den Knöcheln reichende bäuerliche Kleider, der Bursche ist barfuß und hat über seiner linken Schulter einen Brotbeutel hängen.

Den Hintergrund bildet der noch kahle Laubwald. Besonders auffällig ist der knorrige Stamm einer alten Buche in der linken Bildhälfte, der bis ins Einzelne liebevoll ausgemalt wurde.

(Hermine, 13 Jahre)

Der Bücherwurm (Ein Bild von Karl Spitzweg)

Das Bild ist in dunkler Tönung gehalten, nur ein heller Lichtstrahl hebt einen Teil aus dem Düster. Das Licht fällt in einem Kegel von oben durch eine unsichtbare Öffnung auf das riesiggroße Büchergestell, das, mit reichem Schnitzwerk verziert, eine Ecke des Raumes verkleidet.

Vom Fußboden ist überhaupt nichts zu sehen. Aus der Tiefe ragt eine Leiter. Auf deren Plattform steht in der Mitte des Bildes, gleichsam von der Erde entrückt, die dunkel gekleidete Gestalt eines sonderlichen alten Mannes mit schlohweißem Haar. Die ganze Aufmerksamkeit des Beschauers wird sofort von dieser Gestalt in Anspruch genommen. Der Mann trägt Kniehosen und einen altehrwürdigen Rock mit Hinterschößen, aus dem ein Schnupftuch nachlässig heraushängt. Oder ist es ein Staubtuch? Der wunderliche Alte hat es wahrscheinlich nicht unterlassen können, beim Abstauben seiner Freunde einige Bücher gleich durchzublättern und in ihnen zu lesen. Er ist buchstäblich von den Büchern gefangen, geistig und körperlich. Denn ein Buch hat er zwischen die Knie geklemmt, ein anderes mit dem linken Ellbogen an den Leib gepresst, in der rechten

Abbildung I
Rethel: Der Tod als Freund (1848)

Abbildung II
Ferdinand Georg Waldmüller: Vorfrühling im Wienerwald (1864)

Abbildung III
Albrecht Dürer: Seine Mutter (1514)

Abbildung IV
Rembrandt: Die Nachtwache (1642)

Abbildung V
Egger-Lienz: Der Totentanz von anno neun (1908)

Abbildung VI
Rueland Frueauf II: Sauhatz, Tafel vom Leopoldsaltar in Klosterneuburg (um 1501)

Hand hält er einen offenen Band, in der linken ebenfalls einen; in dem liest er gerade. Wenn er sich bewegen wollte, müsste er ein Buch fallen lassen; so ist er festgebannt und für den Maler ein ruhiges Modell. Man könnte sich vorstellen, dass der Sonderling sein ganzes Leben dort oben damit verbringt, mit kurzsichtigen Augen die Buchstaben anzustarren.

Der Kopf des Weißhaarigen ist kantig, er hat struppige Augenbrauen, eine klobige, weit vorspringende Nase und ein stark zurückweichendes Kinn. Wie der Kopf, so ist auch der ganze Körper derb und markig, doch vom Alter gebeugt und versteinert. Jetzt sieht und hört der Bücherwurm nichts von der Umwelt, er ist gebannt vom Buch, gelöst von aller irdischen Bindung. So steht er einsam auf seiner Leiter und merkt nicht, dass das Leben weitergeht und vor seiner Tür schon der Tod wartet, der ihn von den geliebten Büchern für immer trennen wird.

(Erwin, 16 Jahre)

Vergleiche mit den vorstehenden Aufsätzen die meisterhafte Bildbeschreibung aus der Feder von Gelehrten!

Dürers Mutter (Nach einer Zeichnung des Künstlers, siehe Abbildung III!)

Über dem spärlichen, in der Mitte gescheitelten Haar des Kopfes trägt sie ein leichtes Tuch. Unter dem Bündel der Stirnfalten schauen die großen hervorstechenden Augen auf einen weit entfernten Punkt. Schmal und mager stößt die Nase hervor, und die schmalen, trockenen Lippen liegen so endgültig fest aufeinander, als hätten sie es schon seit langem aufgegeben, noch ein Wort zu formen.

Über Backen- und Kieferknochen spannt sich die welke Haut, von Schatten übersät, und unter dem kantigen Kinn wird noch der ausgemergelte Hals sichtbar: das Bild einer armen, elenden Mutter, eines bis auf den letzten Grund der Kraft verzehrten und erschöpften Lebens.

(Josef Johannes Link)

Die Nachtwache (Siehe Abbildung IV!)

Rembrandts berühmtestes Werk ist die Nachtwache. Wer vor das Bild tritt, sieht aus braunem Dunkel viele bewaffnete Männer hervorkommen. Vor einer im Schatten verborgenen Säulenfront, aus einem dunklen Torweg heraus treten sie nach vorn ins Licht. Die Ersten heben sich als Anführer ab: der dunkel gekleidete Befehlshaber und neben ihm ein Offizier in Hellgelb. Beide schreiten uns entgegen vor den Übrigen, die sich auf die Anführer hin sammeln: Rechts überschneidet der Bildrand hart einen Trommler, hinter dem ein Sergeant seine Leute nach der Mitte zu lenkt. Ganz links – ebenfalls hart abgeschnitten – ein zweiter Sergeant mit Helm und Hellebarde, der aufmerksam auf den Hauptmann blickt. Er sitzt auf der Brüstung einer Treppe, auf die vorn links ein Junge zuläuft. Dahinter drängen andere nach vorn, einer lädt im Vorschreiten sein Gewehr, Kinder eilen nach der Mitte, und über ihnen treten der Fähnrich und seine Begleiter aus einem hohen Torweg heraus.

Diese fantastisch und ganz verschieden gekleideten Krieger sind bestimmte Personen. Die Nachtwache ist ein Bildnis, sie gibt die Bildnisse einer Anzahl von Amsterdamer Bürgern aus dem Jahre 1642 wieder. Es geschieht etwas, oder besser, es soll etwas geschehen. Ein Befehl wird erteilt, nein, ein Auftrag zu einem Befehl. Ein Wort wird gesprochen, das den Befehl hervorruft, der der Kompanie zugerufen werden wird. Was zwischen den beiden Anführern vorgeht, wirkt sich aus. Die Anordnung des Hauptmannes wird erwartet, entsprechend beginnt schon das Ganze sich zu ordnen.

Die Schützen sammeln sich zum Antreten. Sie folgen den beiden Offizieren vorn. Der Korporal rechts zeigt zur Mitte hin, um ihn drängen sie sich vor. Auf der anderen Seite wartet der andere Sergeant auf den Befehl, aufmerksam nach der Mitte blickend. Vor ihm treten die Bewaffneten vor, und hinter ihnen kommt der Fahnenträger mit einer Gruppe aus dem erhöhten Torweg heraus. Er hebt die Fahne als Signal des Sammelns, und der Trommler schlägt den Wirbel dazu. Hinter den beiden Anführern, die unmittelbar auf uns zuschreiten, bewegt sich alles zur Mitte und nach vorn zu. Jeder ist erfasst von einem großen Geschehen. Aus dem alten Thema ist etwas wie ein Drama geworden.

Und wie sie angezogen sind! Der Anzug ist doch ein Stück des Menschen, seines Aussehens. Der Aufzug, in dem die Schützen auftreten, scheint jedoch mehr von Rembrandt als von ihnen zu stammen. Der Hauptmann ist dunkelviolett, bürgerlich, jedoch mit Schärpe gekleidet, der Leutnant in prächtigem Gegensatz dazu militärisch in ein hellgelbes Lederwams mit Eisenkragen und weißer Schärpe. Einige der Schützen erscheinen ähnlich, doch derjenige, der sein Gewehr hält, ist ganz in Rot mit geschlitzten Ärmeln und Hosen. Hinter ihm das blonde Kind in Weißgold und Hellgrün mit einer Pistole. Und daneben der Knappe in weinrotem geschlitztem Wams mit Dolch und Pulverhorn, am Helm einen grünen Eichenzweig. Andere treten überhaupt ganz in mittelalterlichen Rüstungen auf, in Helmen und Panzern, die beiden Begleiter des Fahnenträgers sogar mit Rundschildern. Außer den Helmen erscheinen Zylinder, Federhüte, Baretts, Schlapphüte, außer Gewehren und Pistolen Lanzen, Schwerter und Hellebarden. Der Trommler trägt ein Barett und hat violette Seidenärmel nach venezianischer Art. Überhaupt erinnert manches an frühere Zeiten.

Das Bildnishafte verschwimmt nach allen Seiten, die Handlung ist das Erste. Die Schützen spielen ihre Rolle in einem größeren Ganzen, von dem sie abhängen. Jeder Einzelne ist in einer bestimmten Bewegung dargestellt. Eine Handlung aber erfordert, dass sie irgendwo vor sich geht. Hier ist es die Front eines großen Gebäudes, aus dem die Schützen hervorkommen. Auch der Zeitpunkt ist mitgeteilt, das besagt die Beleuchtung, aber auch dies ist vieldeutig. Im Dunkel verdämmernd ist Ort und Stunde angedeutet, gerade so weit, als sei dies ein einmaliges Geschehen.

(Aus Kurt Rauchs Einführung „Die Nachtwache", Verlag Reclam)

Stilübungen:

Schreib ab und ersetze die farblosen Ausdrücke durch die eingeklammerten bildhaften! Lies dir anschließend beide Fassungen laut vor!

Außer diesem Bett, das breit (thronartig) den Raum beherrschte, waren nicht viele Möbel da (vorhanden). Ein großer (wuchtiger, schwarzer) Holzkasten, eine schöne (silberbeschlagene) Wäschetruhe, eine große (deckenhohe) Standuhr mit verziertem Zifferblatt, die leise knisternd tickte. Der Boden war mit einem herrlichen (dicken roten) Perserteppich bespannt, die Wände mit Stoff bezogen (damastbezogen). Hübsche Decken (schwere Seidendecken) lagen auf dem Bett, auch die Fenstervorhänge schienen wertvoll (aus alter Seide oder Brokat) zu sein. Eine Wandtür stand offen, von der ein paar Stufen aus Stein (rot geädertem Untersberger Marmor) in ein schönes (eingelassenes) Bad hinführten.

(Nach Carl Zuckmayer)

Aufgaben:

Beschreibe ein Bild, das dir besonders gut gefällt!
Beschreibe Illustrationen aus guten Büchern!
Beschreibe Landschaftsbilder, Verkehrsbilder, Plakate!
Wähle dir aus Kunstdruckpostkarten jene aus, die dir gefallen, und beschreibe die Darstellungen!
(Vorbildliche Einführungen findest du in den Werkmonografien zur bildenden Kunst in Reclams Universal-Bibliothek.)
Beschreibe die Abbildungen in diesem Buch!

Erlebnisse schildern

(Sieh auch „Beobachtungsbericht“ und „Stimmungsschilderung“!)

Anmerkung: Die Beschreibung ist objektiv, verstandesmäßig, sachlich. Die Schilderung dagegen bringt den Eindruck des Objektes auf den Betrachtenden, die dadurch hervorgerufenen Gefühle, Empfindungen, Stimmungen zum Ausdruck. Also eine subjektive Auffassung.
Dieser entspricht auch die Darstellung: die Sprache gehoben, eindrucksvoll, ergreifend, überzeugend, begeisternd. Wirkungsvoller Satzbau, aber nicht überschwängliche Gefühlsausbrüche.
Die Vorbereitung muss sorgfältig erfolgen. In gemeinsamer Arbeit von Lehrern und Schülern ist die Stilform zu klären. Daran werden sich, wenn nötig, Übungen zur Bereitstellung des Wortschatzes anschließen. Eine Schilderung ähnlicher Art (möglichst Dichtertexte) kann als Abschluss der Vorbereitung vorgelesen werden. Wie bei der Erlebniserzählung kommt hier wieder das Rahmenthema zur Geltung.
Auf der Mittelstufe ist die Schilderung vor allem eine ichbetonte Erlebnisschilderung. Für das Stimmungsbild werden die Schüler erst auf der Oberstufe reif.

Lies die nachstehenden Aufsätze und versuche, ihre Eigenart zu kennzeichnen! Was fällt dir auf?

Fahrt im Tunnel

„Fenster schließen!“, ertönte die Bassstimme des Schaffners durch den Eisenbahnwagon, und schon wurde es dunkel. Ich hatte den Eindruck, als wären wir in den Rachen des Teufels gefahren, denn an den Fenstern stoben glühende Funken vorbei, und ein Getöse umgab uns, als brüllte jener Teufel aus voller Lunge, weil ihm die heiße Lokomotive den Schlund verbrannte. Die völlige Finsternis war darauf zurückzuführen, dass keine einzige Lampe des Wagens in Ordnung war. Das Gespräch der Leute war mit dem Einfahren in den Tunnel plötzlich verstummt, und auch mir selbst war die Lust zum Reden vergangen. Ich spähte nur angestrengt zum Fenster hinaus, um einen Anhaltspunkt zu erblicken, der mir helfen sollte, die Lage des Zuges zu bestimmen, denn ich hatte in der Finsternis die Orientierung verloren. Aber das Dunkel, welches nur von den Funken durchzogen war, konnte mir diesen Anhaltspunkt nicht geben. Ich hatte den Eindruck völliger Verlassenheit und das Gefühl, böse Geister könnten mit mir machen, was sie wollten. Aber auf einmal umgab mich wieder das Tageslicht, und ein Gefühl der Geborgenheit durchströmte mich. Der wiedergewonnene Tag war nun doppelt schön.

(Wilhelm, 14 Jahre)

Die Nervenprobe

Es war später geworden, und die Fluggäste umfängt jetzt die Dunkelheit der Nacht.

Im Flugzeug sind kleine Lampen eingeschaltet, die kein helles Licht erzeugen.

Mein Platz am Fenster ist sehr bequem; ich klappe den Sitz zurück. Draußen schwirren die Schneeflocken an der Maschine vorbei. Es ist so dunkel, dass ich überhaupt nichts erkennen kann. Laut Fahrplan soll unsere Maschine in einer halben Stunde auf dem Flughafen Cedar Rapids im nördlichen Teil von Ohio landen. – Als die halbe Stunde vorüber ist, sehe ich wieder in die Dunkelheit hinaus. Das Schneegestöber wird immer dichter, immer schneller treiben die Flocken am Fenster vorbei. Die Stewardess tritt ein und wechselt hastig einige Worte mit dem amerikanischen Reiseleiter. Dann sieht sie sich im Raum um. Einige Fahrgäste sind eingeschlafen, andere lesen. Da steht der Reiseleiter auf und geht zu unserem Begleiter, der hinter mir sitzt. Ich höre, wie er sagt: „Die Stewardess hat mir eben erzählt, dass mit den Landeklappen unserer Maschine etwas nicht in Ordnung sei. Unser Pilot versucht jetzt, den Flughafen Billings anzufliegen. Wir können nur hoffen, dass es keine Bauchlandung geben wird. Aber wir brauchen uns keine Sorgen zu machen, es wird schon schief gehen!“ Das ist seine beliebte Redewendung, die er nach jedem zehnten Satz wiederholt. Einige Minuten später müssen wir uns festschnallen:

Die Maschine kreist über dem Flughafen von Billings. – Doch wir erhalten keine Landeerlaubnis.

Ich sehe mich um. Alle Fluggäste sind wach. In ihren Mienen ist die Spannung zu erkennen, die sich ihrer bemächtigt hat. Die trüben Lampen verbreiten ein düsteres Licht im Raum, in welchem die Gesichter der Fahrgäste unheimlich bleich wirken. Einige halten krampfhaft den Stuhl umklammert, der Mann vor mir raucht ununterbrochen. Da werde auch ich nervös, obwohl ich weiß, dass unsere Lage gar nicht so gefährlich ist. Die Stewardess verbietet das Rauchen. Die Maschine macht eine Wendung. Ich starre aus dem Fenster hinaus. Tief unter uns, das Schneegestöber durchdringend, kreist der Lichtkegel des großen Flughafenscheinwerfers. Wir kommen der dunklen, drohend wirkenden Erde immer näher. Dann sehe ich die unzähligen Lampen, die die Landebahn anzeigen.

Plötzlich erbebt die Maschine, setzt auf und rollt schräg weiter. Einige Lampen zerbrechen, wir kommen von der Rollbahn ab, doch schon nach wenigen Minuten bringt der Pilot die Maschine zum Stehen. Der Mann vor mir wischt sich mit einem Taschentuch den Schweiß vom Gesicht, viele Fahrgäste atmen auf, eine alte Frau schlägt ein Kreuzzeichen. Durch den Lautsprecher ertönt die Stimme des Piloten, der uns ein gutes Abendessen im Flughafenrestaurant und einen guten Flug am nächsten Tag wünscht. Dann steigen wir aus dem Flugzeug. Zwar umfängt uns eisiger Wind, aber wir alle haben die Nervenprobe bestanden.

(Rudolf, 15 Jahre)

Beachte Folgendes:

Bei der Erlebnisschilderung ist nicht die Handlung das Wesentliche, wie bei der Erzählung oder beim Bericht, sondern die Wiedergabe des im Zusammenhang mit dem Erlebnis aufgetretenen Gefühlseindruckes. Zu diesem Zweck verwende anschauliche Ausdrücke! Du musst scharf beobachten, aufmerksam lauschen, deine Gefühle erforschen und dann kennzeichnende Einzelheiten niederschreiben!

Die gebräuchlichste Zeitform für die Schilderung ist die Gegenwart.

Achte besonders auf die Wahl der treffenden Zeitwörter! Vermeide wie bei der Beschreibung Wortwiederholungen!

Sei sparsam im Gebrauch der beifügenden Eigenschaftswörter (Beiwörter) und vermeide Übertreibungen!

Lies die nachfolgenden Schilderungen von Dichtern und stelle fest, welche Stilmittel angewendet wurden, um die Stimmung zu erzeugen! Achte besonders auf Satzbau, Wortwahl, Wortstellung, Bilder, Gleichnisse!

Die Heide

Da waren die wundersamen Heideblümchen, glutfarbig oder himmelblau brennend, zwischen dem sonnigen Grase des Gesteins oder die unzählbaren kleinen, zwischen dem Wacholder sprossend, die ein weißes Schnäbelchen aufsperren mit einem gelben Zünglein drinnen.

Ich will von den tausend goldenen, rubinenen, smaragdenen Tierchen und Würmchen gar nichts sagen, die auf Stein, Gras und Halm kletterten, rannten und arbeiteten. Aber von andern muss gesprochen werden. Da war einer seiner Günstlinge, ein schnarrender, purpurflügeliger Springer, der dutzendweise aufflog und sich wieder hinsetzte; da waren dessen unzählbare Vettern, die größeren und kleineren Heuschrecken, in weißfarbiges Grün gekleidete Heiducken, lustig und rastlos zirpend und schleifend, dass an sonnigen Tagen ein zitterndes Gesinge längs der ganzen Heide war, dann waren die Schnecken mit Häusern, ohne Häuser, braune und gestreifte, gewölbte und platte, und sie zogen silberne Straßen über das Heidegras; dann die Fliegen, summende, singende, piepende, blaue, grüne, glasflügelige; dann die Hummel, die schläfrig vorbeiläutete; die Schmetterlinge, besonders ein kleiner mit himmelblauen Flügeln, auf der Kehrseite silbergrau; dann noch ein kleiner mit Flügeln wie eitel Abendröte; dann endlich war die Ammer da und sang an vielen Stellen, die Goldammer, das Rotkehlchen, die Heidelerche, dass von ihr oft der ganze Himmel von Kirchenmusik hing.

(Adalbert Stifter)

A u f g a b e : *Hier fallen besonders die beifügenden Eigenschaftswörter und Mittelwörter auf. Doch weil sie* t r e f f e n d *und nicht nur schmückend sind, stört ihre Häufung nicht. Schreib die treffenden Eigenschaftswörter heraus!*

Der Eisstoß

Es dämmerte schon stark, und Jürgens Augen tränten, sobald er, dem Sturm entgegen, in die Ferne zu spähen versuchte. Krähen trieben an ihm vorüber, mit ausgebreiteten Schwingen im Sturm stürzend, und in den Wäldern heulte es von unsichtbaren Stimmen. Er schützte die Augen mit der Hand, aber in dem fahlen Dämmerlicht verschmolzen Strom und Himmel. Eine Regenwand zog über das Moor zur Linken, mit dunklen Streifen aus den Wolken stürzend und wie ein schwerer Vorhang über die Erde schleppend. Er sah ihm nach, die Stirn sorgenvoll gefaltet. Und in diesem Augenblick, als er sich wenden wollte, geschah es. Aus dem Strombett, wo es in der Ferne mit der Erde verschwamm, hob es sich empor, etwas Graues, Schweres, wie eine an den Rändern gezackte Wand, hob sich lautlos, bis sie schräge stand, weißlich aufschimmernd in der grauen Luft, und neigte sich ebenso lautlos zurück. Als ob ein Toter auferstehe und sich wieder lege. Und erst lange nachher lief ein unterirdisches Donnern bis zu Jürgens Füßen und zerstob in knisternden Zweigen. Es war die erste Scholle, die sich in der Strömung hob.

(Ernst Wiechert)

In der Kesselschmiede

Motoren sausen, die Räder rollen, Walzen kreisen. Ein donnernder Hammerschlag: Der Vorarbeiter und der Zusammenbauer haben den Fünfzentnerklotz, der schwebend im Kran hing, vor den Kesselboden geschmettert. Der eiserne Kanonenschlag rollt wie ein Donner durch die weite Fabrik. Im gleichen Augenblick haben dreißig, vierzig Presslufthämmer ihre Arbeit begonnen, kleinere und größere Niethämmer, Meißelhämmer, Stemmhämmer. Hunderte von Handhämmern lärmen dazwischen. Walzen rasseln in Zahnrädern, dumpfe Donner der Zusammenbaukolonnen, fauchende Nietmaschine, schmetterndes Schallen niederprasselnder Eisenplatten; die Luft ist mit Krachen erfüllt, der kleine Hammer in meiner Hand tickt darin wie eine Taschenuhr.

(Heinrich Lersch)

B e a c h t e die treffenden Zeitwörter in den Stilproben!

Weitere Beispiele für Schilderungen (Schülerarbeiten):

Vergleiche diese Aufsätze mit den Dichtertexten! Was macht den Unterschied aus?

Park im Herbst

Düster ragen die Bäume in den grauen Himmel. Fast schon kahl sind die Äste. Das einst grüne Laub liegt nun verfault im vergilbten Rasen. Die trostlosen Blätter kommen mir wie drohende Mahnungen vor, and den Winter, an das Sterben. Vereinzelt sitzen Krähen wie unausgesprochene Fragen im Geäst. Wohl versucht die Sonne hin und wieder die Wolkendecke zu durchbrechen; dann ist es, als ginge ein tröstender Lichtstrahl über den sterbenden Park. Dann glänzen die letzten grünen und lebenden Blätter noch einmal auf und sprechen Hoffnung aus, Hoffnung auf den wiederkehrenden Frühling. Doch die Sonne hat keine Kraft mehr, keine Willensstärke. Kann sie den Tag nicht gleich am Morgen für sich erobern, so kämpft sie nicht mehr darum. Deshalb dauern diese sonnigen Augenblicke meist nicht lange, schon bald bemächtigt sich wieder die dumpfe Trostlosigkeit des Parks.

Nur die unverwünstlichen Clowns der Stadt, die Spatzen, streiten und kreischen wie eh und je. Unwillkürlich lächle ich. Es muss und es wird auch einen Ausweg geben – einen Ausweg, der Gleichgültigkeit des Winters zu entrinnen.

Doch der nahende Winter lässt die Hoffnung nicht zu. Er schickt Nebel, unerbittlichen, unheimlichen Nebel. Der dringt in alle Poren, scheußlich, schleimig. Er setzt sich in den Zweigen fest und löst die letzten Blätter unbarmherzig von den Bäumen. Er verschlingt jeden fröhlichen Laut, jede Bewegung und lässt den Schatten freie Bahn.

Nachdenklich durchstreife ich die Anlagen. Wie hat sich der Park verändert! Und seltsam – wie hat sich auch mein Gemüt verändert!

Überall vermisse ich die lustig spielenden Kinder. Nicht einmal die Pensionisten sind hier um Karten zu spielen. Jetzt liegen nur sterbende Blätter herum, als spotteten sie meiner. Unheimlich lastet die Stille des Parks auf mir.

Wozu eigentlich alles? Ja, wozu plage ich mich jetzt mit der Schule herum, wenn mich später niemand danach fragt? Mit plötzlich aufwallendem Zorn stoße ich mit dem Fuß nach einem verdorrten Blatt. Knisternd zerfällt es.

Nein, energisch schüttle ich den Kopf, solche Gedanken darf ich nicht haben, sie führen zu nichts. Und doch klingt alles so trostlos.

Für den Augenblick huscht ein Sonnenstrahl über die Sträucher und streift auch mich. Ach was, es wird schon gehen!

Vorsichtig nehme ich ein Blatt mit den Fingerspitzen auf. Es zittert einen Augenblick in meiner Hand, dann zerbricht es. – Wie ein Hauch schweben seine Überreste davon – federleicht.

(Ingrid, 14 Jahre)

Da möchte ich gerne wieder meine Ferien verbringen

Ich erwachte. Schnell zog ich meinen Badeanzug an, nahm Badejacke, Flossen und Taucherbrille und schlich aus dem Zelt. Zwischen den hohen Pinien des Camps führte mich mein Weg zum Strand. Dort angekommen setzte ich mich auf eine Klippe und sah auf das Meer. Eine leichte Brise wehte und trieb die kleinen Wellen wie muntere Pferdchen vor sich her.

Es war ein klarer, kühler Morgen, und die Sonne sandte ihre ersten Strahlen auf die Wasseroberfläche, wo sie wie goldene Ringe tanzten. Ich starrte wie gebannt auf das Meer. Ein riesiger Schwarm Fische, fast eine schwarze Wolke, zog vorbei. Hie und da sprang ein Fischlein aus dem Wasser und tauchte sofort wieder in sein Element. Mein Blick schweifte nach rechts. Die Insel Nikola schien wie in Gold getaucht zu sein. Die kleinen weiß getünchten Häuser hoben sich von dem dunklen Pinienwald dahinter deutlich ab. Plötzlich erregte ein kreischender Laut meine Aufmerksamkeit. Eine Möwe schoss im Sturzflug herab, stieß für einige Sekunden ihren Schnabel ins Wasser und erhob sich mit ihrer Beute, einem kleinen Fisch, in die Lüfte. Ich blickte ihr nach, bis das strahlende Weiß ihres Gefieders nicht mehr zu erkennen war. Das immerwährende Rauschen der Brandung und das heisere Geschrei der Möwen ließ mich in Gedanken versinken. Ich würde es kaum ertragen können, das geliebte Meer in den Ferien nicht zu sehen. Wer einmal das Meer erblickt hat oder in ihm geschwommen ist, den lässt es nicht mehr los. Man sehnt sich immer wieder danach.

„Christine!“ Ich schrak aus meinen Gedanken auf.

„Ich komme gleich, Vati!“ Während ich ins Zelt ging, dachte ich: „In Poreč möchte ich gerne wieder meine Ferien verbringen.“

(Christine, 14 Jahre)

Ein Stück Kreide

Ein Stück Kreide liegt auf einem braunen Tisch. Auf dem Tisch liegen auch noch ein Heft, ein Briefumschlag, drei Bücher und ein Etui. Das aber will mir alles nicht gefallen. Nur die Kreide nimmt mich in Anspruch. Sie ist ganz klein. Mit ihr scheint schon oft an der Tafel geschrieben worden zu sein, dann sie ist kein richtiges Kreidestück mehr, sie hat schon sehr viele Flächen. Jetzt leisten auch noch ein Ring, eine Armbanduhr und ein Armreifen dem Stück Kreide Gesellschaft. Ring und Armreifen verschwinden aber bald wieder, denn Frau Dr. Gruber hat sie nur hingelegt, um sich zu waschen.

Um die Kreide ist es ganz still geworden. Sie liegt ganz schief da, und es sieht aus, als wolle sie umfallen; doch sie rührt sich nicht. Sie sieht sehr traurig aus, denn sie ist so klein und abgenützt. Es gongt. Frau Dr. Gruber sagt: „Pause“.

Eine laute Schar von Mädchen lacht in der Klasse. Jetzt wird bald eine Schülerin kommen, wird die Kreide in die Hand nehmen und wird mit ihr an der Tafel schmieren. Richtig! Da hüpft schon der „Floh“ zum Tisch, fasst die Kreide und tritt damit zur Tafel. Zuerst zeichnet Minni, der „Floh“, einen Fuß mit einem Schuh, dann einen Kopf, und zum Schluss werden Zahlen geraten. Natürlich alles mit dem armen Stück Kreide. Die Tafel ist auch noch mit einigen französischen Wörtern bedeckt, die eine Erzieherin geschrieben hat. Vielleicht wurden auch diese Wörter mit der kleinen Kreide geschrieben.

Endlich legt Minni die Kreide wieder auf den Tisch. Nun glaubt die kleine Kreide, endlich Ruhe zu haben. Doch da kommt schon wieder ein Mädchen und schmiert einige unleserliche Wörter mit ihr an die Tafel. Die Kreide wird immer kleiner und kleiner, und schließlich wird sie, weil man sie nicht mehr „brauchen" kann, achtlos auf den Fußboden geworfen. Kinder, die mit anderer Kreide an der Tafel schreiben, zertreten das kleine, weggeworfene, unscheinbare Stückchen Kreide.

(Erika, 13 Jahre)

Mir fällt nichts ein . . .

„Da sitz ich nun, ich armer Tor, . . ." und hab' noch immer nichts geschrieben. Briefe schreiben ist ja ganz schön, aber –. Ich nehme das Kuvert und schreibe: „Miss Elizabeth Peti . . ." und so weiter, dann male ich langsam den Absender. Das Papier her: Datum, Anrede, Dank für den Brief und die Bilder . . . Aber was nun? Was soll ich denn schreiben? Ich stehe auf, gehe zum Fenster, denke nach und sehe unten einen wunderschönen Ford. „Mutti, Mutti, komm einmal her!" „Ja, was willst du denn?" „Komm her, ich zeig' dir den Wagen, der mir so gut gefällt." Da meine Mutter im Nebenzimmer ist, kommt sie. „Ja, der gefällt mir auch. Aber sag einmal, du wolltest doch eigentlich einen Brief schreiben?" – „Ach ja, stimmt."

Jetzt sitze ich wieder an meinem Schreibtisch. Mit der Zeit werde ich wütend. Was, zum Kuckuck, soll ich schreiben? Vielleicht, dass ich jetzt auch Französisch lerne . . . Unsinn, das habe ich ihr schon im letzten Brief geschrieben. Meine Ferien habe ich ihr auch bereits geschildert, meinen Wohnort schon im ersten und unser Schulsystem im zweiten Brief. Wenn ich ihr jetzt schreibe, dass ich schon die Oberstufe besuche? Ich habe ihr doch schon voriges Schuljahr berichtet, dass ich dieses Jahr in die Oberstufe komme. Geht also auch nicht. Vielleicht . . . vielleicht . . . da kommt schon meine Großmutter. „Du, Oma, was soll ich schreiben?" „Na ja . . . hm . . . vielleicht – über unsere Stadt?" „Hab' ich schon!" „Oder über die Schule." „Auch schon." „Ferien?" „Auch schon." „Ja, dann weiß ich nichts."

Damit ist sie wieder fort, und ich habe noch immer nichts. Meine Großmutter kommt wieder. „Du, ich weiß etwas, schreib über die Rolling Stones!" „Ja, das ist eine Idee! Aber – Elizabeth schwärmt für Beethoven und Verdi." Meine Großmutter verlässt wieder das Zimmer. Nichts zu machen, der Fall ist hoffnungslos. Ich falte an einem Blatt Papier herum, schließlich habe ich ein Schiff in den Händen, aber der Brief ist noch immer nicht fertig. Jetzt schalte ich den Rundfunkempfänger ein. Ich höre eine Weile zu, dann drehe ich wieder ab. Nein, es muss irgend etwas geschehen! Ich muss etwas unternehmen. Und zwar sofort. Es ist ja Unsinn, die Zeit so zu vertrödeln. Ich habe meine Füllfeder schon in der Hand und bin fest entschlossen zu schreiben; bis die nächste Straßenbahn vorbeifahren wird, muss ich schon eine Zeile geschrieben haben.

Die Straßenbahn ist vorbeigefahren. Ich habe meine Füllfeder schon längst wieder geschlossen, aber auf dem Papier steht noch immer nicht mehr. Etwas anderes muss mir einfallen. Aber der Gedanke kommt nicht. Einige Zeit denke ich nur: Was soll ich schreiben, was soll ich schreiben . . . dann kommt: Vielleicht das . . . vielleicht das . . . Aber aus dem „Das" wird nie ein Thema. Schließlich höre ich wieder seelenruhig Radio. Mein Vater ist inzwischen nach Hause gekommen. Auch er hat mir einige Themen vorgeschlagen. Ich sitze aber noch immer da und denke und denke und denke. Schließlich wird es mir zu bunt. Ich nehme eine Ansichtskarte und schreibe auf die Rückseite, wie sehr ich mich über den Brief gefreut habe, und da sie Ansichtskarten sammelt, hoffe ich, dass diese ihr gefallen wird. Weiters schreibe ich: „Das nächste Mal schreibe ich dir einen langen Brief." Ich fürchte nur, dass es mir dann auch nicht anders ergehen wird.

(Elisabeth, 14 Jahre)

Siehe auch die Schilderungen im ersten Band des Aufsatzwerkes!

Stilübungen:

Im Folgenden werden einige Aufsatzthemen angeführt. Sie sollen dich zur direkten Beobachtung und zum Schreiben anregen. Die Wortschatzübungen dienen zur Ergänzung deiner eigenen.

Die Heimkehr der Schwalben

W o r t s c h a t z : die Schwalben flattern, segeln durch die Lüfte, fliegen auf Nahrung aus, schweben lautlos über dem Wasser, breiten die Flügel aus, ziehen Spiralen, kreisen, stoßen herab, sammeln Heu für den Nestbau, schießen wie Pfeile empor, zwitschern, tauchen die Schnäbel im Fluge ins Wasser; die Jungen warten, hocken im Nest, sperren die Schnäbel auf, kreischen, flattern, schütteln sich, drängen sich an die alten Vögel heran.

L i e s die Erzählung „In St. Jürgen“ von Theodor Storm.

Ein Spaziergang im Wald

W o r t s c h a t z : Tannenwald, Nadelwald, Buschwald, Laubwald, Hecken, dicke Stämme, wirres Geäst, Ast, Zweig, Wipfel, schwankende Krone, grellgrünes Laub, dichtes Unterholz, Staude, Strauch, Gestrüpp, Dickicht, Kiefer, Föhre, uralte Eichen, knorrige Äste, Altlaub, weiche Moospolster, Farnwedel, Lichtung, Schlag, Brombeersträucher, Baumstrünke.

S a m m l e ebenso Ausdrücke für die Geräusche, welche im Wald zu hören sind!

Ein Feuerwerk

W o r t s c h a t z : Tausende versammelte Menschen, Neugierige, Wartende; entfernte Musik verklingt; funkelnde Sterne; blaue, rote, grüne Feuerwerkskörper rasen, steigen, zischend, knatternd, prasselnd empor, gegen den Himmel; Hunderte glühende, rote, grüne, goldene Sterne rieseln in Kränzen, in Garben herab, zur Erde, verglühen, vergehen; neue Raketen zerbersten mit lautem, ohrenbetäubendem Knallen, bilden hellstrahlende Kugeln; die Menschen blicken nach oben, staunen, erschrecken, flüstern, lächeln, ducken sich unter den Funken;

sie sind erregt, erstaunt, fröhlich; neue Raketen werden abgefeuert, gruppieren sich zu einem glühenden Rad; die Speichen flammen, bilden eine bunte Sonnenscheibe, verlieren ihre Kraft, glosen rötlich, verglimmen, fallen ausgebrannt zur Erde herunter; Entzücken und Begeisterung der Zuschauer.

Ein Gewitter

Wortschatz: Wolken ballen sich zusammen, türmen sich auf. Der Staub tanzt, wogt, rast. Der Wind steigert sich zum brausenden Sturm. Die Wipfel der Bäume stöhnen, rauschen, biegen sich, ächzen, knarren . . . Fernes Donnerrollen. Der zuckende Blitz, heller Schein. Der Regen rauscht hernieder, Donnerschlag folgt auf Donnerschlag. Es klatscht, heult, pfeift, brandet, braust, prasselt, kreischt, tobt, brüllt. Der Sturm verebbt.

Vergleiche deine Niederschrift mit der folgenden Schilderung eines Gewitters:

Und es stürmte ein Gewitter daher, wie man es in Menschengedenken nicht oft erlebt. Aus allen Gründen und Schlünden stürmte es heran, stürmte von allen Seiten, von allen Winden getrieben, und jede Wolke wollte der anderen Leben, und eine Wolke stürmte an die andere, und eine Wolkenschlacht begann, und das Gewitter stand, und Blitz auf Blitz ward entbunden, und Blitz auf Blitz schlug zur Erde nieder, als ob sie sich einen Durchgang bahnen wollten durch der Erde Mitte auf der Erde andere Seite. Ohne Unterlass brüllte der Donner, zornesvoll heulte der Sturm, geborsten war der Wolken Schoß, Fluten stürzten nieder. Es sauste und brauste und toste, als sollten diese Töne zusammenschmelzen zur letzten Posaune, die der Welten Untergang verkündeten, und feurige Garben fielen über das Dorf, als sollte jede Hütte aufflammen.

(Jeremias Gotthelf)

Lies auch die Schilderung eines Gewitters in Stifters Erzählung „Kalkstein“.

Am Bach

Wortschatz: Der Bach plätschert, gurgelt, rauscht, springt über Steine, sprudelt, sucht seinen Lauf, fließt ruhig dahin, gluckst, murmelt, schlängelt sich, versickert, rinnt herab, eilt, braust, stürzt in den Abgrund, entwurzelt Bäume, trägt Gehölz, reißt abgebrochene Äste mit sich, verliert sich in der Ferne.

Eine Eisenbahnfahrt

Wortschatz: Langsam setzt sich der Zug in Bewegung, läuft aus der Halle, steigert sein Tempo, poltert über . . ., gleitet durch . . ., rattert, eilt, klettert, keucht den Berg hinan, rast, jagt vorwärts, donnert über die Brücke, ächzt . . ., Felder gleiten vorbei . . ., Telefonmasten huschen vorbei, ein Turm winkt von weitem, Dörfer grüßen, ein See glänzt auf . . .

Einsetzübungen:

Schreib ab und wähle dabei aus den eingeklammerten Ausdrücken jene aus, die dir am treffendsten scheinen!

a) Der Orkan. Wüstes (Sausen, Brausen, Lärmen) weckt mich auf. Ich (gehe, springe, eile) hinaus ins Freie. Ein seltsames gelbes Licht zwischen Nacht und Morgendämmerung. Ein (komischer, eigenartiger, schwefelgelber) Himmel (ist zu sehen, sinkt nieder auf die Berggipfel), und über die Bergeshöhen her (kommt, wälzt sich) ein (großer, ungeheurer, gewaltiger) Wolkenballen, unter dessen (Kraft, Wucht) die Bäume wie Grashalme (niederknacken, umfallen). Ein (Lärmen, Prasseln und Schmettern) überall, sodass in ihren (Ställen, Gelassen) die Hühner (wach werden, aufflattern), schlaftrunken (kreischend, gackernd, lärmend). Im Stall (schreien, brüllen) die Rinder.

Von unserem Hausdache springen die Giebelbalken und Firstlatten los und (schwirren durch die Luft, tanzen hoch in der Luft) wie Geier mit langen Schwänzen.

(Nach Peter Rosegger)

b) Die alte Stadt. Es (ist, wölbt sich) seit Wochen ein blauer Himmel über der Stadt. Zur Linken (steht, ist, ragt) die Johanniskirche . . . Ihr Turmkreuz (leuchtet, glänzt, strahlt) im Sonnenlicht . . . Eine alte Mauer (umgibt, schützt) das Städtlein . . . Auf den (Höhen, Bergen) (scheint, liegt) noch lange die Sonne . . . Die hohen (Gebäude, Häuser) stehen in Reihen und zeigen die (breiten, vielfenstrigen) Fronten, die einen schlicht, die anderen prunkend . . .

(Nach Ernst Zahn)

Weitere Themen für Schilderungen:

Weg: Beobachten, lauschen, fühlen; kennzeichnende Einzelheiten feststellen; den Wortschatz bereitstellen und ordnen; die Gedanken gliedern; Niederschrift; Überarbeitung; Reinschrift.

Nach dem Theater (Kino)
Beim Fotografen
Beim Zahnarzt
In der Schule fünf Minuten vor dem Läuten
Wenn der Gottesdienst zu Ende ist
Mein Lieblingsplatz
Ein gemütlicher Abend
Abends daheim
Der Zug hält
Straßenauflauf
Sonnenaufgang
Am Meer
Ein Novembernachmittag
Jahrmarktstrubel
Mit der Einkaufstasche unterwegs
Ein sehenswerter Winkel unserer Stadt
Meine engere Heimat

Der kleine Friedhof (Allerseelenstimmung)
Im Bergwerk
Besuch einer Höhle
Ein überfülltes Kaufhaus (Schlussverkauf)
Auf dem Fußballplatz
Unser letztes Wettspiel
Im Schwimmbad
Ein Nachmittag in unserem Strandbad
Der erste Tag auf den „Brettln“
Eine halbe Stunde am Fenster
Im Krankenhaus
Es brennt
Dinge, an denen mein Herz hängt
Ich stöbere in einer alten Truhe
Fünf Minuten in einer großen Fabrikshalle
In der Tanzschule
Mittagsstunde
Allein zu Hause
Ich gehe nachts durch stille Straßen
Einen Augenblick unaufmerksam (Folgen im Straßenverkehr)
Wenn es regnet (schneit)
Mein erster Flug
Abends auf dem Zeltplatz
Nachts im Zug
Wir sitzen um das Lagerfeuer
Mein Steckenpferd
Ich kann nicht einschlafen
Eine Hochgebirgswanderung
Vor dem Fernsehgerät
Langeweile

Menschen schildern
(Charakteristik)

A n m e r k u n g : Für die Charakterschilderung auf der Mittelstufe eignet sich alles Auffallende. Man lasse die Schüler bewusst beobachten (Aufgaben stellen!) und im Anschluss daran anschaulich schildern. Aus pädagogischen Gründen vermeide man jedoch Charakteristiken von Personen, über die abfällig oder lieblos geurteilt werden könnte.

Lies die nachstehenden Aufgaben aufmerksam durch und stelle fest, auf welche Weise die Verfasser die Personen gekennzeichnet haben!

Darf ich mich vorstellen?

Öfters schon haben meine Freundin und ich versucht, uns gegenseitig unsere Fehler und Vorzüge klarzumachen, und sind dabei noch jedesmal zu dem Schluss gekommen, dass wir eigentlich ganz passable Leutchen sind. Ich will nun versuchen, obwohl es mir nicht leicht fällt, so eine „Analyse" von mir zu geben. Meistens beginnt man bei einem solchen Vorhaben mit dem Äußeren: Ich bin von durchschnittlicher Größe, schlank, habe dunkle Haare, braune Augen und einen Kopf voll dummer Streiche. Und dieser Kopf voll dummer Streiche macht mir auch allerhand zu schaffen, besonders meinen Lehrern, die über meine gelegentlichen Temperamentsausbrüche nicht eben entzückt sind. Leider legen die meisten älteren Menschen solche Entgleisungen als Mangel an Selbstbeherrschung und Bosheit aus, aber manchmal kann ich eben nicht anders, da muss ich herumtoben, den Menschen in meiner Umgebung das Dasein versauern und eine Dummheit nach der anderen machen. Doch im Allgemeinen, wenn mich nicht gerade der Hafer sticht, bin ich gar nicht so unleidlich. Ich glaube nämlich, dass ich eine bei Mädchen so häufig anzutreffende Eigenschaft nicht besitze: die Zanksucht. Ich habe mit meiner Freundin noch nie eine größere Auseinandersetzung gehabt, und ich hoffe, dass dies auch ein Zeichen von Einsicht und

Kameradschaft ist, die Fehler und Schwächen des anderen hinzunehmen oder zu übergehen. Ich bin in meinen Ansichten, wie es ja kaum anders möglich ist, modern. Ich bin auch von einem neuen Schlager begeistert oder finde die neuen Schuhe, obwohl sie meine Eltern „verrückt“ nennen, einfach reizend. Doch ebenso wie die neue CD oder die Mode, ja sogar noch viel mehr, verherrliche ich die alte Musik, die Malerei, die Dichtkunst und die ältesten Bauwerke. Oft sitze ich allein – irgendwo – und denke über das alles nach, greife dann zu einem alten Bild oder lese einige uralte Kalenderblätter. Und da wären wir bei einer neuen Eigenschaft angelangt, nämlich bei meiner so oft auftretenden Lust allein zu sein. Ich kann stundenlang irgendwo allein sitzen und denken, an dies und das, ohne dass ich mich langweile. Doch manchmal, wohl nicht häufig, brauche ich einen Menschen um mich, mit dem ich über alle meine Probleme sprechen kann. Manchmal brauche ich auch den Trubel der Großstadt um mich, und dann bin ich erst froh, wenn ich unter den tausenden Menschen von einer Auslage zur anderen geschoben werde und von Licht und Lärm ganz benommen bin.

Es hat mich viel Mühe gekostet, mich so in mich zu versenken und das alles niederzuschreiben. Ob ich mich damit wirklich erkannt habe? Diese Frage möchte ich lieber offen lassen.

(Monika, 15 Jahre)

Ich sehe in den Spiegel

Jeder Mensch sollte von Zeit zu Zeit einen Tag der Besinnung einschalten, an dem er besonders über seinen Charakter nachdenken müsste.

Wenn ich mich jetzt vor den Spiegel stelle, dann fällt mir vor allem auf, wie sehr ich mich in letzter Zeit verändert habe. Meine Kindheit geht zu Ende, und damit werde ich ein anderer Mensch. Während früher meine liebste Beschäftigung das Spiel mit Indianern und Trappern war, finde ich jetzt nur mehr Zerstreuung und Freude beim Lesen. Schon oft habe ich mein Bild im Spiegel betrachtet und dabei die Beobachtung gemacht, dass meine kindlich weichen Gesichtszüge schärfer geworden sind. So fällt mir vor allem die große Ähnlichkeit mit meinem Vater auf.

Bemerkenswert ist aber auch, wie sehr sich der Augenausdruck nach der seelischen Stimmung des Menschen richtet. Wenn ich manchmal sehr zornig oder traurig bin, dann schaut mir aus dem Spiegel ein völlig fremdes, unpersönliches Gesicht entgegen. Daraus erkenne ich, dass das Spiegelbild nicht nur den äußeren Menschen zeigt, sondern auch dessen Innenleben verrät.

(Harald, 15 Jahre)

Der alte Flickschuster

Nicht dass ich besonders stolz darauf bin, in einem alten, grauen Haus zu wohnen, dessen Verputz bereits von den Mauern fällt und in dem die Hausbesorgerin den Klatsch des halben Stadtviertels verbreitet; aber eines hat unser Haus den anderen in der Gasse, den schön verputzten, voraus: Wir haben noch einen Flickschuster.

Früher, als ich noch kleiner war, lief ich gerne den dunklen Gang im Erdgeschoß entlang, klopfte an die braune Tür, und ohne auf ein „Herein!" des alten Mannes zu warten, schlüpfte ich in die Werkstätte. Herr Berger nickte mir immer freundlich zu, wenn ich so plötzlich vor ihm stand. Ich setzte mich zu seinen Füßen und sah ihm bei seiner Arbeit zu.

Langsam, fast andächtig, nahm er einen Schuh von dem Regel am Fenster, betrachtete ihn aufmerksam und stellte den Schaden fest: Eine Naht war geplatzt. Leise vor sich hin summend zog er dann einen Hanffaden von seinem Gürtel, fettete ihn sorgfältig ein und bemühte sich, ihn durch das Öhr der Nadel zu führen. Manchmal musste ich ihm dabei helfen, wenn es gar nicht gehen wollte. Hatten wir auf diese Weise zwei Nadeln hergerichtet, so war es fast aufregend, wie er, Stich für Stich mit aller Sorgfalt ausführend, die geplatzte Schuhnaht wieder in Ordnung brachte.

Es war mir damals unbegreiflich, wie viel Herr Berger an jedem Schuh auszubessern fand. Mit kurzen, flinken Hammerschlägen wurde da ein Eisenplättchen an die Spitze der Sohle gehämmert, dort ein abgetretener Absatz durch einen neuen ersetzt, indem er den alten sorgfältig ablöste, das Leder mit einer Raspel aufrauhte und es dann mit Leim bestrich. War dann der neue Absatz fest mit der Sohle verbunden, durfte ich den Schuh bürsten und auf Hochglanz bringen, bevor der Meister mit weißer Kreide den Preis auf die Sohle schrieb. „Schön ist er geworden", sagte der alte Flickschuster dann, bevor er sein Werk wieder in das Regal am Fenster stellte.

„Er ist schon alt und wirr im Kopf", sagen die Leute im Haus, wenn sie von Herrn Berger sprechen, der noch immer in seiner Kammer im Erdgeschoß die Schuhe flickt und dadurch kaum seinen Lebensunterhalt verdient.

Ich aber bin froh, dass er noch da ist, denn immer, wenn ich aus dem Haus gehe und das dumpfe Klopfen seines Schusterhammers höre, freue ich mich, dass es noch so zufriedene, fleißige Menschen gibt.

(Brigitte, 14 Jahre)

Ein sonderbarer Kauz

Am Waldesrand in der Nähe unseres Ortes steht ein verwahrlostes Häuschen. Von dem verwitterten Holz der Türe sticht nur ein blankgeputzter Klopfer aus Messing ab.

Wer in dem Haus wohnt? Es ist ein pensionierter Förster, den alle den „Hirgei" nennen. Warum er so genannt wird, weiß ich nicht. Jedermann aus dem Ort kennt ihn, doch keiner versteht ihn.

Er war nach dem Krieg hierher gezogen. Ein Bein hatte er im Krieg verloren, und nun geht er mit einer alten Prothese. Diese quietscht und kündigt daher immer sein Kommen an.

Wer ihn beobachtet, wird aus ihm nicht klug. Jeden Morgen, Punkt 8 Uhr, verlässt er sein Haus und stelzt auf die Schranne, den Gemüsemarkt. Gegen neun kehrt er dann gewöhnlich zurück. Bevor er jedoch in sein Haus eintritt, klopft er immer erst an, obwohl er weiß, dass niemand drinnen ist. Wenn man ihn fragt, warum er das tue, verzieht sich sein Mund zuerst zu einem breiten, spöttischen Grinsen, dann beginnt er zu lachen, dass sein weißer Bart zittert.

Während am Dach seines Hauses schon viele Schindeln fehlen, ist das Heim des Hirgei sehr schön und gemütlich eingerichtet. Die Wände zieren alte Bilder, und in der Ecke lädt eine dreiteilige Sitzgarnitur den Gast zum Verweilen ein. Auf einem Tisch stehen fein säuberlich sechs Kistchen aneinander gereiht, die früher einmal für Gewürze bestimmt waren. Darin bewahrt der Hirgei sechs verschiedene Sorten von Pfeifentabak auf. Er sagt aber, dass diese erlesenen Sorten nur an Festtagen geraucht werden dürften. Und wirklich stopft er an Wochentagen ganz billigen Tabak in seine Pfeife, die er immer bei sich trägt.

Warum deckt er beim Mittagessen den Tisch immer für zwei Personen? – Auch bei dieser Frage lacht er verschmitzt und schweigt. Wenn ihn jemand besucht, erzählt er immer dieselbe Geschichte von einem wunderschönen Schmetterling, den er einmal gefangen hat. Erst am Schluss erkundigt er sich, ob man die Geschichte schon kenne, und wundert sich dann, wenn man die Frage bejaht.

Was steckt in diesem Menschen? Was verbirgt sich hinter seinem faltigen Gesicht mit dem langen Bart und den kleinen Augen?

Der Hirgei hat viele Freunde, auch der Pfarrer zählt zu ihnen, obwohl der Hirgei nie zur Kirche geht. Nichts kann ihn aus der Ruhe bringen. Wenn man ihm auch die furchtbarsten Dinge erzählt, beginnt er nur überlegen und höhnisch zu grinsen. – Der Hirgei ist nicht arm, doch hat er noch nie einem Bettler etwas geschenkt. Dafür kauft er den Kindern, die wohl seine besten Freunde sind, oft Süßigkeiten.

Seine einzige Liebhaberei ist das Schachspiel; dabei hat er die Gewohnheit, immer die Dame als König und den König als Dame zu werten. Er spielt auch immer nur mit sich selbst. – Dieser Mensch hat sicher viel erlebt, und es scheint, als trüge er ein Geheimnis mit sich herum, das wohl nie jemand von ihm erfahren wird. Vielleicht wartet er auch auf etwas, auf ein besonderes Ereignis, doch niemand kann seine Gedanken erraten. Daher hält man ihn allgemein für einen sonderbaren Kauz.

(Martin, 16 Jahre)

Beachte die folgenden Ratschläge:

Willst du ein möglichst geschlossenes Charakterbild eines dir bekannten Menschen geben, darfst du deine Schlüsse nicht bloß aus einer einmaligen Beobachtung äußerer Merkmale ziehen, sondern du musst versuchen, sein augenblickliches Handeln aus seinen Anlagen und seinem bisherigen Schicksal zu verstehen. Manches verraten oft äußere Züge (Mimik, Gebärden, Körperhaltung), denn es sind Sinnbilder inneren Wirkens. Manches kannst du aus wertenden Äußerungen, Plänen, Wünschen erschließen. Vieles lässt sich aber nur gefühlsmäßig erleben und erahnen.

Studiere eingehend das Protokoll über „Wege zur Menschenkenntnis" (Seite 215)!

Ehe du eine Charakteristik abfasst, notiere dir Einzelzüge und ergründe sie! Ordne das Ergebnis dann nach leitenden Gesichtspunkten, z. B.: äußere Merkmale (Kleidung, Physiognomie); Gewohnheiten, Liebhabereien; das gegenwärtige Handeln; das bisherige Schicksal; erkläre abschließend das gegenwärtige Verhalten, Handeln und Werten aus dem vorher Erkannten!

Untersuche die folgenden Charakteristiken von Dichtern nach den oben angeführten Gesichtspunkten! Was fällt dir auf?

Mein Onkel und der Kellner

So standen sie nun und sahen sich an. Beide mit einer zu kurzen Zunge, beide mit demselben Fehler. Aber jeder mit einem völlig anderen Schicksal.

Klein, verbittert, verarbeitet, zerfahren, farblos, verängstigt, unterdrückt: der Kellner, der kleine Kellner. Ein richtiger Kellner: verdrossen, ständig höflich, geruchlos, ohne Gesicht, nummeriert, verwaschen und trotzdem leicht schmuddelig. Zigarrenfingrig, servil, steril, glatt, gut gekämmt, blau rasiert, gelb geärgert, mit leeren Hosen hinten und dicken Taschen an der Seite, schiefen Absätzen und chronisch verschwitztem Kragen – der kleine Kellner.

Und mein Onkel? Ach, mein Onkel! Breit, braun, brummend, basskehlig, laut, lachend, lebendig, reich, riesig, ruhig, sicher, satt, saftig – mein Onkel.

Der kleine Kellner und mein großer Onkel. Verschieden wie ein Karrengaul vom Zeppelin. Aber beide kurzzungig. Beide mit demselben Sprechfehler. Beide mit einem feuchten, wässerigen weichen Sch. Aber der Kellner, ausgestoßen, getreten von seinem Zungenschicksal, bockig, eingeschüchtert, enttäuscht, einsam, bissig.

Und klein, ganz klein geworden. Tausendmal am Tag verspottet, an jedem Tisch belächelt, belacht, bemitleidet, begrinst, beschrieben. Tausendmal an jedem Tag im Gartenlokal an jedem Tisch einen Zentimeter in sich hineingekrochen, geduckt, geschrumpft. Tausendmal am Tag bei jeder Bestellung an jedem Tisch, bei jedem „bitte schehr" kleiner, immer kleiner geworden. Die Zunge, gigantischer, unförmiger Fleischlappen, die viel zu kurze Zunge hatte ihn zum Pygmäen erdrückt: kleiner, kleiner Kellner.

Und mein Onkel! Mit einer zu kurzen Zunge, aber: als hätte er sie nicht. Mein Onkel, selbst am lautesten lachend, wenn über ihn gelacht wurde. Mein Onkel, einbeinig, kolossal, stammelnd. Aber Apoll in jedem Zentimeter Körper und jedem Seelenatom. Autofahrer, Herrenfahrer, Rennfahrer. Mein Onkel, Säufer, Sänger, Gewaltmensch, Witzereißer, Zotenflüsterer, kurzzungiger, sprühender, sprudelnder Anbeter von Frauen und Kognak. Mein Onkel, saufender Sieger, prothesenknarrend, breitgrinsend, mit viel zu kurzer Zunge, aber: als hätte er sie nicht!

(Wolfgang Borchert)

Anmerkung: Durch die Gegenüberstellung mit einem gegensätzlichen Charakter tritt das Wesen des Einzelnen deutlicher hervor.

Der Schriftsteller

Spinell hieß der Schriftsteller, der seit mehreren Wochen in Einfried lebte. Detlev Spinell war sein Name und sein Äußeres war wunderlich. Man vergegenwärtige sich einen Brünetten am Anfang der Dreißigerjahre und von stattlicher Gestalt, dessen Haar an den Schläfen schon merklich zu ergrauen beginnt, dessen rundes, weißes, ein wenig gedunsenes Gesicht aber nicht die Spur irgendeines Bartwuchses zeigt. Er war nicht rasiert – man hätte es gesehen; weich, verwischt und knabenhaft, war es nur hier und da mit einzelnen Flaumhärchen besetzt. Und das sah ganz merkwürdig aus. Der Blick seiner rehbraunen, blanken Augen war von sanftem Ausdruck, die Nase gedrungen und ein wenig fleischig. Ferner besaß Herr Spinell eine gewölbte, poröse Oberlippe römischen Charakters, große kariöse Zähne[1] und Füße von seltenem Umfang. Einer der Herren mit den unbeherrschten Beinen, der ein Zyniker[2] und Witzbold war, hatte ihn hinter seinem Rücken „der verweste Säugling" getauft; aber das war hämisch und wenig zutreffend. – Er ging gut und modisch gekleidet, in langem schwarzem Rock und farbig punktierter Weste.

Er war ungesellig und hielt mit keiner Seele Gemeinschaft. Nur zuweilen konnte eine leutselige, liebevolle und überquellende Stimmung ihn befallen, und das geschah jedesmal, wenn Herr Spinell in ästhetischen Zustand[3] verfiel, wenn der Anblick von irgend etwas Schönem, der Zusammenklang zweier Farben, eine Vase von edler Form, das vom Sonnenuntergang bestrahlte Gebirge ihn zu lauter Bewunderung hinriss. „Wie schön!", sagte er dann, indem er den Kopf auf die Seite legte, die Schultern emporzog, die Hände spreizte und Nase und Lippen krauste. „Gott, sehen Sie, wie schön!" Und er war imstande, blindlings die distinguiertesten[4] Herrschaften, ob Mann oder Weib, zu umhalsen in der Bewunderung solcher Augenblicke . . .

(Aus „Tristan" von Th. Mann)

Aufgabe: Forme diese Charakteristik so um, als ob du Herrn Spinell begegnet wärest!

---

[1] Karies = Zahnfäule

[2] Zyniker = Anhänger einer altgriechischen Philosophenschule, die auf äußeren Anstand keinen Wert legte; schamloser, frecher Mensch

[3] Ästhet = Freund des Schönen

[4] ausgezeichnet, vornehm

Fouché

Josef Fouché ist zur Zeit seiner Wahl zweiunddreißig Jahre alt. Kein schöner Mann, durchaus nicht. Hager, fast gespenstisch dürrer Leib, ein schmalknochiges Gesicht mit eckigen Linien, hässlich und unangenehm. Scharf die Nase, scharf und eng auch der immer verschlossene Mund, fischhaft kalt die Augen unter schweren, fast schläfrigen Lidern, die Pupillen katzengrau wie kugeliges Glas. Alles in diesem Gesicht, alles an diesem Manne ist gleichsam dünn mit Lebensstoff dosiert: er sieht aus wie ein Mensch bei Gaslicht, fahl und grünlich. Kein Glanz in den Augen, keine Sinnlichkeit in den Bewegungen, kein Stahl in der Stimme. Dünn und strähnig das Haar, rötlich und kaum sichtbar die Augenbrauen, graufahl die Wangen. Es ist, als wäre nicht genug Farbstoff da, dieses Gesicht ins Gesunde zu tönen: Immer wirkt dieser zähe, unerhört arbeitskräftige Mensch wie ein Müder, wie ein Kranker, wie ein Rekonvaleszent.

Jeder, der ihn sieht, hat den Eindruck, dieser Mensch hat kein heißes, rotes rollendes Blut. Und in der Tat: Auch seelisch gehört er zur Rasse der Kaltblüter. Er kennt keine groben mitreißenden Leidenschaften, er trinkt keinen Wein, er freut sich nicht an der Verschwendung, er lässt seine Muskeln nicht spielen, er lebt nur in Zimmern zwischen Akten und Papieren. Nie gerät er in sichtbaren Zorn, nie bebt ein Nerv in seinem Gesicht. Nur zu einem kleinen Lächeln, bald höflich und bald höhnisch, kräuseln sich diese scharfen, blutleeren Lippen, nie erkennt man unter dieser lehmgrauen, scheinbar schlaffen Maske eine wirkliche Spannung, nie verrät unter den rotgeränderten schweren Lidern das Auge seine Absicht oder eine Bewegung seiner Gedanken.

Diese unerschütterliche Kaltblütigkeit ist auch Fouchés eigentliche Kraft. Die Nerven beherrschen ihn nicht, die Sinne verführen ihn nicht, alle seine Leidenschaft lädt und entspannt sich hinter der undurchdringlichen Wand seiner Stirn. Er lässt seine Kräfte spielen und lauert dabei wach auf die Fehler der andern; er lässt die Leidenschaft der andern sich verbrauchen und wartet geduldig, bis sie sich verbraucht haben oder in ihrer Unbeherrschtheit eine Blöße geben: dann erst stößt er unerbittlich zu. Furchtbar ist diese Überlegenheit seiner nervenlosen Geduld: Wer so warten kann und so sich verbergen, der kann auch den Geübtesten täuschen. Ruhig wird Fouché dienen, er wird, ohne mit der Wimper zu zucken, die gröbsten Beleidigungen, die schmachvollsten Erniedrigungen kühl lächelnd einstecken; keine Drohung, keine Wut wird diesen Fischblütigen erschüttern. Robespierre und Napoleon, beide zerschellen sie an dieser steinernen Ruhe wie Wasser am Fels: Drei Generationen, ein ganzes Geschlecht stürmt und verebbt in Leidenschaft, indes er kalt und stolz beharrt, der einzige Leidenschaftslose.

Diese Kälte also des Blutes bedeutet Fouchés eigentliches Genie. Sein Körper hemmt ihn nicht und reißt ihn nicht mit, er ist gleichsam nicht dabei in all diesen verwegenen Geistesspielen. Sein Blut, seine Sinne, seine Seele, all diese verwirrenden Gefühlselemente eines wirklichen Menschen tun nie wirklich mit bei diesem heimlichen Hasardeur, dessen ganze Leidenschaft hinaufgeschoben ist ins Gehirn. Denn dieser trockene Schreibstubenmensch liebt lasterhaft das Abenteuer, und seine Passion ist die Intrige. Aber nur vom Geist aus kann er sie erschöpfen und genießen, und nichts verbirgt seine unheimliche Freude an der Wirrnis, an der Zettelei genialer und besser als der nüchterne Habitus des pflichtgetreuen, biederen Beamten, als den er sich sein Leben lang maskiert. Von einem Zimmer aus die Fäden zu spinnen, hinter Akten und Registern verschanzt, mörderisch zustoßen, unerwartet und unbemerkt, das ist seine Taktik. Ein Leben lang geht er im Schatten, aber über drei Generationen hinweg. Sein Talent überspielt das Genie, seine Kaltblütigkeit überdauert alle Leidenschaft.

(Stefan Zweig)

Stilübungen:

a) *Suche kennzeichnende Eigenschaftswörter für die menschliche Gestalt!*

b) *Ordne die nachstehenden Wörter nach ihrer Sinnverwandtschaft:*

klein, groß, hochgewachsen, untersetzt, hager, mager, knochig, zart, wie eine Tanne, schmächtig, stämmig, rank und schlank, wie eine Gerte, klotzig, schmächtig, athletisch, derb, gedrungen, aufrecht, breitschultrig, gebückt, gereckt, gestrafft

c) *Ordne die nachstehenden Eigenschaftswörter den Begriffen „Haar – Stirne – Blick – Mund – Lippen“ zu:*

wulstig, vorgewölbt, brünett, verkniffen, aufgeworfen, gekämmt, ernst, groß, blass, müde, zerrauft, niedrig, blond, breit, aschgrau, schmal, gütig, strähnig, verächtlich, durchfurcht, hart, hoch, kalt, gewellt, gleichgültig, dunkel, unruhig

d) *Nenne sinnverwandte Ausdrücke für menschliche Laute! Vergleiche anschließend mit der folgenden Zusammenstellung:*

brüllen, schreien, grölen, heulen, stöhnen, wimmern, kichern, laut lachen, jauchzen, jubeln

e) *Nenne Körperbewegungen! Vergleiche anschließend:*

sich straffen, recken, krümmen, anlehnen, bücken, zusammensinken, umfallen, niederfallen, hinstürzen, vorbeugen, zurückbeugen

f) *Welche Bezeichnungen für die Form der Nase kennst du? Zeichne anschließend eine Adlernase, eine Stupsnase, eine gerade (griechische) Nase, eine knollige Nase, eine Hakennase!*

g) *Nenne Charaktereigenschaften des Menschen! Ergänze anschließend aus der nachstehenden Zusammenstellung und ordne nach der Sinnverwandtschaft:*

aufgebracht, erzürnt, wütend, verstimmt, zornig, falsch, kühn, scheinheilig, unerschrocken, vorlaut, mutig, verwegen, naseweis, ausgelassen, ängstlich, lustig, fleißig, faul, unermüdlich, eifrig, verlegen, vorsichtig, erschrocken, feige, unverschämt, frech, bescheiden, traurig, melancholisch

h) *Erkläre den Unterschied und wende die Ausdrücke in sinnvollen Sätzen an:*

jammern – stöhnen,
brüllen – schreien,
bleich – blass,
hager – mager,
dick – fett,
kindlich – kindisch,
müde – erschöpft,
lebhaft – unruhig,
jubeln – jauchzen

i) *Wie die Menschen sind. Suche Gegensätze! Der eine ist feige, der andere mutig, der eine verschwenderisch, der andere . . .*

kleinlich, wetterwendisch, schwatzhaft, geizig, griesgrämig, schmutzig, bösartig, pflichtbewusst, eigensinnig, zerstreut, streitsüchtig, genusssüchtig, wortkarg, beschränkt, gehässig, höflich, feinfühlend, verschlossen, rechthaberisch, zurückhaltend, schüchtern, frech, begeisterungsfähig.

Themen für Charakterschilderungen:

Der Zeitungsverkäufer
Unser Kaufmann
Mein bester Freund
Meine Freundin
Meine liebe Mutter
Mein guter Vater
Meine Schwester
Eine Mitschülerin
Mein Vorbild
Ein merkwürdiger Mensch
Ein Kauz
Eine seltsame Begegnung
Ein Mensch, der auf mich Eindruck gemacht hat
Ein Mensch, dem ich oft begegne
Ein Mensch, den ich gut kenne
Unser Hausarzt
Mein kleiner Bruder beim Spiel
Unser Briefträger
Unser Frisör
Ein zerstreuter Mensch
So ein fauler Kerl!
Der Bibliothekar
Ein alter Mann
Der Nörgler
Ich studiere ein Gesicht
Ein kleiner Trotzkopf
Wie ich mir einen Verschwender vorstelle

Ein Geizhals
Wie ein guter Kamerad sein sollte
So ein Aufschneider!
Fritz als Tormann
Ein Tierfreund
Eine Begegnung mit einem Ausländer
Eine gute Verkäuferin
Eine seltsame Bekanntschaft
Mein ehemaliger Lehrer
Ein Mensch, an den ich gern zurückdenke
Menschen beim Spiel
Wie ich mir einen Vorgesetzten wünsche

Dramatische Szenen verfassen

Sehr unterhaltend ist es, lustige Geschichten zu spielen. Man kann dabei aus dem Stegreif spielen (ohne vorher schriftlich festgelegte Rollentexte) oder einen Text dramatisieren und diese Szenen dann aufführen.

Eine Schulklasse hat (in Gruppenarbeit) einen Text von Wilhelm Busch wie folgt zu einem Theaterstück umgearbeitet:

Das Hemd des Zufriedenen

Es war cinmal ein reicher König, dem machte das Regieren so viele Sorgen, dass er darum nicht schlafen konnte die ganze Nacht. Das ward ihm zuletzt so unerträglich, dass er seine Räte zusammenrief und ihnen sein Leid klagte. Darunter war ein alter, erfahrener Mann, der erhob sich, da er vernommen, wie es um den König stand, von seinem Stuhle und sprach: „Es gibt nur ein Mittel, dass wieder Schlaf in des Königs Augen kommt, aber es wird schwer zu erlangen sein; so nämlich dem Könige das Hemd eines zufriedenen Menschen beschafft werden könnte und er das beständig auf seinem Leibe trüge, so halte ich dafür, dass ihm sicherlich geholfen wäre.“ Da das der König vernahm, beschloss er, dem Rat des klugen Mannes zu folgen und wählte eine Anzahl verständiger Männer, die sollten das Reich durchwandern und schauen, ob sie nicht ein Hemd finden könnten, wie es dem Könige Not tat. Die Männer zogen aus und gingen zuerst in die schönen, volkreichen Städte, weil sie dachten, dass sie da wohl am ehesten an ihr Ziel kämen; abcr vergebens war ihr Fragen von Haus zu Haus nach einem zufriedenen Menschen; dem einen gebrach dies, dem anderen das; so mochte sich keiner zufrieden nennen. Da sprachen die Männer untereinander: „Hier in der Stadt finden wir doch nimmer, wonach wir suchen; darum wollen wir jetzt auf das Land hinausgehen, da wird die Zufriedenheit wohl noch zu Hause sein“, sprachen's, ließen die Stadt mit ihrem Gewühle hinter sich und gingen den Weg durch das wallende Korn dem Dorfe zu. Sie fragten von Haus zu Haus, von Hütte zu Hütte, sie gingen in das nächste Dorf und weiter von da, sie kehrten bei Armen und bei Reichen ein, aber keinen fanden sie, der ganz zufrieden war. Da kehrten die Männer traurig wieder um und begaben sich auf den Heimweg. Wie sie nun so, in sorgenden Gedanken vertieft, über eine Flur dahinwandelten, trafen sie auf einen Schweinehirten, der da gemächlich bei seiner Herde lag; da kam auch des Hirten Frau, trug auf ihren Armen ein Kind und brachte ihrem Manne das Morgenbrot. Der Hirt setzte sich vergnüglich zum Essen, verzehrte, was ihm gebracht war, und danach spielte er mit seinem Kinde. Das sahen die Männer des Königs mit Erstaunen, traten herzu und fragten den Mann, wie es käme, dass er so vergnügt wäre, hätte er doch nur ein so geringes Einkommen. „Meine lieben Herren", sprach der Sauhirt, „das kommt daher, weil ich mit dem, was ich habe, zufrieden bin." Da freuten sich die Männer höchlich, dass sie endlich einen zufriedenen Menschen gefunden hatten, und erzählten ihm, in welcher Sache sie von dem König wären ausgesandt worden, und baten ihn, dass er ihnen möchte für Geld und gute Worte ein Hemd von seinem Leibe geben. Der Sauhirt lächelte und sprach: „So gern ich euch, meine lieben Herren, in eurem Anliegen möchte zu Willen sein, so ist es mir doch nicht möglich; denn Zufriedenheit habe ich wohl, aber kein Hemd am Leibe." Als das die Männer vernahmen, erschraken sie und gaben nun ganz die Hoffnung auf, ein Hemd zu finden, wie es dem König not tat. Betrübt und mit gesenktem Blicken traten sie wieder vor ihren Herrn und berichteten ihm, wie all ihr Suchen und Fragen vergeblich gewesen sei; sie hätten manchen gefunden, der wohl ein Hemd gehabt hätte, aber keine Zufriedenheit, und endlich hätten sie einen getroffen, der wäre freilich zufrieden gewesen, aber leider hätte er kein Hemd gehabt.

So musste denn der König seine Sorgen ferner tragen und voll Unruhe oft nächtelang auf seinem Bette liegen, ohne dass Schlaf in seine Augen kam. Es konnte ihm nicht geholfen werden.

Interpretation des Textes siehe Seite 302.

Das Hemd des Zufriedenen
(Nach Wilhelm Busch)

1. Bild: Der schlaflose König.

DER KÖNIG *(wälzt sich im Bett):* Wenn ich nur schlafen könnte! Immer diese Sorgen um das Reich. Gerade hat mir der Verteidigungsminister mitgeteilt, dass der Feind eingebrochen ist. Jetzt verbrennt er die Dörfer, plündert mein Volk. Und ich – ach, das Schlafmittel nützt doch nichts – kann kein Heer aufstellen, weil die Staatskasse leer ist. *(Er läutet.)*

DIENER *(verbeugt sich höflich):* Majestät, womit kann ich dienen?

KÖNIG *(richtet sich müde im Bett auf):* Bring ein besseres Schlafmittel als zuvor. Ich kann immer noch nicht schlafen.

DIENER: Oh, Majestät haben immer noch nicht geschlafen! Die Sorgen Ihrer königlichen Hoheit müssen wirklich groß sein.

KÖNIG: Bitte, bringe das Pulver schneller als sonst. Auch mein Leibarzt möge kommen.
(Diener verschwindet.)

ARZT *(kommt mit dem Diener):* Majestät, was ist Ihr Wunsch? Womit kann ich dienen?

KÖNIG: Ein Schlafmittel oder einen Rat, damit ich schlafen kann.

ARZT: Ach, Ihr könnt immer noch nicht schlafen? Vielleicht hilft es, wenn Ihr einmal bis hundert zählt. Immer schön gleichmäßig. Dann wird Euch sicher die Müdigkeit befallen. Ein Schlafmittel darf ich Ihrer Majestät nicht geben. Das würde der Gesundheit Ihrer Majestät nur schaden.

KÖNIG *(legt sich wieder):* Ich danke für den Rat. Ich werde gleich probieren, ob ich einschlafen kann, wenn ich zähle: eins, zwei, drei . . . Ich bitte Euch, mich jetzt zu verlassen, . . . vier, fünf . . .

ARZT: Majestät, Ihr dürft nicht immer an etwas anderes denken, wenn Ihr zählt.

KÖNIG *(dreht sich missmutig um):* Ich werde es schon fertig bringen . . . sechs, sieben, acht, neun, zehn . . . *(Arzt und Diener verschwinden.)* . . . elf, zwölf . . . es hilft einfach nichts, dieses . . . dreizehn, vierzehn . . . Zählen. Dauernd muss ich an diese Sorgen denken . . . fünfzehn, sechzehn, siebzehn, neunzehn, dreißig . . . ach je, jetzt komme ich schon ganz durcheinander, . . . einundzwanzig, dreiundzwanzig, vierundzwanzig . . . Es hilft nichts. Ich rufe meine Räte und den Arzt. Ich werde mit ihnen beratschlagen, ob sie nicht einen Ausweg wissen, wie mir geholfen werden könnte. *(König läutet.)*

DIENER: Hier, Majestät, was soll ich tun?

KÖNIG: Rufe alle meine Räte und meinen Arzt in den Thronsaal. Ich will eine Versammlung halten.
(Räte erscheinen, nehmen Platz.)

KÖNIG *(richtet sich auf):* Meine lieben Räte. Ich muss euch eine schwere Sorge vortragen. Seit acht Tagen habe ich kein Auge mehr zugetan. Die Schlafmittel und auch das Zählen, das mir der Arzt verordnet hat, haben nicht geholfen. Nun bitte ich euch, ratet mir, wie mir geholfen werden kann.

1. RAT: Bevor dem König geholfen werden kann, muss dem Volk geholfen sein. Tausende sind obdachlos, weil ihnen der Feind das Haus über dem Kopf angezündet hat.

ARZT: Das ist unmöglich. Der König ist viel zu schwach. Erst muss er wieder schlafen, bei Kräften und vollständig gesund sein. Dann erst kann man an das Volk denken.

2. RAT: Vielleicht sollte man es doch mit mehr Schlafmitteln versuchen.

ARZT: Nein, das schadet der Gesundheit unseres Königs.

3. RAT: *(würdevoll):* Ich weiß einen Rat.

KÖNIG *(steht auf):* Schnell, sagt, was wisst Ihr? Oh, Ihr werdet mein Retter sein! Sagt!

3. RAT: Wenn Ihr immer das Hemd eines Zufriedenen auf dem Leib trüget, wäre Euch geholfen. Ihr müsst also Boten ausschicken, die in den Städten fragen, ob nicht einer zufrieden sei. Dann müssen sie sich das Hemd dieses Menschen geben lassen. Ich halte dafür, dass Euch dann, Majestät, geholfen ist.

KÖNIG: Jawohl, ich werde sofort Boten aussenden, die mir dieses Hemd suchen müssen.

Setze das Spiel fort und schreib die Dialoge auf!

Im zweiten Bild fragen die Boten verschiedene Leute, ob sie zufrieden sind: einen Kaufmann, einen Arbeiter, einen Fabrikanten, einen Schüler.

Im dritten Bild finden die Boten endlich einen Zufriedenen. Der Schweinehirt besitzt aber kein Hemd.

Im vierten Bild kehren die Boten unverrichteter Dinge zurück, der König kann nicht geheilt werden.

Beim Dramatisieren eines Prosastückes gliedere den Text vorerst in Handlungsabschnitte; diesen könnten Szenenbilder entsprechen. Dann überlege dir, welche Personen in den einzelnen Szenen auftreten sollen.

Schließlich arbeite die Szenen aus. Dabei kannst du dir weitere Einzelheiten ausdenken oder den Inhalt leicht verändern, damit sich das Spiel auch aufführen lässt.

Auch die Umarbeitung eines Textes zu einem Hörspiel wäre denkbar. Da hierbei aber visuelle Eindrücke wegfallen, müssen alle Handlungen durch Worte oder Geräusche zum Ausdruck gebracht werden.

Ein weiterer Themenvorschlag:

Arbeite das Märchen „Des Kaisers neue Kleider“ von Hans Christian Andersen zu einem Hörspiel um!

AUFSATZFORMEN DER OBERSTUFE

(10., 11. und 12. Schulstufe)

Kurzgeschichten schreiben

Anmerkung: Durch das Schreiben von Kurzgeschichten werden die Schüler zu besonderer Aktivität angeregt und lernen das Ringen um die gemäße, sinnerfüllte Gestaltung. Die Stoffe für die Kurzgeschichten wählt man vorteilhaft nach Zeitungsberichten. Selbstverständlich eignet sich nicht jede Zeitungsmeldung; sie soll möglichst Krisen- und Bewährungssituationen enthalten.

Der methodische Vorgang: An einigen Modellgeschichten, welche vorgelesen werden, etwa von Hemingway oder Wilh. Schäfer[1], wird die stilistische Eigenart der Kurzgeschichte in gemeinsamer Diskussion erarbeitet. Danach folgen die schriftliche Formulierung der Stilgesetze und die Anwendung an einer Zeitungsmeldung. Beim ersten Versuch kann gemeinsam festgestellt werden, in welcher Richtung die Zeitungsnotiz ausgebaut und ergänzt werden könnte. Dann erst erfolgt die freie Niederschrift (1. Fassung), die im Anschluss vorgelesen, gemeinsam besprochen und zur Überarbeitung (2. Fassung) zurückgegeben wird. Die besten Kurzgeschichten werden nach der Korrektur schließlich auf Tonband gesprochen und kritisch abgehört.

***Lies die folgenden Kurzgeschichten** und versuche festzustellen, durch welche Stilmerkmale sich diese Gattung der erzählenden Prosa von anderen (Anekdote, Novelle, Erzählung) unterscheidet!*

---

[1] Enthalten in „Interpretationen moderner Prosa“ oder in den „Textsammlungen moderner Kurzgeschichten“, hrsg. von F. Piedmont (beide Verlag Diesterweg). Vgl. auch die Sammlung „Der Brückenbogen“, hrsg. von Ivo Braak (Verlag Hirt).

Pasquale dreht ein Ding

Pasquale erschrak, als er im halbdunklen Korridor des Gerichtes die beiden Herren in schwarzer Toga erkannte. Schnell rettete er sich hinter eine Säule.

Von den zwanzigtausend Gaunern und Dieben Neapels war Pasquale der berühmteste. Es gab ein freches Lied über ihn, und die Kasperltheater auf dem Vomero erzählten seine Streiche wie Heldentaten.

Pasquales Herz stockte. Einer der beiden Herren war ausgerechnet vor der Säule stehen geblieben, hinter die er sich geflüchtet hatte.

„Wie dumm, da hab' ich doch heute Früh zu Hause meine Uhr vergessen", hörte Pasquale ihn sagen. „Es muss höchste Zeit sein, zur Verhandlung zu gehen. Zwei Stunden wird es mindestens dauern."

Die Stimme gehörte Signor Marinari, dem Präsidenten der zweiten Strafkammer. Pasquale lächelte verschmitzt. Plötzlich hatte er es sehr eilig. Vom Gerichtsgebäude lief er durch die schmutzigen Gassen um Via Toledo zu einem Geflügelhändler. Dort kaufte er einen Truthahn. „He, Pasquale, du lebst aber üppig", rief eine Stimme.

Pasquale wandte sich um. Es war sein Freund Peppino, ein kleiner Bursche mit Habichtnase und schwarzen, stechenden Augen.

„Diesen Truthahn werden wir gemeinsam verspeisen, mein lieber Pino", lachte Pasquale. „Doch noch ist es nicht soweit."

Zwanzig Minuten später klingelte es an der Wohnungstür des Gerichtspräsidenten. Filomena, die dralle Magd, öffnete.

„Der Herr Gerichtspräsident schickt mich mit diesem Truthahn", sagte Pasquale. „Er hat ihn auf dem Weg zum Gericht gekauft. Und ich soll ihm seine Uhr bringen, die er heute Früh hier liegen ließ."

Filomena nahm den Truthahn entgegen. „Ich sage der Signora Bescheid", damit ließ sie Pasquale warten.

Bald darauf erschien Donna Sofia, die Gattin des Präsidenten. Ohne Misstrauen händigte sie Pasquale die goldene Uhr ihres Gatten aus und drückte ihm auch noch 2000 Lire Trinkgeld in die Hand.

Als der Gerichtspräsident drei Stunden später ahnungslos zum Mittagessen erschien, kam der ganze Schwindel ans Licht.

Außer sich vor Wut, fuhr der Präsident Donna Sofia an: „Hundertmal hab' ich dir gesagt, du sollst niemand trauen, der nicht einen Ausweis von mir bringt. Wenn ich nur wüsste, wer mir dieses Ding gedreht hat! Dies ist bestimmt der teuerste Truthahn der Welt. Wage nicht, ihn auf den Tisch zu bringen! Er würde mir vier Wochen wie ein Stein im Magen liegen."

Am nächsten Vormittag läutete es an der Tür Sturm. Donna Sofia öffnete. Vor ihr stand ein kleiner Bursche mit einer Habichtnase und stechend schwarzen Augen, der aufgeregt rief: „Signora! Eine frohe Botschaft! Der Dieb, der Ihnen die Uhr abgeschwindelt hat, ist gefasst. Und die Uhr ist auch wieder da! Der Herr Präsident schickt mich, ich soll den Truthahn holen. Der wird als Beweisstück gebraucht!"

Hocherfreut rief Donna Sofia in die Küche: „Filomena! Bring sofort den Truthahn her!"

Zu spät fiel ihr ein, dass sie ja wieder vergessen hatte, sich den Ausweis des Boten zeigen zu lassen. Sie lief hinaus ins Treppenhaus – doch da war Peppino mit dem Truthahn längst verschwunden.

(Curt Maronde)[1]

Nachts schlafen die Ratten doch

Das hohle Fenster an der vereinsamten Mauer gähnte blaurot und voll früher Abendsonne. Staubgewölke flimmerte zwischen den steilgereckten Schornsteinen. Die Schuttwüste döste. Er hatte die Augen zu. Mit einmal wurde es noch dunkler. Er merkte, dass jemand gekommen war und nun vor ihm stand, leise. Jetzt haben sie mich!, dachte er. Aber als er ein bisschen blinzelte, sah er nur zwei etwas ärmlich behoste Beine. Die standen ziemlich krumm vor ihm, dass er zwischen ihnen hindurchsehen konnte. Er riskierte ein kleines Geblinzel an den Hosenbeinen hoch und erkannte einen älteren Mann. Der hatte ein Messer und einen Korb in der Hand und etwas Erde an den Fingerspitzen.

Du schläfst hier wohl, was?, fragte der Mann und sah von oben auf das Haargestrüpp herunter. Jürgen blinzelte zwischen den Beinen des Mannes hindurch in die Sonne und sagte: Nein, ich schlafe nicht. Ich muss hier aufpassen. Der Mann nickte: So, dafür hast du wohl

[1] Aus „Hände hoch", Mosaik-Verlag Hamburg.

den großen Stock da? Ja, antwortete Jürgen mutig und hielt den Stock fest.

Worauf passt du denn auf?

Das kann ich nicht sagen. Er hielt die Hände fest um den Stock.

Wohl auf Geld, was? Der Mann setzte den Korb ab und wischte das Messer an seinem Hosenboden hin und her.

Nein, auf Geld überhaupt nicht, sagte Jürgen verächtlich. Auf etwas ganz anderes.

Na, was denn?

Ich kann es nicht sagen. Was anderes eben.

Na, dann nicht. Dann sage ich dir natürlich auch nicht, was ich hier im Korb habe. Der Mann stieß mit dem Fuß an den Korb und klappte das Messer zu.

Pah, kann mir denken, was in dem Korb ist, meinte Jürgen geringschätzig. Kanichenfutter.

Donnerwetter, ja! sagte der Mann verwundert, du bist ja ein kluger Kerl. Wie alt bist du denn?

Neun.

Oha, neun also. Dann weißt du ja auch, wie viel drei mal neun sind, wie?

Klar, sagte Jürgen, und um Zeit zu gewinnen sagte er noch: Das ist ja ganz leicht. Und er sah durch die Beine des Mannes hindurch. Dreimal neun, nicht?, fragte er noch einmal. Siebenundzwanzig, das wusste ich gleich.

Stimmt, sagte der Mann, und genau so viel Kaninchen habe ich.

Jürgen machte einen runden Mund: Siebenundzwanzig?

Du kannst sie sehen. Viele sind noch ganz jung. Willst du?

Ich kann doch nicht. Ich muss doch aufpassen, sagte Jürgen unsicher.

Immerzu?, fragte der Mann. Nachts auch?

Nachts auch. Immerzu. – Jürgen sah an den krummen Beinen hoch. Seit Sonnabend schon, flüsterte er.

Aber gehst du denn gar nicht nach Hause? Du musst doch essen.

Jürgen hob einen Stein hoch. Da lag ein halbes Brot. Und eine Blechschachtel.

Du rauchst?, fragte der Mann. Hast du denn eine Pfeife? Jürgen fasste seinen Stock fest an und sagte zaghaft: Ich drehe. Pfeife mag ich nicht.

Schade! Der Mann bückte sich zu seinem Korb. Die Kaninchen hättest du dir ruhig einmal ansehen können. Vor allem die Jungen. Vielleicht hättest du dir eines ausgesucht. Aber du kannst ja hier nicht weg.

Nein, sagte Jürgen traurig, nein, nein.

Der Mann nahm den Korb hoch und richtete sich auf.

Na ja, wenn du hier bleiben musst – schade. – Und er drehte sich um.

Wenn du mich nicht verrätst, sagte Jürgen da schnell, es ist wegen der Ratten.

Die krummen Beine kamen einen Schritt zurück: Wegen der Ratten?

Ja, die essen doch von Toten. Von Menschen. Davon leben sie doch.

Wer sagt das?

Unser Lehrer.

Und du passt nun auf die Ratten auf?, fragte der Mann. Auf die doch nicht! Und dann sagte er ganz leise: Mein Bruder, der liegt nämlich da unten. Da! – Jürgen zeigte mit dem Stock auf die zusammengesackten Mauern. Unser Haus traf eine Bombe. Mit einmal war das Licht weg im Keller. Und er auch. Wir haben noch gerufen. Er war viel kleiner als ich. Erst vier. Er muss hier ja noch sein. Er ist doch viel kleiner als ich.

Der Mann sah von oben auf das Haargestrüpp. Aber dann sagte er plötzlich. Ja, hat euer Lehrer euch denn nicht gesagt, dass die Ratten nachts schlafen?

Nein, flüsterte Jürgen und sah mit einmal ganz müde aus, das hat er nicht gesagt.

Na, sagte der Mann, das ist aber ein Lehrer, wenn der das nicht weiß. Nachts schlafen die Ratten. Nachts kannst du ruhig nach Hause gehen. Nachts schlafen sie immer. Wenn es dunkel wird schon!

Jürgen machte mit seinem Stock kleine Mulden in den Schutt. Lauter kleine Betten sind das, dachte er, alles kleine Betten.

Da sagte der Mann (und seine krummen Beine waren ganz unruhig dabei): Weißt du was? Jetzt füttere ich schnell meine Kaninchen, und wenn es dunkel wird, hole ich dich ab. Vielleicht kann ich eins mitbringen. Ein kleines, oder was meinst du?

Jürgen machte kleine Mulden in den Schutt. Lauter kleine Kaninchen. Weiße, graue, weißgraue.

Ich weiß nicht, sagte er leise und sah auf die krummen Beine, wenn sie wirklich nachts schlafen?

Der Mann stieg über die Mauerreste auf die Straße.

Natürlich, sagte er von da, euer Lehrer soll einpacken, wenn er das nicht weiß!

Da stand Jürgen auf und fragte: Wenn ich eins kriegen kann? Ein weißes vielleicht?

Ich will es versuchen, rief der Mann schon im Weggehen, aber du musst hier so lange warten. Ich gehe dann mit dir nach Hause, weisst du? Ich muss deinem Vater doch sagen, wie so ein Kaninchenstall gebaut wird. Denn das müsst ihr ja wissen.

Ja, rief Jürgen, ich warte. Ich muss ja doch aufpassen, bis es dunkel wird. Ich warte bestimmt. Und er rief: Wir haben auch noch Bretter zu Hause. Kistenbretter!, rief er.

Aber das hörte der Mann schon nicht mehr. Er lief mit seinen krummen Beinen auf die Sonne zu. Die war schon rot vom Abend, und Jürgen konnte sehen, wie sie durch die Beine hindurchschien, so krumm waren sie. Und der Korb schwankte aufgeregt hin und her. Kaninchenfutter war da drin. Grünes Kaninchenfutter, etwas grau vom Schutt.

(Wolfgang Borchert)

Welche Formgesetze gelten für die Kurzgeschichte?

Stelle sie fest, indem du die folgenden Fragen beantwortest: Wie viele Ereignisse wurden behandelt? Ist die Handlung reichhaltig oder arm? Auf welche Weise wird Spannung erzeugt? Wo liegt der Höhepunkt, wo die Lösung der Spannung? Wie erfolgt die Milieu- und Charakterzeichnung? Wie ist das Verhältnis zwischen Zeit, Geschehen und Ort? Wie ist die Sprache? Auf welche Weise wurde begonnen, wie wurde geendet?

Beachte die folgenden Ratschläge:

1. **Wähle den Stoff aus dem Leben; Anregungen bieten kurze Zeitungsberichte!**
2. **Der Beginn der Kurzgeschichte ist gedrängt, er enthält nur das für das Verständnis unbedingt Wesentliche. Die Handlung setzt häufig unmittelbar mit der Darstellung einer „offenen Situation" ein.**
3. **Es soll nur ein einziges Geschehen erzählt werden.**
4. **Die reiche Handlung soll verdichtet sein. Der Stimmungsgehalt und das Milieu müssen aus dem Handlungsgeschehen erkennbar werden.**
5. **Im Mittelpunkt soll eine Person stehen. Ihr Charakter muss aus dem Verhalten in einer bestimmten Situation erkennbar werden. Nebenpersonen werden nur erwähnt und nicht ausführlich charakterisiert.**
6. **Die Szenen werden auf das Notwendigste beschränkt; möglichst Einheit der Zeit, des Ortes und des Geschehens.**
7. **Die Handlung soll sich durch „Zeitdehnung" zu einem Höhepunkt steigern (Spannung!), die unvermutete Lösung erfährt der Leser erst am Schluss. Die Lösung kann jedoch am Beginn oder in der Überschrift angedeutet werden (vorbereitete Überraschung).**
8. **Passe die Sprache dem Inhalt an! Keine schmückenden Beiwörter, dagegen treffende Zeitwörter; keine langen Satzperioden; gegebenenfalls direkte Rede; als Unterbrechung genügen Absätze! Um die Spannung zu steigern, kannst du auch unmittelbar aus der Mitvergangenheit in die Gegenwart wechseln!**

Die folgenden Beispiele mögen dir zeigen, wie du aus einer Zeitungsnotiz (Rundfunkmeldung) eine Kurzgeschichte bilden kannst.

Eine Rundfunkmeldung

Ein schweres Grubenunglück ereignete sich am Karfreitag in dem Steinkohlenbergwerk in Grünbach. Aus bisher ungeklärten Gründen stürzte ein Schacht ein und begrub einige Arbeiter. Nach den vorliegenden Meldungen gab es vier Verletzte, neun Tote und einen Vermissten.

Versuche dir nunmehr über die näheren Umstände klar zu werden!

Beantworte vorerst die Fragen Wer?, Was?, Wann?, Wie?, Warum?. Im Hinblick auf das Ereignis: Wer ist verunglückt? Wie verhalten sich die Angehörigen der Getöteten und Verletzten? In welchem Zustand befinden sich die Verletzten? Wie hat man für sie gesorgt? Wann ereignete sich das Unglück, an welchem Tage, zu welcher Stunde? Wann wurde die Betriebsleitung verständigt? Wann und auf welche Art setzten die Rettungsaktionen ein? Wo, wie und mit welchem Erfolg suchte man? Wie konnte es zu dem Unglück kommen? Wie lauteten die Aussagen der Verletzten? Nach mehreren Stunden Suchens wird noch immer einer vermisst. Welche Hoffnungen bestehen für ihn noch? Welche Gedanken bewegen seine Angehörigen, seine Frau, seine Kinder? Wie verhalten sich diese? Wie lange hält es ein Mensch ohne Nahrung und Frischluft aus?

Versetze dich in die Lage eines Sohnes des Vermissten! Wie könnte sich dieser verhalten? Auf welche Weise, wann erfuhr er von dem Unfall? Was ist das Ergebnis der Suche? Die Familie betet. Wer spendet Trost? Es folgen die Osterfeiertage, die Auferstehungsfeier. An diesen Tagen findet die feierliche Einsegnung der Särge mit den Toten statt. Die ganze Bevölkerung nimmt Anteil.

Notiere dir deine Einfälle und denke dir nun eine geschlossene Handlung mit überraschendem Schluss aus, z. B.:

Der zehnjährige Sohn des Vermissten wird aus dem Schlaf gerissen und erfährt von dem Grubenunglück. Bald stellt er fest, dass auch sein Vater heute Dienst tut, schließlich, dass sich jener unter den Verunglückten befindet. Sein Leichnam wird jedoch nicht gefunden. Einige Tage später, es ist Ostern, versammelt sich die trauernde Gemeinde in der Kirche, da wankt während der Auferstehungszeremonie sein vermisster Vater erschöpft in die Kirche. Er ist verschüttet gewesen und hat sich frei gegraben.

Erst jetzt entwirf die Geschichte in allen Einzelheiten!

Berücksichtige dabei besonders die vorangegangenen Überlegungen über die näheren Umstände! Am Schluss überprüfe, ob du die angeführten Stilgrundsätze in deiner Kurzgeschichte verwirklicht hast. Wenn nicht, forme sie danach um! Zuletzt suche eine passende Überschrift.

Vergleiche deine Niederschrift nun mit der folgenden Fassung!

Auferstehung

Andreas fuhr aus dem Schlafe auf. Noch zwischen Traum und Wachen hatte er deutlich etwas vernommen.

Vor dem Fenster hing schwarz der Mantel der Nacht. Andreas versuchte nach dem Wecker zu sehen. Aber die Leuchtziffern waren fast erloschen. Andreas sprang aus dem Bett. Er sah, dass es drei Uhr morgens war. Es war ganz still. Das Bett der Mutter und die Schlafstelle der beiden Brüder waren leer. Mit einem Male war Andreas wach. Es musste etwas geschehen sein, und er hatte es verschlafen!

Da setzte es nochmals an. Es begann kläglich und wimmernd, anders als sonst, und erst nach einigen Sekunden schwang es sich zu dem beim Schichtwechsel gewohnten Ton auf: das Heulen der Sirene.

Aus dem Fenster sah Andreas in der Ferne tanzende Lichtfunken. Er stürzte zur Tür. Sie war verschlossen. Es ist etwas geschehen, etwas Ungewöhnliches, etwas Gefährliches! Andreas schluckte ein paarmal – er schluckte den kindlichen Zorn, den er empfand, weil man ihn wieder zurückgesetzt und hier gelassen hatte.

Außer den tanzenden Lichtern konnte man vom Fenster durchaus nichts sehen. Andreas blieb stehen, obwohl ihn zu frieren begann. Er wurde immer wacher. Es fiel ihm ein, dass heute Karfreitag war, dass heute keine Schule mehr war, dass die Glocken nach Rom geflogen waren und schließlich, dass er sich mit seinen Kameraden frühmorgens verabredet hatte, um zum Englischen Gruß zu ratschen und mit klappernden Hölzern die erzenen Schwengel der Glocken zu ersetzen.

Aber da? Was war das? Das Zügenglöcklein begann plötzlich aufgeregt zu läuten. Andreas zuckte die Erinnerung an den Spott durch den Kopf, den die Geschichten von den fortgeflogenen Glocken bei manchen älteren Leuten auslöste. Das Zügenglöcklein, das kleinste, war sogar noch da, wie konnten dann erst die anderen in Rom sein? Und wie es bimmelte!

In diesem Augenblick dachte Andreas an die Geschichte von Großvaters Tod, von dem die Mutter einmal erzählt hatte. Und mit einem Male wusste er, was in dieser Nacht geschehen war: ein Unglück im Schacht!

Ein paar Laternen schwankten draußen am Hause vorbei. Andreas riss das Fenster auf und wollte die Gruppe anrufen, doch sie war schon zu weit weg. Andreas hörte nur noch den Rest des Satzes: „Vierzehn sind noch unten . . ."

Das Gittertor des Werkes war geschlossen. Vor dem Tor standen schweigend Menschen und warteten. Ein kalter Wind sprang manchmal auf und ließ die Flammen in den Laternen zucken. Die Frauen unter den Wartenden standen gebückt und mit weißen Gesichtern, die Männer starrten geradeaus, die Hände in den Taschen, im Gesicht dunkel. Ab und zu sah man jenseits des Gittertores einige Männer umherlaufen.

Um sieben Uhr früh bimmelte das Zügenglöcklein wieder. Andreas fror. Einige von den Wartenden hatten den Kopf leicht an die Stangen des Gittertores gelehnt, hielten sich mit beiden Händen fest und dösten. Dann riss sie die Sirene auf. Hinter dem Tor entstand Bewegung.

Zuerst kamen vier Gruppen. Jede bestand aus drei Männern. Zwei davon stützten einen dritten in der Mitte. Das Gittertor wurde geöffnet. Viermal tönten Freudenschreie auf. Die Angehörigen hatten die Überlebenden erkannt.

Die Mutter war unter denen, die weiter warteten. Um acht Uhr wurden sechs Bahren aus dem Gebäude getragen. Der Betriebsleiter verlas die Namen. Er drückte den Angehörigen die Hand. Der Name des Vaters war nicht dabei.

Um zehn Uhr wurden drei Bahren aus dem Gebäude getragen. Die Angehörigen schluchzten auf. Der Betriebsleiter verlas die Namen. Der Name des Vaters war nicht dabei.

Als schließlich eine halbe Stunde später nur mehr die Mutter und die beiden Brüder auf dem Platz vor dem Tor standen, gesellte sich Andreas zu ihnen. Michael ging auf den Betriebsleiter zu, der eben wieder des Weges kam. Wo der Vater sei? Der Betriebsleiter hob die Schultern.

*

Als der Ostersonntag erwachte, wehte vom Kirchturm eine schwarze Fahne.

Alle Versuche des kleinen Andreas seiner Mutter Hoffnung einzuflößen, waren misslungen. Am Ende trieben ihn seine Brüder mit Schlägen von der Mutter weg. Andreas wollte nicht glauben, dass sein Vater ebenso tot sein sollte wie die neun anderen Kumpel, die heute zur Einsegnung in die Kirche getragen wurden.

Es wurde ein merkwürdiges Osteramt. Vor dem Kommuniongitter standen, mit Blumen beladen, die neun schwarzen Truhen, die Osterkerze schwelte wie eine Totenfackel. Dem Pfarrer wollte das Alleluja kaum aus der Kehle. Man fühlte, wie er litt.

Andreas dachte an die heilige Barbara. Wie kann man nur so unachtsam sein!

So sind eben Frauen, kam es ihm in den jungen Sinn, und dann konnte er wieder gar nicht begreifen, wie Gott einer Frau die Betreuung des Bergbaus überlassen konnte.

Die Glocken, von denen Andreas wusste, dass sie die ganze Zeit über im Turm gehängt und nicht nach Rom geflogen waren, läuteten stürmisch zum Gloria. In der Predigt versuchte der Pfarrer zu erklären, dass nur der Glaube imstande sei, das Unfassbare zu deuten, das Unmögliche zu tragen, das Unverhoffte zu erwarten. Unsicher fühlte er, dass er heute ins Leere sprach.

Während er noch redete, öffnete sich die Mitteltür der Kirche, und eine schwarze Gestalt wankte herein. Der Pfarrer sah sie langsam näher kommen, die Menschen sahen sie an – dann schrien sie auf, ungeachtet des heiligen Ortes. Der Vermisste, der Vater des Andreas, stand im Kirchenschiff und kniete nieder. Dem Pfarrer erstarb das Wort im Munde.

Es war nichts Besonderes geschehen. Der Vermisste war in einen Nebenstollen abgedrängt worden, er war zwar von seinen Kameraden, die ihn verschüttet glaubten, abgeschnitten, aber er hatte noch Luft um zu atmen, und etwas Proviant. Er bahnte sich den Weg durch den alten Stollen, grub sich durch verengte Stellen und erreichte heute Früh einen alten Ausgang.

Es war gar nichts Besonderes geschehen . . .

(Frei nach Ed. Chr. Heinisch)

Die nachstehende Kurzgeschichte *wurde von dem Schüler nach einer Zeitungsmeldung folgenden Wortlautes ausgearbeitet:*

Bei Lovran wurde ein im Meer schwimmender kroatischer Marineoffizier, der die Aufnahme in ein Motorboot abgelehnt hatte, von einem Haifisch zerrissen. Wenige Tage später hat man in einem erlegten Hai vor Fiume den Schädel eines Mannes gefunden, woraus man schloss, dass es sich um den Hai von Lovran gehandelt haben müsse.

„Kreuz-As“

Zu dritt schlenderten sie den Weg an der Adria entlang, drei kroatische Marineoffiziere.

„Was meinst du dazu?“, fragte der lange Blonde den Schwarzen neben ihm.

„Nichts“, erwiderte der, „alles möglich. Die Haie folgen den Schiffen aus dem Südatlantik und kommen bei Gibraltar herein. Hat Glück gehabt.“

Sie unterhielten sich über einen Artikel, den der Blonde soeben aus der Zeitung vorgelesen hat. – Aufklärungsflieger rettet mit seinem Hubschrauber eine junge Schwimmerin mitten aus einem Rudel angreifender Haie. – Sonderbericht aus Sizilien. -

Jetzt mischt sich der Dritte ein, der grauhaarige Marko.

„Leichtsinn, so hinauszuschwimmen. Gibt doch genug gesicherte Bäder. Ich würde es nie tun.“

„Kein Wunder“, hänselte der blonde Niko den Freund, „bist ja als wasserscheu bekannt.“

Sie erreichen ihr Stammlokal. Der Wirt, ein alter Fischer, bringt zu trinken.

„Na Alter, was denkst du darüber?“, ruft Niko und zeigt dem Wirt den Artikel. – Schweigen. –

„Hm, Tourist“, ist die ganze Antwort.

Niko trinkt viel.

„Morgen Früh gehe ich baden, aber nicht ins Schwimmbad“, grinst er, „will sehen, ob ich’s überlebe.“

Der Schwarzhaarige lacht. Marko und der Wirt sehen den Blonden an. „Du wirst es nicht tun“, sagt Marko ruhig.

„Werden sehen“, ruft Niko gereizt, „morgen früh bei der Felsengruppe. Wetten?“

„Ich nehme an“, sagt der Schwarze. „Morgen früh.“

Sie schütteln einander die Hände.

„Es war vor gut zehn Jahren“, fängt der Wirt bedächtig an, „damals fiel einer über den Rand des Kutters. Bis wir ihn heraus hatten, fehlten ihm die Beine und ein Arm. – Diese blauen Teufel! – War ein guter Freund von mir; hat’s nicht überlebt.“

„Leg mir die Karten, Alter!“, ruft der Schwarze plötzlich dem Wirt zu.

„Was? Herz-Dame!“, freut er sich und lacht. „Na, Niko, wie wär’s, traust du es deinen schwachen Nerven auch noch zu? Vielleicht hast du so viel Glück wie ich.“ – „Leg sie mir!“, brüllt Niko unbeherrscht.

Der Wirt lässt sich Zeit.

„Kreuz-As! Nach unten! Das bedeutet Verlust der Manneskraft“, murmelt der Wirt leise.

„Noch einmal“, brüllt Niko, „du hast nicht gemischt!“

Der Wirt will sich weigern, doch Niko droht ihm. –

Totenstille. Der Wirt mischt.

„Zieh sie selbst heraus!“, verlangt er.

Mit einer hastigen Bewegung schleudert Niko eine Karte heraus: Kreuz-As! Aufrecht! ‚Ich bin der Tod‘, sagt sie.

Mit einem Schrei reißt sich Niko das silberne Kreuz von der Kette, die er um den Hals trägt. Er legt es auf das magische Zeichen der Karte.

„Gotteslästerer!“, brüllt der Wirt.

Sie gehen. – –

Marko läuft am Morgen aus zur Patrouillenfahrt. Er sorgt sich um den Freund. Auf der Heimfahrt sichtet er eine Dreiecksflosse.

Also doch, denkt er.

„Kurs Hafen!“

Er sieht nicht, wie die Flosse untertaucht und dem Schiff folgt. Er sieht nicht, dass sie ihm folgt, während er in einem Boot zur Felsgruppe rudert, um Niko zu warnen. Er sieht nicht, dass ihn der Tod begleitet.

Niko ist nicht beim gemeinsamen Frühstück anwesend. Die Kameraden wundern sich. Trotzdem gehen manche zu den Klippen.

„Wetten ist Ehrensache, er kommt bestimmt“, verkündet der Schwarze.

Und er kommt.

Ohne ein Wort zu verlieren, streift er die Kleider ab. Die Badehose hat er schon an. Ein kühner Kopfsprung, eine dreißig Meter lange Schaumspur zeigt auf den Blondkopf. Plötzlich kommt Markos Boot um eine Klippe auf Niko zu.

„Rasch, steig ein! Ich habe vorhin eine Haiflosse gesichtet.“

Niko wendet sich erstaunt dem Boot zu: „Was?“

„Schnell, steig ein!“, drängt Marko.

Eine Flosse taucht hinter dem Boot auf, zieht dicht daneben vorbei und schnellt plötzlich auf den Schwimmer zu.

„Niko!“, schreit Marko und rudert verzweifelt. Er schafft es nicht. Hilflos muss er dem Todeskampf des Kameraden zusehen. Ein dunkler Fleck breitet sich aus. – – Die Wellen treiben ihn auf die Felsen zu. Daneben ein Boot. Ein Mensch kauert darin, die Hände vor dem Gesicht. –

Am nächsten Tag versenkt Marko einen Kranz am Todesplatz des Kameraden. Dann jagen sie Haie. Drei Tage lang. Da sieht Marko eine Flosse. Langsam nähert sie sich dem Schiff. Im Magen des Haies finden sie das kleine Kreuz. Marko wirft es bei der Felsgruppe in die See. Düster, schwermütig sieht er aufs Meer.

„Niko?“, fragt er leise und wendet sich ab.

(Klausdieter, 17 Jahre)

Aufgaben:

Arbeite auf Grund der folgenden Zeitungsberichte weitere Kurzgeschichten aus!

a) Der Retter ertrunken

An einem Nachmittag badete die 13-jährige Helga G. im Vorderen Langbathsee in Oberösterreich. Sie geriet ins tiefe Wasser und drohte zu ertrinken. Ihrem Onkel Peter Solder, einem Schuhmachergehilfen, gelang es, das Kind bis ans Ufer zu bringen. Dann aber dürfte der Retter durch die Anstrengung und die Aufregung einen Herzschlag erlitten haben; er versank plötzlich und ertrank. Erst einen Tag später konnte der Leichnam geborgen werden.

b) Bergrettung im Steinbruch

Bei Voitsberg in der Steiermark verbrachten der 16-jährige Werner G. und der 14-jährige Anton St. zwei bange Stunden auf einem Felsvorsprung in einem Steinbruch. Die Felsnase hatte die beiden Burschen glücklicherweise aufgefangen, als sie während des Umherkletterns mit einer Ladung lockeren Gerölls abgerutscht waren. Doch durften sie keine Bewegung wagen, denn es bestand die Gefahr, zwanzig Meter tief abzustürzen. Verzweifelt schrien sie um Hilfe. Doch dauerte es zwei Stunden, bis Feuerwehrmänner mit einem Seil kamen und mit einigen freiwilligen Helfern darangingen, die beiden Burschen aus ihrer verzweifelten Lage zu retten. Die beiden Steinbruchkletterer hatten bange Stunden erlebt, bevor sie aus ihrer gefährlichen Lage befreit werden konnten.

c) Unter Wasser aus dem Auto gestiegen

Unerhörte Kaltblütigkeit rettete einem 22-jährigen Hamburger das Leben. Sein Auto rollte im Freihafen rückwärts in das Hafenbecken und blieb in acht Meter Tiefe auf dem Grund liegen. Der junge Mann blieb so lange im Auto sitzen, bis ihm das Wasser bis zum Kinn reichte und der schwächer gewordene Gegendruck ihm erlaubte, die Wagentür zu öffnen. Mit dem letzten tiefen Atemzug tauchte er aus dem Auto und schwamm an Land. Freilich, der junge Mann hatte einige Übung: Er ist nämlich als Rettungsschimmer ausgebildet.

d) Blitzschnell geholfen

Knapp vor dem ankommenden Zug holte der 29-jährige Oberwachmann Alfred Kozel in der U-Bahn-Station Friedensbrücke in Wien die 20-jährige Leopoldine W. von den Schienen. Das Mädchen hatte auf den Zug gewartet. Da erlitt es einen Herzanfall und stürzte so unglücklich, dass es quer über die Schienen zu liegen kam. Der junge Wachmann sah das Mädchen stürzen, besann sich keinen Moment, sprang dem Mädchen auf die Schienen nach und brachte es in Sicherheit. Es ging um Augenblicke. Kaum hatte der Retter selbst die Schienen verlassen, war der Zug da. Ein leichtes Stolpern hätte seinen Tod bedeutet.

e) Die Lawine war schneller

als die Rodel, aber die Hilfe kam doch noch schnell genug. Zwei Kinder aus St. Leonhard im Pustertal, der neunjährige Karl Dapunt und sein sechsjähriger Bruder, fuhren mit ihrer Rodel eine Wiese hinunter. Da ging plötzlich vom Berghang eine Lawine nieder. Sie kam direkt auf die beiden fahrenden Kinder zu. Der ältere Bub konnte sich im letzten Augenblick noch am Ast eines Baumes festhalten, der kleine Hubert aber wurde von den Schneemassen erfasst, ins Tal getragen und verschüttet. Die lauten Hilferufe des älteren Bruders wurden glücklicherweise von einem eben vorbeikommenden Mann gehört. Er konnte mit einiger Mühe den verschütteten Kleinen befreien. Der Bub befand sich nahe der Oberfläche der Lawine und hatte nur geringfügige Verletzungen erlitten.

f) Schnatternde Enten retteten

den kleinen François Blanc aus Metz. Der Bub war in den Fluss gefallen, wurde von der Strömung mitgerissen, aber da schwamm eben eine Entenschar vorüber. Überrascht flatterten die Enten auseinander, schlugen wie wild mit den Flügeln und schnatterten laut. Der Lärm alarmierte den 13-jährigen Jean-Claudel, den Bruder des Verunglückten. Jean sprang kopfüber ins eiskalte Wasser, und es gelang ihm, seinen Bruder aus dem Fluss zu ziehen. Die Enten hatten nicht auf den Dank gewartet; sie waren mittlerweile beruhigt weitergeschwommen.

g) Zur heutigen Jugend

gehört auch Adolf S. Schon mit seinem ersten Geld, das er als Tischlerlehrling erhielt, zahlte er auf ein Moped an. Mit Stolz trug er eine nachtschwarze Lederjacke. Kino und Espresso schätzte er auch. – Am 10. November, 17.30 Uhr, starb Adolf S. auf der Bundesstraße 1, bei Kilometerstein 12. Ohne auf den Verkehr zu achten war Adolf über die Straße gehastet, um einem schwer verletzten Fußgänger zu helfen, der von einem Motorrad überfahren worden war. Die Stoßstange eines rasch fahrenden Autos hatte Adolf durch die Luft gewirbelt.

h) 110 Menschen trieben im Meere

Ein amerikanisches Schiff hatte im Chinesischen Meer in der Höhe der Philippinen Rettungsboote mit allen 110 Überlebenden des Fischdampfers „Marli 5“ aufgenommen. Der Dampfer war zwei Tage vorher auf ein Riff aufgelaufen und gesunken, doch konnte man noch vorher SOS-Rufe senden. Sie wurden rechtzeitig gehört, und Flugzeuge warfen Rettungsflöße ab. Dann kam das amerikanische Schiff und nahm alle im Meer treibenden Schiffbrüchigen auf.

i) Tod durch Wespe?

Der seit über einer Woche vermisste Gymnasiast Karl R. wurde vorgestern im unwegsamen Schilfgelände des Altrheins tot aufgefunden. Wie das gerichtsmedizinische Institut der Universität heute mitteilt, muss den Schüler beim Obstessen eine Wespe in den Schlund gestochen haben, der daraufhin so anschwoll, dass der Schüler erstickte, bevor er menschliche Hilfe finden konnte.

Stimmungen, Gedanken und Gefühle schildern

Anmerkung: Die Stimmungsschilderung (das Stimmungsbild) ist die Form der Schilderung auf der Oberstufe. Wie der Name sagt, liegt das Schwergewicht auf der Wiedergabe einer einmalig erlebten Stimmung. Der Mitteilungszweck, das persönlich erlebte Geschehen, tritt ganz in den Hintergrund. Da man niemanden zum Erlebnis einer bestimmten Stimmung zwingen kann, muss bei der Themenwahl weitgehende Wahlfreiheit herrschen. Es ist zu empfehlen, schon einige Tage vorher ein Rahmenthema zu schaffen. Den einschränkenden Untertitel wählt der Schüler auf Grund seines persönlichen Erlebnisses selbst.

Vergleiche die nachstehenden Aufsätze mit den sachlichen Berichten (Seite 99)! Worin besteht der Unterschied?

Ich warte

Mir gegenüber sitzt meine Mutter. Mein Blick wandert durch den kahlen Saal, streift die große Wanduhr, bleibt an den Händen der Mutter hängen. Wandert weiter zu den zielbewusst blickenden Augen, der hohen Stirne, zu den schwarzen Haaren, bei denen das Grau durchschimmert. Sieht in die schwarzen Augen, taucht bis auf den Grund der Seele. Ich fühle meine Geborgenheit, spüre die beruhigende Nähe der Mutter.

Bedrückende Ruhe lastet über dem Raum. Nur das eintönige Ticken der Uhr durchbricht die Stille. Mein Ohr presst sich an die kalte Tür, ich lausche. Vergebens. Mit langen Schritten durchmesse ich das Zimmer. Hin und zurück. Ich warte. Warte, während im Operationszimmer ein Mensch um das Leben ringt. Ein Mensch, der mich in meinem kurzen Leben geleitet, geführt hat. Ich denke an die mahnende, an die zurechtweisende, an die liebkosende, an die beschützende Hand. Die Wärme, den Hauch dieser Persönlichkeit nie wieder zu fühlen, nie wieder zu spüren, ist für mich undenkbar. Unvorstellbar.

Ein Stöhnen. Nichts. – Die Nägel bohren sich in die Handflächen, hinterlassen blaue Abdrücke. Die Zähne nagen an den Lippen, reißen die dünne Haut auf, Blut sickert hervor. Schweißperlen bahnen sich auf meiner Stirne den Weg. Ermattet sinke ich in den Sessel, die Hände suchen Halt an der Lehne.

Die kleine rote Lampe über der Tür zum Operationszimmer leuchtet auf. Nur nicht weinen, durchzuckt es mein Gehirn. Nicht jetzt. Dennoch lässt mich ein Schluchzen erbeben, meine Augen füllen sich mit Tränen, als der Rolltisch mit meinem Vater aus dem Operationssaal geschoben wird.

Ein schmerzverzerrtes Lächeln überschattet das Gesicht des Vaters. Tiefe Falten sind in die Stirne gegraben. Müde wendet mein Vater den Kopf zu mir, sieht mich lange an.

Ich möchte sprechen, möchte sagen, dass alles gut ist, doch mein Mund ist ausgetrocknet, und aus der Kehle quillt nur Stöhnen. Ich wende mich ab, aus den Augen rinnen zwei schwere Tränen und fallen auf meine Hände.

(Norbert, 17 Jahre)

Analyse eines Gefühlszustandes

Und plötzlich macht der Schleiflift einen Ruck und steht. Ihre Hände verkrampfen sich um das Halteseil, die Schier fangen langsam zu rutschen an, sie spannt ihre Muskeln, der Lift beginnt wieder, sie höher zu ziehen. Sie hofft, dass sie bald oben sein wird. Langsam schwindet dieses beklemmende Gefühl von vorhin, sie beginnt wieder zu denken. Sie sieht die Berge ringsum an, es durchrieselt sie kalt. Sie fühlt sich frei, glücklich, hoch erhoben. Sie beginnt, ein Lied zu summen. Oben an der Bergstation sieht sie ihre Kameradinnen winken, sie lacht ihnen zu und freut sich, freut sich, weil sie glücklich ist, weil die Sonne scheint, weil alle fröhlich sind.

Sie steigt aus der Spur und fährt zu ihrer Gruppe. Alle sind lustig und lachen, lachen über Dinge, die gar nicht zum Lachen sind. Aber das stört weder sie noch die anderen. Die Sonne scheint auf die eingekremten Gesichter, sie hat das Gefühl, als brenne es auf ihrem Gesicht, es prickelt angenehm. Oder unangenehm? Schwer zu sagen. Sie dreht sich von der Sonne weg. Das Prickeln ist weg, ihr Gesicht fühlt sich kalt an. Sie dreht sich der Sonne wieder zu, schließt ihre Augen und denkt. Denkt an vieles und zugleich an nichts. Sie kann keinen klaren Gedanken fassen. Sooft sie einen Gedanken festhalten will, strömen so viele andere auf sie ein, aber es macht ihr nichts aus. Sie braucht ja an nichts zu denken. Da spürt sie, wie die Wärme auf ihrem Gesicht aufhört. Sie lässt die Augen geschlossen und denkt, dass die Wolke bald vorbei sein werde. Sie wartet einige Sekunden, sie spürt, wie es wieder wärmer wird, doch dann bleibt es kalt. Sie macht die Augen auf, es rinnt ihr kalt über den Rücken. Der Himmel ist bewölkt, der Wind beginnt zu blasen. Die Gruppe beginnt ihre Fahrt ins Tal.

Sie fährt als Letzte, sie steht sicher auf den Schiern und fährt los. Dichter Nebel fällt ein, sie spürt ein beklemmendes Gefühl, es ist, als dürfe sie nicht atmen. Sie fährt langsamer, sieht keine fünf Meter weit. Plötzlich spürt sie, dass sie etwas im Gesicht sticht, so als führe sie in einen Nadelbaum, sie macht die Augen ganz klein, fährt langsam weiter, rutscht über eine Eisplatte, die Knie beginnen weich zu werden; sie bleibt stehen, streckt sich, holt tief Atem und fährt weiter. Knapp vor ihr rutscht ein Mädchen auf einer Eisplatte aus und fällt. Sie fährt vorsichtig auf das Eis zu, spannt ihre Muskeln und will nicht rutschen: Die Schier gleiten ab, aber sie steht noch fest, immer wieder sagt sie zu sich selbst: Ich will nicht fallen, will nicht, will nicht. Sie spürt wieder festen Boden unter den Schiern, sie atmet auf, da spürt sie, wie ihr Körper schwer wird, immer schwerer, irgendeine Kraft zieht sie ins Tal. Sie bleibt stehen, schüttelt sich, es nützt nichts, ihre Glieder werden bleiern, ihr wird heiß, sie fährt weiter, der Schneesturm wird stärker, sie fährt schneller, ihre Knie fangen zu zittern an, sie verlangsamt das Tempo, in ihr bebt alles. Da sieht sie vor ihren Augen eine große Zeitungsüberschrift, die sie gestern gelesen hat: Schigruppe mit ihren Lehrern bei einem . . .“ Nein, nein, nein! Das kann nicht wahr sein, und wenn doch? Sie schüttelt den Kopf und will sich von den quälenden Gedanken befreien, doch sie kommen immer wieder, sie will sie nicht hören, aber die Gedanken bohren, bohren; sie wünscht sich, dass sie oben geblieben wären, sie denkt daran umzukehren, aber das ist nicht möglich. Von weit her hört sie Schreie. Sie vergisst für einige Augenblicke ihre Angst und fährt drauflos. Ihr Körper ist gespannt, sie sieht kaum etwas, aber sie fährt, fährt, gleitet ab, fällt beinahe, kann sich noch halten, verlangsamt ihr Tempo, bleibt stehen. Sie fragt sich: „Wo bin ich? Wo sind die anderen? Soll ich rechts oder links weiter fahren?“ Der Schneesturm verwischt alle Spuren, sie lässt die Schier fahren, ihr Körper entspannt sich, mit einem Mal ist ihr alles gleichgültig. Am liebsten würde sie sich hier niederlegen und schlafen, aber ihre Schier fahren, und sie fährt mit ihnen, fährt, fährt, fährt . . .

(Renate, 18 Jahre)

Beachte die folgenden Ratschläge:

Die Stimmungsschilderung soll den starken Eindruck, den ein Erlebnis auf dich gemacht hat, zum Ausdruck bringen. Sie ist an die genaue Beobachtung eines Ausschnittes der Wirklichkeit gebunden, doch erst durch die Anteilnahme des Gefühls, durch das Empfinden einer einheitlichen Stimmung wird diese Gestaltungsart möglich. Es muss ein Augenblicksbild festgehalten und ausgemalt werden. Die Sinneseindrücke (Temperatur, Farbe, Formen, Düfte, Klänge) müssen ebenso in allen Einzelheiten geschildert werden wie die durch diese erzeugten Gedanken und Gefühle. Der Höhepunkt ist möglichst an den Schluss zu verlagern. Verwende für Schilderungen besonders anschauliche Ausdrücke und bildhafte Vergleiche, hüte dich aber vor übertriebenen, gekünstelten Gefühlsergüssen!

Weitere Beispiele von Schülern:

Prüfungsnöte

Mathematikschularbeit. Das Summen der vielen Stimmen, die noch über komplizierte Beispiele diskutieren, welche zur Erleichterung aller ohnehin nie gestellt werden, hat einer nervösen Stille Platz gemacht. Die Texte werden verlesen. Ich stürze mich sofort auf das erste Beispiel, der Ansatz gelingt, der Wurzelausdruck ergibt eine ganze Zahl, unterstreichen, und schon wird das nächste in Angriff genommen. Ein Hochgefühl überkommt mich. Ich summe die Melodie,

die ich tags zuvor gehört habe. Sie will mir nicht aus dem Kopf. Ruhig, du hast genügend Zeit. Die dritte Aufgabe stellt mich vor kein Problem. Der Ansatz des zweiten Beispiels? Ich ducke mich hinter meinen Vordermann, der Professor kauert am Katheder. Zuerst die Gleichung nach „X“ auflösen, flüstere ich meinem Nachbarn zu. Der versteht nicht. Ich diktiere den Ansatz. Der Professor schaut auf, mein Nachbar drängt. Warten. Endlich wendet er sich ab! Das kostet Zeit, bis mein Nachbar sich über das Beispiel orientiert hat!

Ein Blick auf die Uhr. Ein eiskalter Schauer durchjagt mein Gehirn, und Blei legt sich plötzlich auf meinen Magen. Schweiß drängt aus den Poren. Ich spüre, wie der Kragen meinen Hals einschnürt, er ist viel zu eng! Soll meine Mutter mir doch Hemden mit weiteren Krägen kaufen! Ich fahre hastig nach dem Knopf, öffne ihn mit zitternden Fingern. Nur noch zehn Minuten für das letzte Beispiel!

Die Skizze zuerst . . . verzeichnet . . . ausradieren . . ., jetzt das charakteristische Dreieck! . . . Wut steigt in mir auf . . ., was braucht er so lange Beispiele zu stellen? . . . Unerhört! . . . aus . . . ein dünner Strich . . . nichts mehr . . ., ich klopfe mit der Füllfeder auf die Bank. Die Patrone ist leer! Die nassen Finger umklammern das Schreibwerkzeug. Der Verschluss klemmt. Alles hat sich gegen mich verschworen! Ich zupfe mit fahrigen Fingern das Taschentuch aus meiner rechten Tasche, wische die Füllfeder ab. Endlich lässt sie sich öffnen! Läuten. Verdammtes Schrillen! – Das Befriedigend ist mir gewiss. Resignation.

„Sieben Minuten noch, aber dann aus!“ Die Stimme des Professors ist Balsam auf mein niedergeschlagenes Gemüt. Vielleicht klappt es. Noch zwei Winkel fehlen mir zu einer guten Leistung. Zwei Winkel, was bedeuten sie den Schülern, die lärmend auf dem Gang umherlaufen!

Die Seitenkante hast du schon ausgerechnet . . ., wo ist die Höhe? . . . Sinus von . . ., Strich darunter . . . ja, die Dimensionen stimmen, könnte richtig sein!

„Zwei Minuten noch!“, . . . zweiter Winkel . . . verdammt, nur noch eine Minute! . . . Der Professor steht ja schon hinter mir! . . . Ich lege schützend meine Hand über das Heft, wie ein Mutter, die ihr Kind vor dem Bösen bewahren will. Jetzt streckt das Ungetüm seine Hand nach meinem Heft aus! . . . Nein! . . . Noch zwei Zahlen . . . sieben, weniger vier . . . Schauder überziehen meinen Rücken, eine Kraft rüttelt mich an den Schultern. Der Magen krampft sich zusammen. Und wieder erblicke ich am Heftrand diese scheußliche Hand, die mir mein Heiligtum entreißen will! Sie zieht an dem Heft, ich umklammere es mit einer Hand krampfhaft, dass das Weiß unter den Fingern von einer blutroten Färbung verdrängt wird.

Eine letzte Zahl . . ., der Kommastrich . . ., meine Linie verfehlt das Lineal . . ., die rechte Hand fährt über das Heft und malt zwei Striche unter ein Ergebnis, das mir fremd ist. Die Striche sind unregelmäßig.

Die Hand reißt das Heft an sich.

Unendliche Müdigkeit überkommt mich. Ich lehne mich zurück. Jede Nervosität ist von mir abgefallen, wie der nasse Schnee, der aufgetürmt auf den Zweigen lastet, vom Baume fällt. „Wie ist es dir ergangen?“, fragt ein Mitschüler. Ich verzerre mein Gesicht zu einem müden Lächeln.

(Gerhard, 17 Jahre)

Ein Stückchen Alltag

. . . tick – tack – tick – tack . . . gong: Ein Schlag, es ist halb sieben . . . aufstehen.

Ich wasche mich, ziehe mich an, bin fertig; . . . doch halt, ich liege noch immer im Bett, noch nicht bereit, die wohlige Wärme zu verlassen; . . . hab’s nur geträumt, es ging so flott und willig.

„Aufstehen!“ Dieser Ruf zerreißt meine Träume, hebt mich aus dieser schönen Welt der Fantasie, wirft mich auf den kalten Boden dieser so unfreundlichen Erde hinab.

Schlaftrunken strecke ich die Hände, gähne laut . . . und bin munter: „Wo sind meine Hausschuhe?“, . . . schrie ich’s?, dachte ich’s? . . . weiß nicht . . . „Hier sind sie ohnehin.“

Ich schlüpfe hinein, öffne die Tür: „Schön, dass du überhaupt noch kommst“, wieder die harte Stimme der Wirklichkeit; doch sie reißt den letzten Schlaf aus meinen Augen.

Ein von mir unwillig geknurrtes „Guten Morgen“ bringt mir andere Guten-Morgen-Stimmen zu Gehör. Dann schneidet der Fall der Badezimmertür, die ich hinter mir schließe, diese Töne hartherzig ab.

Ich wasche mich, putze die Zähne, kämme mein Haar . . ., verlasse den Raum wieder.

Ein Blick auf die Uhr mahnt mich zur Eile, schnell schlüpfe ich in mein Gewand, trete noch einmal vor den Spiegel und begebe mich zu meinem bereits vorbereiteten Frühstückstisch. Kaffee, Butterbrot mit Honig . . . „du weißt doch, dass ich am Morgen kein Brot will“, . . . schlucke die Bissen mit Kaffee hinunter, nur um überhaupt etwas gegessen zu haben.

Ein kurzer Blick in die Schultasche zeigt, dass alles vorhanden ist . . . „Nichts vergessen?“ . . . hoffe zumindest.

Ich hole meinen Mantel aus dem Kasten, trage ihn ins Vorzimmer, hänge ihn auf einen Haken. Dann die Schuhe . . ., stelle sie in die Ecke.

Endlich bin ich fertig . . ., die übliche Verabschiedung . . ., dann bin ich draußen.

Ich trotte den wohlbekannten Weg, doch heute ist’s anders . . . es schneit. Der Schnee klammert sich an meinen Mantel, kriecht in Öffnungen und Schlitze des Gewandes, . . . erzeugt Unbehagen.

Die Kälte wird immer unangenehmer . . .

Endlich ist die Haltestelle erreicht.

Doch kalt ist es hier noch mehr, der Wind pfeift durch die dunklen Straßen . . . dunkel? . . . ist doch schon eine halbe Stunde nach sieben! In vielen Wohnungen gehen jetzt erst die Lichter an, torkelnde Schatten huschen an Fenstern vorbei . . . Vor kurzem ging’s mir genauso . . .

Da, eine neue Trafik belebt das Bild der düsteren Straße . . . „Soll ich cinc Zcitung kaufcn?“ . . . ja . . . ncin . . . ja!

Ich betrete das Geschäft . . . ein junger Mann eilt dienstbeflissen auf mich zu . . . Gruß . . . „Bitte einen Kurier!“ . . . Er hat sich mehr erwartet, seine Miene verfinstert sich; ich lege das Geld auf die Glasplatte, tänzelnd rollt das Geld weiter, bis es an einem Stoß von Illustrierten zum Halten kommt.

. . . überfliege die Schlagzeilen, greife nach der Türklinke, „Auf Wiedersehen“! . . . keine Antwort . . . gut, also kein Wiedersehen.

Ich stehe wieder in der Kälte, da fährt ein Bus auf die Haltestelle zu, der Schaffner sieht mich nicht, niemand will einsteigen . . ., Klingelzeichen . . ., fährt weiter . . ., ohne mich.

. . . empfinde Ärger . . ., ein Blick auf die Uhr erhöht den Ärger: 20 Minuten vor acht.

Ich schlüpfe in ein Haustor, entfalte die Zeitung und sehe, was in der Welt alles vor sich geht.

Da kommt der nächste Bus, ich trete aus der Tornische, ein Schritt zur Haltestelle, der Fahrer öffnet die Türen, lässt mich ein.

(Werner, 16 Jahre)

Beispiele aus der Dichtung:

Ein Gutshaus in Ostpreußen

Der Frühlingshimmel ist hell, beinahe farblos. Unendlich, alles erfüllend, alles auftrinkend mit seinem flimmernden Licht, liegt er über der Ebene, über den noch farblosen, fahlen Wiesen, den braunen Feldern, dem zarten Grün der Wintersaat. So klar ist das Licht, dass die Kirchen der fernen Dörfer zierlich, wie aus dunkelblauem Papier geschnitten, darin stehen. Die weiß gekachelte Wand des Gehöftes leuchtet hinter rötlich-braunem Gebüsch, über dem eilig ein Flug Sperlinge hin und her spielt, hinter spielzeugkleinen Scheunen und roten Dächern schimmert ein kobaltblauer Streifen, das Haff. Der Wind braust über das Feld, drückt die Stämmchen der jungen Pflanzen, kräuselt den Teich in der kleinen Talmulde mit stahlgrauen Wellen. Der Wind riecht nach See. Er fährt hügelauf. Ein sanftes, orgelndes Gedröhn geht durch den Garten um das Gutshaus. Die Tannenspitzen wiegen sich, die großen Äste der Kastanien bewegen ihre glänzenden, braunen Knospen, die zarten Haare der schneeweißen Birke wehen, Haselkätzchen schaukeln im Unterholz, ein paar welke Buchenblätter rascheln. Über die weiße Birke, über Tannen und Kastanien ragt ein Wipfel in das helle Licht. Wie der Windstoß weiterbraust, zittern da oben noch zierliche Lindenäste nach. Ein Wipfel ist es, riesenhaft, breit und ausladend, triumphierend wie eine Kirchenkuppel. Das ist die alte Linde, die Magna Mater[1], Wahrzeichen und Schutzgeist des Gutes.

(Agnes Miegel)

---

[1] große Mutter.

Abend im Advent

Es klingt beinahe wie ein kleines Engelskonzert, das gedämpfte Cembalospiel der Mutter, Görges lullende Blockflöte und der Gesang der anderen drei, Christophs, Violas und Martins, die um den runden Tisch herumsitzen. Draußen wird es schon dämmrig. Auf dem Tisch liegt der Adventkranz. Zwei von den vier Kerzen brennen mit stiller Flamme. Sie singen „Kommet, ihr Hirten . . .“ Da Martins Stimme immer etwas hinter den andern zurückbleibt, stößt Viola ihn an und macht mit der Hand eine Bewegung, die besagen soll, er möge ein bisschen schneller singen. Aber er schneidet nur, ohne sich in seinem Zeitmaß beirren zu lassen, eine Grimasse zu ihr hinüber. Dann starrt er wieder in die Kerzenflamme und vereint seine hohe, kindliche Stimme, so gut er es versteht, mit dem silbrigen Rauschen des Cembalos, den reinen Stimmen der beiden andern und mit dem süßen Gesang der Blockflöte. Während des nächsten Liedes „Als ich bei meinen Schafen wacht“ bricht er einen kleinen Tannenzweig vom Adventkranz ab und hält ihn über die Kerze. Die Nadeln dampfen, glühen und krümmen sich, ein schwacher Knall, die Knospe an der Spitze des Zweiges zerspringt, Funken sprühen umher und fallen auf die Tischdecke. Viola tupft sie schnell aus.

(Manfred Hausmann)

Am Steinhuder Meer

Von der Pfahlbauterrasse des Strandhotels grüßen unsere Augen das schöne Meer. Grau ist die Flut, mit Silberstreifen; tief duckt sich das gelbe Rohr unter des Sturmes rau tobender Hand; unwillig rauschen die schiefen Pappeln, die des Sturmgottes Faust schüttelt, dass ihre gelben Blätter angstvoll von dannen flattern. Sie tanzen über dem schäumenden Wasser, bis es sie hascht und verschluckt. So habe ich das Meer am liebsten, wenn es braust und brandet, spritzt und schäumt. Dann passen mir am besten dazu die schwarzgelben Dünen, der düstere Föhrenkranz an seinen Ufern, die schwarz und braun gemusterten Bergkuppen drüben. Es ist ja auch schön am lauen Abend, in sengender Mittagsglut, am Nebelmorgen, bei sternheller Nacht; aber am allerschönsten ist es im Herbststurm, wenn es singt und klingt in den Lüften. Bleigrau ist der Himmel. Fahl blinzelt die Sonne durch den Wolkenriss. Weiße Wolken treiben wie Watteflocken im Graublau nach Osten. Die Entenflüge, die die beiden Fischerboote hoch machten, wie Hunderte von Silberflittern wirbeln sie vor dem graublauen Himmelsrand herum, bis sie als schwarze Flecken wieder auf dem Wasser liegen.

(Hermann Löns)

Aufgaben: Suche weitere Beispiele in Stifters „Hochwald", in den Dichtungen Storms und E. Wiecherts!
Sieh auch die Stilproben im ersten Band!

Rahmenthemen für Stimmungsschilderungen:

Weg:
a) Eindrücke und Empfindungen bis in alle Einzelheiten vergegenwärtigen und die treffende sprachliche Formulierung notieren.
b) Die Notizen sichten und gliedern.
c) Niederschrift des Entwurfes.
d) Überarbeitung des Entwurfes.
e) Reinschrift.

Herbst (Herbstlicher Blätterfall. Nebeltage. Regen. Herbstlandschaft.)

Weihnachten (Jedes Jahr kommt Weihnachten. Gedanken am Heiligen Abend. Mitternachtsmesse.)

Winter (Ein klarer Wintertag. Abend auf einer Schihütte. Raureif.)

In Gesellschaft (Es dämmert. Ich lausche. Ein Abend im Hafen. Sommerabend. Daheim.)

Technik (In der großen Montagehalle. Im Stahlwerk. Im Bergwerk.)

Theater (Ehe sich der Vorhang hebt. In der Pause. Im Zirkus.)

Kino (Das Kino ist aus. Traumfabrik.)

Großstadt (Im Großstadtverkehr. Nächtlicher Gang durch Großstadtstraßen. Im Trubel der Großstadt. Blick auf die Stadt.)

Krankheit (Fieberfantasien. Ans Bett gebunden.)

Wasser (Am Strom. Am Strand. Am See. Sturm auf dem Meer.)

Natur (Sonnenaufgang. Auf einem Berggipfel. Gang durch wogende Kornfelder. Maimorgen. Die Sonne versinkt.)

Wetter (Sturmwarnung. Ein Gewitter in den Bergen. Bei Regen im Freien. Nebelwarnung.)

Trubel (In einer großen Ausstellung. Jahrmarkt. Faschingstrubel.)

Angst (Ich warte, warte, warte. Das wäre beinahe schief gegangen! Ich habe Lampenfieber.)

Sport (Autorennen. Fußball-Länderkampf. Geschwindigkeitsrausch.)

Menschen bei der Arbeit

Gestalten aus der Dichtung charakterisieren

Beispiel:

Wilhelm Tell (nach Schillers Drama)

> „Ich kann nicht lange prüfen oder wählen,
> bedürft ihr meiner zur bestimmten Tat,
> dann ruft den Tell, es soll an mir nicht fehlen."
>
> Tell I,3.

Dieser Ausspruch Tells gibt schon ein knappes und doch scharfes Bild des Freiheitshelden: Er ist ein Mann der Tat, nicht ein Mann des Rates, der Überlegung oder gar des Zauderns. Diese Tatkraft, diese stete Bereitschaft zum Handeln ist ihm wohl angeboren, sie hat aber erst im Leben ihre scharfe Ausprägung erhalten. Als Sohn der freien Schweiz und als Jäger lernen wir ihn kennen. Freiheitsliebe, Mut, Todesverachtung und Selbstlosigkeit sind seine Tugenden.

Bereits in der ersten Szene des ersten Aufzuges hilft er todesmutig dem verfolgten Baumgarten, sich vor seinen Verfolgern in Sicherheit zu bringen, indem er ihn über den vom Sturm gepeitschten See rudert. Der Fischer wagt die Fahrt nicht; er denkt an Weib und Kind. Der Verfolgte fleht vergeblich den Fischer an, da erscheint Tell am Ufer. Er erkennt Baumgartens Not, und Mitleid erfasst sein Herz; was der Fährmann nicht wagt, unternimmt der furchtlose Jäger. „Der brave

Mann denkt an sich selbst zuletzt!“ Auch Tell hat Weib und Kind daheim, aber gerade der Gedanke daran lässt ihn das Wagnis unternehmen, um einer anderen Familie den Erhalter zu retten.

In der dritten Szene des dritten Aufzuges sehen wir wieder den Mut des Helden. Diesmal unterlässt er eine Handlung, die ihm unwürdig und knechtisch vorkommt. Er geht an dem Herzogshut vorüber, ohne ihm die Ehrfurcht zu bezeigen, die der Landvogt Geßler fordert. Tells gerader und offener Sinn sträubt sich dagegen, einer Sache jene Ehrfurcht zu erweisen, die nur ihrem Träger gebührt. Darum kümmert sich Tell gar nicht um den Hut, obwohl er dadurch den Befehl verletzt und sich selbst in schwere Bedrängnis bringt.

Von Tells Tapferkeit erfahren wir gleich darauf, als er auf Befehl des Landvogtes seinem Sohn Walter einen Apfel vom Haupte schießt. Lange ringt das Herz des Vaters mit dem Mute des Jägers. Nur der Gedanke an Kerker und Tod und an seine schutzlose Familie lässt ihn den gefährlichen Schuss wagen. Doch zugleich sichert er sich einen zweiten Pfeil. Als der Meisterschuss getan ist, gesteht Tell dem Landvogt mit dem Mut eines freien Mannes, dass der zweite Pfeil ihm gegolten hätte. Tell weiß, dass er seine Freiheit mit diesem Manneswort verwirkt, dennoch zögert er nicht es auszusprechen, denn Tücke und Hinterlist sind ihm fremd.

Tatkräftig erscheint Tell auch im vierten Aufzug, als er, den günstigsten Augenblick ausnützend, aus dem Schiff ans Ufer springt und sich dadurch aus der Gewalt Geßlers befreit. Seinen bedrängten Landsleuten aber erweist er den größten Dienst, als er in der Hohlen Gasse bei Küssnacht den Tyrannen erschießt, der nicht nur ihn, sondern das ganze Schweizer Volk in seiner Freiheit bedroht. Diese Tat stellt der Dichter als einen Akt der Notwehr hin, und Tell konnte auch nicht anders handeln, als er hier gehandelt hat. Johann Parricida ist ein Mörder, denn er hat aus Eigennutz seinen Oheim, den Kaiser, getötet; Tell weiß sich davon frei und so mag er wohl den Mörder von seiner Schwelle weisen.

(Rudolf, 17 Jahre)

Beachte die folgenden Ratschläge:

Willst du eine Gestalt aus einer Dichtung kennzeichnend darstellen, kannst du deren Charakter erschließen

a) **aus Handlungsweisen der Person;**

b) **aus ihren Aussprüchen, Urteilen, Meinungen.**
Immer musst du deine Feststellungen jedoch durch Hinweis auf das Geschehen in der Handlung der Dichtung beweisen.

Dabei ergeben sich konkret folgende Möglichkeiten:

a) **Man schildert die Entwicklung oder die Wandlung eines Charakters und fasst am Schluss in einem wertenden Urteil zusammen.**

b) **Man stellt die Licht- und Schattenseiten einander gegenüber.**

e) **Man gruppiert die verwandten Eigenschaften und belegt sie durch die Handlungsweise der betreffenden Person.**

d) **Man gliedert die Charaktereigenschaften nach Denken (Werten), Wollen (Handeln), Fühlen (Gemüt), Fantasie, Trieben (Leidenschaften).**

e) **Man geht von einer Haupteigenschaft aus und leitet die übrigen Eigenschaften von dieser ab.**

f) **Man vergleicht den Charakter einer Person mit jenem einer anderen.**

Aufgaben: Gliedere die folgende Charakteristik und stelle fest, welcher Weg gewählt wurde!

Jason und Medea

Zwei Charaktere, zwei Welten.

Im Mittelpunkt von Grillparzers Trilogie „Das Goldene Vlies" steht – unbeschadet der wichtigen Rolle, die Aietes und Jason in den ersten Teilen spielen – der Charakter der M e d e a . Bevor sie in die tragische Verwicklung eintritt, steht sie dem rauen, grausamen Vater streng gegenüber, aber sie erliegt doch seiner Autorität und nimmt teil an seinem Verbrechen gegen Phryxus. Schon diese erste Begegnung mit einem Hellenen berührt ihr Herz; Hass, Verachtung, Mitleid und Neigung kämpfen in ihr, und die Katastrophe greift tief in ihr Leben ein. Einsam und düster erwartet sie im Turm am Meer die Erfüllung des Fluches; aber noch scheint sie licht in ihrer dunklen Umgebung. Jason naht ihr wie ein Gott, ein Wesen aus einer fremden, glänzenden Welt, die sich ihr schon einmal in der Gestalt des Phryxus gezeigt, von der sie sich angezogen fühlt und die sie fürchtet. Sie kämpft gegen die Liebe, aber vergeblich. Sie verlässt ihren Kreis, halb willenlos dem Fremden folgend, gezwungen durch Mächte, die sie nicht beurteilen, nicht übersehen, denen sie sich aber nicht entziehen kann. Widerstandslos tut sie, was Jason begehrt, und verschuldet dadurch den Tod ihrer Verwandten. Sie hat die Schranken überschritten, die ihrem Wesen gesetzt sind. Sie ist nicht treu geblieben; die Barbarin hat sich dem Griechen, die Zauberin dem Menschen verbunden. Sie hat die Heimat verlassen, ihren Willen gebeugt, Frevel begangen – einem Manne zuliebe, zu dem sie eine wilde, sinnlose Leidenschaft reißt, der sie rücksichtslos seiner Person, seinen Zwecken dienstbar macht. Vier Jahre lebt sie mit ihm auf dem Schiff und kommt ihm nicht näher. Ein neues Verbrechen lädt sie um seinetwillen auf sich und vermehrt nur sein Grauen. Sie will nun tadellos sein und kann es nicht. Sie vergräbt ihre Zaubergeräte, sie will eine Griechin unter Griechen sein. Sie ist anfangs demütig, aber sobald sie jemand auch nur leise verletzt, hochfahrend und stolz. Es empört sie im Geheimen, dass man sie entweder gering schätzt oder bedauernd als eine vaterlandslose Barbarin betrachtet, indes sie sich als Königstochter fühlt. Sie ist nur demütig, um Jason alles Frühere vergessen zu machen und das Geschick um die Strafe zu betrügen. Sie möchte gerne das Vergangene ungeschehen machen und begraben wie das Vlies. Aber ihre Umgebung kann nicht vergessen – und sie kann es auch nicht. Sie sieht sich einer Kultur gegenüber, die sie nicht begreift, die sie hasst, der aber ihr Gatte angehört. Die dieses verhasste Griechentum am reinsten vertritt, Kreusa, der sie anfangs vertrauensvoll genaht, weckt ihren tiefsten Abscheu. Nicht nur die Rivalin, auch die Griechin soll durch ihre Rache fallen. Der Entschluss hat sie wieder frei gemacht. Sie ist in sich zurückgekehrt, wie auch die Zaubergeräte den Weg in ihre Hand gefunden haben. Sie ist wieder, was sie war, sie ist nicht mehr abhängig von unbegreiflichen Mächten. Der gebundene Wille ist frei geworden, und was sie will, deckt sich mit ihrem Wesen. Nun fällt sie wieder in ihren barbarischen Charakter zurück, nun zeigt sie den Feinden eine hündische Demut, aus der nur manchmal der Groll emporblitzt; nun hat sie ihren Adel, ihr fürstliches Wesen, ihren Stolz wiedergewonnen, der sich gegen die Misshandlungen empört. Sie hat sich über das Schicksal erhoben, von dem sie nichts mehr erwartet, sie ist reif zur Buße, die sie von ihren Freveltaten reinigt. Denn sie ist den Weg zurückgegangen zu ihrer einstigen Freiheit, freilich durch Ströme von Blut.

Neben Medea treten alle anderen Personen zurück, auch J a s o n . Ehrgeiz ist der Grundzug seines Wesens; gedankenlos, leichtsinnig tut er, was seinen Ruhm vermehren soll. In der Zauberin findet er die Geliebte, er verbindet sich ihr in der schaurigen Höhle, er überwindet das Grauen, und sie wird sein Weib. Er möchte ihre Zauberkünste noch gegen seinen Oheim nützen; wenn er aber dann endlich in Medea die Geliebte finden will, tritt ihm widerwärtig die Zauberin entgegen. Gemeinsame Schuld verbindet ihn mit ihr, aber das wird ihm nicht klar. Er sehnt sich nach Frieden, nach Freiheit, nach einem neuen Glück, das ihm mit holden Kindheitserinnerungen in Kreusa entgegenkommt. Er ist mit Medea fertig und glaubt, seinem Schicksale entfliehen zu können, wenn er sie feige verlässt. Der glänzende Held, der liebenswürdige Jüngling ist ein müder, erbärmlicher Schwächling geworden, der klagt und jammert, wenn Medea in stolzer Bußfertigkeit von ihm Abschied nimmt.

Der Kampf zwischen Jason und Medea ist zugleich ein Kampf zwischen Kultur und Natur. Über das Schicksal der einzelnen Personen hinaus weist die Dichtung symbolisch auf die Geschichte der Menschheit; auf den Zusammenstoß einer primitiven Kultur mit einer überlegenen, auf die grausame Notwendigkeit, die auf Mord Rache folgen lässt. Aber der Gegensatz zwischen Kultur und Barbarei ist nicht nur in der Zeichnung der Charaktere veranschaulicht; er ist sogar im Versmaß durch klassische Jamben und freie Rhythmen angedeutet.

Innerlich wird die Trilogie durch die überragende Gestalt Medeas zusammengehalten; das äußere Band aber ist das Goldene Vlies, das die Ursache allen Unheils ist. Grillparzer hat dem Vliese eine geheimnisvolle, übernatürliche Anziehungskraft verliehen; es ist das Symbol des ungerechten Gutes, das sinnliche Zeichen für die böse Tat, die, nach Schillers Wort, „fortzeugend, immer Böses muss gebären". Und hier liegt der tragische Kern der Tragödie. Medea steht zwischen zwei Welten, die sie zerdrücken, zwischen dem Barbarentum, das ihre Sehnsucht nicht befriedigt, und der Welt einer überlegenen Kultur, in die sie sich als folgsames Glied nicht einleben kann. Die Versündigung gegen sich selbst, das Brechen mit ihrer ureigenen Natur, der Wille, in einer fremden Welt heimisch werden zu wollen, das ist ihre tiefste Schuld. Und daraus ergibt sich mit tragischer Notwendigkeit ihr Untergang, ihr Schiffbruch. Grillparzer gestaltet hier nicht einen Einzelfall, er stellt ein typisches Schicksal hin, und deswegen hat die Dichtung allgemeinmenschliche Bedeutung.

Themen für literarische Charakteristiken:

„Nathan der Weise" (Lessing)
„Iphigenie" (Goethe)
Hediger („Das Fähnlein der sieben Aufrechten" von Gottfried Keller)
„Der Verschwender" (Ferd. Raimund)
„Michael Kohlhaas" (Kleist)
„Hamlet" (Shakespeare)
„Sappho" (Grillparzer)
Rustan („Der Traum ein Leben" von Grillparzer)
„Wallenstein" (Schiller)
Mortimer („Don Carlos" von Schiller)
Der Page Leubelfing („Gustav Adolfs Page" von C. F. Mayer)
„Vater Goriot" (Honoré de Balzac)
Raskolnikow („Schuld und Sühne" von Dostojewski)
Provi („Die Spitzin" von Marie von Ebner-Eschenbach)

Frau Wolf („Biberpelz“ von Gerh. Hauptmann)
„Leutnant Gustl“ (Arthur Schnitzler)
Der alte Fischer („Der alte Mann und das Meer“ von Hemingway)
Der Schachweltmeister („Schachnovelle“ von Stefan Zweig)
Unteroffizier Beckmann („Draußen vor der Tür“ von Wolfgang Borchert)
Hagen (Nibelungenlied)
Elisabeth und Maria („Maria Stuart“ von Schiller)
Hauke Haien („Der Schimmelreiter“ von Storm)
Eine Gestalt aus einer zeitgenössischen Dichtung

Sachthemen verständlich abhandeln
(Die Facharbeit)

Lärmbekämpfung – ein technisches, psychologisches und erzieherisches Problem

Sachfrage: Wie kann der Lärm wirkungsvoll bekämpft werden?

Gliederung:

I. Einleitung: Lärm schafft Unbehagen, schädigt die Gesundheit und muss daher bekämpft werden.

II. Hauptteil:
a) Technische Ursachen des Lärms.
Lärmbekämpfung durch Konstruktionsverbesserung der Maschinen,
durch sachgemäße Handhabung der Geräte,
durch Schalldämpfung.

b) Psychologische Ursache des Lärms.
Lärmbekämpfung durch Erziehung.

III. Schluss: Innere Ruhe als Voraussetzung äußerer Ruhe.

In unserer Zeit ist der Lärm so angewachsen, dass ihn bereits nahezu alle Menschen als unerträglich empfinden und bestrebt sind ihn zu bekämpfen. Eine erfolgreiche Bekämpfung ist jedoch mit großen Schwierigkeiten verbunden, denn viele Lärmarten, vor allem die, die durch die Technisierung hervorgerufen werden, scheinen unvermeidbar. Dazu gehört besonders der Lärm, der von den schweren Maschinen in den Fabriken und von den Autos und öffentlichen Verkehrsmitteln erzeugt wird. Das Problem des Lärms in den Fabriken kann nur von Ingenieuren gelöst werden. Sie müssen bei der Konstruktion einer Maschine auch darauf achten, dass die Lärmentwicklung nicht zu groß ist, denn auf die Dauer kann kein Mensch großen Lärm ohne ernste Gesundheitsschädigung ertragen.

Der Lärm, der durch Fahrzeuge entsteht, kann zwar auch durch die Mithilfe von Technikern gemildert werden, verliert aber hauptsächlich durch rücksichtsvolles Fahren an Lautstärke.

Völlig anders verhält es sich mit dem Radio, das heute eine der häufigsten Lärmquellen ist. Hier muss jeder Radiobesitzer Verständnis für seine Nachbarn aufbringen und das Radio auf Zimmerlautstärke stellen.

Dass man sich aber so oft durch den Lärm, der aus der Nachbarwohnung dringt, gestört fühlt, daran sind nicht nur die Nachbarn schuld, sondern auch die dünnen Wände der Wohnungen. Diesen „Papierwänden“ könnte leicht abgeholfen werden, aber das brächte eine zusätzliche finanzielle Belastung mit sich, die die wenigsten Bauherren auf sich nehmen wollen. – Worin die Ursache liegt, dass Lärm nicht nur durch Maschinen, sondern auch durch Menschen verursacht wird, kann nur durch die Psychologie ergründet werden.

Die innere Leere vieler Menschen, die eigene Unsicherheit und die Angst, mit sich und ihren Gedanken allein zu sein, sind sicher Gründe für die Lärmentwicklung. Auch der Wunsch mancher, ihrer Geltungssucht zu genügen, treibt sie zum Beispiel dazu, die Türen ihrer Fahrzeuge lauter zu schließen, als es nötig wäre. Die längere Freizeit, die die Menschen heute haben und mit der nicht alle etwas anzufangen wissen, bringt für viele nur Langeweile, die man dann mit Lärm zu bekämpfen sucht. Ich glaube aber, dass nicht allein das gestörte Innenleben des Menschen die Ursache für die Lärmentwicklung ist. Oft sind Gedankenlosigkeit und Rücksichtslosigkeit die Gründe, dass viele so laut sind.

Wie man die Menschen dazu bringen kann, leiser zu sein? Ein Versuch in dieser Hinsicht ist bereits vor kurzem unternommen worden. Man rief zu einer sogenannten Lärmbekämpfungswoche auf. Vor allem in den Schulen wurde versucht, die Schüler zur Mithilfe bei der Lärmbekämpfung zu gewinnen.

Sich aber nur an die Jugend zu wenden, wäre nicht richtig. Vor allem Psychologen und Ärzte sollten sich an die Öffentlichkeit wenden und sie vor den Gefahren des Lärms warnen.

Von größter Wichtigkeit ist, dass die Menschen wieder lernen mit sich allein zu sein und imstande sind, auf die heute leider übliche Geräuschkulisse zu verzichten. Denn dieses Zurückfinden zum eigenen Ich könnte dem Menschen nicht nur neue Werte vermitteln, sondern auch wesentlich zur Verminderung des Lärms beitragen.

(Ursula, 16 Jahre)

Wie sorgt die Gemeinde für ihre Bewohner?

Gliederung:

I. Einleitung: Planung der Einnahmen und Ausgaben ist in jedem Haushalt erforderlich.

II. Hauptteil:

a) Einnahmequellen der Gemeinde (Steuern, Gebühren, Unternehmungen, Beteiligungen durch Aktien).
b) Ausgaben für Allgemeinheit (Schulen und Kindergärten, Straßen, Kanalisierung, Wasserversorgung, Spitäler, Altersheime, Waisenhäuser, Straßenbeleuchtung, Rettungsdienst, Feuerwehr).

III. Schluss: Pflicht zur Sparsamkeit. Schonung des Gemeindeeigentums.

Die Gemeindeverwaltung muss ihr Geld genauso einteilen wie jeder private Haushalt. Sie soll nicht mehr ausgeben, als sie einnimmt. Deshalb muss zu Beginn jedes Jahres ein Wirtschaftsplan erstellt werden, der sogenannte Gemeindevorschlag (Budgetplan), aus dem ersichtlich ist, was man einnehmen wird und was man ausgeben darf.

Die wichtigste Einnahmequelle für die Gemeinde sind die Steuern, die neben den staatlichen Steuern eingehoben werden, zum Beispiel die Vergnügungssteuer, die Hundesteuer, die Grundsteuer, die Abgabe bei Fleisch, bei alkoholischen Getränken usw.

Andere Einnahmequellen für die Gemeinde sind gemeindeeigene wirtschaftliche Unternehmungen, so das Wasserwerk, das Gaswerk, das Elektrizitätswerk, der Schlachthof u. a. m. Bei Jahr- und Wochenmärkten erhebt die Gemeinde Gebühren von den Verkäufern und erzielt dadurch eine nicht unbeträchtliche Einnahme.

Die Ausgaben, die durch diese Einnahmen gedeckt werden, sind sehr mannigfaltig. So müssen vor allem die Gehälter der städtischen Beamten und Angestellten aufgebracht werden. Dann müssen die städtischen Gebäude und Schulen in gutem Zustand gehalten werden. Auch Ausbau und Erhaltung der Straßen erfordern hohe Aufwendungen. Von großer Bedeutung ist auch die Armenversorgung, denn die alten und erwerbsunfähigen Bürger müssen vor Not geschützt werden. Ein Waisenhaus ist ebenfalls eine Notwendigkeit für die Stadt. Vor einiger Zeit ließ die Gemeinde ein neues Spital errichten. Die Stadt muss auch für die Straßenbeleuchtung sorgen, die Kanalisation instand halten und noch manche andere Aufgabe durchführen. Gemeinnützige Vereine, wie die Feuerwehr, der Rettungsdienst, der Volksbildungsverein und andere erwarten, von der Gemeinde gefördert zu werden.

Die Ausgaben können sehr leicht die Einnahmen übersteigen, daher ist es die Aufgabe der Stadtväter, die Einnahmen und Ausgaben ins Gleichgewicht zu bringen. Uns aber obliegt die Pflicht, das Gemeindeeigentum zu schonen, denn es ist vom Geld unserer Eltern angeschafft worden, es ist also gleichsam auch unser Eigentum.

(Erich, 15 Jahre)

Beachte die folgenden Ratschläge:

In der Facharbeit soll der Leser über eine bestimmte fachliche Frage objektiv (sachlich) Auskunft erhalten. Sie dient der Information des Lesers.

Die wichtigste Voraussetzung für das Gelingen einer Facharbeit ist, dass du Sachkenntnisse besitzt und die Zusammenhänge im Sinne der Sachfrage (meist in der Überschrift enthalten) richtig und klar darstellst. Die Facharbeit erfordert daher größere Vorbereitungen.

Es sind folgende Schritte zu empfehlen:

a) Bereitstellung des Stoffes durch das Studium von Fachbüchern oder Aufsätzen über das bestimmte Sachgebiet (Anfertigung von Auszügen, Vergleich mehrerer Darstellungen);
durch das Studium des Werkes selbst (Kunstwerk, Landschaft, Buch, Urkunde u. dgl.);
durch das planmäßige Beobachten und Vergleichen von Geschehnissen, Vorgängen (Exkursionen);
durch eigens angestellte Versuche (besonders bei naturwissenschaftlichen Themen);
durch Diskussionen mit Fachleuten.

b) Auswertung des Gesammelten, Beobachteten, durch Vergleich mit der eigenen Erfahrung. Bilde dir ein eigenes Urteil und begründe es!

c) Erste Niederschrift der Hauptgedanken zur Sachfrage (dem fachlichen Problem) in Stichworten oder einfachen Sätzen.

d) Folgerichtige Gliederung des Stoffes (der bereits schriftlich festgehaltenen Hauptgedanken).

e) Ausführliche Ausarbeitung des Aufsatzes.

E i n z e l f r a g e n :

(Die nachstehenden Grundsätze gelten auch für den Problemaufsatz.)

Die Gliederung

Sie soll in die Gedanken eine folgerichtige Ordnung bringen. Man gliedert gewöhnlich in drei Teile: Einleitung – Hauptteil – Schluss.

I n   d e r   E i n l e i t u n g   soll die in dem Thema aufgeworfene Sach- oder Wertfrage (Schlüsselfrage) verlebendigt werden. Sie soll zeigen, worum es in dem Aufsatz geht, welche Frage beantwortet werden soll.

I m   H a u p t t e i l   muss die in der Einleitung oder in der Überschrift aufgeworfene Frage bis ins Einzelne beantwortet und begründet werden. Man schreitet dabei vom Nächstliegenden, Bekannten, Einfachen, weniger Wichtigen zum Entfernteren, Schwierigen, zur Hauptsache (Steigerung!). Stoffe (Gedanken) zu gewinnen helfen uns die F r a g e n   Was?, Wie?, Wann?, Wo?, Warum?, Weshalb?, Wozu?, Wofür?. Es ist klar, dass nicht alle Fragen bei jedem Thema angewendet werden können.

D i e   G e d a n k e n   können in der Form vorgebracht werden, dass man Behauptungen aufstellt, Gründe anführt, Folgerungen zieht, Widersprüche aufzeigt, Vermutungen anstellt, Einspruch erhebt, Beweise erbringt, Beispiele anführt, Gesichtspunkte abwägt, Einwände widerlegt, Zwecke und Absichten aufzeigt, Fragen stellt, Schlüsse zieht, Gesichtspunkte verknüpft, Endurteile zusammenfasst. Gedanklich und inhaltlich Zusammengehöriges behandelt man unmittelbar nacheinander.

D e r   S c h l u s s   bringt das Ergebnis der Überlegungen und soll zusammenfassen.

Beispiel einer Gliederung:

Aufgaben und Bedeutung der Zeitung als wichtigstes Massenmedium

I. Einleitung:
Zeitungen sind in der Gegenwart neben dem Fernsehen die wichtigsten Massenmedien. Daher kommt der Presse eine besonders große Bedeutung zu. Hauptaufgabe: Information der Leser.

II. Hauptteil:
Welche Aufgabe hat eine gute Zeitung in der Demokratie zu erfüllen?
Im politischen Teil hat sie die Leser
über die aktuellen politischen Tagesereignisse objektiv zu informieren und dazu kritisch Stellung zu nehmen;
ein Sprachrohr der öffentlichen Meinung zu sein;
die politischen Ereignisse zu kommentieren.
Im Lokalteil hat sie Nachrichten und Anzeigen aller Art zu veröffentlichen;
über alle wichtigen lokalen Ereignisse zu informieren;
auf öffentliche Missstände hinzuweisen und Vorschläge zu deren Behebung zu machen.
Im Wirtschaftsteil hat sie
wirtschaftliche Nachrichten zu übermitteln;
über wirtschaftliche Veranstaltungen und neue Entwicklungen zu informieren;
auf drohende Krisen aufmerksam zu machen und in sozialer Hinsicht ausgleichend zu wirken.
Auf dem Gebiet der Kultur hat sie
durch das Feuilleton den literarischen Geschmack der Leser zu wecken und zu fördern sowie den Leser zu unterhalten;
Nachrichten und Berichte aus dem Kulturleben zu übermitteln;
durch Kritik das Niveau der kulturellen und künstlerischen Veranstaltungen zu beeinflussen und belehrend auf die Leser zu wirken.
Im Sportteil sollte die Zeitung über aktuelle sportliche Ereignisse berichten und diese kommentieren.
Im Anzeigenteil sollte sie die Leser über Angebote und Nachfra-

gen informieren, Fernseh- und Radioprogramme abdrucken und Spielpläne der Theater enthalten.

III. Schluss: Aufgaben sehr vielseitig und verantwortungsvoll; Gefahren durch einseitige Berichterstattung; Zusammenfassung.

Verfasse nach dieser Gliederung eine Facharbeit!

Weitere Aufgaben:

Gliedere die nachstehenden Facharbeiten und untersuche sie im Hinblick auf die oben angeführten Ratschläge!
Danach exzerpiere die Texte und schreibe zum gleichen Thema eine Facharbeit!

Sparen ist besser als Schulden machen[1]

Sachfrage: Wie kann man sparen?

Sparen erfordert Energie, gewiss, doch einmal muss man damit anfangen. Wenn man nämlich einmal eine kleine Summe beisammen hat, kommt einem die Lust zum Weitersparen ganz von selbst, weil man immerhin schon mit einem Betrag rechnen und die Dinge in den Geschäften mit anderen Augen betrachten kann. Man spürt, wie man mit jedem angesparten Betrag freier und unabhängiger wird.

Eine große Hilfe dabei ist ein Sparkassenbuch, denn in der Brieftasche stecken die Scheine gar zu locker, und die Geldbörse scheint geradezu ein Loch zu haben. Der Weg zur Sparkasse dagegen verlangt schon eine gewisse Überlegung, denn abheben geht man nicht jeden Tag. Die Ziffern der letzten Eintragung lachen einen so freundlich an, dass man sich nicht so leicht entschließt, sie auslöschen zu

[1] Aus „Unter uns gesagt“, Sparkassenverlag, Wien

lassen. Außerdem – und das ist wohl nicht zu verachten – erhalten die Sparer von ihre Sparkasse alljährlich eine kleine Draufgabe in Form von Zinsen. Das sind Beträge, für die du nicht arbeiten musstest, denn in der Sparkasse arbeitet das Geld für dich. Du musst auch in Betracht ziehen, dass dein Geld in der Sparkasse sicher aufgehoben wird, dass es also dort vor Diebstahl und Verlust geschützt ist. Trotzdem kannst du aber über dieses Geld frei verfügen: Du kannst es abheben, wenn du es brauchst, und beliebig viel dazulegen, sooft du willst.

Erst sparen, dann kaufen ist ein besseres Geschäft als anzahlen und in Raten abzahlen, so verlockend Ratenkäufe auch aussehen mögen. Abgesehen davon, dass einem selbst kleine Raten schwer im Sack hängen können – beim Ratenkauf muss der Käufer Zinsen zahlen; er zahlt also mehr als beim Barkauf und läuft außerdem Gefahr, das gute Stück wieder zu verlieren, wenn er die Raten einmal schuldig bleiben muss. Vergiss das nicht, wenn du einen Kaufvertrag unterschreibst!

Sparen hat nichts mit Geiz zu tun. Es ist gewissermaßen ein Planen und Vorausdenken. Ein Kleid oder Hütchen weniger gekauft, und du kannst dir im Sommer eine wunderschöne Reise leisten. Ein Jahr noch im alten Anzug, ein bisschen weniger splendid bei den verschiedenen Geselligkeiten und bei Musikautomaten, und das Sparziel rückt in greifbare Nähe.

Denkt man mit sechzehn auch noch nicht ans Heiraten – die Zeit rennt; eines Tages ist es dann so weit. Schön, aber ein neuer Hausstand kostet Geld, mehr, als die Eltern dafür zurücklegen konnten. Wenn „er“ dann sein Konto überschlägt und feststellen kann: „Für eine kleine Wohnung und die notwendigsten Möbel reicht es!“ und „sie“: „Für Geschirr und Wäsche sorg’ ich!“, dann haben die beiden einen weitaus besseren Start als in einem Untermietzimmer oder im Kabinett der Schwiegereltern.

Für alle jene, die nicht so lange warten können, bis sie die notwendigste Sparsumme beisammen haben, hat die Sparkasse das „Familiensparen“ geschaffen. Nach mindestens zweijähriger Ansparzeit kann das Dreifache des angesparten Betrages als Darlehen gewährt werden. Auch das Prämienkontensparen bietet gerade für die Jugend durch die Verbindung von Sparen und Kredit eine Reihe von Vorteilen. Es bringt als Lohn für regelmäßiges Sparen durch fünf Jahre eine Prämie sowie die Möglichkeit, einen günstigen Anschlusskredit zu erhalten. Solltest du dich dafür interessieren, die Sparkasse gibt dir jederzeit darüber Auskunft.

Eine alte Erfahrung: Wer spart, erreicht viel im Leben! Denn wer auf einen Tototreffer wartet, der wird steinalt und versäumt dabei das Leben.

Jugend und Kriminalität

Sachfrage: Was sind die Ursachen der Jugendkriminalität?

Wie kommt es nun dazu, dass ein Jugendlicher oder gar ein Schulpflichtiger kriminelle Handlungen setzt? Diese Frage wird und wurde schon wissenschaftlich genau durchleuchtet. So haben Wissenschaftler der Gesamthochschule Essen, BRD, schon im Jahr 1978 den Zusammenhang zwischen der Familiensituation, in der ein Jugendlicher aufwächst, und seiner Neigung, kriminelle Handlungen zu setzen, aufgezeigt.

Nach der Erfahrung von Gerichten und Vollzugsbehörden stammen zirka 90 Prozent aller jugendlichen Rückfallstäter aus desolaten Familien.

Die „desolate“ Familie muss nicht immer so aussehen, wie man sie sich zwangsläufig vorstellt: Vater Trinker, Eltern im Streit, geringes Einkommen, Raumbeengtheit, Scheidung der Eltern, Eltern oder/und Geschwister mit krimineller Vergangenheit. So kann vermutet werden, dass auch Jugendliche, die zwar in geordneten Verhältnissen aufgewachsen sind, deren Eltern jedoch keine Zeit fanden, sich um sie zu kümmern, zu kriminellen Handlungen neigen. In diesen Fällen spricht die Fachwelt von „Wohlstandskriminalität“.

Das Forscherteam der Gesamthochschule Essen folgerte aus den Untersuchungsergebnissen, dass innerhalb der Erziehungspolitik ehebaldigst eine Umkehr zu erfolgen hätte. Die staatliche Förderung sei verstärkt auf die Familie zu verlegen, eine Einheit von Bindungs- und Familienpolitik **und** die Aufwertung der Familie, besonders der gänzlich in der Familie tätigen Mutter, seien anzustreben.

Diese Aussage wurde nicht von einem Forscherteam einer „erzkonservativen" Hochschule der BRD getätigt. Im Gegenteil, die Gesamthochschule Essen ist nicht gerade als „konservativ" bekannt.

Geht man von den Ergebnissen des oben genannten Forscherteams aus, dann kann eine wirkliche Bekämpfung der Jugendkriminalität nur dadurch ermöglicht werden, wenn sie an ihrer Wurzel, also in der Familie, durch die Familie bekämpft wird. Doch scheint ein Aufruf zur Aufwertung der Familie als Zelle des Zusammenlebens bei dem derzeit herrschenden Trend der eines politischen Tagträumers zu bleiben. Solange man sich auch politisch der Bedeutung der Familie nicht wieder bewusst wird, solange werden wir nach Modellen suchen müssen, die dem heranwachsenden jungen Menschen die Geborgenheit, die Bezugspersonen, eine familienähnliche Struktur innerhalb der schulischen und außerschulischen Institutionen als Ersatz bieten:

Ganztagskindergärten, ganztägige Schulformen, Erziehung in der Schule durch Lehrer, Erzieher, Jugendleiter als Ersatz für die Familie.

Die Kriminalität kennt verschiedene Theorien, warum ein Mensch plötzlich kriminell wird. Eine dieser Theorien besagt, dass ihn die Umwelt zum Kriminellen werden lässt. Nun sollte man meinen, dass in den modernen Schlafsilos am Rand der Großstädte mit fehlender Infrastruktur, ihrem explosionsartigen Wachstum, dem aus der Wohnsituation sich ergebenden Umstand, dass nachbarschaftliche Kontakte nur schwer anlaufen beziehungsweise geknüpft werden und Jugendlichen und auch Erwachsenen kaum Freizeiteinrichtungen geboten werden, die Kriminalität besonders hoch ist. Gerade in diesen Siedlungen, in denen für Jugendliche fast alles verboten ist, was jungen Menschen Spaß machen könnte, vom Radfahren innerhalb der Wohnhausanlage angefangen bis hin zum Betreten des Rasens, muss diese Lebenssituation doch notgedrungen Aggressionen hervorrufen. Doch auch in diesen großen Stadtrandsiedlungen, in denen bis zu 20.000 Menschen auf kleinstem Raum in bis zu 15 Stock hohen Häusern wohnen, sind es nur wenige Jugendliche, die durch Vandalenakte, Randalieren und Sachbeschädigungen von sich reden machen und so die Jugendlichen dieser Wohngegend allgemein zu Kriminellen stempeln. So ist laut einer Studie aus dem Jahr 1981 die Jugendkriminalität in einer der größten Satellitenstädte Wiens, der Großfeldsiedlung, nicht größer als im restlichen Wien.

Die Idee, das kriminelle Verhalten Jugendlicher zu untersuchen, ist erst in neuester Zeit in Angriff genommen worden. Dabei wurde festgestellt, dass nicht heute, sondern in der Zeit nach dem Zweiten Weltkrieg die Jugendkriminalität am stärksten war. Mit zunehmender Konsolidierung des Wirtschaftslebens aber konnte ein deutlicher Rückgang der Jugendkriminalität festgestellt werden.

Dass ein Zusammenhang zwischen Jugendarbeitslosigkeit und Jugendkriminalität bestünde, wurde aber von Untersuchungen in den USA während der Weltwirtschaftskrise 1929 widerlegt. Auch Vergleiche aus der neuesten Zeit in Österreich zeigen bei deutlicher Zunahme der Jugendarbeitslosigkeit eine gleichzeitige Abnahme von Verurteilungen an Jugendgerichtshöfen. Und der Umstand, dass die Zahl der jugendlichen Straftäter zurückgegangen ist, ist erfreulich.

Das Gefühl aber, von der Gesellschaft nicht gebraucht zu werden, keinen Ausbildungsplatz, keinen Job zu erlangen, lässt viele Jugendliche, die auch familiär geschädigt sind, in eine Identitätskrise schlittern, deren Reaktionen mit drei Auswirkungsbereichen charakterisiert werden können:

- Apathie – Folgen davon: Alkoholismus, Selbstmordgedanken, häusliche Auseinandersetzungen mit Körperverletzungen.
- Rebellion – Folge davon: Aggressionsdelikte, also Rowdytum.
- Innovation – Folge davon: Erreichen eines Zieles mit unlauteren Mitteln, besonders durch Eigentumsdelikte.

Auch hier ist ein arbeitsloser Jugendlicher nicht einem Jugendkriminellen gleichzusetzen.

Gerade das Sparbudget der derzeitigen Bundesregierung aber schließt Sparmaßnahmen in den Bereichen der Resozialisierung jugendlicher Straftäter und Betreuung jugendlicher Arbeitsloser nicht aus, was zu einem Teufelskreis führen kann.

Besonders wichtig aber ist es, dass die Schule Jugendlichen, die vorzeitig ausgetreten sind, die Möglichkeit gibt, doch noch den

Hauptschulabschluss zu erreichen. Das trifft nicht nur auf österreichische Schüler zu, sondern genauso auf Kinder aus dem Gastarbeitermilieu, die aufgrund ihrer mangelnden Sprachkenntnisse oder ihres verspäteten Schuleintritts in Österreich den Schulabschluss nicht erlangen konnten. Einem jungen Menschen die Chance zu nehmen, sich zu bewähren beziehungsweise sich profilieren zu können, ist unserer gesellschaftlichen Entwicklung unwürdig.

Worin liegt der Grund, dass jährlich etwa 500 Kinder von zu Hause ausreißen, die Familie und die vermeintliche familiäre Geborgenheit verlassen und entweder – vielleicht um den Lebensunterhalt zu bestreiten oder um familiären Anschluss und Wärme zu finden – kriminell werden oder auch Opfer einer Straftat? Gründe für das Davonlaufen sind die **Wahl des falschen Schultyps** durch die Eltern, die dadurch überhöhten Erwartungen in das Kind, dessen Lernunlust und die Furcht vor schlechten Noten sowie der meist fehlende Kontakt der Eltern mit der Schule und der daraus resultierende Wechsel des Schultyps. Als weiterer Grund wird seitens der jugendlichen Ausreißer **„familiäre Schwierigkeiten“** angegeben. **Minderwertigkeitsgefühle** gegenüber Geschwistern oder reine **Abenteuerlust** sind auch als Auslöser zur Familienflucht bekannt.

Bei Gastarbeiterkindern, die mit bis zu 40% einen sehr hohen Anteil im Feld der jugendlichen Ausreißer innehaben, steht meist ein **Konflikt mit der Sippenordnung** und den daraus resultierenden Zwängen im Vordergrund.

„Kurzausreißer“, denen die erste Nacht im Freien den Traum von Eigenständigkeit und Freiheit auf die realen Zustände schrumpfen lässt, werden meist nicht kriminell. Dagegen aber sind Jugendliche, die immer wieder abgängig sind oder lange Zeit hindurch nicht nach Hause zurückfinden, ein latentes kriminelles Potential, aus dem sich das Prostituiertenmilieu – Babystrich und Strichjungen – rekrutiert. Nebenher wird der jugendliche „Dauerausreißer“, um sein freies Leben zu bestreiten, ohne seinen Körper zum Kauf anbieten zu müssen, früher oder später über kleine Diebereien oder Ladendiebstähle kriminell, und damit rückt die erste Vorstrafe in greifbare Nähe.

Außerdem besteht für den abgängigen Jugendlichen noch die Gefahr drogensüchtig zu werden.

Nichts bringt den Menschen so rasch in die Kriminalität und zu Folgedelikten wie Rauschgift, und kaum jemand hat sich vor der verheerenden Krankheit AIDS große Gedanken über Rauschgift, Süchtige und deren Probleme gemacht. Allein die weitverbreitete Ansicht, dass sich der Rauschgiftsüchtige nur selbst zugrunde richtet, ist weit gefehlt. Sucht ist ein Problem für die Allgemeinheit,

- da der Süchtige seinen Stoff täglich benötigt, mehr noch als Essen und Trinken, um überleben zu können;

- da er seinen Drogenkonsum konstant steigern muss, damit er auch die Wirkung des Rauschmittels spürt;

- da er psychisch und physisch von seinen Rauschmitteln immer mehr abhängig wird.

Ein Heroinsüchtiger benötigt pro Tag zwischen 2000 und 5000 Schilling, und welcher Süchtige verfügt über so viel Geld?

Für Mädchen und Frauen bietet sich die Prostitution als einziger Ausweg an, um rasch zu solchen Summen zu kommen, für Burschen und Männer im geringeren Teil der Männerstrich. Sie versuchen durch Diebstahl, Raub oder Dealen an die Geldsumme zu gelangen, die sie brauchen, um sich ihre Sucht „leisten“ zu können.

Die Gefahr, dass das eigene Kind in die Drogenszene einsteigt, ist immer gegenwärtig, und diese Aussicht ist für Eltern nicht gerade aufbauend. Das beste Mittel gegen Rauschgift, und auch da bestätigen Ausnahmen die Regel, ist eine nach innen und außen intakte Familie. Auch das Wissen über den Freundeskreis des Kindes ist ein weiterer Schwerpunkt im Kampf gegen die Drogen. Plötzliches Umsteigen auf selbstgedrehte Zigaretten, ein Löffel in der Tasche, Finden einer Einwegspritze können Anzeichen dafür sein, dass ein Jugendlicher süchtig geworden ist, genauso wie der plötzlich auftretende Bedarf an Bargeld, körperliche Erscheinungen wie Brechreiz ohne ersichtlichen Grund, Übelkeit, Schweißausbrüche oder Niesen.

In den Anfangsstadien ist es für die Eltern wichtig zu wissen, dass sie vor dem Problem nicht die Augen verschließen dürfen, die Lehrer oder Erzieher rasch handeln und die Eltern auf die Gefahr hinweisen, die ihrem Kind droht. Über ein nahes Drogenzentrum, eine rasch begonnene Entziehungskur können die Eltern ihrem Kind in den Anfangsstadien rasch helfen, bevor vielleicht ein Abrutschen in die Kriminalität den Jugendlichen weiter in den Teufelskreis der Drogensucht abgleiten lässt.

In den letzten Jahren wurde besonders auf dem Gebiet der kriminell gefährdeten Jugendlichen oder strafentlassener Jugendlicher in Österreich noch nicht genug, aber doch einiges getan. Wegweisend für die Betreuung gefährdeter Jugendlicher sind mehrere Institutionen in Österreich. Allein die Polizei gibt sich die größte Mühe, mit der Errichtung des „Jugendkontaktbeamten", der mit Referaten an den Schulen und im normalen Streifendienst versucht, mit jungen Menschen über ihre Probleme zu sprechen und mit Rat und Information bereitzustehen.

Das Familienministerium hat ein sogenanntes „Fan-Projekt" ins Leben gerufen, um die Aggressionen im Zusammenhang mit Fußball in den Griff zu bekommen. Gerade für die Fans, die sich freizeitpädagogischen Zugriffen meist entziehen und die für das Randalierunwesen auf den Sportplätzen empfänglich sind, wird ein alternatives Freizeitangebot gestaltet oder werden faneigene Aktivitäten, wie „Fanzeitung", Treffen von Fans mit „ihren" Spielern, ermöglicht. Das Jugendamt wiederum kann über seine Einrichtungen, wie die Kinder- und Jugendpsychologischen Beratungsstellen, das Institut für Erziehungshilfe, die Jugendinformationszentren, die Streetworker usw. Hilfe anbieten.

Das Institut für Sozialtherapie in Wien 10 versucht, die Resozialisierung jugendlicher Straftäter und labiler Jugendlicher durch kreatives Gestalten zu erreichen. Ein eigener Verkaufsraum im 4. Bezirk hilft den Jugendlichen, ihre Kreationen dem Publikum vorzustellen und gleichzeitig auch zu verkaufen. Selbsterzeugtes an den Mann zu bringen gibt gerade diesen Jugendlichen neuen Mut und Identität, und damit wird ein neuer Anfang gemacht, ein neues, anderes Leben begonnen.

Telefondienste wie das „Kindertelefon" sollen Kindern helfen, Probleme meistern zu lernen.

Von großer Bedeutung für alle straffällig gewordenen Jugendlichen, die in einem Jugendgefängnis eine unbedingte Strafe absitzen müssen, ist die Möglichkeit, während der Haftzeit einen Beruf zu erlernen oder ihre schon begonnene Lehre fortsetzen zu können. Als strafentlassener Jugendlicher hat man es schon schwer genug, in unserer Gesellschaft wieder Fuß zu fassen, ohne erlernten Beruf ist dies noch schwieriger.

Die gleichzeitige psychotherapeutische Betreuung der Jugendlichen während der Haftzeit ist von eminenter Bedeutung. Der Umstand des Eingesperrtseins ist für jeden Menschen eine große psychische Belastung, für einen jungen Menschen aber ein Umstand, der sein ganzes Leben ändern und seine Psyche total verändern kann. Eine neben der Haft laufende Betreuung des jugendlichen Kriminellen führt ihn behutsam wieder zum normalen Leben, bildet eine Verbindung zur Außenwelt und sorgt für einen geeigneten Arbeitsplatz, sodass nach der Haftentlassung der Rückfall in das alte Milieu und den alten Freundeskreis vermieden werden kann.

Nach der Lektüre des Berichts über „Jugendkriminalität" wird dem Leser, sofern er es nicht schon vorher gewusst hat, auf alle Fälle klar, dass die Familie und das intakte Zusammenleben innerhalb der Familie zum Großteil ausschlaggebend sind für die Entwicklung des jungen Menschen. Die Schule als Institution kann dem Kind und dem Jugendlichen die Geborgenheit und Wärme des Elternhauses nicht geben oder ersetzen.

Auf Grund der derzeitigen Sparmaßnahmen der Bundesregierung steht eine große Zahl von Hilfsprogrammen für arbeitslose und straffällig gewordene Jugendliche vor der ersatzlosen Streichung. Ähnlich wie im Schulbereich wird dort gespart werden, wo sich die ersten Zeichen des Erfolgs einstellen. Sparen im sozialen Bereich und im Schulsektor gleicht aber einem Ausverkauf der Zukunft dieses Landes. Hier heißt es, Auswüchse, Unnötiges, Verzichtbares einzustellen oder einzuschränken. Die Investitionen im Bereich der Resozialisierung, die Investitionen in einen modernen Unterricht sind Investitionen in Österreichs Jugend und damit in die Zukunft dieses Landes.

(Aus: „Jugendkriminalität – ein Leitfaden für Eltern und Betroffene". Eine Information der Internationalen Polizei-Assoziation IPA.)

Weitere Einzelfragen:

Wie anfangen?

Grundsatz: Wie gewinnt man sofort die Aufmerksamkeit des Lesers?

a) Vom Allgemeinen zum Besonderen

Beispiel: Unser tägliches Brot

Das Brot ist eines der wichtigsten Nahrungsmittel. Täglich essen wir es, aber wie wenige Menschen in der Stadt wissen, wie das Brot eigentlich zubereitet wird. Es ist ein weiter Weg vom Samenkörnchen auf dem Acker des Bauern bis zum knusprigen Brot auf unserem Tische. Diesen Weg wollen wir in Kürze verfolgen.

Suche unter den vorstehenden Aufsätzen Anfänge dieser Art!

b) Vom Besonderen (Gegenwärtigen) zum Allgemeinen (Vergangenen).

Beispiel: Totenbestattung bei den Kulturvölkern

Vor einigen Wochen starb mein Onkel. Er wurde in unserer Familiengruft beigesetzt. Etwas weiter fand zur gleichen Zeit eine einfache Beerdigung statt. Von einem Kameraden hörte ich, dass sein Vater seinerzeit eingeäschert worden war. Das brachte mich auf den Gedanken, über die Formen der Totenbestattung bei den Kulturvölkern nachzulesen.

c) Die geschichtliche Einleitung

Beispiel: Die Bedeutung des Feuers für den Menschen.

Wann der Mensch das Feuer fand, wissen wir nicht, doch wir wissen, dass der Mensch in früheren Zeiten das Feuer fürchtete und daher verehrte.

d) Die Begriffserläuterung

Beispiel: Der Humanismus bei Goethe, Schiller und Grillparzer.

Humanismus nennt man die Geistesrichtung, die der mittelalterlichen Scholastik entgegentrat und aus den neu entdeckten Werken der Alten das Ideal einer rein menschlichen Bildung zu gewinnen suchte . . .

e) Keine Einleitung

Beispiel: Von der Erdhöhle zum Wohnhaus.

Der noch auf halb tierischer Stufe stehende Mensch suchte und fand Zuflucht vor den Unbilden der Witterung, vor wilden Tieren und vor seinen Nachbarn im Blätterdach des Urwaldes oder in Höhlen und Schluchten des Gebirges . . .

Wie überleiten?

Die Überleitung kann auf folgende Weise geschehen:

a) Der neue Gedanke wird angekündigt

Beispiel: Dies sind die klimatischen Verhältnisse des Landes, und wir kommen nun zur Vegetation . . .

Damit verlassen wir das Haus und wenden uns dem Garten zu . . .

b) Der neue Gedanke wird dem alten entgegengestellt.

Beispiel: ... Anders als die Griechen bauten die Germanen ihre Wohnstätten ...

c) Der neue Gedanke wird ohne Überleitung an den alten gereiht, nur äußerlich wird durch einen Gedankenstrich oder durch einen Absatz die Überleitung angedeutet.

d) Schließlich kann man die einzelnen Abschnitte durch Nummern (1., 2., 3. usw.) oder durch Buchstaben gliedern. Diese Einteilung ist sehr übersichtlich, doch nüchtern (vgl. Stilprobe S. 249!).

Beachte jedoch: Besser eine kurze Überleitung als eine gesuchte!

Wie enden?

Den Schluss kann man auf folgende Arten gestalten:

a) Die Zusammenfassung

Dabei wird das Ergebnis der Untersuchung in wenigen Sätzen wiederholt.

Beispiel: Wenn wir am Schluss die ganze Dichtung überblicken, so erkennen wir, dass der Verfasser stets bemüht war Allgemeingültiges auszusagen.

b) Der Ausblick

Beispiel: Der Schritt zum modernen Hochhaus ist nun nicht mehr weit. Nach dem Grundsatz: Je mehr Räume, desto höher die Kultur! wird die Zahl der Wohnräume vermehrt. Diese selbst werden praktischer angelegt, komfortabler eingerichtet. Es wird der Tag kommen, wo man sich nicht mehr vorstellen können wird, dass die Menschen einst in Häusern gewohnt haben, in denen es kein Badezimmer, keinen automatischen Temperaturregler, keinen Elektroherd gegeben hat.

c) Die Einschränkung

Beispiel: Wenn auch die Technik den Menschen manche Vorteile gebracht hat, eines kann sie ihnen nicht bringen: die Ausgeglichenheit, den inneren Frieden.

d) Es ist auch möglich, mit einem Zitat zu enden.

Beispiel: Stilprobe auf S. 252.

Beachte jedoch: Besser kein besonderer Schluss als ein gesuchter!

Aufgaben:

a) Untersuche den Anfang, die Überleitung und den Schluss in den folgenden Arbeiten!

b) Schreib zu einigen der ausgearbeiteten Themen ebenfalls Aufsätze! Vergleiche deine Arbeiten anschließend mit jenen im Buch!

c) Von Themen, die du nicht bearbeitest, fertige Gliederungen an und exzerpiere sie!

Wie benützt man eine Bibliothek?

(Nach einem Besuch in einer Leihbücherei.)

In modernen „Freihandbüchereien“ kann man die Bücher aus ihrem Fach nehmen, ansehen und sich erst dann für die Lektüre entscheiden. In großen Büchereien ist dies unmöglich. Dort werden die Bücher in Silos auf Regalen aufbewahrt. Die Silos sind für den Entlehner jedoch nicht zugänglich.

Man hat deshalb Büchereikataloge oder Karteikarten eingeführt. In modernen Büchereien hat jedes Buch eine Karteikarte. Auch gibt es Verfasser- und Sachkataloge. Auf den Karteikarten oder in den Katalogen ist die Nummer des Buches eingetragen. Die Bücher selbst sind nach einem bestimmten System geordnet. Meist werden zwei Hauptgruppen unterschieden: Dichtungen (Romane, Erzählungen, Dramen, Gedichte) und Fachschrifttum. Die Dichtungen sind oft nur alphabetisch nach den Familiennamen der Verfasser geordnet. Die Fachliteratur ist in der Regel nach dem Stoffgebiet in verschiedene Gruppen geteilt (Geschichte, Erdkunde, Naturkunde, Technik, Sport usw.).

Der Benützer der Bibliothek schreibt sich von der Karteikarte die nötigen Angaben heraus (z. B. die Nummer, die meist abgekürzte Bezeichnung für das Stoffgebiet, den Namen des Verfassers).

Diese Karte sagt also, in welchem Fach und unter welcher Nummer man das gewünschte Buch findet. Mit Hilfe der Karteikarte kann man suchen: 1. den Verfasser (Autor) des Buches, 2. den Titel, 3. ein bestimmtes Stoffgebiet. Neuerdings steht dem Leser für das Suchen vielfach auch ein Personalcomputer zur Verfügung.

Auf diese Weise sind die meisten deutschen Universalbibliotheken und auch die großen österreichischen Bibliotheken eingerichtet.

Vom Bergsteigen

Stoffquelle: „Mit Bergschuh, Seil und Pickel" von Gilardi

Sachfragen: Welche Bedeutung hat das Bergsteigen? Wie muss der Bergsteiger ausgerüstet sein?

Es dauerte lange, bis die Menschen die Schönheit der Bergwelt erkannten. Furchtsam mieden sie das „schreckliche und unheimliche" Gebirge. Erst vor etwa 150 Jahren begann der Mensch die Bergwelt zu erobern. Vereine zur Förderung des Bergsteigens richteten einen alpinen Rettungsdienst ein, man baute Unterkünfte und Hütten und erschloss das gesamte Alpengebiet den immer zahlreicher werdenden Bergsteigern. Allmählich wurde das Bergsteigen zum Volkssport.

Wir unterscheiden das Bergwandern und die Hochtouristik, zu der das Klettern im Fels und das Gehen auf Gletschern gehört.

Das Bergsteigen vermittelt eine Fülle von unvergesslichen Eindrücken, erfordert aber große Kletterfertigkeit und Härte. Es erfordert Trittsicherheit, Schwindelfreiheit und Bergerfahrung, aber auch Ausdauer, Mut und Geistesgegenwart. Bergsteiger müssen zuverlässig sein. Mit dem Seil verbunden, bilden sie eine „Seilschaft", über der als oberstes Gebot die Bergkameradschaft steht, die sie in Freud und Leid vereint und einen für den anderen einstehen lässt.

Ein plötzlicher Wetterumschlag, Gewitter, Sturm, Kälte oder Nebel kann den Bergsteiger in große Gefahr bringen. Daher ist für ihn eine gute Ausrüstung wichtig. Zu ihr gehören: Bergschuhe, zweckmäßige Kleidung (nicht kniefrei!), Regenschutz, Rucksack, Schneebrille, Verbandzeug, Taschenlampe, Feldflasche, Kompass und eine genaue Karte. Für Klettertouren sind außerdem noch Kletterschuhe, Seil, Mauerhaken, Karabiner, Hammer, Reepschnur, Eispickel und Steigeisen notwendig. Kletter- und Hochtouren verlangen nicht nur eine einwandfreie und vollständige Ausrüstung, sondern auch ein hohes Maß an technischem Können, Bergerfahrung und richtige Einschätzung der eigenen Kraft. Schwierige Touren soll man nur in Begleitung eines erfahrenen Gefährten unternehmen.

Wer dies berücksichtigt, wird am Bergsteigen Freude und Erholung finden.

Du willst dir einen Hund anschaffen?

Stoffquelle: „Haltung von Tieren" von Stemmler.

Sachfrage: Was soll man als Hundebesitzer wissen?

Wenn du dir einen Hund anschaffen willst, musst du genügend Zeit haben, um dich um ihn zu kümmern und täglich weite Spaziergänge mit ihm zu machen.

Ein Hund verlangt eine tägliche Hauptmahlzeit, wobei man die meisten Nahrungsmittel des menschlichen Haushaltes verfüttern kann. Gut ist Reis mit Hundekuchen und Knochen gekocht. Nudeln, Graupen, ein wenig gekochte Kartoffeln; gib ihm jedoch keine Geflügelknochen, denn diese splittern! Außerdem kann man morgens oder abends eine kleine Mahlzeit geben, die aus Hundekuchen oder Brot besteht. Du musst reichlich füttern, doch auch bedenken, dass du deinem Liebling nichts Gutes tust, wenn du ihn mit allerlei Leckerbissen mästest, die ihm gar nicht zuträglich sind.

Du musst deinen Hund regelmäßig baden, ihn mit einer milden Seife waschen und gründlich abtrocknen. Auch wenn du ihn sehr gern hast, lass dich von ihm nicht ablecken!

In Stadtwohnungen gehören nur kleine Rassen und auch von diesen keine Jagdhunde, da du ihnen nicht die nötige Bewegungsfreiheit bieten kannst.

Wenn ein Hund vier Monate alt geworden ist, soll sein Besitzer beginnen ihm einiges beizubringen. Manche Hunderassen lernen sehr leicht. Doch soll man aus einem Hund keinen Zirkuskünstler machen wollen. Aber es ist gut, wenn er den Befehlen seines Herrn gehorcht. Er soll auf der Straße an seiner Seite bleiben, er soll auf einen bestimmten Anruf hin sich niedersetzen oder herkommen, stehen bleiben oder still sein. Besonders kluge Hunde können noch viel mehr lernen.

Beachtest du all dies, wird dir dein Hund viel Freude bereiten und dir deine Mühe durch seine Treue und Anhänglichkeit lohnen.

Wer fotografiert, hat mehr vom Leben

Stoffquelle: „Das Foto-Werkbuch“ von Wollmann.

Ein Fotoapparat ist ein Zaubergerät. Die schönsten und lustigsten Augenblicke hält er uns für immer im Bilde fest. Das beim Fotografieren geschulte Auge sieht die Schönheiten der Natur besser.

Die Linse (Objektiv) der Kamera wirft ein verkleinertes Bild des gewünschten Gegenstandes auf einen lichtempfindlichen Film oder auf eine Glasplatte, die mit einer Schicht Silberbromid überzogen ist. Während der Aufnahme wird der Film belichtet. Beim Entwickeln des Films wird aus den belichteten Stellen durch bestimmte Lösungen metallisches Silber herausgelöst; die unbelichteten Stellen werden nicht beeinflusst. Durch ein zweites Bad in Fixiersalzlösung wird das unverbrauchte Silberbromid herausgelöst. Das auf diese Weise erhaltene Bild, das Negativ, ist aber verkehrt: die hellen Stellen des aufgenommenen Gegenstandes sind als dunkle Stellen sichtbar, die dunklen als helle. Ein gründliches Wasserbad schließt den Negativprozess ab. Durch ein zweites, ähnliches Verfahren erhält man dann das richtige, das positive Bild: Das Negativ wird auf ein lichtempfindliches Papier gepresst und dieses belichtet. Entwickler und Fixierbad schwärzen und fixieren das Bild. Durch das „Kopieren" erhält man Bilder, die so groß sind wie das Negativ. Will man größere Bilder haben, kommt das Negativ in einen Vergrößerungsapparat: Von dem Negativ wird auf einer Fläche ein vergrößertes Bild entworfen, dorthin kommt das lichtempfindliche Papier. Dieses wird dann wie das Negativ entwickelt. Von einem Negativ kann man eine beliebige Anzahl von Kopien oder Vergrößerungen herstellen.

Ein moderner Zweig ist die Farbfotografie. Hier besteht die lichtempfindliche Schicht aus drei Einzelschichten, in denen die Mischung der Grundfarben Gelb, Rot und Blaugrün festgehalten wird. Der gebräuchliche Umkehrfilm liefert Diapositivbilder in natürlichen Farben, die man nur im durchscheinenden Licht betrachten oder projizieren kann. Das Negativverfahren erzeugt ein farbverkehrtes Bild, von dem man auch farbige Abzüge herstellen kann.

Die Fotografie verwendet auch Kunstlicht, vor allem Blitzgeräte, die im Augenblick der Aufnahme aufflammen. Sie spenden größere Helligkeit als die Sonne und ermöglichen Aufnahmen in dunklen Räumen.

Um 1500 hat Leonardo da Vinci die „Camera obscura", den Vorläufer des Fotoapparates, erfunden. 200 Jahre später entdeckte der deutsche Arzt Johann Heinrich Schulze die Lichtempfindlichkeit der Silbersalze. Damit waren die Grundlagen für die Entwicklung der Fotografie geschaffen. Niepce „fotografierte" 1822 als erster mit einer Camera obscura, Daguerre stellte 1837 erstmals dauerhafte Bilder her, und Talbot entwickelte eine Methode zur Vervielfältigung von Lichtbildern. An den weiten Weg von der Camera obscura bis zum modernen Fotoapparat denken wir kaum, wenn wir auf einem Ausflug oder beim Sport einen Schnappschuss machen.

Wer wirklich schöne Bilder nach Hause bringen will, muss seinen Apparat gut kennen. Er muss viel künstlerisches Einfühlungsvermögen haben.

Einige Ratschläge: Achte darauf, dass bei Landschaftsaufnahmen im Vordergrund ein Gegenstand oder eine Person zu sehen ist; das Bild erhält dadurch eine starke Tiefenwirkung. Mit einem Schritt nach links oder einer kleinen Drehung nach rechts kann man die Komposition des Bildes ändern; man kann dadurch störende Gegenstände aus dem „Blickfeld“ der Kamera bringen. Keine „gestellten“ Bilder! Personen, die gespannt auf das Knipsen warten, wirken steif und unnatürlich.

Beachtest du diese Ratschläge, wirst du mit dem Fotografieren viel Freude und daher mehr vom Leben haben.

Renaissance und Barock (Ein Vergleich)

Stoffquelle: „Was sagt uns die Kunst?“ von Laurin Luchner.

Die Übersteigerung, die der gotische Baugedanke im 13. und 14. Jahrhundert erfuhr, führte zwangsläufig zu einer allmählichen Abkehr von der Gotik. In Deutschland freilich, wo diese Übersteigerung sich am stärksten auswirkte (Köln, Ulm u. a.), ist davon nichts zu merken, denn hier war nur eines möglich: der plötzliche Abbruch. Wenn wir aber die Abkehr von der Gotik verfolgen wollen, müssen wir nur beobachten, wie vom Pariser Becken aus, der Heimat der Gotik, auf dem Wege nach Burgund die erste große Wandlung eintritt: die Ablehnung des germanischen, fantastischen Tierornamentes. Von Burgund aus wanderte die Gotik weiter nach dem Süden in die Provence, die bis heute einen reichen Schatz an antiken Kunstwerken besitzt. Unter dem Einfluss dieser antiken Kunst erfolgte der Verzicht auf das gewaltige System von Pfeilern und Strebebogen, die uns so wesentlich für den gotischen Baustil erscheinen. Ein weiterer Schritt von der Gotik fort erfolgte in der Toskana, und hier, auf dem Wege von Siena nach Florenz, der Übergang in den neuen Stil, ganz allmählich und ohne Gewaltsamkeit, einfach als Naturnotwendigkeit. So ist es erklärlich, dass man öfters nicht weiß, ob ein bestimmtes Kunstwerk noch der Gotik oder schon der Renaissance angehört und dass man die Florentiner Domkuppel ebensogut als letzte überragende Leistung der Gotik wie als erste hervorragende Leistung der Renaissance bezeichnen kann.

Florenz ist die Heimat der Renaissance; hier ist ihre erste Entwicklungsphase: die Frührenaissance, die in großartigen Palastbauten, voran dem weltberühmten Palazzo Pitti, ihre Entwicklung fand. Als aber der Sturmgeist Savonarola die Stadt beherrschte und als das führende stolze Geschlecht der Medici gestürzt worden war, verblasste der Ruhm der glänzenden Stadt am Arno sehr rasch. Die Künstler wanderten nach Rom, wo kunstsinnige Päpste mit den Geldern, die aus der ganzen christlichen Welt dort zusammenströmten, alle Künste förderten. Rom wurde der künstlerische Mittelpunkt Italiens und der Welt, doch waren es immer noch Künstler aus der Toskana und dem benachbarten Umbrien, die der Ewigen Stadt zu neuem Glanz verhalfen, so der geniale Bramante, der den ersten Plan zum Neubau der Peterskirche entwarf, der gewaltige Michelangelo, der mit geradezu unheimlicher Schaffenskraft Bildwerk um Bildwerk hervorbrachte, der als Architekt, Bildhauer und Maler alle Zeitgenossen weit überragte, und der jung verstorbene Raffael. Er galt als Darsteller der Lieblichkeit und der zarten Schönheit als unerreichbar. Aber nicht lange dauerte diese Herrlichkeit, denn der Sacco di Roma, die Erstürmung und Plünderung Roms durch die Truppen Karls V. im Jahre 1527, trieb die Künstlerschar in alle Winde. Nur einer hielt aus: Michelangelo. Er war nach dem Tode Bramantes und Raffaels das unbestrittene Haupt aller Künstler, die allmählich die Schäden wieder gutzumachen suchten.

Aber schon früher, etwa im „Jüngsten Gericht", das die Altarwand der Sixtinischen Kapelle schmückt, zeigt sich, dass sich die Ansichten des Künstlers wandeln. Nicht mehr die harmonische Komposition, nicht mehr die Ruhe, sondern Abkehr von den strengen Formen der antiken Kunstauffassung und leidenschaftliche Bewegung wird zum Merkmal seines künstlerischen Schaffens. Und die Krönung dieser geänderten Auffassung ist die Peterskuppel, die der greise Meister entwarf, deren Vollendung er aber nicht mehr erleben durfte. Sein Nachfolger als Bauleiter der Peterskirche wurde Vignola, der die Abkehr von der Renaissance vollendete und dem neuen Baustil, den wir heute Barock nennen, zum Siege verholfen hat.

Rom ist die Heimat des Barockstils, aber toskanische Meister sind es gewesen, die ihn geschaffen haben, nicht bewusst und mit Absicht, sondern aus innerem künstlerischem Drange, aus dem Zwange heraus,

Neues zu schaffen und die Nachahmung alter Muster, mochten sie auch künstlerisch noch so vollendet sein, aufzugeben.

Von Rom aus verbreitete sich der neue Baustil über das ganze Abendland. Französische Herrscher und Adelige ließen sich prunkvolle Schlösser im neuen Stil erbauen, süddeutsche Kirchenfürsten ließen durch italienische Meister prachtvolle Gotteshäuser errichten, geistliche und weltliche Fürsten bauten nach französischem Vorbilde ihre Paläste. Von zwei Seiten kam also der Barockstil nach Deutschland: unmittelbar von Italien und auf dem Umwege über Frankreich. Aber es dauerte nicht lange, da hatten die deutschen Gehilfen dieser fremden Künstler so viel gelernt, dass sie selbst als Meister in die Öffentlichkeit treten konnten, wie Balthasar Neumann, Fischer von Erlach, Dientzenhofer, Lukas von Hildebrandt, Bähr u. a., die wir heute als deutsche oder österreichische Barockmeister schätzen.

Aus dieser Darlegung ergibt sich, dass man bei uns drei Formen des Barockstils finden kann: die italienische, die französische und die deutsche bzw. die österreichische. Jeder Kunststil ist Gesamteigentum der abendländischen Kulturgemeinschaft, aber jede Nation entwickelt diesen „internationalen" Stil zu einer nationalen Form, die ihre Gestaltung durch den Geist jedes einzelnen Volkes erhält.

Anmerkung: Die vorstehende Facharbeit hat die Form eines Vergleiches. Diese Art der Darstellung ist schwierig und muss daher besonders geübt werden, soll sie den gewünschten Erfolg bringen. Man beginnt mit dem Vergleich anschaulicher Gegenstände, die weder zu nahe verwandt noch zu sehr voneinander verschieden sind. Äußerliche Ähnlichkeiten oder Verschiedenheiten sollen scharf ausgeprägt sein. Später wählt man Vergleiche, die innere Ähnlichkeiten oder Verschiedenheiten aufzeigen lassen. Bei Dichtungen, die miteinander verglichen werden, kommen hauptsächlich Orts- und Zeitverhältnisse, Personen, Handlungen und Ideen in Betracht.

Um die Form abwechslungsreicher zu gestalten, kann gelegentlich auch das Zwiegspräch gewählt werden, was durchaus nicht unnatürlich wirkt. Auch die Form eines Wettstreites ist zu empfehlen, bei dem zum Schluss die Entscheidung von außen erfolgt.

Vergleichende Betrachtungen von Kunstwerken oder der Darstellung der gleichen Idee bei verschiedenen Künstlern und Dichtern führen zur Erweiterung des geistigen Horizontes durch die Beschäftigung mit Dingen, für die im Unterricht keine Zeit bleibt.

Worauf kommt es beim Schilauf an?

Stoffquelle: „Schibüchlein für junge Leute“ von Eggenberg.

Keine Sportart vermag die Jugend mehr zu begeistern als das Schifahren. Bergfahrten im führigen Schnee und eine flotte Abfahrt in wohlgelungenen Schwüngen – wer es dazu einmal gebracht hat, gibt diesen Sport bestimmt nicht mehr auf!

Worauf kommt es besonders an?

1. Standsicherheit: Man erwirbt sie durch oftmalige Schussfahrten über wechselnde Geländeformen und durch verschiedene Schneearten. Leichte Sprünge während der Fahrt und Fahren auf einem Bein fördern das Standvermögen.

2. Vorlage: Zwei Vorstellungen können helfen, die Vorlage zu gewinnen: a) Der Körper eilt voraus und zieht die Schier hinter sich nach. b) Die Beine drängen und stoßen die Schier zurück, als ob man die Fahrt verlangsamen wollte. Die vorteilhafteste Vorlage ist die Knielage. Es gibt auch eine Scheinvorlage, bei der zwar der Kopf vorn, der Rumpf aber ebensoweit hinten liegt. Diese Selbsttäuschung muss unbarmherzig bekämpft werden.

3. Außenlage: Der ungeübte, aber auch der ängstliche Fahrer neigt sich bei der Schräglage gern zum Hang. Er fühlt sich so sicherer. Die häufigen Stürze in dieser Lage – besonders wenn der Hang steiler wird – müssten ihm beweisen, dass hier etwas nicht stimmt. Weg vom Hang! Der Körper muss talwärts streben. Die Körperlast trägt vorwiegend der Talschi. Die Knie hingegen dürfen zum Erhalten des Gleichgewichtes gegen den Hang gedrückt werden. Das Ganze ergibt den bekannten „Körperknick“, bei dem der Oberkörper nicht wie beim Radfahren in der Kurve liegt, sondern nach außen drängt.

Aus der Hangquerfahrt lassen sich zwei Übungen ableiten, die wichtige Vorstufen des Schwingens darstellen und große Bedeutung für das Tourenfahren haben: das seitliche Abrutschen und das Girlandenfahren.

Der moderne Schiunterricht zielt von Anfang an auf das Schwingen. Man kann dieses Ziel direkt oder auch über Stemmbogen und Stemmschwung erreichen. Beim Stemmbogen wird in der Schräglage der entlastete Schi ausgestemmt, die Drehwirkung abgewartet, schließlich das Körpergewicht voll auf diesen nun äußeren Schi verlagert und der unbelastete Schi herangezogen.

Beim Stemmschwung wird der Bergschi entlastet und in die neue Richtung hineingeführt. Wird dies mit entsprechender Vorlage und Gewichtsverlagerung auf den bogenäußeren Schi verbunden, so lässt sich der entlastete innere Schi bereits mühelos in die Falllinie bringen, und es entsteht durch die Parallelführung der Schier ein seitliches Abrutschen. Die Bewegungen des Stemmbogens verschmelzen schwunghaft und rasch zu einer Einheit.

Beim Schwingen endlich wird anfangs auf einer kleinen Bodenwelle geübt. Man fährt in normaler Stellung schräg an, dreht dann auf der Bodenwelle den Körper leicht vom Hang weg und belastet den äußeren Schi. Dann wird der Körper wieder nach vorn hoch aufgerichtet.

Das Wesen der Biedermeierkultur, gezeigt an den Dramen Franz Grillparzers

Sachfragen: Was ist die Biedermeierkultur? – In welchen Werken Grillparzers zeigt sich diese Lebensauffassung?

In Wien, dem Schnittpunkt der verschiedensten kulturellen Einflüsse, entstand nach den Kriegen gegen Napoleon eine Kultur, die sich im gesamten Leben jener Zeit äußerte. Sie war das Ergebnis einer geistigen Haltung, deren Kennzeichen Resignation[1], Lächeln unter Tränen, Beschaulichkeit, Genügsamkeit, Freude am Kleinen waren. Die Lebensfreude, ein bezeichnender Zug des Österreichers, war hier gebändigt, eingeengt zwischen die vier Wände; denn in der großen Welt, in der Politik, konnte man diese Lebensbejahung viel-

[1] Entsagung

leicht missverstehen. Dort herrschte der reaktionäre[1] Fürst Metternich mit seinen Gefolgsleuten und sah streng darauf, dass alles Bestehende erhalten bleibe. Die Blickrichtung der Menschen wandte sich daher nach der allgemeinen Enttäuschung, welche die Befreiungskriege verursacht hatten, nach innen. Man entdeckte die Freuden des Alltags, versuchte sein Heim gemütlich einzurichten, betrieb Hausmusik (Franz Schubert), gründete literarische Zirkel (Karoline Pichler) und versuchte die Zufriedenheit in der Beschränkung zu finden. Kulturtradition[2] unter anderen Vorzeichen. Standen im Barock der Daseinsfreude und dem Lebensgenuss die Gedanken an die Vergänglichkeit des irdischen Lebens gegenüber, so hatte sich auch in dieser Epoche wenig an dieser Auffassung geändert. Auch in der Biedermeierzeit[3] gab es die Torschlusspanik[4], die Todesahnung; wusste doch keiner, ob nicht schon in der nächsten Minute der Polizeidiener und Spitzel Metternichs an die Tür klopfen würde. Dazu waren noch klassische und romantische Einflüsse gekommen und Ideen der „Aufklärung“. Daraus entstand ein Menschentyp, den der größte österreichische Dichter dieser Epoche, Franz Grillparzer[5], in seinen Dramen immer wieder darstellte: der Biedermeier. Er ist genügsam, heiter und gefühlsbetont und freut sich am Dasein, ohne den Blick nach oben zu verlieren. Resignation und eine leise Melancholie sind für ihn ebenso bezeichnend wie Schönheitssinn und Liebe zur Musik. Er ist vorwiegend „Gemütsmensch“, dem es an der Tatkraft manchmal fehlt.

Grillparzer wendet sich in seinen Dramen immer wieder gegen die Ruhmsucht, das Machtstreben und zeigt am Schicksal seiner Helden, wie Leidenschaften („Sappho“, „Des Meeres und der Liebe Wellen“), Macht („König Ottokars Glück und Ende“), Besitz („Das goldene Vlies“) und Ruhm („Der Traum ein Leben“) nichtig sind. Nur die treue Pflichterfüllung („Ein treuer Diener seines Herrn“), das Glück im Kleinen („Der Traum ein Leben“) lässt er gelten. Milde und Güte

---

1) rückschrittlich
2) Tradition = Herkommen, Überlieferung
3) Als „Biedermeier“ bezeichnet man heute die Zeit zwischen 1815 und 1848.
4) Panik = lähmender Schreck.
5) Franz Grillparzer lebte 1791–1872.

zeichnen seine großen Gestalten aus (Sappho, Bancban, Rudolf von Habsburg). Sie haben ihre Leidenschaften überwunden, haben resigniert, wie auch Grillparzer im Leben resigniert hat.

Von der deutschen Klassik übernimmt Grillparzer nur die strenge Form (Goethe) und die historische Treue (Schiller). Im Vergleich zu Schiller ist er aber viel gemütlicher und vor allem weniger pathetisch. Gemeinsam ist beiden jedoch der „kategorische Imperativ" Kants. Auch bei Grillparzer tritt der Konflikt zwischen Pflicht und Neigung auf, doch handeln seine Gestalten im Gegensatz zu jenen Schillers weniger auf Grund verstandesmäßiger Überlegungen, sondern nach ihrem Gefühl, das sie verzichtend überwinden oder zugrunde gehen. Jason folgt der Neigung zu Kreusa, stellt diese über seine Verpflichtung gegenüber Medea; Hero vergisst ihre Pflicht als Priesterin und schenkt ihre Neigung Leander; Sappho glaubt ihre Kunst mit irdischer Liebe in Einklang bringen zu können, und als sie merkt, dass sie dieses Ziel nicht verwirklichen kann, wählt sie den Freitod; Rustan überwindet seine Neigung Ruhm zu erwerben, und folgt seiner Pflicht.

Auf dem Einfluss der Klassik beruht wohl auch der Umstand, dass Grillparzer einige Dramenstoffe aus der Antike wählt („Die Argonauten", „Hero und Leander", „Sappho"); doch ebenso liebt er die Farbigkeit und die Pracht des Südens („Die Jüdin von Toledo") und des Orients („Der Traum ein Leben").

Grillparzers Gestalten haben aber auch negative Seiten. Manche seiner Dramenhelden sind zaudernd und passiv, „halbe" Helden. Jason schwankt zwischen Medea und Kreusa, Phaon zwischen Sappho und Melitta, Hero zwischen ihrer Pflicht als Priesterin und ihrer Neigung zu Leander. Ottokar hält nicht sein eheliches Gelöbnis und findet seine Strafe dadurch, dass sich seine zweite Gattin von ihm abwendet und Zawisch folgt; Rustan handelt mehr unter dem Einfluss Zangas als selbständig; Rudolf („Ein Bruderzwist") ist ebenfalls passiv und hat sich in eine Welt des Wissens und der Kunst zurückgezogen. Vollends lau ist aber der Herzog Otto im „Treuen Diener": zuerst leidenschaftlich, frech und übermütig, dann niedrig und feige.

Fassen wir zusammen, so erkennen wir, dass in den Dramen Grillparzers die Lebensanschauung des „Biedermeier" deutlich zum Ausdruck kommt. Besonders kennzeichnend sind seine Verse aus dem Stück „Der Traum ein Leben":

„Eines nur ist Glück hienieden,
eins: des Innern stiller Frieden
und die schuldbefreite Brust.
Und die Größe ist gefährlich
und der Ruhm ein leeres Spiel.
Was es gibt, sind nicht'ge Schatten,
was er nimmt, es ist so viel."

(Herbert, 18 Jahre)

Eine Reise durch Europa

Ein Bursch oder ein Mädchen eures Alters aus einem anderen Erdteil möchte einen Ferienmonat in Europa verbringen. Dabei soll er oder es ein möglichst getreues und vielfältiges Bild von den Ländern und Völkern Europas gewinnen.

Mache einen Vorschlag für eine solche Reise durch eine Reihe europäischer Länder um zu zeigen, was Europa zu bieten hat, und begründe deine Wahl!

Es gibt zweifellos schon eine ganze Reihe von Reisebüros, die mit erstaunlicher Kühnheit einige Reiserouten durch ganz Europa fertig zusammengestellt und für den Konsumenten bereit haben. Dabei ist es seltsamerweise völlig egal, ob der Besucher aus Afrika oder aus Australien, vom Osten oder Westen kommt, ob er Teenager oder Großvater, ob behäbiger Kaufherr, Wirtschaftsfachmann, Großindustrieller oder Bergfanatiker und Naturbewunderer ist. In einer atemberaubenden Blitzreise werden dem . . .? –, nun eben dem „Normaltouristen", die größten Sehenswürdigkeiten unseres Erdteils in großzügiger Gesamtübersicht präsentiert.

Mir widerstrebt es, diesen tüchtigen Geschäftsleuten Konkurrenz machen zu wollen; meine Aufgabe lautet indessen in dieser Richtung. – Und solange wir in der Schule sind, müssen Aufgaben nun einmal geschrieben werden. Ich würde versuchen, meinem jungen Gast Europa erlebnismäßig nahe zu bringen, indem ich ihn mit Menschen bekannt mache – mit dem europäischen Menschen. Gibt es denn diesen schon?

„Unser reich gegliederter Kontinent, der bekanntlich jener klimatischen Zone angehört, die wir die gemäßigte nennen, ist zwar im horizontalen Aufbau abwechslungsreich, vielfältig, aber er wird weder durch ein geschlossenes Hochland, wie in Asien, noch durch ein mächtiges Meridiangebirge, wie in Amerika, getrennt. Vielmehr ist Europa im Gegensatz zu den übrigen Erdteilen durch eine gewisse Gleichartigkeit seiner Natur charakterisiert.“

Sollten die Bewohner eines solchen Kontinents nicht gewisse einheitliche Züge aufweisen? Diese werden einem Fremden sicher noch viel eher auffallen als uns Europäern selbst.

So werde ich meinem Gast zunächst jenen Wesenszug des Europäers vorführen, der diesen als Geschäftigen, Fleißigen, als Bauenden und rastlos Tätigen kennzeichnet. Ich empfange ihn in London. Im Getriebe des großen Hafens wird ihm sogleich europäischer Fleiß, europäischer Unternehmungsgeist bewusst, der den Wirtschaftsmenschen, den Handelsmann auszeichnet. Hier wird ihm auch das Organisationstalent des Europäers ins Gedächtnis gerufen, an einem Beispiel, wie er es so rein freilich in keinem anderen Lande finden wird. Ich werde auch erwähnen, dass in diesem Land vor etwa 750 Jahren die Magna Charta, einer der wichtigsten Grundsteine für das spätere Parlament und die Volksfreiheit, unterzeichnet wurde. Selbstverständlich werden wir nicht versäumen, ein wenig von jener Hoheit und jenem Zeremoniell zu erhaschen, das auch heute noch eine Königin umgibt, und werden damit einen Abglanz jener Jahrhunderte verspüren, in denen es in allen europäischen Staaten noch Fürsten und Könige gab.

Was der Mensch aufbaut, muss er in hartem Kampf der Natur abgewinnen. Ich geleite meinen Gast weiter nach den Niederlanden, um ihm zu zeigen, wie die Menschen dort hartnäckig und mit eisernem Fleiß dem Meer Stück für Stück das Land entreißen, um es in einen blühenden Garten, eine „Glashauslandschaft“, zu verwandeln. Überhaupt mag diese weite, endlose Ebene Hollands nach der noch etwas lieblichen Parklandschaft in England einen etwas eintönigen Eindruck in meinem Gast hinterlassen. Vielleicht fahren wir mit einem Fischerboot hinaus auf die See: Der breitbeinige Mann im Ölzeug blickt aufmerksam in die Ferne. Er ist von der Art derer, die an allen West- und Nordküsten Europas daheim, sind; seine Vorfahren fuhren als Wikinger, als Hanseaten, als Eroberer oder Weltumsegler hinaus aufs weite Meer, die Erde zu gewinnen für Europa.

Dann geht es weiter rheinaufwärts, mitten hinein in das Gebiet der Kohlenbergwerke, der Hochöfen und Essen. Mein Gast soll die Kumpel sehen, die aus dem Schacht kommen, und wir werden versuchen, Zutritt zu einem der großen Stahlwerke zu erlangen. Das großartige Schauspiel des unter der Wucht mächtiger Hämmer und Walzen sich formenden rotglühenden Eisens flößt uns gleichzeitig Achtung und Bewunderung für die Menschen ein, die hier in harter Arbeit und mit großem Fleiß die Elemente für die großartigen Bauten, Brücken, Bahnen und Maschinen herstellen, die unserem Kontinent das Gepräge einer technisierten, einer zivilisierten Landschaft geben.

Kommt mein Gast aus Afrika, Asien oder Südamerika, so wird ihn diese europäische Schaffensfreude gewiss stark beeindrucken; sollte er aus Australien oder Nordamerika stammen, wird er darin jene Eigenschaften wiedererkennen, die seine eigenen Vorfahren aus der alten Heimat mit hinübergebracht haben.

Nun soll mein Gast einen Schritt weitergeführt werden in der Erkenntnis des Europäers. Ich will ihn dem Künstler begegnen lassen: – zuerst dem Lebenskünstler.

Wir reisen nach Frankreich. Liebenswürdig, heiter, gewandt und weltoffen, geistreich und witzig wird er den Franzosen in der Hauptstadt finden. Dessen Höflichkeit mag ihm eine Bestätigung meiner Erklärung bieten, dass von hier jene Impulse ausgingen, die in ganz Europa eine gewisse Einheitlichkeit der Sitten und des guten Tones hervorgebracht haben. Geschmack, gepflegte Umgangsformen und feine Lebensart wurden schon im Mittelalter durch das Rittertum in ganz Europa verbreitet und erfuhren im 17. und 18. Jahrhundert eine

Auffrischung und eine neue Verbreitung. Die Eleganz, jene Mischung von Schönheitssinn und kühlem Verstand, hat hier ihre Wurzel. Wäre mein Gast eine Dame, dürfte ich nicht versäumen, sie einige Stunden lang in die Feenwelt der Mode zu entlassen.

Aber hier in Paris werden wir auch einigen charakteristischen Gestalten begegnen, die das nunmehr schon an den Anblick des Normaleuropäers gewöhnte Auge meines Gastes als außergewöhnlich erkennen wird. Es dürfte nicht schwer fallen, einen der Künstler am Montmartre zu bitten, uns sein Atelier betreten zu lassen, oder wir besuchen eine der zahlreichen Galerien. In der Begegnung mit einem lebenden Künstler könnte mein Gast eine Ahnung bekommen von der anderen Seite des Strebens nach Welteroberung und Daseinsbewältigung, die den Europäer beseelt. Ich müsste ihm erst verdolmetschen, dass die Künstler in Europa heute nicht die Natur und die Wirklichkeit nachzuahmen suchen, sondern dass sie tiefere Sinnzusammenhänge sichtbar machen und andeuten wollen, dass sie nicht ein fertiges Werk darbieten, sondern die Seelenkräfte des Beschauers zum Mitschaffen aufrufen wollen. Soll ich ihn ins Musée de l'Art Moderne führen? – Nein, ich will den Gast lieber jene großen Kunstwerke bestaunen lassen, die von allen Europäern als schön und gültig anerkannt und geliebt werden.

Zu Frankreich, zu Europa, gehört auch eine gotische Kathedrale. Vielleicht Chartres?

Ich weiß nicht, ob seine Seele von dem ihm Fremdartigen berührt werden kann. Ich werde ihm längere Zeit gönnen, ungestört im mystischen Halbdunkel des hohen Kirchenschiffes zu verweilen. – Das Licht der Nachmittagssonne fällt durch die wunderbaren Glasfenster und lässt die grauen Steinwände zu sanfter Farbigkeit erglühen. Es wäre gut, wenn mein Besucher dann nach dem christlichen Glauben fragte. Vielleicht kommt aber diese Frage auch erst später einmal vor einem Bild des Gekreuzigten. Ich werde sie beantworten. Und dann wird mein Freund den Schlüssel zur Kultur unseres Abendlandes in Händen halten. Denn Europa trägt christliche Züge. Ich würde sie ihn im Verlauf unserer weiteren Reise selbst aussuchen lassen. Es wäre gut, wenn er sie wieder an lebenden Menschen und nicht nur an Kirchen und Kunstwerken erspähte. Wir können den kleinen Umweg über Lourdes wagen.

Wie sich Europas Völker im früheren Mittelalter unter dem christlichen Banner zusammenschlossen, könnte ich auf unserer Weiterfahrt nach Spanien erwähnen. Wir würden bei Roncesvalles die Pyrenäen überqueren, wo ich wohl auf Karl den Großen zu sprechen käme, der so ziemlich am Anfang dessen, was wir jetzt „Europa“ nennen, hier seine Abwehrkriege gegen die Mauren siegreich abschloss. Es war dies der zweite große Abwehrkampf von Europäern gegen ein außereuropäisches Volk: Vorher standen die Griechen gegen die Perser, später wurde der Ansturm der Türken vor Wien abgefangen. Ob ich heute ein „Europa“ zeigen könnte, wären diese Schlachten anders ausgegangen?

Gewiss würden wir, nach der anstrengenden Fahrt durch die sonnendurchglühte Meseta, auch die berühmten Kunstwerke in Madrids Prado besichtigen und darin jene seltsame Schwärmerei und Leidenschaft beobachten, die das Bild des Europäers vervollständigen müssen.

Spanische Menschen aber sollen meinem Gast eine Vorstellung geben von stolzem Selbstbewusstsein, das auch dem Armen und Einfachen Würde und adelige Haltung verleiht. Und wir wollen nicht versäumen, die feurige Anmut eines spanischen Tanzes zu erleben.

Die unbeschwerte Heiterkeit des Südspaniers lasse ich aber meinen Gast im folgenden Abschnitt der Reise erfahren. Wir wollen nach Frankreich zurückkehren und rollen dann die Côte d’Azur entlang, immer das wunderbare blaue Mittelmeer zur Rechten.

Ich würde sogar von Genua aus das Ligurische Meer zu Schiff überqueren und meinen Gast nach Neapel bringen. Wir gehen am Abend durch die belebten Straßen bummeln, essen heiße Pizza und lauschen, zum Sternenhimmel hinaufblickend, in einer Osteria den weichen Liedern eines Sängers. Aber Rom ruft. Rom bedeutet uns Europäern viel. Es ist für uns der Mittelpunkt der Alten Welt, deren Ruinen wir zu deuten wissen. Dem Fremden kann ich nur berichten, dass hier vor etwa 2000 Jahren der Kern jenes mächtigen Reiches lag, aus dem Europa hervorging; dass wir heute noch das römische Recht anerkennen, dass unsere Jugend heute an den Schulen die Sprache dieses alten Volkes lernt, dass die Nachkommen dieser Römer, nämlich die romanischen Völker, etwa ein Drittel Europas bewohnen.

Aber Rom ist in der ganzen Welt auch bekannt als Sitz des Papstes, und gewiss wird mein Gast die Gelegenheit nicht versäumen wollen, das Oberhaupt der katholischen Kirche zu sehen. Er wird die gewaltige Peterskirche betreten und dort die Pracht und majestätische Entfaltung der Weltkirche versinnbildlicht finden. Ich möchte ihm aber in Italien auch einige berühmte Gemälde der Renaissancezeit zeigen, am besten einige Porträtköpfe und einige Madonnen, damit er hier in der reinen Schönheit des Kunstwerkes das Antlitz des europäischen Menschen erblickt.

Der Eindruck von Europa bliebe unvollständig, vermittelte ich meinem Gast nicht auch die Bekanntschaft mit einem Vertreter der dritten großen Völkerfamilie, die in seinen Grenzen wohnt: mit den Slawen. Sie scheinen mir zweierlei zu verkörpern, die weiche, wehmütige Komponente in der Melodie unseres Kontinents, und gleichzeitig sind sie jene, die am Volkstum, an Brauchtum, Volkstracht und -kunst am treuesten festhalten. So fahren wir also nochmals über ein europäisches Binnenmeer, über die Adria, und erreichen Kroatien bei Dubrovnik. Wir nehmen die wunderbaren Naturbilder in uns auf und gewinnen bald Kontakt mit der freundlichen, gastlichen Bevölkerung. Die Schiffsreise entlang der Küste bietet gleichzeitig eine wohl tuende Erholung, und wir nehmen endlich Abschied vom milden, paradiesischen Süden.

Was hätte ich doch meinem Gast noch alles zu zeigen! Die Steppenlandschaft Ungarns, das Hochgebirge mit Gletschern, Felszacken und Seen, die dunklen Nadelwälder und Fjorde des Nordens, die Mittelgebirgslandschaft, die Stromgebiete, die Buchen- und Eichenwälder.

Ich muss einen Ausweg finden, und ich kenne ihn: Ich führe meinen Gast einfach in meine Heimat, nach Österreich! Die Ebene am

Neusiedler See im Burgenland, das Donautal, die Salzkammergutseen, die steirischen Wälder, der Großglockner, Tirol . . . wie eine kleine Musterkarte Europas kann ich die österreichische Landschaft vor ihm ausbreiten.

Aber ich wollte ihn doch vor allem mit dem europäischen Menschen bekannt machen. Wen lernt er hier in Österreich kennen? Nun, ich werde ihn zu den Älplern, zu den Bergbauern führen, irgendwo in ein enges, verborgenes Tal. Dort werden wir sicherlich eine geschnitzte Weihnachtskrippe finden, wir werden Volkslieder hören und Zitherspiel, wir werden Wildbret essen, das der Jäger heimbringt.

Und dann zurück zur Hauptstadt! Ich will meinen Gast daran erinnern, dass Europa keineswegs vierzig Kilometer hinter Wien aufhört, dass es im Gegenteil noch sehr, sehr lange europäische Erde ist, die Flugzeug, Bahn oder Auto auf einer Reise gegen Osten hinter sich bringen. Wir besuchen Wien. Nicht nur, weil es einst die Kaiserstadt war, nicht nur, weil diese Kaiser ein großes Reich regierten, das auch als Vorläufer eines geeinten Europas angesehen werden kann, nicht nur, weil dieses Wien als östlichstes Bollwerk Europas die anstürmenden mongolischen Stämme aufhielt und zurücktrieb.

Wir werden in Wien auch Konzerte besuchen, und es wird uns die Stimme ganz Europas hier erklingen: Jan Sibelius und Grieg, Dvořák und Smetana, Richard Wagner, die großen deutschen Romantiker, Mozart, Haydn, Beethoven, Verdi, Hindemith, Béla Bartók . . . Aber ich werde in Wien noch ganz anderes tun: Ich werde meinen Gast in eine bekannte Familie einführen, wo man noch regelmäßig Kammermusik betreibt. Ich werde ihm die hübschen Biedermeiermöbel zeigen, und die Hausfrau wird uns mit Kaffee und Kuchen bewirten. Und da wird mein Gast erkennen, dass wir hier in Europa unsere Kulturschätze nicht nur hinter Glaswänden aufbewahren, sondern dass wir auch heute noch Kunst pflegen, dass wir eine Volkskunst haben; dass auch das Kunstgewerbe, das Kunsthandwerk noch lebt; dass wir noch musizieren und singen, dass wir in Laiengruppen Theater spielen und in Volksbildungskursen malen und zeichnen; dass viele unserer Frauen und Schwestern selbst ihre Kleider schneidern und ihre Pullover stricken und dass unsere Buben noch immer mit dem Schnitzmesser umzugehen verstehen!

Die vielen Eindrücke dieser Reise durch Europa werden sich wie die verschiedenen Motive eines großen Tongemäldes ineinander verweben, und ich hoffe, dass diese Symphonie „Aus der Alten Welt“ im Herzen meines Gastes weiterklingen wird.

Werde ich vielleicht diese Rolle als Reisebegleiter bald wieder übernehmen müssen?

(Hermann, 18 Jahre)

Aufgaben:

Arbeite die folgenden Stoffskizzen und Gliederungen zu vollständigen Aufsätzen aus oder verwende sie für Redeübungen!

Mittelpunkt des Fremdenverkehrs in unserem Staat

Gliederung:

I. Die Bedeutung des Fremdenverkehrs für die Wirtschaft.

II. Was lockt die Fremden in unser Land?
1. Die landschaftlichen Schönheiten (Gebirge, Seen, Flussläufe, Wälder).
2. Geschichtlich denkwürdige Orte.
3. Kunstschätze.
4. Künstlerische Veranstaltungen (Festspiele, Musikfestwochen).
5. Wissenschaftliche Anstalten und Veranstaltungen (Kongresse).
6. Sportliche Veranstaltungen.
7. Heilbäder.
8. Stätten der Industrie und des Handels (Messen).

III. Vor- und Nachteile des Fremdenverkehrs.

Wohin nach der Reifeprüfung?

(Siehe auch den Aufsatz auf S. 294!)

S t o f f q u e l l e n : Gespräche mit Vertretern der verschiedenen Berufe, mit den Lehrern, mit dem Berufsberater des Arbeitsamtes; Aufklärungsschriften.

G l i e d e r u n g u n d G e d a n k e n g a n g :

I. Einleitung:

Nach der Reifeprüfung stehen dem Absolventen einer höheren Schule eigentlich alle Berufe offen, soweit er die nötige Eignung für sie besitzt; doch wird er im Allgemeinen jene wählen, für die eine höhere Allgemeinbildung erforderlich ist. Zu diesen zählen die „akademischen Berufe“, die gehobenen Berufe in der Wirtschaft und in der staatlichen Verwaltung sowie die künstlerischen Berufe.

II. Hauptteil:

1. Die akademischen Berufe.

Eignungsanforderungen: überdurchschnittliche Intelligenz, geistige Interessen, besondere Spezialbegabungen (z. B. für Mathematik, Musik), Gewissenhaftigkeit, Ausdauer, Verantwortungsbewusstsein. Sie gewähren gute Verdienst- und Aufstiegsmöglichkeiten, in manchen Fällen Möglichkeit der selbständigen Berufsausübung (z. B. Rechtsanwalt). Kostspielige und langjährige Ausbildung nach der Reifeprüfung (4 bis 6 Jahre Hochschulstudium, häufig anschließend noch mehrjährige praktische Ausbildung, bis zu 6 Jahren bei Fachärzten). Vorteilhaft für alle akademischen Berufe sind EDV-Kenntnisse sowie die Beherrschung einer oder mehrerer Fremdsprachen. Frauen sind nicht in allen Berufen vertreten (oder nur in geringer Zahl: Richter, Tierarzt, Geologe, Forstingenieur, Bau-, Maschinen-, Elektroingenieur, Kulturtechniker, Priester).

Zu den wichtigsten Berufen, für die ein Hochschulstudium erforderlich ist, zählen:

Der Arzt (Facharzt, Zahnarzt), der Lehrer (drei- bzw. sechsjähriges Studium, viele Heftkorrekturen, Vorbereitungsarbeiten), der Priester (bei Katholiken Eheverbot), der Psychologe, der Dolmetsch, der Richter und der Staatsanwalt, der Rechtsanwalt und der Notar, der Verwaltungs- und der Wirtschaftsjurist, der Diplomkaufmann in der Privatwirtschaft (bei Banken, Versicherungen, Berufsvertretungen) und in selbständiger Tätigkeit als Werbekonsulent, Wirtschaftstreuhänder, Steuerberater; ferner der Tierarzt, der Agrar- und Forstingenieur, der Chemiker, der Architekt, der Bau-, Elektro- und Maschineningenieur.

2. Der Besuch einer Hochschule ist nicht jedem Abiturienten möglich. Viele wollen daher nach der Reifeprüfung unmittelbar in das Erwerbsleben eintreten oder auf kürzerem Ausbildungsweg einen Beruf ergreifen.

Zu den „nicht akademischen Berufen" für Maturanten zählen vor allem die Beamtenberufe (öffentlicher Dienst). Verdienstmöglichkeit unmittelbar nach der Reifeprüfung gegeben, Anfangsgehälter zwar gering, doch ansteigend; soziale Sicherheit, bei Ablegung von Dienstprüfungen auch gute Aufstiegsmöglichkeiten. Meist geregelte Dienstzeit. Tätigkeiten: Aktenbearbeitung, Erhebungen, Verrechnungen, Parteienverkehr. Genauigkeit, Kontaktfähigkeit, ebenso Einordnungs- und Unterordnungsbereitschaft nötig.

Ähnlich wie bei den Verwaltungsbeamten verhält es sich auch bei den Bahn-, Post- und Polizeibeamten (unregelmäßiger Dienst). Die Angestellten in der Privatwirtschaft (Handel und Industrie) haben in der Regel höhere Anfangsbezüge und gute Aufstiegsmöglichkeiten (Prokurist, Direktor), doch geringere Sicherheiten. Außerdem genügt für sie die Reifeprüfung allein nicht als Anstellungserfordernis, sie müssen vielmehr in den meisten Fällen noch eine kaufmännische oder technische Vorbildung nachweisen oder eine betriebliche Lehre absolvieren (meist verkürzt), ehe sie in gehobene Stellungen gelangen. Tätigkeit als Korrespondent, Buchhalter, Disponent, Einkäufer usw. Zu empfehlen ist daher der Besuch von zweijährigen kaufmännischen oder technischen Abiturientenkursen oder von Spezialkursen an den Hochschulen: z. B. für Fremdenverkehr, für Werbewesen, für

Radiotechnik u. dgl. Nach einer handwerklichen Lehre und der Ablegung der Meisterprüfung können Abiturienten auch Berufsschullehrer (Gewerbelehrer) werden.

Die Offizierslaufbahn steht männlichen Maturanten ebenfalls offen (dreijährige Ausbildung). Gute Aufstiegsmöglichkeiten, soziale Sicherheit; körperliche Leistungsfähigkeit, Verantwortungsfreude, Härte und ständige Einsatzbereitschaft erforderlich. Unregelmäßiger Dienst in Garnisonen.

Die künstlerischen Berufe. Musiker, Schauspieler, Regisseur und Filmfachleute besuchen die „Akademie für Musik und darstellende Kunst". Studium zwei bis sechs Jahre, Spezialbegabung unerlässlich. Gute Bezahlung, doch geringe Sicherheit (Saisonberufe). Grafiker und Modezeichner können eine höhere Fachschule absolvieren oder an der „Akademie für angewandte Kunst" studieren (4 Jahre). Möglichkeit der selbständigen Berufsausübung als Gebrauchsgrafiker.

Für Mädchen besteht noch die Möglichkeit, nach einer ein- bis zweijährigen Spezialausbildung medizinisch-technische Assistentin, Heilgymnastikerin, Erzieherin, Fürsorgerin oder Stewardess zu werden.

III. Zusammenfassung:

Mit der Reifeprüfung ist wohl eine gediegene Allgemeinbildung nachgewiesen, doch ist darüber hinaus noch eine berufliche Fachausbildung nötig. Das Lernen ist demnach keineswegs zu Ende; nur der Fleißige und Fortbildungsbeflissene wird, auf die Dauer gesehen, Erfolg haben.

Weitere Themen für Facharbeiten:

(Die mit einem Sternchen versehenen Titel wurden in den vergangenen Jahren als Reifeprüfungsarbeiten in den deutschen Ländern gestellt.)

Ein Keimversuch: Vorbereitung, Durchführung, Ergebnis

Können Tiere denken? Beobachtungen an Haustieren

Ein physikalischer (chemischer) Versuch

Was der Arzt an der Kleidung mancher Leute auszusetzen hätte

Welche Wirkungen hat der Alkoholgenuss?

Vom Rohöl zum Benzin (Nach einer Exkursion.)

Wie arbeitet eine Nähmaschine? Ratschläge für den Anfänger

Wie arbeitet der Motor eines Autos?

Moderne Autotypen (Vor- und Nachteile.)

Ratschläge für den Kauf eines Fotoapparates

Worauf muss man beim Fotografieren achten?

Auf welche Weise gewinnen wir den elektrischen Strom?

Welche Bedeutung hat der elektrische Strom für den Menschen?

Welche Hausformen finden sich in deiner engeren Heimat?

Welche Bräuche haben sich in deiner Heimat erhalten?

Typische Landschaftsformen meines Vaterlandes und ihre wirtschaftliche Bedeutung

Welchen Erwerbszweigen gehen die Bewohner meiner engeren Heimat nach?

Die Einrichtung der Feuerwehr in der Großstadt (Exkursion!)

Ist die Wasserversorgung in unserer Stadt zweckmäßig?

Wie können Verkehrsunfälle verhütet werden?

Kann die Versicherung das bezahlen? (Folgen eines Verkehrsunfalls.)

Wie muss deiner Ansicht nach eine moderne Wohnung eingerichtet sein?

Auf welche Weise werben Geschäftsleute um ihre Kunden?

Welche Aufgaben hat die Post (die Polizei)?

Was der Staatsbürger über die Sozialversicherung wissen soll

* Einfluss von Rundfunk und Zeitung auf die Volksbildung

* Welche Aufgaben hat eine gute Zeitung im Leben der Gegenwart zu erfüllen?

* Welche Gesichtspunkte ziehst du bei der Kritik eines Filmes heran?

Wie entsteht ein Gesetz?

Auf welche Weise kann das Volk in einer Demokratie seinen Willen verwirklichen?

Wie benimmt man sich auf der Straße, bei Besuchen, bei Tisch?

Was erzählen die Bauten und Sehenswürdigkeiten unserer Stadt von der Vergangenheit?

Die Entwicklung meines Heimatortes in den vergangenen hundert Jahren

* Die soziale Frage des 19. Jahrhunderts – Ursachen und Lösungsversuche

Wie kam es zum Ersten Weltkrieg?

* Hat die Erfindung der Buchdruckerkunst die Menschheit entscheidend gefördert?

* Stellung und Bedeutung Europas in Vergangenheit und Gegenwart

Welche Bedeutung hatten die Klöster im Mittelalter?

Welche Vorteile brachte den Menschen im Mittelalter das Leben in einer Stadt?

Das Leben auf einer Burg

* Beschreibe einen griechischen Tempel und einen gotischen Dom und zeige ihre künstlerische und religiöse Idee auf!

* Moden und Stile – Spiel oder Spiegel der Zeit?

Die Techniken der modernen Malerei und Grafik

Was verraten uns deutsche Redewendungen über die Geschichte?

Erkläre das Wesen der Klassik an einigen dir bekannten Werken!

Erkläre das Wesen der Romantik (oder des Naturalismus) an Werken, die du gelesen hast!

* In der Dichtung spiegelt sich das Menschenbild einer Zeit (nachzuweisen an mindestens zwei Epochen der deutschen Literaturgeschichte)

* Der bedrohte Mensch in der Dichtung der Gegenwart

Nach welchen Gesichtspunkten wählten früher die Menschen ihre Vornamen, nach welchen jetzt?

Welche Ausdrücke kamen durch den Sport in unsere Gegenwartssprache?

Auf welche Weise lernt Provi beten? (Im Anschluss an die Erzählung „Die Spitzin“ von Ebner-Eschenbach)

Weshalb gab sich der Page Gustav Adolf nicht gleich zu erkennen? (Im Anschluss an die Novelle von C. F. Meyer)

Auf welche Weise beweist Johanna ihre göttliche Sendung? (Nach dem Drama „Jungfrau von Orleans“)

Wie handelt Michael Kohlhaas, nachdem man ihm die Pferde weggenommen hat? (Nach Kleists Novelle)

* Lessings „Nathan“ oder Goethes „Iphigenie“ als Erzieher zur Humanität

* Das Problem der Macht in Bergengruens Roman „Der Großtyrann und das Gericht“

Welche Bildungsmöglichkeiten hat der junge Mensch nach seiner Entlassung aus der Pflichtschule?

Soziale Errungenschaften und ihre Bedeutung für den Menschen von heute

Erkläre den Unterschied zwischen Diktatur und Demokratie!
Welche Trainingsmethoden für das Fußballspiel (Skilaufen . . .) kennst du?
Energiequellen und ihre wirtschaftliche Bedeutung
Wie wird Strom (Leuchtgas, Benzin, Atomenergie . . .) gewonnen?
Was gehört zu einer Campingausrüstung?
Strömungen in der zeitgenössischen Dichtkunst
Gib einen Überblick über eine Epoche der bildenden Kunst!
Charakterisiere einen Stil in der Baukunst!

Protokolle verfassen

Beachte die folgenden Ratschläge:

Das Protokoll ist die zusammenfassende Wiedergabe des Inhaltes (Verlaufes) eines Vortrages, einer Beratung, einer Versammlung. Das Abfassen eines guten Protokolls erfordert Übung, denn aus den mündlichen Darlegungen muss das Wesentliche erfasst und aufgeschrieben werden.

Für das Abfassen eines Protokolls gelten folgende Regeln:

1. **Stelle die genauen Daten fest: Ort, Tag, Beginn und Ende der Versammlung, Teilnehmerzahl, anwesende Personen (gegebenenfalls Anwesenheitsliste anlegen lassen).**
2. **Den geplanten Ablauf der Versammlung erfährst du aus der vorgefassten Tagesordnung, dem Programm für den Ablauf der Veranstaltung.**
3. **Notiere das Wesentliche (die Grundgedanken) der Reden und fasse anschließend den Inhalt schriftlich in Berichtform zusammen! Bei längeren Referaten erbitte vom Vortragenden den Text oder eine Aufgliederung des Gedankenganges!**
4. **Wichtiges (Anträge oder Anfragen der Versammlungsteilnehmer, Beschlüsse) muss im Wortlaut festgehalten werden: Name des Antragstellers, Zahl der beschließenden Stimmen, Zahl der Gegenstimmen.**
5. **Jedes Protokoll muss mit dem Datum und mit der Unterschrift des Schriftführers versehen sein.**

Beispiel:

Protokoll

über die Beratung der Schulgemeinde am 16. 3. 19 . ., Sprechzimmer.

Anwesend: Die Schüler Koch, Berger, Heermann, Fritz, Normann, Dahlke, Seidel, Beer, Hoch, Novotny.

Entschuldigt wegen Krankheit: Neumeier.

V o r s i t z : Karl Koch als Obmann der Schulgemeinde.

Beginn der Beratung: Der Vorsitzende eröffnet die Sitzung um 13.10 Uhr und stellt die Beschlussfähigkeit der Versammlung laut Satzung fest.

Verlesung der Tagesordnung durch den Vorsitzenden.

Punkt 1 der Tagesordnung: Verlesung des Protokolles über die letzte Sitzung durch den Schriftführer Hans Berger. Das Protokoll wird mit allen Stimmen der Versammlungsteilnehmer genehmigt.

Punkt 2 der Tagesordnung: Schulschlussfest.

Der Vorsitzende ersucht, bei der nächsten Zusammenkunft geeignete Vorschläge zur Gestaltung des Schulschlussfestes einzubringen. Es sollen möglichst alle Klassen mit Darbietungen oder Spielern mitwirken. Unbedingt einzubeziehen sind Schulchor und Schulorchester. Die Aufführung eines geeigneten Theaterstückes wäre zu erwägen. Die Klassensprecher werden ersucht, sich mit ihren Kameraden rechtzeitig über Einzelheiten zu beraten, damit das Fest wie in den vergangenen Jahren erfolgreich verläuft.

Punkt 3 der Tagesordnung: Bericht über den Leichtathletikwettbewerb der Klassen 3a und 3b.

Der Berichterstatter, Hans Seidel, hebt besonders die disziplinierte Haltung aller Teilnehmer hervor, was die Anerkennung der Direktion gefunden hat. Die Sieger werden namentlich verlesen. Der Bericht wird zur Kenntnis genommen.

Punkt 4 der Tagesordnung: Festsetzung des Termines für die nächste Zusammenkunft.

Karl Heermann schlägt als Tag für die nächste Beratung den 2. 4. 19 . . vor, da der erste Mittwoch im folgenden Monat auf einen Feiertag fällt.

Josef Beer stellt den Antrag, die Sitzung erst um 14 Uhr zu eröffnen, da er mittwochs bis 13.45 Uhr Unterricht habe.

Der Vorsitzende empfiehlt als Tagesordnung für die nächste Sitzung:

1 Verlesung des Protokolles.
2. Detailliertes Programm für das Schulschlussfest.
3. Bestimmung der Teilnehmer für die Straßensammlung des Jugendrotkreuzes.
4. Nächste Zusammenkunft.
5. Allfälliges.

Alle Anträge werden einstimmig angenommen.

Punkt 5 der Tagesordnung: Allfälliges.

Robert Fritz ersucht als Schulbeauftragter für das Jugendrotkreuz die Klassensprecher, die Kameraden schon jetzt auf die Sammelaktion des Jugendrotkreuzes am 15. 5. aufmerksam zu machen, damit sich recht viele freiwillige Sammler melden. – Einstimmige Annahme.

Schluss der Sitzung: Da keine weiteren Wortmeldungen erfolgen, wird die Versammlung um 13.35 Uhr geschlossen.

Für die Richtigkeit:
Hans Berger
Schriftführer

Beim Unterrichtsprotokoll müssen alle während der Unterrichtsstunde erörterten Gedankengänge kurz zusammengefasst werden. Eine wörtliche Wiedergabe ist nicht notwendig und führt zu weit.

Das Abfassen von Unterrichtsprotokollen ist eine gute Vorübung für das Führen eines Kollegheftes an der Hochschule.

Beispiel:

Protokoll einer Unterrichtsstunde über „Wege zur Menschenkenntnis“

Zeit: 3. 5. 20 . .

In der letzten Unterrichtsstunde wurde das Problem erörtert, welche Möglichkeiten bestünden, die seelische Individualität des Menschen zu erfassen. Oberstudienrat Keller erklärte, dass es die Aufgabe der Charakterkunde, eines Teilgebietes der Psychologie, sei, das Einmalige eines Menschen zu beschreiben und die Grundlagen dieses Einmaligen aufzudecken. Die Charakterforscher wollen zeigen, was ein bestimmter Mensch denkt, welche Triebe und Gefühle in ihm vorherrschen, in welchen Beziehungen die Einzelmerkmale seines Charakters zueinander stehen, wie sich sein Charakter aufbaut.

Der praktische Wert eines solchen Tuns liegt auf der Hand, hängt doch von der Kenntnis der eigenen oder fremden Charaktereigenschaften die richtige Berufswahl, die richtige Besetzung der Stellen und die erfolgreiche Führung des untergebenen Personals ab. Darüber hinaus ist es ganz allgemein von Wert die Mitmenschen zu kennen, denn wer von der Art des anderen weiß, wird dessen Verhalten besser verstehen und sich mit ihm vertragen.

Man kann auf mehreren Wegen zur Menschenkenntnis gelangen: über die Typenlehren, über die Ausdruckskunde, über die Leistungs- und Verhaltensforschung, über die Vererbungs- und Umweltforschung und über die „Tiefenpsychologie". Das Kennzeichnende des Kindes und Jugendlichen erforscht die Entwicklungspsychologie.

In den Typenlehren wird der Einzelne einem bestimmten Typus zugeordnet, das heißt, „einem konstruierten Idealfall eines Menschen, der alle charakteristischen Eigenschaften der Gruppe, der er angehört, aufweist"[1]. Am bekanntesten sind die naturwissenschaftlich begründeten Typenlehren von Kretschmer und von Jaensch sowie die wertphilosophisch begründeten von Dilthey und von Spranger. An der Typenpsychologie kann bemängelt werden, dass es solche Idealfälle von Menschen, die nur die Merkmale einer bestimmten Gruppe aufweisen, überhaupt nicht gibt. Und selbst wenn man die Typen nur als Rahmen betrachtet, bleiben die Typensysteme für den praktischen Gebrauch noch immer unverlässlich.

Individueller geht die Ausdruckskunde (Physiognomik im weiteren Sinne) vor, welche die Ausdruckerscheinungen des Menschen auf dem Wege über den unmittelbaren Ausdruck (also aus dem Aussehen, dem Mienenspiel, der Bewegungsweise, der Stimme und Sprechweise) oder aus den „Werken" (Schrift, Zeichnung, Sprachstil) erfassen und deuten will. Die Feststellung des Charakters aus der Schrift ist als „Grafologie" auch ein selbständiger Forschungszweig.

Im weiteren Sinne zählen auch die Verhaltens- und Leistungsforschung zur Ausdruckspsychologie.

Während die Verhaltensforschung (Behaviorismus) aus dem Verhalten im bisherigen Leben und aus der Beobachtung des ge-

---

[1] Aus „Einführung in die Psychologie" von H. Rohracher. Siehe auch „Kleine Charakterkunde" von H. Rohracher.

genwärtigen Verhaltens (z. B. in der Schule, beim Sport u. dgl.) Schlüsse auf den Charakter ziehen will, versucht die Leistungsforschung durch die Untersuchung der Leistungen zum gleichen Ziel zu gelangen. Dabei können auch bestimmte Leistungsaufgaben (Tests) gestellt werden, die von der Versuchsperson gelöst werden sollen.

Die Tests lassen sich erfolgreich zur Feststellung der psychischen Funktionen, besonders aber der Intelligenz, verwenden, dagegen versagen sie bei der Erforschung der „Triebfeder“ eines Menschen, die in „tieferen Schichten“, im „Unterbewusstsein“ der Persönlichkeit, lagern. Auch diese zu ergründen haben sich die „Tiefenpsychologen“ zur Aufgabe gestellt, die sich wieder in mehrere Gruppen spalten. Hauptrichtungen sind die „Psychoanalyse“ (S. Freud), die „Individualpsychologie“ (Alfred Adler) und die „Existenzanalyse“ (Viktor Frankl).

Die „Individualpsychologie“ die sicherlich viel zum Verstehen und Heilen schwieriger Fälle beiträgt, geht in ihrer Grundidee auf die Auseinandersetzung des Menschen mit seinen eigenen Mängeln und Unzulänglichkeiten zurück. Der Mensch wird dabei als Produkt des Kampfes zwischen persönlichem Geltungstrieb und menschlicher Umwelt aufgefasst. Wenn ein Mensch feststellt, dass er seiner Umwelt gegenüber auf irgendeinem Gebiet unterlegen ist, so entstehen in ihm „Minderwertigkeitskomplexe“, gegen die der Geltungstrieb ankämpft. Dabei kann es zur „Überkompensation“ des Geltungsstrebens oder zu neurotischen Erkrankungen (Flucht in die Neurose) kommen. Solche Auswege bedingen oft asoziale Verhaltensweisen.

Eine besondere Bedeutung kommt dabei der Erforschung der Umwelt zu, und zwar des bisherigen Schicksals und der derzeitigen Umwelt, da Minderwertigkeitsgefühle nur dann erfolgreich bekämpft werden können, wenn die Entstehungsursachen bekannt sind.

Die Umweltforschung spielt aber nicht bloß im Rahmen der Individualpsychologie eine Rolle, sondern sie ist auch ein selbständiger Zweig der Charakterkunde.

Das Gleiche gilt für die Vererbungsforschung. Heute hat man erkannt, dass weder die Erbmasse noch die Umwelt allein schicksalsbestimmend sind, sondern dass der Charakter eines Menschen hauptsächlich durch drei Faktoren geformt wird: durch die Erbmasse, durch die Umwelt und durch die in reiferem Alter hinzutretende Selbsterziehung. Es steht fest, dass sich zwar die Anlagen zu psychischen Eigenschaften vererben (z. B. die Intelligenz), nicht aber das endgültige Verhalten (z. B. Lügenhaftigkeit, Dieberei u. dgl.). Die Umwelt entscheidet darüber, welche Anlagen zur Entwicklung gelangen und wie sie sich entfalten. Der Grad der Beeinflussbarkeit durch die Umwelt ist wieder anlagemäßig gegeben. Durch Umwelteinflüsse kann aber keine Eigenschaft entstehen, zu welcher keine Anlage vorhanden ist. Von der Umwelt sind es in erster Linie die Mitmenschen (Eltern, Geschwister u. a.), die auf die Entwicklung der Persönlichkeit bewusst oder unbewusst Einfluss nehmen. Auch ist es nicht gleichgültig, in welchen sozialen Schichten und in welchem Siedlungsmilieu (Stadt, Land) ein Mensch aufwächst, da durch ein ungünstiges Milieu auch Entwicklungsverlangsamungen oder -verfrühungen auftreten können.

Nach den Worten eines bekannten Psychologen führt „jede dieser Methoden bei vorsichtigem Gebrauch und nach langer Erfahrung zu einem einigermaßen verlässlichen Ergebnis".

Im Anschluss an den Vortrag stellten einige Schüler Fragen:

K. wollte wissen, welche Ansicht der Schweizer Psychologe Jung vertrete.

R. meinte, dass es nicht erforderlich sei, Psychologie zu studieren, um andere richtig einzuschätzen. Das hätten manche Menschen zu allen Zeiten auch ungelernt sehr gut vermocht. Auch Mütter könnten ihre Kinder instinktiv verstehen und ihnen jede Sorge, jedes Leid „von den Augen" ablesen.

L. fragte, ob das Seelenleben des Menschen überhaupt vollkommen erfasst werden könne.

M. erkundigte sich nach den Berufsaussichten eines Psychologiestudenten.

I. wollte wissen, ob im seelischen Verhalten der Geschlechter wesentliche Unterschiede bestünden.

Anschließend beantwortete der Vortragende die Fragen der Studenten:

Der vor einigen Jahren verstorbene Schweizer Dr. C. G. Jung ist Tiefenpsychologe gewesen und hat eine eigene These aufgestellt, die von jener der bereits genannten Tiefenpsychologen abweicht. Interessenten mögen sich in der Bibliothek die einschlägige Literatur beschaffen: „Psychologische Typen“ und „Das Unbewusste im normalen und kranken Seelenleben“ von C. G. Jung.

Selbstverständlich gibt es Leute, die eine besondere Begabung besitzen, seelische Vorgänge im Mitmenschen intuitiv zu erfassen, doch mit der Intuition ist der exakt arbeitenden Wissenschaft nicht gedient.

Alle Seiten des menschlichen Seelenlebens aufzuhellen, gelingt selbst dem besten Psychologen nicht.

Über die Berufsaussichten eines Psychologiestudenten kann am besten das Arbeitsamt Auskunft geben, da sich diese ständig ändern.

Zwischen männlicher und weiblicher Psyche bestehen in vieler Hinsicht Unterschiede, aber es gibt auch männlich wirkende Frauen und weiblich wirkende Männer. Einzelheiten können in dem Buch „Vom Wesen der Geschlechter“ von Univ.-Prof. Ph. Lersch nachgelesen werden.

Oberstudienrat Keller warnte noch vor einer falschen Anwendung psychologischer Einsichten, denn alles verstehen heißt nicht, alles verzeihen, wie ein geflügeltes Wort zwar lautet, sondern aus der Kenntnis der seelischen Ursachen bestimmter Verhaltensweisen die Fehlhaltungen bekämpfen.

Schriftführer: Kurt R. (18 Jahre)

Aufgabe: Schreib ein Protokoll über den Verlauf einer Physikstunde, einer Geschichtsstunde, einer Versammlung einer Jugendgruppe!

Bücher, Theaterstücke und Filme besprechen

Gesichtspunkte für eine Buchbesprechung:

1. **Kennzeichnung des Buches: Märchen, Tierbuch, Abenteuerbuch, historischer Roman, Novelle, Sachbuch u. dgl.**
2. **Inhalt: Ereignisse, Gestalten, Räume, Fragen, Erkenntnisse.**
3. **Gehalt (sachlich, ethisch, religiös), festzustellen durch Beantwortung der folgenden Fragen: Auf welchen Gebieten vermittelt das Buch Wissen? Hat das Buch ein sittliches Anliegen? Kann es das Wissen mehren, das Fühlen vertiefen, das Wollen stärken? Werden besondere Verhaltensweisen gezeigt, oder ist es für das sittliche Erkennen belanglos, irreführend, schädigend?**
4. **Gestaltung: Aufbau, Anordnung, Sprachstil, Spannung (Höhepunkte, Rückblendungen u. dgl.), Humor.**
5. **Aufmachung: Illustration, Satz, Druck, Papierqualität.**
6. **Leserkreis: Stadt- oder Landbevölkerung, Buben oder Mädchen, Altersgruppe, Bildungsschicht, Berufszweige.**

Die oben angeführten Gesichtspunkte für die Abfassung einer Buchbesprechung sollen dir nur eine erste Hilfe bieten; sobald du einige Übung besitzt, kannst du dich selbstverständlich von diesem Schema lösen.

Beispiel:

Toon Kortooms, „Die kleine Auswanderung“
(Aus dem Holländischen übersetzt von H. Werz)

Der Held dieses Heimatromans aus dem Norden Brabants ist Jakob, ein bärenstarker junger Bauer. Er lebt auf dem Hof seines Vaters. Als seine Mutter stirbt, will sein Vater die Magd, ein herrschsüchtiges, unverträgliches Weib, ehelichen. Da entschließt sich Jakob, mit seiner jungen Frau fortzuziehen. Aber es wird nur eine „kleine Auswanderung“, denn seine Freunde verschaffen ihm in dem zur Gemeinde gehörenden Moor einen Flecken Grund, den Jakob allerdings erst kultivieren und roden muss. Doch Jakob wird nicht umsonst der „Eiserne“ genannt. Mit zäher Energie ringt er dem Boden gute Erträgnisse ab. Als er das angrenzende Grundstück ebenfalls erwerben will, muss er erfahren, dass ein Widersacher, der „Unternehmer“, es bereits gekauft hat, um darauf ein Moorbad zu errichten. Bei der „Eröffnung“ allerdings gerät er selbst als einziger Badegast in Ertrinkungsgefahr. Da rettet ihn Jakob ohne Dank zu ernten. Doch der „Unternehmer“ wird zufällig zum Geburtshelfer von Jakobs Söhnchen und zeigt dabei sein wahres Herz. Versöhnt schenkt er Jakobs Sohn das umstrittene Grundstück.

Das Wesentliche des Buches liegt nicht in der Handlung, sondern in der dichterischen Gestaltung des alltäglichen Stoffes und in der meisterhaften Charakterisierung der Personen, dieser dickköpfigen und verschlossenen Bewohner Brabants. Mit Humor schildert der Dichter die Menschen, hinter deren rauem Äußeren zuletzt noch immer der gute Kern bemerkbar wird: der betrügerische, eigensüchtige „Unternehmer“, der sich zu einem mitfühlenden Helfer wandelt; der Aufschneider und doch grundgütige Nard; der kluge, stets hilfsbereite Kaplan, der nicht Pfarrer werden kann, weil sein altersschwacher Vorgesetzter nicht zurücktritt; der humorvolle alte Fried; jeder mit einer anderen Schwäche behaftet, doch im Grunde jeder mitfühlend und hilfsbereit. Die Handlung ist anfänglich etwas schleppend, doch wird sie im weiteren Verlauf fesselnder.

Das Buch ist in einem flüssigen, leicht verständlichen Erzählstil geschrieben, der fallweise durch Dialoge unterbrochen wird und die Denk- und Ausdrucksweise der Bauern charakterisiert. In der Übersetzung kommt die Atmosphäre Brabants deutlich zum Ausdruck.

Der Text ist auf holzfreiem Papier gedruckt, der Satz ist klar. Bilder fehlen allerdings, was bei einem Jugendbuch ein Mangel ist.

Ein geschmackvoll gestalteter Umschlag schützt den Ganzleinenband.

Das humorvolle Buch kann Erwachsenen und Jugendlichen (ab 15) zur Lektüre empfohlen werden.

(Erich, 17 Jahre)

Aufgabe: Schreib über ein Buch eines zeitgenössischen Dichters, das dir besonders gefallen hat, eine kurze Kritik!

Gesichtspunkte für die Beurteilung eines Films:

1. **Kennzeichnung des Films: Lustspiel, Kriminalfilm, Expeditionsfilm u. dgl.**
2. **Inhalt (knapp zu berichten).**
3. **Gehalt: Thema, Problematik, Absichten.**
4. **Gestaltung: Drehbuch, Regie, Kameraführung, Spiel der Darsteller, Aussage.**
5. **Persönlicher Eindruck, Wertung.**

Es muss nicht zu allen Punkten Stellung genommen werden, auch ist dem Geübten die Reihenfolge der Besprechungspunkte freigestellt.

Beispiele:

„Wiedersehen für eine Nacht" – Ein italienischer Problemfilm

Alberto (Francisco Rabal), heute ein vierzigjähriger, angesehener Rechtsanwalt in Rom, kommt auf einen Tag nach Mailand. Hier trifft er einen alten Schulkollegen, einen erfolgreichen Architekten – und zuerst widerstrebend, dann teils aus Langeweile, teils aus sentimentalen Erinnerungen, wird beschlossen, gemeinsam mit zwei weiteren Schulfreunden, die alle im Zuge des neuen italienischen „Wirtschaftswunders" wohlhabend geworden sind, ein „Wiedersehen für eine Nacht" zu feiern. Da die richtige Stimmung fehlt, erinnern sie sich an einen früheren Kameraden der Schule, Cesare (Walter Chiari), den Einzigen unter ihnen, der es zu nichts gebracht hat. Er war immer der Anführer aller lustigen Streiche, immer voll heiterer Ideen und origineller Einfälle. Man zieht ihn also bei . . .

Er ist auch der Einzige unter ihnen, der sich im Laufe der Jahre nicht verändert hat. Wieder bringt er Stimmung in das Zusammensein, findet auch wieder für jeden von ihnen Abenteuer. Doch die Erlebnisse sind schal, die Begegnung voll Traurigkeit, Leere und Oberflächlichkeit. Am nächsten Morgen gehen sie auseinander, fremd geworden, ohne Berührungspunkte. Der Abend mit Cesare, den sie für ihren „Spaßmacher" gehalten haben, hat ihnen die Augen geöffnet: Sie selbst sind die Narren, Menschen ohne Inhalt und Sinn . . .

„La rimpatriata“ von Damiani ist ein großer, ein furchtbarer Film. Er knüpft etwa da an, wo Fellinis „Vitelloni“ endet: Die Streiche der jungen Nichtstuer sind vorbei, die Jugend ist vergangen und man hat sich im Leben „arrangiert“ – mit Beziehungen, durch eine reiche Heirat oder mit dem Geld der Eltern. Man hat Konventionen anerkannt, weil es das Leben so verlangt – und eine Rückkehr in die Vergangenheit ist unmöglich, denn man kommt aus seinem Milieu nicht mehr heraus, selbst wenn man erkennen muss, wie hohl, schal und oberflächlich es ist. Die menschlichen Beziehungen fehlen; und nicht zuletzt deswegen müssen alle Versuche scheitern, die Fröhlichkeit von einst zurückzuholen. Es reicht nicht einmal für eine Nacht. Auch nicht der Alkohol vermag eine kurze Illusion vorzugaukeln; der Rausch verfliegt, zurück bleibt die Abkapselung und die Erkenntnis der inneren Leere . . . Es ist, wenn man so sagen will, die Tragödie des Alterns – eines Alterns, das man selbst nicht wahrnehmen will, das man aber in manchen Momenten umso deutlicher und furchtbarer erkennen muss.

Selten, vielleicht sogar nie, hat es ein Film verstanden, diesem Problem so nahe zu kommen, es so eindrücklich und grausam logisch aufzuzeigen und zu schildern. Hier ist Neoverismo in seiner reinsten und bedeutungsvollsten Form, eine sozialkritische Studie, der höchste moralische Bedeutung zukommt.

Dieser deprimierende und erschütternde Film ist ein Kunstwerk – in Gestaltung, Darstellung und Aussage; ein Film, der aufwühlt und zum Nachdenken veranlasst. Jeder, der sich für kulturell aufgeschlossen hält, sollte ihn sehen, denn es ist nicht ein Augenblick Lüge in ihm.

(Nach G. Dörfler)

Dschungel der tausend Gefahren
Regie: Ken Annakin

Diese Verfilmung des bekannten Romans „Die Schweizer Familie Robinson“ von Johann Wyss ergab einen farbigen Abenteuerstreifen, der seinen Produzenten in keiner Phase verleugnen kann: Walt Disney.

Auf breiteste Familienunterhaltung hin angelegt – jeder Altersgruppe und Geschmacksrichtung etwas bieten wollend –, kann der Film verständlicherweise keine hohen künstlerischen Ansprüche erfüllen, aber er ist routiniert gemacht, lässt Spannung aufkommen, stellt Tierliebe und die Bereitschaft, trotz schwieriger Lage gemeinsam das Leben zu meistern, in das Zentrum seiner Anliegen und wird so seiner Aufgabe gerecht.

Zeit: Napoleonische Kriege. Ein Schweizer entschließt sich, mit seiner Frau und seinen drei Söhnen nach Neu-Guinea auszuwandern, um dort eine neue Existenz zu gründen. Aber in der Nähe einer Insel erleiden sie Schiffbruch und versuchen nun, sich unter Mitnahme aller noch brauchbaren Reste der Schiffsladung auf der Insel einzurichten. Unter der Führung des Familienoberhauptes gelingt ihnen eine erstaunliche Aufbauarbeit. Auf einem großen, weit ausladenden Baum errichten sie ihr Haus, das sie möglichst komfortabel ausstatten und das genügend Schutz vor den wilden Tieren der Insel bietet.

Auf einer Erkundungsfahrt mit ihrem selbstgezimmerten Einbaum können die beiden älteren Söhne einen Bootsjungen aus der Gewalt von Seeräubern befreien. Sie fliehen mit ihm in den Dschungel. Als sich der Junge als Mädchen entpuppt, werden die Brüder zu Rivalen – schließlich gelangen alle drei nach zahlreichen Abenteuern gerade zu Weihnachten bei den Eltern der Brüder an.

Da sie mit einem Angriff der Piraten rechnen müssen, befestigen sie einen Hügel und bereiten alles für den Eventualfall vor. Nach getaner Arbeit wird ein Fest gefeiert – da tauchen die Piraten auf. Nach zähem Ringen – immer wieder werden die Angreifer zurückgeworfen – geraten die Robinsons in schwere Bedrängnis. Da kommt ihnen Kapitän Moreland, der Onkel des geretteten Mädchens, unerwartet von der See zu Hilfe und schießt die Piratenschiffe in Grund und Boden. Die Familie beschließt auf der Insel zu bleiben – der älteste Sohn will sich mit dem Mädchen vermählen –; der jüngste Sohn kehrt mit dem Kapitän nach Europa zurück, um dort zu studieren.

John Mills als Vater und Dorothy McGuire als Mutter vermögen echte Familienatmosphäre zu schaffen und die Kinder in entsprechender Weise anzuleiten. Kevin Corcoran als jüngster Sohn Franz findet von den drei Söhnen die dankbarste Rolle vor, und es gelingt ihm auch, seine Möglichkeiten voll auszunützen.

Einige Unwahrheiten: Die relativ glatt durchgeführte Zähmung wilder Tiere, die außergewöhnlich geschickte Konstruktion der „Befestigungsanlagen“, die glückliche Rettung in letzter Minute durch Kapitän Moreland, wo doch die längste Zeit kein Schiff an der Insel vorbeigekommen war, sowie etliche etwas rührselige Passagen können den positiven Gesamteindruck des Films nicht wesentlich beeinträchtigen, der mit seiner Mischung von Spannung und Idylle und mit seiner Bejahung echter Werte saubere Unterhaltung bietet.

(Nach Horst Stadler)

Aufgabe: Schreib über einen durch deine Lehrer empfohlenen Film eine kurze Kritik!

Gesichtspunkte für die Beurteilung einer Theateraufführung:

a) Kennzeichnung des Stückes und seiner Problematik.
b) Knappe Inhaltsangabe.
c) Gestaltung des Stoffes durch den Dichter (Form, Aufbau, Handlungshöhepunkte, Sprache usw.).
d) Darstellung durch die Schauspieler.
e) Regie, Bühnenbilder, Musik, Beleuchtungseffekte, Kostüme.
f) Persönlicher Eindruck, Wertung.

Es müssen nicht alle Punkte besprochen werden. Auch ist es möglich, vom Inhalt, von der Gestaltung oder vom Dichter auszugehen.

Beispiel:

Der Biberpelz

Gerhart Hauptmanns unsterbliche Diebskomödie „Der Biberpelz“ ist nach dem Zweiten Weltkrieg mehrere Male in unserer Stadt zu sehen gewesen, und immer mit Besetzungen von hohem Rang. Diesmal hat sich die Hauptrolle die Jubilarin unseres Theaters, Frau Hilde Wagener, gewünscht, die vor vierzig Jahren – sie ist eine gebürtige Hannoveranerin – an unsere Staatsbühne gekommen ist. Hilde Wagener muss in diesem Stück mit zwei bedeutenden Schatten in Wettbewerb treten, mit der Eis und der Dorsch, die diese Rolle in den Jahren vorher gespielt haben. Wir glauben aber sagen zu dürfen, dass es ein Sieg auf ganzer Linie war, aber auch ein Sieg von Theo Lingens Neueinstudierung.

Als der „Biberpelz“ entstand (1892/93), war der Naturalismus das große Ereignis in der Literatur. Stilistisch gesehen ist daher diese Komödie, die den Sieg des gesunden Menschenverstandes und der plebejischen Schläue über Borniertheit und Anmaßung zeigt und zugleich den erbarmungslosen Kampf zwischen Oben und Unten proklamiert, ein Werk des Hochnaturalismus. Und so hat es auch Lingen inszeniert, wobei die besonderen Merkmale der Aufführung Knappheit des Ausdruckes und Genauigkeit heißen. Da wird aber – trotz vieler suggestiver Einzelheiten – nirgends übertrieben oder absichtsvoll herumstilisiert. Es wird, zugunsten naturalistischer Kleinmalerei, auch nie der große politische Grundgedanke des Stückes vernachlässigt, der Spott auf das dünkelhafte Beamtentum der Wilhelminischen Zeit.

Gegenspieler sind die Mutter Wolff, eine resolute Waschfrau, schlau, durchtrieben, aber treuherzig, mit proletarischem Egoismus, und der preußische Amtsvorsteher Wehrhahn, der die Untersuchung gegen den Dieb eines Biberpelzes zu führen hat und von der Wolff großartig hinters Licht geführt wird. Um die beiden gruppieren sich ganz dem Leben abgelauschte preußische und schlesische Volkstypen. Das Werk ist eine Meisterleistung plastischer Menschenzeichnung und durchschlagender Zeitkritik. Entsprechend dem materialistischen Zeitgeist wird die innere Linie von Kleists „Zerbrochenem Krug“ ins Gegenteil verkehrt: Dort siegt das Recht über die dumme Schläue, hier die der Lebenserhaltung dienende Unehrlichkeit über die anmaßenden Vertreter der Rechtsordnung.

Die Rolle des Amtsvorstehers Wehrhahn wurde von Theo Lingen mit unübertrefflicher Komik gespielt. Otto Schmöle, der Altmeister des Charakterspieles, setzte wie eh und je seine packende, keinen Augenblick langweilige Charakterisierungskunst für die Rolle des Julius

Wolff ein. Ausgezeichnet waren auch die anderen: Hermann Thimig als cholerischer Rentier Krüger, Peter P. Jost als „Schriftsteller“, Gerhard Geisler als Schiffer Wulkow, Emmerich Reimers als Mitteldorf, Günter Müller als Amtsschreiber Glasenapp, die reizende Ulli Fessl als Leontine und – last, not least – Monika Bleibtreu als Adelheid.

Die sehr atmosphärischen Bühnenbilder und Kostüme entwarf Fritz Judtmann.

Perücken machen Köpfe

Theaterzettel zu „Der Talisman“ von Nestroy

Von Kindern wird oft behauptet, sie könnten sehr grausam sein. Außenseiter und Hilflose würden bei ihnen kaum auf Gnade zu hoffen haben. Wenn dieses Urteil auch – zum Glück! – nicht auf alle Kinder anzuwenden ist, für die „lieben Kleinen“ trifft es bestimmt zu, die in der guten alten Zeit manchem unglücklichen Menschen mit roten Haaren den Titelvers nachschrien. Der Vers gehört der Vergangenheit an (heute wird mit feinerem Spott vorgegangen), die Befremdung ob roter Haare aber ist noch recht verbreitet. Ja, es gibt sogar ein Theaterstück über dieses Phänomen der Abneigung gegen eine Haarfarbe: Nestroys Posse „Der Talisman“. Ihre Hauptfiguren – der arbeitslose Friseurgehilfe Titus Feuerfuchs und die gutherzige Gänsemagd Salome Pockerl – leiden unschuldig wegen ihrer roten Haare. Mit ihr will niemand tanzen, nicht einmal der hässlichste Bursche, er wird immer wieder ausgelacht, verspottet. Und Titus weiß auch, warum das so ist und immer sein wird: „Das Vorurteil is' eine Mauer, von der sich noch alle Köpf', die gegen sie ang'rennt sind, mit blutige Köpf' zurückgezogen haben.“ Wir sehen, es geht hier gar nicht so sehr allein um die roten Haare, sondern allgemeiner und bedeutender um das Problem der Außenseiter, der von der Gesellschaft missachteten Menschen.

Wie reagieren diese Verstoßenen nun? Salome hat schon resigniert. Nun, da sie Titus trifft, glaubt sie endlich einen Menschen gefunden zu haben, der sie doch eigentlich verstehen und achten müsste, weil er dasselbe wie sie zu leiden hat. Doch der Herr Feuerfuchs will höher hinauf. Eine Gänsemagd – und sei sie ein noch so wertvoller Mensch – ist ihm zu gering. Er will sich, im Gegensatz zu Salome, mit den Feinden verbrüdern, um aus seiner Isolation herauszukommen. Dass ihm die höheren Schichten aber wegen seiner roten Haare verschlossen bleiben, ändert sich schlagartig durch einen Talisman, einen Glücksbringer in Form einer schwarzen Perücke. Ein Friseur, dem er das Leben rettet, schenkt sie ihm.

Mit der neuen Haarpracht beginnt nun im nahen Schloss ein triumphaler Aufstieg für unseren „Helden". Drei verwitwete Damen – die Gärtnerin Flora, die Kammerfrau Constantia und Frau von Cypressenburg, die Schlossherrin –, bemühen sich nacheinander um die Gunst des schönen Mannes. Jede bietet ihm mit deutlicher Koketterie die Kleidung des „seligen Gemahls" an. Er jedoch verlässt Flora, als Constantia Interesse an ihm zeigt, und geniert sich nicht, kurz darauf die Kammerfrau gemein zu verleumden, als ihn die gnädige Frau zu ihrem Sekretär erwählt. Zwischendurch ist noch ein Perückenwechsel notwendig, weil ihm ein erboster Nebenbuhler bei Constantia die schwarze Haarpracht raubt. Doch auch die neuen – diesmal blonden – Locken verhelfen zu keinem dauernden Glück. Der Schwindel wird offenbar, der Abstieg geht so schnell vor sich wie der Aufstieg. Eine dritte, graue Perücke könnte Titus noch zu einem Universalerben machen. So sehr rührt einen reichen Verwandten die Vorstellung, Feuerfuchs sei aus Gram ergraut. Doch da vollzieht sich ein überraschender und heilsamer Wandel im Inneren des „Helden": Er, der beim Aufstieg gar nicht zimperlich gewesen ist, hat beim Sturz einiges gelernt. Der Schein allein verhilft zu keinem dauernden Glück. Titus nimmt den dritten und letzten Talisman vom Kopf. Die drei Damen entfernen sich unwillig (einem vermögenden Mann hätten sie sogar rote Haare verziehen!). Doch um sie ist nicht schade. Salome, die traurig seinen Aufstieg miterlebt hat, voll Angst für ihn seinen Sturz beobachten musste, liebt ihn so, wie er ist. Und Titus begreift endlich, dass auch er nur glücklich sein kann, wenn er sich selbst annimmt samt seinen roten Haaren und seiner gesellschaftlichen Stellung. Werden die beiden jetzt also gemeinsam resignieren? Im Gegenteil! Jetzt erst, nach all den strapaziösen Farbenspielen, beginnt für sie ein echtes Glück.

Die Lösung am Schluss sollte uns daran erinnern, dass der „Talisman“ kein revolutionär-gesellschaftskritisches Stück, sondern eine weise Komödie des Biedermeier ist. (Die Uraufführung fand am 18. November 1840 statt und hat damals sehr gefallen.) Die feinen Herrschaften werden wohl karikiert – Frau von Cypressenburg etwa durch ihr „literarisches“ Getue –, aber der kleine Mann ist auch keine Idealfigur. Mit den genial gehandhabten Mitteln der Sprache zeigt uns Nestroy eine Skala, die von der herzhaft natürlichen Sprache der Salome bis zum geschwollenen Ton im Schloss reicht. Und Titus spricht sich tapfer durch all diese Schattierungen hinauf und hinunter. Die Handlung allein macht also den „Talisman“ nicht zu dem, was er ist, zur vielleicht schönsten und bedeutendsten Komödie Nestroys. Die Sprache erst adelt oder demaskiert die Figuren auf der Bühne – und im Leben. Schon dies allein könnte uns viel zu denken geben.

(Anton Weidinger,
Zeitschrift „Neue Wege“, Wien)

Aufgaben: Sieh dir nach Möglichkeit Aufführungen von Dramen der nachstehend angeführten Dichter an und schreib im Anschluss daran Kritiken:

Shakespeare, Lessing, Goethe, Schiller, Kleist, Hebbel, Grillparzer, Raimund, Nestroy, Gerh. Hauptmann, Hugo von Hofmannsthal, Carl Zuckmayer, Wolfgang Borchert („Draußen vor der Tür“), Fritz Hochwälder, Molière, Gogol, Ibsen, Bernard Shaw, Paul Claudel („Der seidene Schuh“), Ferdinand Bruckner, Friedrich Dürrenmatt.

Probleme erörtern – Stellung nehmen
(Besinnungsaufsatz)

Anmerkung: Der Besinnungsaufsatz ist die schwierigste Aufsatzgattung. Er erfordert ein bestimmtes Maß an griffbereitem Wissen, folgerichtiges Denken (Urteilsvermögen) und eine gewisse Lebenserfahrung. Der Besinnungsaufsatz kann daher frühestens vom 10. Schuljahr an verfasst werden, wenngleich er schon früher in Form von (mündlichen) Erörterungen, Begriffserklärungen und einfachen Stoffgliederungen geübt werden kann. Und selbst auf der Oberstufe wird er durch Diskussionen oder – stofflich – durch das (mündliche) Kommentieren von wissenschaftlichen (philosophischen) Texten, in welchen in irgendeiner Form zum Thema abgehandelt wird, vorbereitet werden müssen. Bei der Aufgabenstellung soll der Lehrer beachten:

a) dass das Thema eine eindeutige, eng begrenzte (Wert)frage enthält, die der Schüler auf Grund seiner bisherigen Lebenserfahrung beantworten kann;

b) dass der Schüler dem Stoff gewachsen ist;

c) dass das Thema mit den erlernbaren Methoden begrifflicher Untersuchung gelöst werden kann.

Prüfe die folgenden zwei Aufsätze und gliedere sie! Vergleiche mit den Facharbeiten! Worin besteht der Unterschied?

Soll eine Schülerin modisch gekleidet sein?

Der Begriff „modisch“ wird oft – unberechtigt – mit „modern“ gleichgesetzt. Der allgemeine Sprachgebrauch verbindet mit Mode und dem sinngemäß abgeleiteten Eigenschaftswort modern die größtmögliche Angleichung an eine augenblicklich propagierte Richtung in Kleidung, Aufmachung, Gehaben und Lebensführung. Der Begriff wird auch in der Kunst verwendet; mit wieviel Berechtigung, soll hier nicht untersucht werden. Er verzichtet auf die Aufnahme des Schönen als wesensbestimmendem Merkmal: Modernes muss – immer nach den umgangssprachlichen Auffassungen – nicht auf alle Fälle und für alle Menschen schön sein.

Gerade das aber ist begriffsbestimmend für das Modische. Nach meinem Gefühl bedeutet modisch eine Erweiterung von modern, eine Bereicherung um ästhetische Attribute. Da man jedoch im Leben selten jemandem etwas dazugibt, ohne ihm woanders etwas wegzunehmen (das gilt auch in der Sprache), so muss modisch sich gegenüber modern einengen lassen. Es verliert den weiten Anwendungsbereich und hat sich mit der Kleidung und der Aufmachung der Frau zu bescheiden. Wenn also eine Frau als modisch gekleidet bezeichnet wird, so ist sie geschmackvoll und gefällig angezogen – sie kann dabei ruhig modern sein. Sie wird gefallen, auch solchen, denen das Verständnis für das Moderne abgeht.

Gefallen zu wollen aber gehört zu den natürlichen Eigenschaften der Frau. Ich hoffe, es besteht nirgendwo die Neigung, die Schülerin einer höheren Schule davon auszunehmen. Dann aber muss man ihr wohl auch die Berechtigung erteilen, modisch zu sein. Ich vermeide hier mit Absicht die Formulierung „gekleidet sein", weil für den Eindruck, den man von einem Menschen bekommt, immer die Gesamterscheinung maßgebend ist, nicht nur die Kleider.

Das äußere Bild des Menschen bestimmen vor allem Nettigkeit, Sauberkeit und Gepflegtsein. Das sind die Grundlagen, auf die man das modische Erscheinungsbild aufzubauen hat. Es wäre abwegig, um den Lippenstift zu kämpfen, wenn die Zähne nicht in Ordnung sind, oder Nagellack über Trauerränder zu schmieren! Anderseits aber können Eltern und Erzieher schwere Fehler machen, wenn sie viel kritisieren. Gerade das heranwachsende Mädchen ist empfindlich und wird leicht unsicher, wenn es das Gefühl hat, unvorteilhaft auszusehen. Die amerikanischen Teenager, die Backfische, denen weitestgehende Freiheit eingeräumt wird, verwenden kein Make-up, betreiben jedoch sehr viel Körperpflege, die ihnen eben dieses Make-up erspart – man kann sie in dem Punkt gewiss als Vorbild für unsere jungen

Mädchen hinstellen. Zur Körperpflege gehört Nagelfeilen geradeso wie Haarpflege und passende Unterkleidung. Dann erst kann man sich den Kopf über die Kleider zerbrechen.

Die Notwendigkeit praktisch gekleidet zu sein, erleichtert die Auswahl. Im Theater einen modernen Hosenanzug zu tragen ist heute durchaus angemessen. Wenn man sich jedoch damenhaft anziehen will, muss man sich auch damenhaft benehmen, und das ist in der Schule recht langweilig. Die Farbenwahl ist einfach. Solange man es sich erlauben kann, soll man alle Farben tragen, auf die man später sowieso verzichten muss, wenn die Jugend vorbei ist.

Das modisch Angezogensein wird oft auch als eine Geldfrage dargestellt. Das stimmt nur zum Teil. Alle Kleider kosten Geld, ob sie schick sind oder nicht. Sie richtig ausgewählt zu haben ist ein Zeichen des Sinnes für das Modische. Leicht kann man sich helfen, wenn man sich Kleinigkeiten selbst anfertigt. Das vermag gewöhnlich eine Schülerin sogar eher als ein Mädchen, das im Berufsleben steht.

Natürlich soll also auch die Schülerin modisch gekleidet sein – doch so, wie es ihrem Typ und ihrem Alter entspricht. Denn vergessen wir nie: Modisch bekleidet zu sein ist eine Sache des guten Geschmacks!

(Brigitte, 16 Jahre)

Theater oder Kino – was ziehst du vor?

Ich bevorzuge das Theater, was aber nicht heißen soll, dass ich nicht auch manchmal ins Kino gehe.

Was ist der Unterschied zwischen einem Theater- und einem Kinobesuch? Da ist an erster Stelle die Stimmung zu nennen. Im Theater wird der vornehme äußere Rahmen noch durch die Abendkleider, besonders bei Festaufführungen, unterstrichen. Im Kino dagegen behält man meist den Mantel an und spricht laut, und oft ist das Publikum rücksichtslos. Die Verbindung mit den Mitwirkenden ist nicht so unmittelbar wie im Theater; bei ausländischen Filmen ertönt nicht einmal die Stimme des Stars. Wenn man hingegen im Zuschauerraum des Theaters sitzt, lebt man mit den Hauptdarstellern mit.

Manche Leute behaupten, dass ein Theaterbesuch zu teuer wäre. Das stimmt nur zum Teil, denn ein Stehplatz kostet weniger als das Programm, und im Kino bekommt man um denselben Preis noch keinen Platz. Ich gehe fast immer auf einen Galeriestehplatz. Das hat gewiss auch Nachteile, denn wenn die Vorstellung um sieben beginnt, muss ich mich schon um fünf Uhr oder noch früher vor der Kasse anstellen. Dafür erlebe ich aber dann einen Abend, von dem ich noch nach Wochen haargenau erzählen kann.

Außerdem ist es für mich eine Genugtuung, mir diesen festlichen Abend mit zwei- oder dreistündigem Anstellen „erstanden" zu haben. Wenn die Vorstellung zu Ende ist, warten viele Besucher noch vor dem Bühnentürchen, um die Schauspieler um ein Autogramm zu bitten. Auch das gehört zu einem richtigen Theaterbesuch – jedenfalls für mich.

Ich gehe zwar häufig mit Bekannten ins Theater, bin aber am liebsten allein, denn da kann ich mich besser der Vorstellung widmen und muss das Theaterglas mit niemandem teilen.

Trotzdem will ich mir kein Urteil über den Wert des Theaters oder des Kinos anmaßen. Ich gehe lieber ins Theater. Warum sollen andere Menschen nicht lieber ins Kino gehen? Also: „Jedem das Seine!"

(Elisabeth, 16 Jahre)

„Wer anderen hilft, verhilft sich selbst zum Glück"

Diesen von Theodor Billroth geprägten Ausdruck zu verstehen, ist nicht einfach. Was hat der berühmte Wiener Chirurg gemeint?

Ich finde, mit dem „Glück" ist nicht materielles Glück gemeint, sondern die Freude, die man empfindet, wenn man jemandem geholfen hat, wenn man Freude bereitet hat.

Es wird jemandem, der dieses Gefühl kennt, sehr schwer fallen, gegen seine Mitmenschen herzlos zu sein.

Das ist gut so, denn in unserer unruhigen, hastigen Zeit, wo mancher die moralischen Verpflichtungen seinem Nächsten gegenüber nur allzugern vergessen möchte, ist Hilfsbereitschaft nötig.

Es ist dieses Gefühl, das Tausende Menschen bewegt, im Fall von Katastrophen ihren Mitmenschen durch Geldspenden zu helfen.

Ohne diese Hilfsbereitschaft wäre der Bestand der Menschheit in Gefahr, denn ohne diese Hilfsbereitschaft wären Millionen von Menschen dem Hungertod oder den Naturgewalten schutzlos ausgeliefert.

Durch diese Hilfsbereitschaft entstanden Organisationen wie das Rote Kreuz, die UNICEF, die UNESCO und wie sie alle heißen. Sie haben nicht nur eine bestimmte Anzahl von Mitgliedern, sondern es entschließen sich immer mehr Menschen, über diese Organisationen anderen, denen es nicht so gut geht, zu helfen.

Diese Ideale der Hilfsbereitschaft und der menschlichen Verbundenheit zu bewahren und zu verbreiten, ist die edelste und wichtigste Aufgabe unserer Zeit. Ich finde, es müsste allen Menschen schon in ihrer Jugend klargemacht werden, dass sie in einer Gemeinschaft leben, in der jeder auf den anderen angewiesen ist.

(Robert, 16 Jahre)

Beachte die folgenden Ratschläge:

In den Überschriften der vorstehenden Aufsätze werden Fragen nach dem Wert einer Sache gestellt. Es sind Wertfragen. Um sie treffend beantworten zu können, müssen wir genau über die Sache Bescheid wissen. Neben der Wertfrage ist also immer auch eine Sachfrage zu beantworten wie bei der Facharbeit. Hier ist das Wesentliche jedoch nicht die Lösung der Sachfrage, sondern die Gedankenführung, das überzeugende Beweisverfahren zur Beantwortung der Wertfrage.

Solche Aufsätze, in denen neben einer Sachfrage auch eine Wertfrage gestellt wird, durch die ein Problem deiner Umwelt wertend gelöst werden soll, werden häufig Besinnungsaufsätze oder Stellungnahmen genannt.

Durch diese Aufsatzgattung sollst du lernen, bei einer ernsthaften Aussprache die wesentlichen Gesichtspunkte zu erkennen, deine Gedanken in geordneter Weise und knapper Form vorzubringen und deine persönliche Entscheidung zu begründen.

Für die Abfassung des Besinnungsaufsatzes gelten dieselben Stilregeln wie für die Facharbeit. (Siehe Seite 225 und Seite 226!)

Beachte jedoch noch Folgendes:

a) Werde dir über die im Thema gestellte Wertfrage klar, auch wenn sie nicht deutlich erkennbar ist!
B e i s p i e l : Es fällt kein Meister vom Himmel.
Wertfrage: Warum muss man vorerst lernen, wenn man ein Meister werden will?

b) Versuche das Thema stofflich zu ergründen!
Hilfen bieten die Fragen W e r ?, W a s ?, W i e ?, W a n n ?, W o ? (bezogen auf die Sache) und W a r u m ?, W o z u ?, W o f ü r ? (bezogen auf Grund, Zweck, Wert).
Die Antworten notiere untereinander und begründe durch anschauliche (konkrete) Bespiele!

c) Nun ordne (gliedere) deine Gedanken und fasse dabei ähnliche zusammen!
Ein S p a n n u n g s g e f ä l l e erreicht man,
indem man über die Sache spricht;
die Fragen lebendig macht und dem Leser zeigt, dass das Problem auch ihn angeht;
die Lösung in kleinen Schritten erarbeitet;
Einwände erörtert;
das Ergebnis zusammenfasst.

d) Jetzt erst schreib den Aufsatz ausführlich nieder! Halte dich aber nicht sklavisch an die oben angeführten Gesichtspunkte! Sie sollen dir nur helfen, nichts Entscheidendes zu vergessen und ein Spannungsgefälle vom Nächstliegenden zum Entfernten oder vom Leichten zum Schwierigen herzustellen.

Aufgaben:

Suche zu den folgenden Themen Stoff und gliedere ihn! Vergleiche deine Gedankengänge anschließend mit jenen im Buch! Arbeite schließlich einige der Themen zu vollständigen Besinnungsaufsätzen aus!

Hat es einen Sinn zu sammeln?

Gedankengang:

Was sammeln wir? Ansichtskarten, Briefmarken, Käfer, Schmetterlinge, Pflanzen, Mineralien, Bilder, Kunstgegenstände, Autogramme, Seltenheiten, Merkwürdigkeiten, Bücher, Münzen u. a. m.

Warum sammeln wir? Spieltrieb, Zeitvertreib, wissenschaftliche Neigung, Kapitalanlage als Triebfeder.

Wie soll man sammeln? Systematisch, mit wissenschaftlicher Vertiefung, mit Beschränkung auf ein Teilgebiet, um möglichste Vollständigkeit zu erreichen.

Wie soll man nicht sammeln? Zwecklos, ungeordnet, ohne wissenschaftliche Vertiefung, mit übertriebenem Aufwand an Geld und Zeit, zu leidenschaftlich.

Warum hat es einen Zweck zu sammeln? Füllt müßige Stunden, bringt Abwechslung und Erholung, schafft Belehrung, fördert unsere Kenntnis von Menschen, Zeiten und Dingen, ist manchmal auch eine gute Kapitalanlage.

Ist der Sport mehr als eine körperliche Betätigung?

Gliederung und Gedankengang:

I. Die Ansicht, dass Sport nur eine körperliche Betätigung sei, ist nicht richtig. Alle Sportarten verlangen auch eine geistige Betätigung, die ebenso zu üben ist wie die körperliche.

II. Notwendige Eigenschaften im Sportbetrieb:
1. körperliche Eigenschaften: gesunde innere Organe (besonders Herz und Lunge), kräftige Muskulatur, scharfe Sinne (besonders Gesichtssinn);
2. seelische und geistige Eigenschaften: Unerschrockenheit, rasche Auffassung und Entschlusskraft, Ausdauer und Willenskraft, Ehrgeiz. – Beispiele aus der eigenen Erfahrung.

III. Sportliche Leistungen setzen sich zusammen aus geistigen und körperlichen Leistungen. Beide müssen geübt und aufeinander abgestimmt werden. Ein kräftiger und gesunder Körper wird erst durch seelische Fähigkeiten und Kräfte in die Lage versetzt, sportliche Leistungen hervorzubringen.

Nur an fünf Wochentagen Unterricht?

Gliederung und Gedankengang:

I. Einleitung: Viele Arbeitnehmer arbeiten nur an fünf Wochentagen. Der Gedanke liegt daher nahe, die Fünftagesschule auch an den höheren Schulen einzuführen.

II. Hauptteil:

Vorteile der Fünftagewoche für Schüler:
a) Anpassung an die Freizeit der Eltern;
b) Zeit für längere Wanderungen und Ausflüge;
c) mehr Zeit zum Erholen und Ausruhen;
d) Verwendung des freien Wochenendes für Einkäufe und Besorgungen;
e) Möglichkeit, Taschengeld zu verdienen;
f) Möglichkeit, im Haushalt und im Garten mitzuhelfen;
g) Möglichkeit, den Lehrstoff eingehend zu wiederholen;
h) Besuch kultureller Veranstaltungen, auch in späten Abendstunden.

Nachteile der Fünftagewoche für Schüler:

a) gleicher Stoff an weniger Unterrichtstagen (starke Belastung);
b) längere Unterrichtszeiten an den übrigen Tagen der Woche;
c) Schwierigkeiten, die Aufgaben zeitgerecht durchzuführen;
d) Abgespanntheit am Montag durch lange Freizeit;
e) Arbeitsrhythmus durch das lange Wochenende gestört;
f) Verkehrsstauungen am Wochenende.

III. Schluss: Meine persönliche Meinung (mit Begründung).

Vom Wert der körperlichen Arbeit

Gliederung und Gedankengang:

I. Einleitung:
Während körperliche Arbeit vielfach verachtet wird („Im Schweiß deines Angesichtes sollst du dein Brot verdienen!"), gilt die geistige Arbeit für manche Menschen als angenehmer, vornehmer, bequemer usw. Es ergibt sich daher die Frage: Ist die körperliche Arbeit weniger wertvoll als die geistige?

II. Hauptteil

1. Körperliche Arbeit ist gesünder, sofern sich der Mensch dabei nicht überanstrengt.
2. Weil man sogleich das Ergebnis sieht, führt die körperliche Arbeit leichter zu „Erfolgserlebnissen", sie befriedigt mehr.
3. Die körperliche Arbeit ist für den geistigen Arbeiter ein Ausgleich.
4. Die körperliche Arbeit wird oft sogar besser bezahlt als die geistige („Handwerk hat goldenen Boden").
5. Die körperliche Arbeit ist für den Bestand der Kultur notwendig.
6. Sie hat ihre eigene Würde.
7. Die körperliche Arbeit führt zum besseren Verständnis der körperlich Arbeitenden und zum Ausgleich von sozialen Ge-

gensätzen. Auch geistig Arbeitende sollten daher ein Handwerk lernen.

III. Abschluss:
Die körperliche Arbeit ist nicht weniger wertvoll als die geistige, wenn sie nicht Sklavenarbeit ist oder rein automatisch verrichtet wird. Wird die körperliche Arbeit freiwillig ausgeführt, ist sie immer gesund, befriedigend und nützlich.

Vor- und Nachteile des Autowanderns

Gliederung:

I. Einleitung: Was versteht man unter „Autowandern"?

II. Hauptteil:
1. Vorteile des Autowanderns:
   Man ist unabhängig von öffentlichen Verkehrsmitteln.
   Man lernt die nähere und weitere Umgebung kennen.
   Weniger schöne Strecken können rasch mit dem Auto durchquert werden.
   Man kann beliebig lange in der Natur wandern und sich das Marschpensum frei einteilen.
2. Nachteile des Autowanderns:
   Das Fahren bringt keine Entspannung, und man ist müde, wenn man mit dem Wandern beginnt.
   Es besteht die Gefahr, dass man zu weit fährt und dann zu wenig Zeit für das Wandern übrig bleibt.
   Das lange Sitzen im Auto ist für den Körper ungesund.
   Man muss immer zum Parkplatz des Autos zurück.

III. Abschluss: Autowandern sieht zwar ideal aus, ist es aber nicht. Es ist nur ein schwacher Ersatz für das Fußwandern ohne vorherige Benützung des Autos.

Können Verkehrsunfälle völlig verhütet werden?

Gliederung:

I. Einleitung: Die Zahl der Verkehrsunfälle nimmt ständig zu. – Anführung der häufigsten Ursachen der Verkehrsunfälle.

II. Hauptteil:
 1. Wie kann ich mithelfen, Verkehrsunfälle zu verhüten:
  als Fußgänger;
  als Radfahrer;
  als Straßenbahnfahrgast;
  als Autofahrer (Einhaltung der Verkehrsregeln, Kontrolle des Zustandes des Fahrzeuges, Vorsicht, Rücksicht, kein Alkohol).
 2. Maßnahmen des Gesetzgebers zur Verhütung der Verkehrsunfälle:
  Verkehrsunterricht in den Schulen;
  bessere Straßen;
  Beseitigung von Verkehrsfallen;
  bessere Beschilderung;
  Reform der Verkehrsordnung;
  Strafen für Verkehrsdelikte; besonders bei Alkoholisierung des Lenkers.

III. Abschluss: Verkehrsunfälle werden zwar nie ganz verhütet werden können, doch könnten sie durch das Zusammenwirken aller Verkehrsteilnehmer weitgehend eingeschränkt werden.

Wo würdest du lieber wohnen, in der Stadt oder auf dem Land?

Gliederung:

I. Einleitung: Begriffserklärung: Stadt – Land. Problem der Landflucht.

II. Hauptteil:
1. Vorteile des Lebens in der Stadt:
mehr Arbeitsplätze, bessere berufliche Aufstiegsmöglichkeiten;
kürzere Anfahrtswege zur Arbeitsstätte;
bessere Einkaufsmöglichkeiten;
mehr kulturelle Einrichtungen (Theater, Konzerte, Ausstellungen, Bildungsstätten);
bessere soziale Einrichtungen (Kindergärten, Spitäler, Altersheime);
mehr Vergnügungsstätten.
2. Vorteile des Lebens auf dem Lande:
gesunder Lebensraum, keine verpestete Luft (keine Fabriken, keine Abgase);
Nachtruhe, kein Verkehrslärm;
keine Reizüberflutung durch Reklame, Licht, Lärm;
Weite, kein Gedränge, Bewegungsfreiheit in der Natur;
bessere soziale Kontakte (jeder kennt den anderen, Geborgenheit in der dörflichen Gemeinschaft);
das eigene Häuschen im Grünen, Gartenarbeit;
auch auf dem Lande gibt es Vergnügungen (Sport, Tanzgruppen, Chor, Radio, Fernsehen, gesellige Zusammenkünfte).

III. Abschluss: deine Entscheidung, z. B. auf dem Lande wohnen, in der Stadt arbeiten.
Zitat aus Gedicht von Anton Wildgans: „Ich bin ein Kind der Stadt".

Von welchen Gedanken soll man sich bei der Berufswahl leiten lassen?

Gliederung und Gedankengang:

I. Einleitung: Bedeutung der Berufswahl. Entscheidung fürs weitere Leben (Erfolg, Zufriedenheit, Wohlstand, Persönlichkeitsentfaltung). Bespiele anführen. Daher gründliche Überlegung nötig.

II. Hauptteil: Gesichtspunkte für die Berufswahl

1. Neigung

   Zu einem Beruf soll man sich „berufen“ fühlen (Idealfall), es soll eine ausgeprägte Neigung dafür vorhanden sein. Der Beruf soll einem Freude bereiten, er soll nicht ausschließlich dem Gelderwerb dienen oder eine bloße Beschäftigung darstellen. (Begründung durch Beispiele aus der persönlichen Erfahrung). Rat der Eltern oder Verwandten stimmt nicht immer mit Neigung überein, ebenso nicht die zufällige Gelegenheit, eine bestimmte, gut bezahlte Stelle zu erhalten, weil ein Verwandter sie vermitteln kann. Andererseits gründet der wohlmeinende Rat der Eltern auf Lebenserfahrung, die eigene Neigung kann vorübergehend sein. Als „Geschäftserbe“ winkt gesicherte Existenz, Selbständigkeit.

   Was beeinflusst die Neigung? Vorbildwirkung bestimmter Personen aus der Umgebung, Werbung für manche Berufe, persönliche Erlebnisse und Beobachtungen, Erfahrungen, der Film (gibt oft nur Scheinbild der Wirklichkeit). Meist werden bei der Berufswahl auf Grund der Neigung die Schattenseiten nicht bedacht, was später leicht zu einem Berufswechsel führen kann. Wie kann man sich über einen Beruf informieren? (Gespräche mit einem Menschen, der diesen Beruf seit Jahren ausübt; Probezeit; Berufsberater; Lesen von Informationsschriften).

2. Eignung

   Neigung allein genügt nicht, auch die für den Beruf nötige Eignung muss vorhanden sein. Körperliche, geistige, seelische Eignung (Beispiele bei einzelnen Berufen aus deiner Erfahrung anführen, welche seelischen und geistigen Eigenschaften). Ungeeignete werden „Nieten“. Eignung ohne Neigung führt andererseits zur freudlosen Beschäftigung, zum bloßen Gelderwerb.

3. Berufsaussichten

   Besteht in dem Beruf, welchen du ergreifen willst, Nachwuchsmangel, oder muss mit einer langen Wartezeit gerechnet werden? Beispiele anführen. Kann eine lange Wartezeit verantwortet werden? Unter welchen Bedingungen nur?

4. Materielle Erwägungen
Die Bezahlung. Sie soll nicht der alleinige Grund für die Wahl eines Berufes sein. Wie lange währt die Ausbildung? Sind die Ausbildungskosten für die Eltern tragbar? Macht sich die lange Ausbildung bezahlt? (Besonders bei Mädchen zu bedenken, die oft nach wenigen Jahren die Erwerbstätigkeit aufgeben.) In welchen Berufen bestehen besonders lange Ausbildungszeiten (z. B. Arzt), in welchen kurze? (Verwaltungsbeamter, unmittelbar nach der Reifeprüfung Verdienst.) Manche Berufe bieten gute Bezahlung, doch geringe Sicherheit (Saisonberufe), andere geringe Anfangsbezüge und wenige Aufstiegsmöglichkeiten, doch „Lebensstellung" (Lehrer). Selbständige Tätigkeit möglich, oder lebenslange Unterordnung?

III. Zusammenfassung: Wie soll man sich daher entscheiden? Dein eigenes Beispiel: Du wählst unter den Berufen mit Nachwuchsbedarf jenen aus, zu dem du die größte Neigung und die beste Eignung besitzt und bei welchem du bei Fleiß auch materielle Erfolge erwarten kannst (z. B. die Möglichkeit, sich selbständig zu machen).
Vor allem soll der Rat der Lehrer und des Psychologen (hinsichtlich der Eignung) sowie des Berufsberaters (hinsichtlich der Berufsaussichten) eingeholt werden. Informationsschriften lesen, die Leute bei ihrer Arbeit beobachten, sich bei ihnen erkundigen. Bei gründlicher Überlegung werden Fehlgriffe ausgeschlossen, und die Berufstätigkeit führt zur Erfüllung aller Erwartungen; der Beruf wird zur „Berufung".

Wodurch haben die Gemeinschaften, in denen du bisher gelebt hast, zur Bildung deiner Persönlichkeit beigetragen?

Gliederung und Gedankengang:

I. Einleitung: Klärung der Begriffe „Gemeinschaft" und „Persönlichkeit".

II. Ausgangsgedanke: Die Menschen leben in Gemeinschaften, sie sind an Gemeinschaften gebunden, auf sie angewiesen (Familiengemeinschaft, Schulgemeinschaft, Jugendverein, religiöse Gemeinschaften, Arbeitsgemeinschaften, Ehegemeinschaft, Volksgemeinschaft u. a.).

III. Gemeinschaften fördern die Entwicklung der Persönlichkeit:

1. Die Familiengemeinschaft schafft die Grundlage aller sozialen Tugenden. Den Eltern gegenüber: Liebe, Pietät, Gehorsam, Dankbarkeit, Entwicklung des Gefühlslebens; den Geschwistern gegenüber: Beschränkung der Eigensucht, Pflege der Hilfsbereitschaft, der Verträglichkeit, der gegenseitigen Achtung, Verständnis für die Rechte des anderen.

2. Die Schulgemeinschaften helfen die Verstandeskräfte zu entfalten:
   a) Wir lernen klare Begriffe zu bilden, bekommen Einblick in die Zusammenhänge der Natur und des Lebens, entwickeln unsere Urteilsfähigkeit, bekommen Verständnis für die Kunst (Musik, Literatur, bildende Kunst).
   b) Wir werden zur Pünktlichkeit und Genauigkeit, zur Selbsterkenntnis und zur gewissenhaften Pflichterfüllung erzogen.
   c) Wir lernen uns durch Rücksichtnahme auf die Mitschüler in die Klassengemeinschaft einzufügen. Wir lernen miteinander an einem größeren Ganzen zu schaffen.

3. Die Jugendverbände tragen besonders zur Ausweitung des Gemeinschaftsgefühls bei:
   a) Wir erleben die Kameradschaft und die wahre Freundschaft.
   b) Wir entwickeln unser Verantwortungsbewusstsein in Selbstverwaltung (Grundlage künftigen staatlichen Denkens).

4. Die religiösen Gemeinschaften erziehen zur Ehrfurcht vor dem Höchsten:
   a) Wir lernen die höchsten sittlichen Gebote kennen.
   b) Durch die Religion wird das Gewissen und das Bewusstsein der Verantwortlichkeit vor Gott vertieft.

c) Religiöse Bräuche entwickeln und vertiefen die religiösen Gefühle.

IV. Schlussgedanke: Die meisten Jugendlichen gehören diesen Bildungsgemeinschaften gleichzeitig an, sie wirken gleichzeitig mit. Sie schaffen die Grundlage für das rechte Verhalten in der Berufs-, der Ehe- und der Volksgemeinschaft, die wieder besondere Forderungen an den Menschen stellen.

Ausgearbeitete Beispiele von Schülern:

Gliedere und exzerpiere sie!

Ist es mit dem Sinn des Studiums vereinbar, dass ein modernes Mädchen die Betreuung einer Familie und die Führung des Haushaltes als Lebensziel betrachtet?

Durch die Industrierevolution im 19. Jahrhundert änderten sich die Gesellschaftsschichten und auch die Stellung der Frau. Sie musste gleich dem Manne einen Beruf ausüben. Daher hatte sie auch das Recht eine Universität zu besuchen.

Anfangs war es für ein Mädchen sehr schwierig, sich seinen männlichen Kollegen gegenüber zu behaupten. Die Männer sahen und sehen heute noch die Frau nur als Hausfrau und Mutter, sie konnten sich nicht vorstellen, dass man das erworbene geistige Gut auch bei der Betreuung einer Familie gebrauchen kann. Das studierende Mädchen konnte sich durchsetzen, obwohl es sich dadurch auf eine doppelte Rolle vorbereiten muss, nämlich auf die Pflichten seines Berufes und die Aufgaben einer Hausfrau und Mutter.

Das Studium beginnt schon nach der Elementarschule, wenn man eine allgemein bildende höhere Lehranstalt besucht. Es gibt für Mädchen realistisch und humanistisch ausgerichtete Schultypen, doch auch eine Richtung mit praktischen Fächern. Unser Schultyp, nämlich das wirtschaftskundliche Realgymnasium, bietet den Schülerinnen Allgemeinbildung, denn es werden Sprachen, Literatur, Geschichte, Geografie, Mathematik etc. unterrichtet. Vor allem aber werden viele praktische Fächer gelehrt, die für das spätere Leben sehr nützlich sein können. – Ich denke an Pädagogik; wie gut ist es, wenn man über gute und erfolgreiche Kindererziehung, abgestimmt auf die Entwicklung des Kindes, Bescheid weiß. – Auch das Unterrichtsfach Kochen und Hauswirtschaftskunde ist nützlich, denn wer den Haushalt gut führen kann, dem bleibt mehr Zeit für andere Tätigkeiten.

Nach der Ablegung der Reifeprüfung tritt man entweder sofort in das Berufsleben ein, oder man entschließt sich eine spezialisierte Ausbildung zu erstreben.

Das Universitätsstudium lässt das Mädchen gleichberechtigt in der akademischen Führungsschicht am wirtschaftlichen, politischen und kulturellen Leben eines Staates mitwirken. Es ist aber nicht immer leicht, wenn man als gebildete Frau auch noch eine Familie und einen Haushalt betreuen muss. Man muss einen Mittelweg finden, um beiden Aufgaben gerecht zu werden.

Eine bekannte Dame ist Mutter von zwei Kindern und Gattin eines aktiven Politikers, trotzdem übt sie ihren erlernten Beruf, nämlich Betriebspsychologin, aus. Beruf und Heim lassen sich vereinbaren, da sie nur am Vormittag arbeitet, nachmittags ihre Kinder bei Schularbeiten und Spiel betreut. Am Abend wertet sie die Testlösungen aus oder versorgt den Haushalt. Oft jedoch muss sie mit ihrem Gatten gesellschaftlichen Verpflichtungen nachkommen: Sie tut es gerne, denn auch auf diesem Gebiet kann sie auf Grund ihrer Allgemeinbildung mitreden und mitwirken. Manchmal klagt sie jedoch über Müdigkeit und Überanstrengung. Das glaube ich gerne! Doch ihr Idealismus, ein großes Aufgabengebiet zu besitzen, gibt ihr die Kraft und Freude an der Ausübung ihres Berufes.

Dieses Beispiel zeigt deutlich, wie notwendig gute Allgemeinbildung zur Betreuung einer Familie ist; andererseits beweist es aber auch, dass die Frau durchaus nicht auf eine Berufsausbildung verzichten muss.

Es gibt jedoch auch kürzere Studien nach der Matura. Zur Erlernung aller Sozialberufe benötigt man den Besuch einer Fachschule, deren Dauer drei Jahre beträgt. Auch dieser Berufszweig kann einer Hausfrau und Mutter helfen. Der Sozialberuf verlangt von den Menschen, die ihn ausüben, sehr viel Idealismus, Nächstenliebe und Geduld. Diese Eigenschaften sollte auch eine Ehefrau und Mutter besitzen.

In unserer Zeit des Erfolges trachtet jeder einen möglichst gut bezahlten Beruf zu bekommen. Sicherlich ist Geld notwendig, um sich eine Existenz aufbauen zu können, doch sollte ein Studium nicht nur um des Geldes willen absolviert werden. Ein Beruf soll doch Freude bereiten und nicht nur Mittel zum Zweck werden.

Oft jedoch muss die Frau im Beruf stehen, um die Familie mitzuerhalten; sie muss dann abends, wenn sie müde und abgespannt nach Hause kommt, die Wohnung zusammenräumen, kochen und sich noch mit den Kindern beschäftigten. Leider leiden diese am meisten, wenn ihre Mutter arbeiten muss, denn eine Großmutter oder eine Erzieherin in einem Heim kann niemals die Mutter ersetzen. Darum sollte jede Mutter, wenn es irgendwie zu verantworten ist, wenigstens die ersten Lebensjahre bei ihren Kindern bleiben.

Ein Studium kann jedem modern denkenden Mädchen nur von Nutzen sein, denn es wird dadurch weltoffener und betrachtet seinen natürlichen Beruf, nämlich den der Gattin, Mutter und Hausfrau, nicht als Bürde, sondern als Aufgabe jeder Frau. Sie muss deshalb noch lange nicht ein „Hausmütterchen“ werden, denn Beruf und Heim lassen sich durchaus vereinbaren.

Ich glaube schon, dass die Aufgaben als Hausfrau und Mutter heute noch ein erstrebenswertes Lebensziel sind. Studium oder besondere Ausbildung können dabei nur helfen, und es ist durchaus möglich, das erworbene Wissen im praktischen Leben, sei es im Umgang mit der Familie oder sei es im Beruf, anzuwenden.

(Evelyne, 17 Jahre)

Macht und Ohnmacht des Menschen von heute

Die ersten Menschen standen den Schätzen der Natur ratlos gegenüber und wussten nicht, was sie damit anfangen sollten. Der Mensch aber ist zum Denken und Handeln geschaffen. Er dachte also, suchte, fand und handelte. Über die verschiedenen Stufen der Entwicklung der Menschheit gelangte man schließlich zum Menschen von heute.

Auch wir denken und streben, aber nicht mehr nach so primitiven Dingen wie Feuer und Eisen. Oh nein! Das haben schon die anderen gefunden. Man baut Raketen, besetzt sie mit Menschen und schleudert sie mit ungeheurer Kraft in den Weltraum. Es genügt uns nicht, Macht über die Erde zu haben, wir wollen auch das All erobern. Wie viele dieser Astronauten sind bei ihrem Flug in das Ungewisse zugrunde gegangen? Auf diese Frage schweigt man, denn es ist eine Schwäche der Menschen, ihr Versagen nicht gerne eingestehen zu wollen.

Krieg, das ist ein schreckliches Wort, doch es ist das Symbol der Macht der Menschen über das Leben. Mit einer einzigen – relativ kleinen – Bombe kann das Leben von Millionen Menschen vernichtet werden. Die, die diese Mordinstrumente abwerfen lassen, sind die Mächtigen, die, die beworfen werden, müssen sterben.

Das Flugzeug ist eine gewaltige und auch zweckmäßige Erfindung. In einer Stunde ist man in London und in fünf Stunden in Amerika. Kein Hindernis braucht man zu überwinden. Und dann stellt sich doch ein Hindernis, ohne dass man es sieht, in die Flugbahn, wie zum Beispiel der Mont Blanc, und hundert Menschen finden den Tod. – Der Flug ist schon so gut wie ohne Zwischenfall verlaufen und bei einer etwas ungeschickten Landung zerbricht die Maschine in einem Acker, und kein Passagier und kein Besatzungsmitglied bleibt am Leben.

Es ist nicht ganz richtig, wenn man sagt, der Mensch habe gar keine Macht, wenn es um das Sterben geht. Man ist heute so weit, nahezu alle Organe des Menschen durch Kunststoffnachbildungen ersetzen zu können. Sogar durchlöcherte Herzen werden mit „Ventilen“ ausgewechselt. Es ist auch möglich, in einer Herz-Lungen-Maschine sein Leben abzubüßen.

Das geht nur, solange der Mensch brav zu Hause bleibt und sich nicht den Gefahren des Lebens aussetzt. Und diese Gefahren beginnen schon auf der Straße. Er verunglückt tödlich, und keine Macht der Welt kann ihn wieder zum Leben erwecken. Ahnungslos übt er auf einem Schihang und erfreut sich der herrlichen Landschaft, als ihn plötzlich eine Lawine in die Tiefe reißt und der Schnee ihm zum Grab wird. Erdbeben, Vulkanausbrüche und Überschwemmungen vernichten Leben, und der Mensch steht den Naturgewalten machtlos gegenüber.

„Doch weiter strebt der Mensch.“ Vielleicht gelingt es ihm einmal zu verhindern, dass Kriege ausbrechen, Flugzeuge abstürzen, Lawinen niedergehen und Vulkane Lava und Asche ausspeien, vielleicht gelingt es ihm sogar, Tote zum Leben zu erwecken oder überhaupt Menschen künstlich herzustellen. Es wird jedoch die Stunde kommen, in der Macht und Ohnmacht eins werden und zerfließen – und dann hat Gott das Wort.

(Lore, 16 Jahre)

Wie kann die junge Generation zur Einigung Europas beitragen?

Wie wird nach Ihrer Meinung die Einigung Europas in den kommenden Jahren vor sich gehen – eine Einigung, die auf die Eigenart der verschiedenen Völker Rücksicht nimmt?

Wenn wir in der Geschichte Rückschau halten, fällt uns das Entstehen immer neuer Gemeinschaften auf, die mit der fortschreitenden Entwicklung der Menschen wuchsen und langsam alle Teilbereiche des menschlichen Lebens auszufüllen vermochten. Es ist ein weiter Weg von den Haus- und Sippengemeinschaften der Urvölker über die zahlreichen kleinen Fürstentümer des Mittelalters bis zu den modernen Staatsgebilden des 20. Jahrhunderts. Und doch ist die Entwicklung noch immer im Fluss, immer näher und näher rücken die Menschen zusammen, bis schließlich am Ende dieser Entwicklung der alles umfassende globale Staat, der Weltstaat stehen wird, in dem alle Bürger dieser Erde sich zur Zusammenarbeit bereit finden werden.

Mag die Verwirklichung dieses Wunschtraumes auch noch in ferner Zukunft liegen: Wir Europäer müssen uns der zündenden Kraft dieses Gedankens bewusst sein, um unser nächstes Ziel, die Vereinigten Staaten von Europa, zu erreichen. – Der Nörgler und Besserwisser gibt es viele; an allem und jedem, was bisher zur Einigung Europas geschehen ist, haben sie etwas auszusetzen. Diese ungeduldigen Kritiker bedenken nicht, dass eine solche gewaltige Idee, wie die Europaidee, Zeit braucht, ehe sie eine endgültige Gestalt annimmt; sie wissen nicht, dass alles, was von Dauer und bleibendem Wert ist, erst langsam wachsen muss, organisch werden muss. Nicht durch einen Federstrich auf einem Blatt Papier, aber noch viel weniger durch Waffengewalt kann dieses neue Europa entstehen. Das lehrt uns die Geschichte deutlicher, als wir es wünschen. „Einigungsversuche“ wurden schon viele unternommen. Da war das jahrhundertelang währende Intrigenspiel der europäischen Dynastien um die Beherrschung des Kontinents. Die Mittel zur Erreichung dieses Zieles schwankten je nach Macht und Stärke des Herrscherhauses zwischen allerlei diplomatischen Tüfteleien und der Anwendung roher Gewalt. Napoleon glaubte sich zu Beginn des vorigen Jahrhunderts stark genug, um die Gewaltlösung wählen zu können. Schließlich wurde in unserem Jahrhundert von Adolf Hitler der auch so kläglich im Sande verlaufene Versuch einer „Neuordnung Europas“ unternommen. Diese Wahnsinnstaten mussten mit dem Blute von Millionen bezahlt werden.

Und doch haben sie auch ihre guten Seiten: Wir jungen Europäer von heute haben aus den Fehlern und Irrtümern vergangener Generationen gelernt. Wir wissen, dass Europa nicht mit Blut und Eisen regiert werden kann, wir wissen, dass keine Gewaltlösung von Dauer sein kann. Und damit wissen wir, dass nur der echte, unerschütterliche Glaube an die Toleranz, an die Achtung vor der Lebensweise, der kulturellen Unterschiedlichkeit anderer europäischer Völker uns jenes

Europa bescheren wird, von dessen endgültiger Gestalt wir nur eine teilweise Vorstellung haben, dessen Konturen wir aber nichtsdestoweniger klar erkennen.

Auf alle Fälle wissen wir, wie ein vereintes Europa nicht aussehen darf, und damit wissen wir eigentlich schon sehr viel. Weil es nicht das Produkt einer Gewaltlösung sein kann, wissen wir, dass ein vereinigtes Europa vor dem östlichen Europa nicht ein jähes Ende nehmen darf. Die nähere Zukunft lässt uns freilich nicht hoffen, dass das ehemals kommunistische Osteuropa in irgendeiner Weise in die europäische Integration miteinbezogen werden kann. Zwischen Diktatur und Demokratie gibt es eben keinen Kompromiss, man kann Wasser nicht mit Feuer vermengen. – Aber in der Ferne, irgendwo am weltgeschichtlichen Horizont, leuchtet selbst hier ein Hoffnungsstrahl auf. Es deutet alles darauf hin, dass die fortschreitende Demokratisierung und Humanisierung Osteuropas – ob sich die Demokratie evolutionär oder revolutionär entwickelt – hoffen lässt, dass Osteuropa die Verbindung mit Westeuropa suchen wird, ja suchen muss.

Früher erforderte die politische und wirtschaftliche Lage, durch die Auseinandersetzung zwischen Ost und West gekennzeichnet, dringender denn je eine Zusammenfassung aller demokratischen europäischen Kräfte. Aber nicht wie früher wollen wir Europäer durch unsere Stärke die Welt beherrschen, etwa durch eine Restaurierung unserer Kolonialpolitik, sondern wir wollen helfen, vermitteln, ausgleichen. Vor allem wollen wir den Kolonialvölkern von gestern die Hand reichen, wir wollen in ihnen gleichberechtigte Partner im politischen und wirtschaftlichen Verkehr sehen.

Das alles aber können wir nur, wenn wir einig und stark sind. Die Erfahrung hat gezeigt, dass die politische Stärke der einzelnen Länder im Wesentlichen von ihrer ökonomischen Kraft bestimmt wird. Diese ist wieder weitgehend vom Ausmaß der Industrialisierung abhängig. Die moderne Industriepolitik steht im Zeichen der Rationalisierung und Automation, deren Erfolg große Absatzmärkte zur Voraussetzung hat. So kann es nicht überraschen, dass die politischen Weltmächte – Russland und die USA – gleichzeitig auch wirtschaftliche Mächte sind, die die Möglichkeit haben, in Großräumen ihre Wirtschaft zu entwickeln. Vor allem das Fehlen dieser Möglichkeit war es, das den alten europäischen Industriestaaten in ihrer wirtschaftlichen Expansion Grenzen gesetzt hat. Dies um so mehr, als sie nach zwei Weltkriegen ihren politischen Einfluss – und Hand in Hand damit auch teilweise den wirtschaftlichen – in den Überseegebieten eingebüßt haben. Ein Zusammenschluss der europäischen Staaten würde der Zersplitterung der europäischen Volkswirtschaft ein Ende setzen und vor allem der Industrie Europas die Chance eröffnen, in derselben großzügigen Weise zu planen, wie dies die beiden Weltmächte, wenn auch im Rahmen verschiedener Wirtschaftssysteme, getan haben. Die Frage der Einigung Europas ist somit keineswegs allein eine kulturelle und politische, sondern eine eminent wirtschaftliche. Die bloße Addition der vorhandenen Wirtschaftskräfte in den westeuropäischen Staaten ergibt eine Leistungskapazität, die ebenso groß ist wie die der USA oder Russlands. Dabei ist außerdem zu berücksichtigen, dass ein solcher Zusammenschluss aller Voraussicht nach zu einer raschen Steigerung des volkswirtschaftlichen Potentials führen würde, wie das bereits jetzt in der „Europäischen Union" zu erkennen ist.

Diese EU, das Vereinigte Europa, könnte uns als Modellfall dafür dienen, wie das Europa von Morgen auszusehen hat. Der Abbau aller Zölle und Kontingente, der freie Austausch der Arbeitskräfte innerhalb der Länder – um nur einige der Koordinierungsmaßnahmen zu nennen –, das beeindruckt uns junge Europäer. Die Krone dieses Zusammenschlusses wird nach Abschluss der wirtschaftlichen Integration das erste wirkliche europäische Parlament sein. Die Verfassung der EU muss selbstverständlich darauf Rücksicht nehmen, dass es sich bei ihren Mitgliedsstaaten um Staaten mit unterschiedlicher Kultur handelt.

Denn die europäischen Völker sind nicht nur infolge der Verschiedenheit ihrer Sprache, sondern schon auf Grund ihrer Natur und ihrer Traditionen stark verschieden. Mit der Vorstellung eines Landes entsteht in uns auch zwangsläufig das Bild eines bestimmten Menschentyps. Wer kennt nicht den Typ des liebenswürdigen Franzosen, des reservierten Engländers, des schwermütigen Russen, des gemütlichen Österreichers, des arbeitsbesessenen Deutschen, des kühlen, aber gastfreundlichen Skandinaviers? – Und doch: Sind diese „Typen" angesichts der besonders auf wirtschaftlichem und technischem Gebiet revolutionären Entwicklung nicht manchmal etwas untypisch?

Coudenhove-Kalergi hat in seinem Werk „Held oder Heiliger" (1927) erstmals von einer „europäischen Seele" gesprochen. Er erklärt sie vor allem aus der Gemeinschaft des Klimas. – Aber abgesehen vom Klima haben neben unserer modernen Industriegesellschaft auch das Hinauswachsen von Wissenschaft und Kunst, von Philosophie und Weltanschauung über die nationalen Bereiche, aber auch das Bewusstsein gemeinsamer kultureller und politischer Vergangenheit und das Bewusstsein des gemeinsamen Schicksals in Gegenwart und Zukunft tatsächlich eine „europäische Seele" geprägt. Und darum ist Europa schon heute eine auf echt organische Weise gewachsene Gemeinschaft. Hier sind Geist und Kultur nicht nach Paragrafen verschmolzen worden, und man wird sich auch in Zukunft davor hüten, so etwas zu tun. Denn trotz aller Gemeinsamkeit bleibt die Verschiedenheit. Wir wollen einander ergänzen und befruchten, wir wollen austauschen und uns einander näher bringen. – Vor allem aber müssen wir bedenken, dass Europa eine „Einheit in der Vielheit" sein soll, und wo sonst als vor allem auf kulturellem Gebiet sollte dieses kluge Wort seine Gültigkeit haben?

Die Verfassung der EU in Form eines Bundesstaates, wie wir ihn in Österreich und Deutschland haben, wäre eine gute Lösung; kein Zentralismus, ein echt föderalistischer Aufbau des Staates von unten nach oben. Bei aller wirtschaftlichen und politischen Integration blieben den autonomen Länderregierungen genügend Rechte. Die kulturelle Eigenständigkeit würde auf diese Art niemals gefährdet. Auf wirtschaftlichem Gebiet müsste in der Übergangszeit durch Hilfsmaßnahmen der stärkeren zugunsten der schwächeren Staaten genügend dafür gesorgt werden – wie dies tatsächlich im EU-Vertrag vorgesehen ist –, dass die Schwachen in ihrer wirtschaftlichen Existenz nicht gefährdet werden.

Groß sind auch die Aufgaben gegenüber den frei gewordenen Kolonialvölkern. Frankreich vor allem wird seine Verpflichtungen im

Rahmen der „Communauté“ viel leichter erfüllen können, wenn ihm die andern EU-Staaten durch die Schaffung eines Entwicklungsfonds unter die Arme greifen.

Immer mehr Staaten wollen in die EU aufgenommen werden, andere wieder, wie etwa die Schweiz und Norwegen, sind mehrheitlich gegen die Aufnahme. Daraus ergibt sich die Frage nach den Aufnahmekriterien.

Die EU ist nicht bloß eine Wirtschaftsgemeinschaft, sondern auch eine Staatengemeinschaft, welche die gleichen demokratischen Werte anerkennt. Erst wenn die künftigen Mitglieder in politischer und wirtschaftlicher Hinsicht gewisse Voraussetzungen erfüllen (keine Staatsverschuldung, wirtschaftliche Produktivität ähnlichen Umfanges), können sie in die EU aufgenommen werden, da ihre Aufnahme sonst große Nachteile für die bisherigen Mitglieder, vor allem in wirtschaftlicher Hinsicht, hätte. Sollen doch die neuen Mitglieder den anderen nicht zur Last fallen. Man befürchtet, dass eine Vergrößerung der EU zu einer vermehrten Zuwanderung aus den neuen Mitgliedsstaaten führen könnte und als Folge davon zu einer erhöhten Arbeitslosigkeit. Kleinere Staaten befürchten außerdem, dass bei einer großen Mitgliederzahl ihre Interessen von den Großmächten (Deutschland, Frankreich, Großbritannien und Italien) nicht genügend berücksichtigt werden könnten.

Die Frage ist auch, welche gesetzlichen Regelungen die Kommissare und der europäische Rat treffen sollten, welche die einzelnen Regierungen. Es gibt also noch viele offene Fragen. Aber warum sollte das, was in Nordamerika möglich war, nicht auch in Europa verwirklicht werden können, in einem Europa, zu dem auch Russland, die Ukraine oder die Balkanstaaten gehören? Das brächte sicher für alle Europäer den ewigen Frieden. Bei gutem Willen ließen sich aber alle Schwierigkeiten überwinden.

Überhaupt ist für die weitere europäische Einigung das Wollen entscheidend. Dieser politische Wille muss zuerst den wirtschaftlichen Zusammenschluss herbeiführen, dann ist es leichter, die politische Integration zu verwirklichen. Wir können uns hier ein Beispiel aus der Geschichte vor Augen führen: Der Deutsche Zollverein wurde 1844 gegründet, er stimmte die Wirtschaft der einzelnen Fürstentümer aufeinander ab, die Zollschranken wurden abgebaut. Ohne ihn hätte das Deutsche Reich 1871 in Versailles wohl kaum aus der Taufe gehoben werden können. Aber auch zur wirtschaftlichen Integration ist, wie gesagt, der politische Wille Voraussetzung. Und merken wir uns das eine: Je mehr dieser politische Wille von einer echten Sehnsucht nach Einigung, von echtem Zusammengehörigkeitsgefühl getragen wird und je weniger er von machtpolitischen Notwendigkeiten diktiert wird, desto besser ist es für Europa, ist es für uns alle.

Die jungen Europäer von heute sind kritisch geworden. Sie werten und prüfen sorgfältig, eine gewisse gesunde Skepsis zeichnet sie aus, sie sind misstrauisch gegenüber der hohlen politischen Phrase geworden, der sich mit Vorliebe Regimes bedienten, die alles versprachen, aber nichts zurückließen als ein Meer von Blut und Tränen. Anderseits aber übernehmen die jungen Europäer willig und entschlossen das Erbe der ruhmvollen abendländischen Kultur. Wir sind dessen bewusst, welche Vielfalt unser Kulturerbe auszeichnet, und darum wissen wir, dass der Bau des Gebäudes, in dem wir morgen wohnen werden, ein unendliches Maß an Geduld und Verständnis seitens aller Beteiligten erfordert.

Darum wollen wir es der älteren Generation nicht zum Vorwurf machen, wenn sich die Einigung unseres Kontinents bisher nicht in dem von uns erstreben Rahmen und in dem von uns gewünschten Tempo vollzogen hat. Aber eines wollen wir doch der älteren Generation und vor allem den in Europa heute verantwortlichen Politikern sagen: Seid nicht engstirnig, nicht kurzsichtig, treibt keinen Chauvinismus, verkauft nicht eure Idee und Überzeugung gegen materielle Vorteile, tut vielmehr das Gegenteil: Verzichtet auf „gewisse Souveränitätsrechte" zugunsten der großen Einigung, handelt nicht im engen Rahmen realpolitischer Notwendigkeiten, sondern lasst euch von der großen Europaidee beflügeln! Denkt und fühlt über die engen Grenzen eurer routinemäßigen tagespolitischen Tätigkeit hinaus, dann wird durch euren Schwung und eure Kraft Europa den richtigen Weg gehen!

Und wir wissen, dass ihr darauf Wert legt, dass ihr euch darüber freut, wenn wir auch sagen: Die Unterstützung der Jugend ist euch gewiss, sie steht hinter euch, sie ist nicht ohne Ideale, in ihr schlummert Kraft, die zum Durchbruch kommt, wenn es Ideale hochzuhalten gibt. Die Jugend erwartet das verheißungsvolle Erbe, das sie morgen von euch empfangen darf. Sie wird weiter Stein auf Stein setzen, sie wird mit Idealismus fortsetzen und vollenden, was ihr begonnen habt: die Vereinigten Staaten von Europa.

(Manfred Partmann, 18 Jahre)

Viele junge Europäer wenden sich zur Zeit in immer stärkerem Maße den Naturwissenschaften und der Technik zu. Inwiefern ist diese Entwicklung vereinbar mit der geistigen Tradition Europas?

Die Hinneigung zu den Naturwissenschaften und zur Technik ist in unserer Gegenwart nicht für Europa, sondern für die ganze zivilisierte Welt kennzeichnend. Die Jugend aller Länder wendet sich der Erforschung der Geheimnisse der Natur und der praktischen Anwendung der gewonnenen Erkenntnisse mit Begeisterung und in einem früher nicht für möglich gehaltenen Ausmaß zu. Dies findet seine Erklärung darin, dass Naturwissenschaft und Technik die große Signatur unserer Gegenwart und voraussichtlich auch der kommenden Jahrhunderte bilden und dass die meisten der Probleme, welche der menschliche Geist sich nunmehr stellt und die zu lösen er entschlossen ist, fast durchwegs Probleme der Veränderung und der Beherrschung der Natur sind.

Eine so großartige Technik, wie es die abendländische ist, die heute der gesamten Welt ihre Prägung aufgedrückt hat, hat es im Altertum und auch in anderen Kulturen nicht gegeben. Weder antike Sonnen- noch Wasseruhren, weder griechische Ruderschiffe noch römische Kriegsmaschinen, weder architektonische Bauten, Wasserleitungen und Leuchttürme des Altertums noch die feineren Erzeugnisse der damaligen Schmiede- und Handwerkstechnik können sich ernsthaft mit unseren Leistungen auf diesen Gebieten vergleichen. Seit der Entstehung des eigentlichen Abendlandes um das Jahr 1000 nach Christi Geburt war es das Bestreben der Europäer, die Natur zu erforschen.

In diesem Sinne ist die Hinneigung zur Technik und zum technischen Denken beste abendländische Tradition. Der europäische Mensch hat als besonderes Geschenk Gottes eine Entdecker- und Erfinderseite erhalten, und er hat dieses Geschenk benützt, um nach und nach die ganze Welt nach seinem Bilde zu formen. Die geistige Tradition Europas, auch wenn sie vom Christentum und von der Antike herstammt, ist niemals eine rein philosophische, rein religiöse oder rein künstlerische Haltung gewesen; sie ist von allem Anfang an, das heißt, sobald man also von Europa im kulturellen Sinn reden konnte, vor allem eine naturwissenschaftliche Tradition gewesen.

Es mag für jedes Volk einen Typus geben, der ihm angemessen ist und der die geistige Haltung dieses Volkes ausdrückt; so sind wir zum Beispiel geneigt, den kontemplativen Yogi als charakteristisch für Indien, den Staatsmann und Gesetzgeber als charakteristisch für das antike Rom, den Barden und Druiden als Leitbild für die keltische Kultur zu bezeichnen. Für Europa aber ist es wohl der Denker, der Erfinder, der Entdecker. Selbst Mönche wie Albertus Magnus beschäftigten sich mit der Erfindung eines Roboters, und Leonardo da Vinci, der Künstler, befasste sich mit Kriegsmaschinen, Flugzeugen und Unterseebooten. Der Traum des Abendlandes aber konzentrierte sich später auf die Erfindung der ewig laufenden Maschine, auf das Perpetuum mobile, das bis zum heutigen Tage die Köpfe der Spekulanten nicht losgelassen hat und dort sein Wesen treibt. Sicherlich besaß die antike Kultur größere seetüchtigere Schiffe als Christoph Columbus; dennoch blieb es dem kühnen Genuesen vorbehalten, mit seinen drei „Nussschalen“ erstmals das ungeheure Weltmeer zu durchqueren, was selbst ein Seefahrervolk wie die Phönizier in früheren Jahrhunderten gemieden hatten.

Man darf nicht in den Irrtum verfallen, die geistige Tradition Europas völlig mit der humanistischen Bildung gleichzusetzen. Wohl hat sich Europa lange Zeiten hindurch in seiner Wissenschaft der lateinischen Sprache bedient; aber es hat diese Sprache auch abgeändert und seinen eigenen Bedürfnissen, seiner eigenen Geistesrichtung angepasst. Die europäische Welt hat sich niemals mit jenen ganz bescheidenen Räumen begnügt, wie zum Beispiel die griechischen Stadt-Staaten mit ihren engen Horizonten und ihrer Bescheidung auf winzige Territorien. Unser Ziel war schon immer ein Großreich, „in welchem die Sonne nicht untergeht", und weder Meer noch Ferne, weder Gebirge noch die unendlichen Räume des Himmels sollten uns hier Grenzen setzen. Goethe, der gleichfalls Dichter, Philosoph und Naturwissenschaftler in einer Person und in glücklicher Vollendung war, drückte es so aus: „Willst du ins Unendliche schreiten, geh nur im Endlichen nach allen Seiten." Dieser bekannte Spruch setzte aber den Willen voraus, wirklich und wahrhaftig ins Unendliche schreiten zu wollen, ein Unternehmen, das andere Kulturen gar nicht fassen konnten und das wahrhaft tiefinnerlich nur der europäischen Kultur angehört.

Die Sehnsucht nach der Ferne drückt sich überall in der europäischen geistigen Tradition aus, und sie ist in der Kunst, in der Musik und in der Philosophie gleichermaßen nachzuweisen. Es ist durchaus möglich, den Beweis zu erbringen, dass allem Wissen um die letzten Dinge der Naturkenntnis eine Art religiöser Glaube zugrunde liegt. Dies zeigt sich zum Beispiel in den sogenannten „Urworten" einer jeden Sprache, die praktisch unübersetzbar sind, ob es sich nun um das chinesische TAO, um das indische NIRWANA oder um den griechischen LOGOS handelt, und das schönste Beispiel hiefür findet sich im I. Teil von Goethes „Faust", wo der Forscher und Denker Faust sich gezwungen sieht, aus seiner abendländischen Tradition heraus dieses Wort LOGOS, das er als WORT so hoch unmöglich schätzen kann, durch das dynamische Wort TAT zu übersetzen: Im Anfang war die Tat. Dies aber ist beste abendländische Tradition, ist die wahre Tradition Europas.

Naturwissenschaften und reine Geisteswissenschaften sind keine unüberbrückbaren Gegensätze. Die Gesetze der Welt sind mathematisch zu erfassen, und Gott selbst arbeitet mit den Mitteln der Mathematik: Dies hat Europa von je gewusst; ist doch sogar die Philosophie, nach einem Ausspruch Galileis „scritta in lingua matematica", und nicht umsonst waren viele der großen abendländischen Denker und Philosophen, wie z. B. Descartes, Pascal und Leibnitz, auch zugleich große Mathematiker. Der Weg der europäischen Mathematik von Euklid und seinen Axiomen, angefangen von der Algebra der Araber bis zu den Höhen der Infinitesimalrechnung und zu den Geheimnissen der nichteuklidischen Räume ist ein im tiefsten Sinne geistiger Weg. Wer also das Studium der Mathematik zu seinem Aufgabenkreis gewählt hat – und keine Naturwissenschaft ohne Mathematik –, der geht einen Weg, welcher der besten geistigen Tradition Europas entspricht und für welchen sich sogar bei den abendländischen Mystikern Entsprechungen finden lassen, wie z. B. in der Anschauung Gottes nicht als einer „Gestalt", sondern als einer im Unendlichen wirkenden „Kraft".

Wie sehr das technische Denken dem Abendland entspricht, zeigt sich auch darin, dass zum Beispiel eine so ferne Kultur wie die chinesische viele Erfindungen hervorgebracht hat, die identisch sind mit den großen Erfindungen des europäischen Raumes. Dazu gehören unter anderem das Schießpulver, der Kompass und die Buchdruckerkunst. Aber nur bei uns, in Europa, ist aus diesen Erfindungen das geworden, was mitgeholfen hat, die europäische Geschichte entscheidend zu formen, nämlich die militärische Macht, die erdumsegelnde Schifffahrt und die Weltmacht des Buches und der Presse.

Aus diesen Beispielen ist klar zu ersehen, dass die geistige Tradition Europas schon seit je eine zugleich technische Tradition war: Was man dann in späterer Zeit Nietzsche den „Willen zur Macht" nannte, war der abendländische Wille zur Beherrschung der Natur und zur Unterwerfung des gesamten Erdkreises, der schließlich dazu geführt hat, dass nunmehr, im 20. Jahrhundert, der Mensch der europäischen Zivilisation (zu welcher auch die Russen gehören) sich über den Erdball hinaushebt in die Sphären des Weltraumes.

Wenn sich die Jugend also heute in steigendem Maße den Naturwissenschaften und der Technik zuwendet, so ist dies kein Gegensatz zur geistigen Tradition Europas, sondern weit eher ein Schritt zu ihrer letzten Erfüllung. Denn im Reiche der Künste, in der Malerei, in der Musik und auch in der Philosophie hat Europa seine großen Leistungen bereits erbracht. Höhere Leistungen, als wir sie Michelangelo und Rembrandt, Bach und Beethoven, Kant und Schopenhauer zu verdanken haben, sind kaum mehr zu erwarten. In der Technik aber und in den Naturwissenschaften ist das letzte Wort noch nicht gesprochen. Hier ist jener Weg in eine ferne Zukunft sichtbar, der die geistige Tradition Europas fortsetzen wird und sie zu ungeahnter Höhe steigern kann, nämlich „bis an die Sterne weit". Goethe hat diesen Weg im „Faust" vorgezeichnet. Faust, der die Möglichkeit der Philosophie, der Magie, der Geisteswissenschaften als erschöpft erkennt, wendet sich, wie heute die Jugend der Welt, den praktischen Dingen des Lebens zu, den Aufgaben des tätigen Geistes. So kann also die Jugend mithelfen, den großen Weg der abendländischen Tradition zu vollenden. Es bleibt ihr immer noch die Aufgabe, die Herrschaft über die Natur, wenn diese endlich ganz errungen sein wird, den Gesetzen der Menschlichkeit unterzuordnen. Es wird der „Weg des Westens" sein, höchste Macht mit höchster Gerechtigkeit zu vereinen und somit diese beiden Welten, die einst durch Cäsar und Christus versinnbildlicht waren, zu versöhnen. Jahrhundertelang hat die europäische Tradition vergeblich versucht, diese Vereinigung zu vollziehen. Möge es kommenden Generationen gelingen, dieses Idealbild im Atomzeitalter Wirklichkeit werden zu lassen.

Naturwissenschaft und Technik stehen der geistigen Tradition Europas nicht feindlich gegenüber, sondern sie sind ein wichtiger Teil dieser Tradition. Und so wie es einst Dante gelungen ist, in seinem großen dichterischen Werk die scheinbaren Gegensätze zwischen Dichtung und Theologie harmonisch zu vereinen, so werden wir Europäer die Verschmelzung von Geist und Technik erreichen, und es wird dies das letzte und größte Geschenk der abendländischen Seele an die Menschheit sein.

(Lambert Binder, 18 Jahre)

Bemühungen zur Einigung Europas sind in der Geschichte nichts Neues. Begünstigt unsere Zeit die Verwirklichung der europäischen Einigung in besonderem Maße?

Große geistige und politische Bewegungen haben oft weit zurückreichende Wurzeln. Aus dem schöpferischen Geist des Menschen entstehen Ideen, die – von der Umwelt begünstigt – allmählich erstarken, zwar zeitweilig wieder vergessen oder bekämpft werden, aber zäh bestehen bleiben, wenn sie genug Lebenskraft in sich haben.

Auch die Europaidee ist das Produkt einer langen Entwicklung, die man kennen muss, um die heutige Situation richtig zu erfassen.

Die Versuche Europa zu einigen sind leicht zu erkennen, wo sie mit Gewalt und Eroberung unternommen wurden. Drei Männer versuchten im Verlauf der Geschichte, mit ihren Armeen Europa zu einen: Karl der Große, Napoleon und Hitler. Wenn man diese drei gewaltsamen „Einigungsversuche“ vergleicht, sieht man, dass sie alle einen ähnlichen Verlauf genommen haben: Wohl gelang es zunächst, durch Waffengewalt die Herrschaft in Europa zu erringen, die Gewalt allein aber reichte nicht aus, Europa auf längere Zeit zu einen. Sobald die Macht des Eroberers schwächer wurde, begannen die europäischen Völker sich sofort wieder zu befreien. Diese gewaltsamen Eroberungen scheiterten am Geist des Europäers, der, freiheitsliebend und seiner Besonderheit bewusst, niemals bereit war und niemals bereit ist seine staatliche Selbständigkeit aufzugeben, wenn sie ihm mit Gewalt entrissen werden soll.

Eroberungen und Gewalt sind aber nicht die einzige Form der Bemühungen gewesen, Europa zu einigen. Älter und in der Folge von noch nachhaltigerer Bedeutung sind alle jene geistigen Bewegungen, die um die Idee der Einheit Europas kreisen.

Die Griechen waren die ersten, die aus dem Gegensatz zu Asien die Eigenart Europas und des europäischen Menschen erkannt hatten. Sie schufen die Grundlagen europäischen Denkens, die Voraussetzung jeder weiteren Entwicklung. Bewusst als eine Einheit aber fühlte sich Europa das erste Mal im Rahmen des christlichen Abendlandes. Die gleiche Lehre der Kirche, die Universität der großen Orden, die gleichartigen sozialen Organisationen der Zünfte, die ausgedehnten

Wanderungen der Gesellen und fahrenden Schüler, die gleiche Art zu bauen, sich zu kleiden, die gemeinsame – eben europäische – Denkweise: All das ergab ein festes und sicheres Gefühl der Einheit, das sich am deutlichsten in dem gewaltigen gemeinsamen Unternehmen der Kreuzzüge zeigte.

Diese Gemeinsamkeit, die im geistigen Bereich selbstverständlich war, gab es im politischen aber nicht. Gerade jener gewaltsame Versuch Napoleons, Europa zu einigen, führte zu einem Aufflammen des Nationalismus, der die Entwicklung des 19. Jahrhunderts bestimmte. Am Ende des vorigen Jahrhunderts war Europa nur der Sammelbegriff für viele einzelnen Staaten, die sich gegenseitig befehdeten, die Erfindungsgeist und Technik gegeneinander mobilisierten, die die Welt eroberten und Kolonialreiche errichteten, aber nicht miteinander, sondern gegeneinander kämpfend, die aber doch alle zusammen einen enormen Aufstieg erlebten, die alle ihre Hoffnungen auf den unbegrenzten, weltumspannenden Fortschritt der Technik setzten – bis der Erste Weltkrieg diesen optimistischen Zukunftsglauben jäh zerstörte.

Mit dem Ersten Weltkrieg war das zusammengebrochen, was man das europäische Staatssystem, das europäische Gleichgewicht genannt hatte. Dieses System bestand darin, dass die kleinen und kleinsten Staaten Europas, die alle über unbegrenzte Souveränität verfügten, versuchten, sich gegenseitig durch Bündnisse in Schach zu halten. Dieses System war für das politische Denken Europas seit der Zeit des Westfälischen Friedens bestimmend gewesen.

Mit dem offensichtlichen Versagen der alten Staatensysteme aber lebte stärker als je zuvor die Idee der europäischen Einigung wieder auf. Verschiedene Organisationen, wie vor allem die „Paneuropa-Bewegung" von Coudenhove-Kalergi, nahmen die neuen Ideen auf, verbreiteten sie und konnten auch gewisse Erfolge erzielen, sodass im Jahre 1929 Stresemann und Briand dem Völkerbund den Plan zur Schaffung der „Vereinigten Staaten von Europa" vorlegen konnten. Aber die europäischen Staaten und Staatsmänner waren noch nicht reif für diese Idee. Ganz im Geiste des Nationalismus befangen, wollte kein Staat auf irgendeines seiner Hoheitsrechte verzichten, und die einsetzende Wirtschaftskrise förderte nur die wirtschaftliche und politische Eigenbrötelei.

Die Folgen dieses Weitertrottens in jahrhundertealter Routine sind bekannt: In den kommenden Jahren wurde Europa „geeint“, aber durch marschierende Armeen, durch Schrecken und Terror. Europa atmete auf, als es von der Willkürherrschaft dieser Diktatur befreit war. Doch was tat Europa mit dieser Freiheit? Mit ächzender Routine nahmen die Staatsmaschinen in den einzelnen Ländern ihren Lauf wieder auf. Es sah so aus, als würde Europa, klein, zerstört, ausgehungert, machtlos, im Banne der Vergangenheit sich selbst vergessend, zwischen den beiden Machtblöcken Ost und West zerrieben werden. Erst das drohende Vordringen Russlands brachte die Wendung: Als ein Staat Osteuropas nach dem anderen dem Kommunismus zum Opfer fiel, als der Eiserne Vorhang Länder vom europäischen Kontinent abtrennte, Länder wie die Tschechoslowakei, Polen und Ungarn, die vorher zum Herzen Europas gezählt worden waren, erst zu diesem Zeitpunkt genügten die warnenden Zeichen, um den engstirnigen Nationalismus zu überwinden. Erst unter dem Einfluss der gemeinsamen Gefahr erkannten die Staaten Europas, dass es nicht mehr möglich war, sich in kritischen Situationen in das Schneckenhaus der nationalen Souveränität zurückzuziehen, erst da sahen sie, dass es für niemanden mehr eine volle Unabhängigkeit gab, vor allem aber keine Unabhängigkeit auf wirtschaftlichem Gebiet. Nun erst konnte eine Reihe von Faktoren wirksam werden, die in der Folge eine Einigung Europas nicht nur möglich, sondern zu einer Notwendigkeit machten.

Die rapide Entwicklung des Verkehrswesens brachte es mit sich, dass große politische Einheiten auch wirtschaftlich zu einer Einheit zusammenwuchsen, die dann unter wesentlich günstigeren Bedingungen produzieren konnte. Die gewaltige Ausdehnung, die Europa vor 300 Jahren für Kaufleute und Reisende besaß, ist durch die modernen Verkehrsmittel zu einer winzigen Fläche zusammengeschrumpft. Aber dieses klein gewordene Europa ist noch immer von ungefähr denselben Grenzen zerteilt, die vor Jahrhunderten vielleicht entsprechend waren.

Es ist klar, dass diese anachronistischen Grenzen am empfindlichsten die Wirtschaft der einzelnen Staaten behindern. Daher war die wirtschaftliche Einigung Europas auch das Gebiet, auf dem bis jetzt die größten Erfolge erzielt werden konnten. Wenn auch die einzelnen Phasen heute noch nicht genau vorauszusehen sind, so ist es doch deutlich, dass diese Entwicklung, die – einmal begonnen – mit einer eigenen tiefgreifenden Automatik fortschreitet, letztlich zu einem einheitlichen Wirtschaftsgebiet des freien Europa führen wird.

Der Erfolg der europäischen Wirtschaftsintegration – denn schon heute kann man hier von Erfolgen sprechen – war sicherlich begünstigt und zum Teil erst möglich durch die günstige wirtschaftliche Lage, die sich Europa seit dem Ende des Zweiten Weltkrieges erarbeiten konnte. Im Vertrauen auf die gut fundierte Wirtschaft einer Hochkonjunktur konnten es die einzelnen Staaten wagen, ihre Grenzen zu öffnen, was sich, besonders im Bereich der EU, in der Folge wieder als Triebkraft für einen weiteren Wirtschaftsaufstieg erwies.

Es ist leicht vorauszusehen, dass die immer dichter werdende wirtschaftliche Verflechtung Europas auch ihre politischen Folgen haben wird und zum Teil auch schon hat. Ich glaube aber, dass auf diesem Gebiet noch zu wenig getan worden ist, denn eine feste und dauerhafte Einigung Europas kann nur dann zustande kommen, wenn neben die wirtschaftliche auch die politische Gemeinschaft tritt. Sicherlich ist Europa auf diesem Gebiet noch nicht so weit, wie es viele wünschen, aber dennoch sind wir einer politischen Einigung heute viel näher als je zuvor. Ich denke hier vor allem an die erfolgreiche Arbeit des Europarates, dem es gelungen ist, durch gesamteuropäische Vereinbarungen, durch gemeinsame Aktionen und durch eine systematische Aufklärungs- und Propagandaarbeit das Klima zu schaffen, in dem sich die weitere Einigung Europas vollziehen kann. Zwar hat der Europarat keine konkreten Machtmöglichkeiten, aber es ist sicher schon als großer Fortschritt zu werten, dass es jetzt überhaupt eine von den einzelnen Staaten getragene Organisation gibt, deren Ziel und Aufgabe die Einigung Europas ist.

Es ist gerade der Arbeit des Europarates zu verdanken, dass unsere Zeit der europäischen Einigung eine Begünstigung von unschätzbarer Bedeutung bietet: die öffentliche Meinung. Aus der bitteren Erfahrung zweier Kriege haben die Europäer die Sinn- und Zwecklosigkeit eines überspitzten Nationalismus kennengelernt und sind heute mehr denn je bereit, sich als Bürger des einen großen Europa zu fühlen.

Ich glaube, ein gutes Beispiel für diese Behauptung ist der grundlegende Wandel in den Beziehungen zwischen Deutschland und Frankreich. Eine der Hoffnungen, die an die europäische Einigung geknüpft waren, ging dahin, die Feindschaft zwischen den beiden großen Nationen durch gemeinsames Arbeiten an höheren Zielen zu beenden; und die Wahl der ehrwürdigen elsässischen Universitätsstadt Straßburg zum Sitz des Europarates war sicher kein Zufall, denn gerade die rheinischen Gebiete waren durch Jahrhunderte der Zankapfel zwischen Deutschland und Frankreich. Man kann wohl sagen, dass sich diese Wünsche erfüllt haben, und es ist sicher wichtig und hoffnungsvoll zu sehen, dass auch jahrhundertealte Vorurteile, dass „Erbfeindschaften" überwunden werden können, wenn der gute Wille dazu besteht. Vor allem aber ist dieser gute Wille nötig bei der Jugend. Die Erfüllung der Europaidee, das Umsetzen dieser Pläne in die Tat, ist nur möglich, wenn die Jugend diese Idee aufnimmt und diese Pläne, die in einer Generation nicht verwirklicht werden können, weiterträgt. Ich glaube, der entscheidende Faktor ist die Tatsache, dass die Jugend bereit ist, für die Einigung Europas einzutreten und zu arbeiten. Denn für uns ist Europa nicht nur eine Idee, für uns ist es erlebte Wirklichkeit. Es ist einfach nicht mehr möglich, die nationalen Mythen anzuerkennen, wenn man einmal in einem anderen Land mit jungen Menschen zusammen gelebt hat, wenn man mit Freunden aus anderen Staaten zusammen gewandert ist, wenn man von seinem Brieffreund aus England, Frankreich oder Schweden erfährt, dass auch er die gleichen Probleme hat wie man selbst. Wir jungen Leute kommen heute wesentlich mehr herum als unsere Eltern in ihrer Jugend. Wir haben auch auf kulturellem Gebiet mehr Kontakt mit dem übrigen Europa als sie hatten, und vielen von uns ist es zu einem echten Bedürfnis geworden, jeden Sommer nicht nur eine neue Gegend, sondern auch neue Menschen, neue Europäer kennen zu lernen. Aus diesem „erlebten" Europa kommt für uns eine nüchterne Einsicht, dass die Einheit Europas eine unumgängliche Notwendigkeit ist.

Gewiss wissen wir, dass der Verwirklichung der europäischen Einigung Schwierigkeiten entgegenstehen. Es wäre kurzsichtig, diese

Probleme übersehen zu wollen. Das Problem, das mich – der Lage meiner Heimat entsprechend – hier am meisten berührt, ist die Frage Osteuropas. Länder, die doch unbestreitbar zu Europa gehören, sind derzeit von uns noch fern, dass wir, wenn wir „europäische Einigung" sagen, nur an die Einigung Westeuropas denken.

Diese offenen Fragen sollen jedoch auf keinen Fall der Grund sein, die Einigungsbestrebungen zu verzögern. Denn einem geeinten Westeuropa mit seinem ungleich größeren Einfluss und Ansehen, die dieser gewaltige Wirtschaftsblock zwangsläufig erringen wird, wird es wesentlich leichter sein, auch diese Probleme zu lösen.

Wenn man abschließend die noch bestehenden Schwierigkeiten einer Integration den gewaltigen Fortschritten gegenüberstellt, die bereits gemacht wurden oder deren Erreichung bei gutem Willen in naher Zukunft möglich sein wird, so kann man, glaube ich, wohl erkennen, dass unsere Zeit die Verwirklichung der europäischen Einigung in besonderem Maß begünstigt, ist doch unsere größte Hoffnung auf eine glückliche Zukunft ein geeintes Europa.

(Ewald Nowotny, 18 Jahre)

Beispiele von Dichtern und Wissenschaftlern:

Exzerpiere sie und versuche, den Inhalt der Texte zu interpretieren (verständlich auszulegen)!

Hat die Entwicklung der modernen Naturwissenschaft die Menschen glücklicher gemacht?

Es ist das Kennzeichen eines Menschen, dessen Geist noch nicht gereift ist, der die Dinge mit kindlich-naiven Augen betrachtet, dass er, vor eine Entscheidung gestellt, ohne viel Überlegung mit „ja" oder mit „nein" antwortet. Je mehr Erfahrung hingegen ein Mensch gesammelt hat, je mehr er gelernt hat, über Dinge nachzudenken, desto weniger ist er geneigt, ein rasches Urteil abzugeben. Ja, in manchen Fällen wird es ihm überhaupt unmöglich sein, eine Antwort zu finden.

Diese ganz allgemein geltenden Worte sind die beste Einleitung zu unserem speziellen Thema. Auch wir sollen eine Entscheidungsfrage beantworten, und auch wir werden uns, je tiefer wir in die Problematik dieser Frage eindringen, immer mehr der Schwierigkeit bewusst werden, eine eindeutige Antwort zu finden.

Zunächst einmal: Wann dürfen wir überhaupt von „Glück" und „glücklich sein" sprechen? Und gibt es denn ein eindeutiges Kriterium dafür, welcher von zwei völlig verschiedenen Zuständen der glücklichere ist? Es könnte doch so sein, dass ein Zustand A einen Zustand B zwar an Intensität, nicht aber an Tiefe des Glücks übertrifft und dass B zwar an Intensität, nicht an Tiefe zurücksteht. Und lassen sich Glück und Wert völlig trennen? Was mit diesen Fragen gemeint ist, sei kurz erläutert.

Heute ist man gewiss nicht mehr geneigt, die Zeit der Kindheit und der ersten Jugend als glücklich zu bezeichnen. Ja, wenn wir Freud Recht geben, müssen wir annehmen, dass sich ein Großteil der Komplexe, die uns vom Unbewussten her beunruhigen, gerade in den Tagen der Kindheit gebildet hat. Aber sicherlich werden wir alle zugeben, dass etwa das Kommen des Christkindes in uns, als wir Kinder waren, tiefes Glücksgefühl auslöste und dass der Abschied von den kindlichen Illusionen im Grunde schmerzlich war. Aber nun stellen Sie an sich selbst die Frage: Wollten Sie an die Glück spendenden Illusionen Ihrer Kindheit noch heute glauben und damit auf alles Wissen, das Sie inzwischen erworben haben, verzichten? Wahrscheinlich ist der Weg zu jedem Wissen schmerzlich und übersät mit den zerstörten Hüllen freundlicher und lieber Illusionen. Und doch hat auch das Wissen sein Glück, ein Glück, das nicht so intensiv ist wie dasjenige der Illusion, denn es ist ein schmerzliches Glück, das aber an Tiefe sicherlich nicht hinter jenem zurückbleibt.

Es sieht so aus, als wären wir von unserem Thema weit abgekommen. Und doch ist es nicht so. Denn das eine liegt auf der Hand: Soferne uns die Naturwissenschaft ein Glück schenkt, ist es sicherlich nicht ein solches der Illusion; es kann nur ein solches des Wissens sein. Die Klage darüber, wie viele und wie schöne Illusionen gerade die Naturwissenschaft zerstört hat, hat schon Schiller mit bewegten Worten angestimmt. Welch schönes, bewegtes Bild, meint er in den „Göttern Griechenlands“, bot die Natur damals, als sie – nach dem Glauben der Griechen – von Göttern bevölkert war, und wie leer und tot nimmt sie sich heute aus . . .

Halten wir fest: Die Naturwissenschaft hat ohne Zweifel viele schöne Illusionen zerstört, das heißt, in ihrem Bereiche ist überhaupt keine Illusion möglich. Die „Natur“, deren Bild sie uns bietet, ist weder eine gütige Freundin, die sich unser in unserer Bedrängnis erbarmte, noch auch eine weise Führerin oder Lenkerin, der wir getrost die Leitung der Dinge überlassen könnten, sie ist im Grunde nichts anderes als der Inbegriff komplizierter mathematischer Formeln. Aus dem „Bilde“ der Natur – das Wort „Bild“ ist, streng genommen, unzutreffend –, wie es die neuzeitliche Physik übermittelt, ist alles eliminiert, was irgendwie qualitativen Charakter hat – also Farben, Töne, Düfte, Wärmezustände –, und nur Quantitatives, Messbares, das sich in mathematischen Formeln ausdrücken lässt, hat in ihm Platz. Elektromagnetische Transversalschwingungen, Wellenbewegungen beliebiger Massenteilchen, ungeordnete Molekularbewegungen usw., das tritt in der Physik an die Stelle unserer bunten Sinnenwelt. Aber noch auf zwei weitere schwerwiegende Tatsachen ist in diesem Zusammenhang hinzuweisen. Die gesamte Naturwissenschaft – also nicht nur die Physik, sondern auch die Biologie – hat den Wertbegriff ausgeschaltet, das heißt, in ihrem Weltbild fehlt (zumindest prinzipiell) jeder Wertakzent. Für die Biologie besteht an sich kein Unterschied zwischen einem St. Franziskus und einem Goethe einerseits und einer Schlupfwespe und einem Spulwurm anderseits: Sie alle sind für den Biologen Lebewesen, Vertreter bestimmter Spezies, und nichts anderes. Nichts aber scheint uns Menschen als fühlenden und wollenden Wesen fremder, ja geradezu feindlicher zu sein als solch ein wertfreies Weltbild. Wonach wir so dringend wie nach Speise und Trank verlangen, ist doch ein S i n n des Lebens, ein W e r t , nach dem es sich zu streben lohnt. Ein wertfreies Weltbild muss somit, so scheint es, mit Notwendigkeit unglücklich machen –, womit ja die gestellte Frage bereits eindeutig und zwar im negativen Sinne, beantwortet wäre.

Und schließlich ein Drittes: Die Physik unseres Jahrhunderts hat uns ungeahnte Einblicke in das ungeheuer G r o ß e und in das verschwindend Kleine gegeben, in den Weltenraum und in das Atominnere. Die kleinste Länge, die unsere Atomphysik heute kennt, ist der zehnbillionste Teil eines Zentimeters. Dem steht die Entfernung von 500 000 000 Lichtjahren gegenüber, die den fernsten „Nebel“ von uns trennen dürfte. Mit fassungslosem Staunen nehmen wir diese Entdeckung des menschlichen Geistes entgegen. Aber um welchen Preis sind diese Fortschritte der Wissenschaft erkauft! Damit, dass sich der „Kosmos“ – soferne dieses Wort überhaupt noch am Platze ist – nicht nur unserem Vorstellungsvermögen, nein, auch unserem Verständnis gänzlich entzieht. Ein vierdimensionaler „gekrümmter“ Raum, der endlich, wenn auch nicht begrenzt sein soll, das ist der Makrokosmos der allgemeinen Relativitätstheorie. Und noch verwirrender erscheinen uns die physikalischen Tatsachen, wenn wir uns dem Mikrokosmos zuwenden. Nicht genug damit, dass wir gelernt haben, dass die Vorgänge innerhalb des Atoms keine exakten Voraussagen zulassen und dass somit alle unsere Naturgesetze nur mehr statistischen Charakter haben. Es ist sinnlos geworden zu fragen, was die kleinsten Teilchen überhaupt „sind“. Sie müssen bald als Partikelchen, als kleinste materielle „Körnchen“, bald wieder als „Wellenpakete“ angesehen werden, wobei gar nicht festzustellen ist, was sich denn wellenförmig ausbreitet, denn die Ätherhypothese ist fallen gelassen worden. Ja, es ist auch sinnlos, danach zu forschen, ob das Elektron, das ich j e t z t beoachte, und jenes, das ich den Bruchteil einer Sekunde später zum Gegenstand meiner Untersuchung mache, „dasselbe“ ist: Es fehlt jedes Kriterium für die Feststellung der Identität. Weder unserem logischen Verlangen nach eindeutiger Kausalität noch dem nach der Bestimmung der Identität wird im Bereiche des Sub-Atomaren Genüge geleistet. Ist ein solches Weltbild, aus welch unerhörten Erkenntnissen es sich auch aufbauen mag, imstande uns glücklich zu machen?

Das kopernikanische Weltbild in seiner großartigen Anschaulichkeit vermochte in einem Giordano Bruno einen „heroischen Affekt“ auszulösen, der so stark war, dass der Denker bereit war, für seinen pantheistischen Glauben den Flammentod zu erleiden. Sein Kosmos ist von höchster Harmonie, aufgebaut auf unendlich vielen Monaden[1]), aus

[1]) Einheiten.

unzerstörbaren Stoffteilchen, die durch ein alles durchwallendes Gesetz, das die Gottheit ist, in ewigem Zusammenhang gehalten werden. Wäre das Weltbild der Physik von heute imstande, religiösen Enthusiasmus zu erwecken? Was würde Goethe zur Physik von heute sagen, er, der schon die Newtonsche Lichttheorie zu heftiger Kritik herausforderte, nur deshalb, weil sie dem, was sein sonnenhaftes Auge schaute, so sehr zuwiderlief? Gewiss, jedes Wissen zerstört Illusionen und schafft damit Schmerzen, aber aus diesen Schmerzen vermag oft ein neues Glück zu erblühen, das nicht weniger tief ist als das der Illusion. Gilt das aber auch für das Wesen, das uns die moderne Naturwissenschaft gegeben hat?

Bevor wir versuchen auf diese Frage eine Antwort zu geben, sei ganz kurz ein anderes Problem berührt, das sich Ihnen wahrscheinlich in diesem Zusammenhang aufgedrängt hat, ich meine das Problem des Wertes oder Unwertes der modernen Technik. Hat uns die praktische Auswertung und Anwendung der modernen naturwissenschaftlichen Erkenntnisse glücklicher gemacht? werden Sie sich sicherlich fragen. Nun, wie betont, dabei handelt es sich um ein Problem für sich. Hier müssen wir uns auf eine einzige Bemerkung beschränken: Wissen und Verwertung des Wissens stehen in keinem eindeutigen Zusammenhang.

Die Chinesen sollen das Schießpulver lange vor uns erfunden haben, ohne dass es ihnen eingefallen wäre, ihre Erfindung zu kriegerischen Zwecken auszuwerten. Die Naturwissenschaft als Erkenntnissystem kann nichts für das, wozu sie praktisch verwertet wird. Die Technik in der Gewalt eines dämonischen Machtwillens ist ohne Zweifel ein Unheil, und zwar nicht nur deshalb, weil sie uns unglücklich machen kann, sondern weil sie uns unter Umständen auch höchste Werte zerstört wie Gedanken- und Geistesfreiheit.

Zurück zu unserem eigentlichen Thema. Es liegt im Wesen des Erkenntnisstrebens, dass es sich – vulgär ausgesprochen – die Wahrheiten, zu denen es gelangt, nicht aussuchen kann. Wollten wir nun diejenigen Wahrheiten gelten lassen, die unseren Wunschträumen entsprechen und uns genehm sind, hörten wir auf, Erkennende zu sein. Der „freie Geist", wie ihn Nietzsche gezeichnet hat, der echte Wissenschaftler, bedarf der unbedingten Wahrheitsliebe – Nietzsche nennt sie Redlichkeit –, und zu ihr gehört auch Unerschrockenheit und Tapferkeit, das heißt die Kraft, solche Pillen hinunterzuschlucken, die zunächst sehr bitter munden. Das Weltbild, wie es die moderne Naturwissenschaft – zumal die Physik – bietet, kommt unseren Wunschträumen sehr wenig entgegen – aber es ist eben, soweit wir heute sehen können, die wahre Welt und muss als solche hingenommen werden.

Können uns also die moderenen naturwissenschaftlichen Erkenntnisse, da sie nicht nur unserer Fantasie, sondern auch unserem Wertverlangen zuwiderlaufen, kein Glück geben? Wir wagen – trotz allem – zu behaupten, dass die modernen naturwissenschaftlichen Erkenntnisse uns Glück geschenkt haben – allerdings ein Glück eigener Art, nämlich das Glück des denkenden und erkennenden Menschen, den es tief ergreift, wenn er sich letzten Rätseln und Geheimnissen gegenüber weiß. Gerade der Umstand, dass die Entwicklung der modernen Physik unsere Vorstellungskraft weit hinter sich lässt, dass ihre Erkenntnisse nicht in Anschauungen umsetzbar sind, lässt, was sie uns bietet, im Dämmerlichte des Rätselhaften und Geheimnisvollen erscheinen und lehrt uns somit aufs neue jenes Staunen, aus dem sich – nach Platon – der philosophische Eros gebiert. Unser Wertverlangen freilich kann die Naturwissenschaft nicht befriedigen. Das braucht uns aber nicht zu bekümmern. Die entgötterte Natur ist ja nicht die ganze Wirklichkeit. Werte werden wir nie außer uns finden, sondern immer nur in uns, in den Tiefen unserer eigenen Seele haben wir eine Wirklichkeit, die noch geheimnisvoller ist als das Reich der Natur, und in der haben alle Werte Heimatrecht.

Unglücklich kann die Naturwissenschaft nur den machen, der über die Erforschung der Außenwelt die Innenwelt vergisst. – Kurz: Zu behaupten, dass uns die Entwicklung der modernen Naturwissenschaft glücklich gemacht hat, wagen wir nicht. Aber Glück geschenkt hat sie uns zweifellos.

(Wolfgang Dürrheim)

Der Rückschritt ist unaufhaltbar

Was zeichnet die Männer der Wissenschaft aus? Der Glaube – der Glaube, der Berge versetzt (und es vielleicht eines nahen Tages in die Luft sprengen wird, indem er sie „desintegriert"). Möchten doch die Christen den Wahrheiten ihres Glaubens mit der gleichen Herzenseinfalt anhängen, die wir bei den berühmten Gelehrten bewundern, die so fanatisch an die Entwicklung glauben! Wie erbaulich ist es, bei diesen großen Geistern, dem Stolz und Ruhm des Abendlandes, ein so naives Vertrauen in den menschlichen Fortschritt zu entdecken! Das rührt und erschüttert uns.

Denn der Optimismus des Menschen kann auch etwas Furchtbares sein. „Wie gut Sie aussehen!", sagte der Arzt zum sterbenden Forain, „das Herz hält durch, der Puls ist nicht schlecht . . ." Und Forain murmelte: „Ich verstehe . . . Ich werde geheilt sterben!" Diese „Es-wird-immer- besser"-Doktoren, die heute um das Krankenbett der genesenden Menschheit herumstehen, scheinen nicht im mindesten durch dieses verblüffende Zusammentreffen irritiert, nämlich dass der Fortschritt der Wissenschaften in einem direkten Verhältnis zum menschlichen Rückschritt zu stehen scheint.

Zu keiner Zeit so sehr wie heute war der Mensch ein Wolf für den Menschen – aber ein gelehrter Wolf, der fähig ist, in einigen Sekunden Hunderttausende von Menschenleben zu vernichten, die Unterdrückung ganzer Rassen zu planen und auszuführen, die Entwürdigung des Menschen mit erprobten Methoden zu organisieren. Und das ist der Grund, weshalb mich die Anwesenheit dieser wissenschaftlichen Genies am Krankenbett des noch mit Blut bedeckten, von den Torturen gezeichneten, in mehr als einem Land dieses Planeten noch immer einem infamen Polizeiregime unterworfenen Menschen keineswegs beruhigt, sondern beunruhigt und erregt.

Man könnte meinen, es gäbe keine Humanisten mehr, die klar das menschliche Problem, wie es sich unserer Generation aufdrängt, ins Auge fassen können. Kürzlich hörte ich einen unserer ruhmbeladenen Männer, einen unserer mit größtem Recht berühmten Entdecker den Gedanken entwicklen, dass die naturwissenschaftlichen Geister für die Schönheit der Kunst und Literatur empfänglich sein könnten, dass aber die schöngeistigen Schriftsteller nichts von den Wissenschaften verstünden und deshalb den Wissenschaften den Platz räumen müssten. Und es ist wirklich so, dass der Spezialist den „honetten Mann" (um mit dem Chevalier de Meré zu reden) verdrängt hat, den Mann, der sich auf nichts etwas Besonderes einbildet und kein Aushängeschild trug. So führt „der geometrische Geist" die Welt, eine todkranke Welt, deren Fall, so verzweifelt er scheint, doch verdient, mit „feinsinnigem Geist" beobachtet zu werden.

Was die Spezialisten des Laboratoriums oder der Gesellschaftswissenschaften oder der Massenerziehung dem von der Vernichtung bedrohten Menschengeschlecht offerieren, das kann man, je nach Laune, mit Rührung oder Empörung aufnehmen. Austauschaktionen, Enqueten, Information, Übersetzungsbüros, Kontrolle der Schulbücher, Kataloge, Kampf gegen den Analphabetismus . . . Als ob es darauf ankäme! Nicht etwa, dass all diese Dinge nutzlos oder schädlich und nicht im Gegenteil ausgezeichnet wären, aber welches Missverhältnis zwischen dem Übel, das uns zerstört, das uns im Kern unseres Wesens aushöhlt – und diesen oberflächlichen Heilmitteln! Wie könnte man bei unseren großen Männern Verständnis wecken für den neuen, in gewisser Beziehung wörtlich zu nehmenden Sinn, den für unsere Generation das Wort „Was hülfe es dem Menschen, wenn er die ganze Welt gewänne und dabei doch an seiner Seele Schaden leidet?" angenommen hat?

Der Mensch hat seine Seele verloren, und zwar schon auf Erden. Darum ist er auf die Stufe der ausgebeuteten, der benutzten Gegenstände abgesunken. Das ganze Unglück des Menschen kommt daher, dass er sich selbst nicht mehr als einen Endzweck betrachtet. Jeden Tag dringt er weiter vor in der Erkenntnis der Materie – aber er glaubt, nur noch Materie zu sein. Warum sollte er Mitleid haben mit den Atomen, aus denen er sich zusammensetzt?

Da heute alle Kräfte des Geistes auf die Entdeckung und Beherrschung der Geheimnisse der Zerstörung ausgerichtet sind, kommt es vor allem darauf an, dem Menschen wieder seinen Wert zu geben. Für uns Christen bedeutet das: Er muss wieder lernen, dass er eine Seele hat und dass es dringend wichtig ist, in der ganzen Welt an der Erziehung dieser endlich wiederentdeckten Seele zu arbeiten. Genau dies ist für uns die Wissenschaft aller Wissenschaften: Von dieser Kultur hängt das Heil des Menschengeschlechts ab.

(François Mauriac)

Weitere Themen für Besinnungsaufsätze

(Die mit einem Sternchen gekennzeichneten Aufsatzthemen wurden in den vergangenen Jahren zur Reifeprüfung gestellt.)

a) Einfache Erörterungen:

Warum ich gerne ins Kino (Theater) gehe
Wie ich mir einen idealen Freund vorstelle
Warum ich gerne wandere . . . reise . . . spiele
Warum sich mein Vater einen Garten gekauft hat
Welchen Wert haben für mich die Hausaufgaben?
Wie kann man sich von der Lernarbeit am besten erholen?
Welche Art von Bildern würdest du in deiner Wohnung an die Wand hängen?
Warum halten sich viele Leute einen Hund?
Warum ich Flieger (Ingenieur usw.) werden möchte
Wie würdest du dein Zimmer einrichten?
Worin siehst du den Gewinn eines Aufenthaltes in einem Zeltlager?
Welche Anforderungen stellt ein gutes Handballspiel an den Spieler?
Welchen Umgang wünscht du dir?
Was hältst du von Ratenkäufen?

b) Schwierige Themen:

Fahrrad oder Moped? (Streitgespräch)
Auto oder Bahn?
Fängt der Mensch beim Auto an?
Hat es einen Sinn zu sparen?
Warum wollen manche Menschen ein Eigenheim?
Soll man auch in der Freizeit arbeiten?

Kühlschrank, Fernsehapparat, Auto – können wir damit schon zufrieden sein?
Kann der Mensch ohne die Gemeinschaft auskommen?
Ist körperliche Arbeit minderwertig?
Soll man ein Steckenpferd haben?
Bieten Bücher mehr als bloße Unterhaltung?
Warum reisen die Menschen?
Reisen oder Landaufenthalt? Welche Art der Urlaubsgestaltung hältst du für richtig?
Ist die Arbeit mehr als Broterwerb?
Welchen Wert hat es für dich, fremde Sprachen zu erlernen?
Welche äußeren Umstände fördern, welche verhindern die Arbeit für die Schule?
Welchen Wert haben Jugendorganisationen?
Was denkst du über Prüfungen?
Welche Arbeit befriedigt dich ganz?
Soll man sich immer an die Straßenverkehrsordnung halten?
Warum lastet heute auf dem Verkehrsteilnehmer viel mehr Verantwortung als vor der Motorisierung?
Ist ein Verkehrsvergehen ein „Kavaliersdelikt"?
Geschwindigkeitssucht – eine Zeitkrankheit?
Kann einem ein Freund mehr sein als ein Bruder oder eine Schwester?
Warum und wie soll man schenken?
Soll man am Morgen Sport treiben?
Darf man einen Sonderling verachten?
Stimmt es, dass das Lesen bildet?
Warum ist der Krieg das größte Übel?
Warum sollen wir für den Frieden und für Völkerverständigung eintreten?
Welchen Wert hat der Spielfilm?
Ist es berechtigt, dass manche mehr verdienen als andere?
Soll der junge Mensch am politischen Geschehen aktiv Anteil nehmen?
Welchen Wert hat die Überwindung des Raumes für das Zusammenleben der Völker?
Welche Bedeutung hat die Technik für die Hausfrau?
Weshalb ich eine Zeitung (Zeitschrift) lese
Kann man am Alten festhalten und gleichzeitig dem Neuen gegenüber aufgeschlossen sein?
Welche Schattenseiten hat die Technik?

Welche bedeutenden Erfindungen haben zu Umwälzungen im Leben der Menschen geführt?
Auf welche Weise könnte unter der Jugend die Völkerverständigung gepflegt werden?
Sind Vaterlandsliebe und Völkerverständigung vereinbar?
Kann die Technik zur Völkerverständigung beitragen?
In manchen Staaten müssen die Studenten körperliche Arbeit verrichten. Was hältst du davon?
Hat es einen Wert für mich, das Spiel auf einem Musikinstrument zu erlernen?
Muss man sich in seinem Handeln nach der öffentlichen Meinung richten?
Muss man immer gehorchen?
Was ist der Unterschied zwischen Kameradschaft und Freundschaft?
Besteht ein Unterschied zwischen Kultur und Zivilisation?
Warum streben die Menschen nach Besitz?
Was können wir tun, um unser Leben zu verinnerlichen?
Was bedeutet dir die Religion?
* Kann die Technik den Anspruch erheben, eine „Wohltäterin der Menschheit" genannt zu werden?
Erkläre das Sprichwort „Höflichkeit baut Brücken"!
Welche Vor- und Nachteile hat die Arbeitsteilung?
Hat uns Goethes „Hermann und Dorothea" auch heute noch etwas zu sagen?
* Stellung und Bedeutung Europas in Vergangenheit und Gegenwart
* Welchen Einfluss haben die modernen Verkehrs- und Nachrichtenmittel auf das kulturelle Leben ausgeübt?
* Das Bild der modernen Frau hat sich geformt durch ihren Eintritt in die Arbeitswelt des Mannes. Hat es dabei verloren oder gewonnen?
Was kennst du wahrhaft Großes in unserer Zeit?
* Ein Schüler fordert: Macht kein Geschäft mit unserer Freizeit.
* Die richtige Wertschätzung geistiger Arbeit ist eine Lebensfrage unseres Volkes
* Welche Aufgabe hat eine moderne Zeitung im Leben der Gegenwart zu erfüllen?
* Köstlichkeiten des Lebens, auf die ich nicht verzichten möchte
* Jung und Alt. Wie stellt sich dieses Spannungsproblem von deinem Standpunkt aus dar?
* Warum gibt es so viele leidenschaftliche Verehrer der Popmusik in unserer Jugend?

* „Es gibt nur einen Fortschritt, nämlich den der Liebe.“ Welche Bedeutung kommt diesem Ausspruch Christian Morgensterns in unserem technischen Zeitalter zu?

* Persönlichkeit – Gemeinschaft: Gegensatz oder Ergänzung?

* Vor welche Probleme wird die Menschheit durch die Autorität gestellt?

Was hältst du von den Wochenendfahrten der Großstädter ins Freie?

Freizeit – Erholung oder Vergnügen?

* Welche Werte der abendländischen Kultur dürfen wir nicht aufgeben ohne uns selbst aufzugeben?

* Hat der Ausspruch: „Nicht mitzuhassen, mitzulieben bin ich da!“ auch heute noch Bedeutung?

* Was verdankst du dem Erlebnis von Kunstwerken?

Welche Werke der zeitgenössischen Kunst (Musik, bildende Kunst, Malerei usw.) sprechen dich besonders an; welche lehnst du ab?

* Wir stehen vor einem Bild: Kunst, Dilettantismus oder Kitsch?

Ist es für eine Frau erstrebenswert berufstätig zu sein?

Was sind Ihrer Meinung nach die höchsten Güter der Menschheit?

Ist unser Bildungswesen reformbedürftig?

Glossieren Sie eine Zeiterscheinung, die Ihnen missfällt!

Das Handy – Schnullerersatz oder Überwachungsinstrument

Brauchen wir Alkohol um fröhlich zu sein?

Kann man einen Menschen danach beurteilen, wie er seine täglichen Pflichten erfüllt?

Ordnen und klären Sie die Begriffe Kollege, Kamerad, Freund! Erläutern Sie an ihnen das menschliche Verhalten!

Ihr Freund möchte einen modernen Roman lesen. Warum würden Sie ihm … empfehlen?

„Sage nie, was du denkst, sondern was man von dir hören möchte!“ – Was meinen Sie zu diesem Zitat Voltaires?

Wie erklären Sie sich die geringe Rolle, die Frauen bisher in der Kunst, in der Wissenschaft und in der Politik gespielt haben?

Welche Möglichkeiten des Umweltschutzes hat der einzelne Staatsbürger, welche der Staat?

Ist das Fernsehen eine Gefahr für die Jugend?

Untersuchen Sie Tageszeitungen und stellen Sie fest, ob und auf welche Weise die Leser manipuliert werden!

Welche Probleme hat die Jugend von heute?

Sollen auch Menschen geklont werden?

Texte interpretieren

Texte interpretieren heißt, künstlerisch gestaltete Texte nach Inhalt, Form und Aussageabsicht des Autors mündlich oder schriftlich zu erläutern bzw. zu deuten.

Dabei ist folgende Vorgangsweise zu empfehlen:

Lies dir den Text mehrmals (möglichst laut) durch, damit du den sprachlichen Rhythmus und die Sprachmelodie erkennst. Danach beantworte die folgenden Fragen:

1. **Was wird uns mit dem Text gesagt (Inhalt)?**
2. **Wie wird dieser Inhalt dargestellt (Sprache, Form)?**
3. **Was (welche Gedanken, welche Gefühle) wollte der Dichter mit dem Text im Hinblick auf seine gesellschaftliche Wirklichkeit zum Ausdruck bringen (Aussageabsicht)?**
4. **Wie stelle ich mich als Leser zu diesen Aussageabsichten (Wirkung auf den Leser, persönlicher Eindruck)?**
5. **Was lässt sich über den Dichter sagen? Wann und wo hat er gelebt?**

1. Beispiel: Interpretation des Gedichtes

Septembermorgen
von Eduard Mörike (1804–1875)

Im Nebel ruhet noch die Welt,
noch träumen Wald und Wiesen:
Bald siehst du, wenn der Schleier fällt,
den blauen Himmel unverstellt,
herbstkräftig die gedämpfte Welt
in warmem Golde fließen.

Dieses Naturgedicht gibt die subjektiven Eindrücke des Dichters an einem Septembermorgen wieder. Der Leser kann diese unschwer nachempfinden, denn ähnliche Situationen kann man jedes Jahr selbst erleben. Dadurch wird der Einzelfall zur allgemein gültigen Aussage.

Die Sprache ist sehr bildhaft. Der Dichter beseelt die Natur: die Welt „ruht“, Wald und Wiesen „träumen“, der Nebelschleier „fällt“, die „gedämpfte“ Welt „fließt“ in „warmem“ Golde. Dabei verwendet der Dichter auch Wortschöpfungen wie „herbstkräftig“.

In der äußerlichen Gestalt ist das Gedicht schlicht. In den sechs Verszeilen folgt viermal eine betonte auf eine unbetonte Silbe. Der Endreim hat die Folge a b a a a b. Jeder Satz schließt mit einem b-Reim.

Damit ist eine Zweiteilung feststellbar, die sich in der Wortwahl nachweisen lässt. Der erste Teil ist verhalten ruhig, der zweite Teil erfordert eine besondere Betonung und drängt vorwärts.

Das Gedicht ist in der Biedermeierzeit entstanden und trägt nicht nur den Stempel des Schöpfers, sondern auch seiner Zeit. Es war die Zeit, in der die Menschen das Glück im Kleinen suchten, ein beschauliches Leben anstrebten, Hausmusik pflegten (Schubert) und Dichter und Maler (Waldmüller, Gauermann) die Natur verherrlichten.

Das Gedicht gehört zu meinen Lieblingsgedichten. Ich kann es auswendig.

(Waldtraud, 18 Jahre)

2. Beispiel: Interpretation des Textes

Das Hemd des Zufriedenen
von Wilhelm Busch (1832–1908)
Text auf Seite 183

Auf den ersten Blick handelt es sich bei den Text um ein Kunstmärchen, denn es fängt wie alle Märchen mit „Es war einmal ...“ an. Ungewöhnlich ist auch die altertümliche Sprache: „... dass er darum nicht schlafen konnte die ganze Nacht“; „das ward ihm zuletzt so unerträglich, dass ...“; „... so halte ich dafür, dass ...“; „... dem einen gebrach dies, dem andern das ...“ u. dgl. m.

Auch die Satzmelodie ist wie im Märchen ausgeglichen. Liest man den Text jedoch zu Ende, stellt man fest, dass wesentliche Merkmale eines Märchens fehlen: Gefahren werden überwunden, das Gute siegt über das Böse, die Gerechtigkeit über die Ungerechtigkeit.

Vom Thema her ist der Text eher ein Gleichnis, eine Parabel. Dabei geht es um die Zufriedenheit, die dem reichen und mächtigen König abgeht, die aber der völlig mittellose Schweinehirt besitzt. Auch die Zeitlosigkeit des Geschehens und die Allgemeingültigkeit der Aussage weist auf eine Parabel hin. Das Symbol der Zufriedenheit ist in dem Text das Hemd eines Zufriedenen, von dem der reiche König annimmt, dass es ihm ebenfalls Zufriedenheit verschaffen könnte, wenn er es trüge.

Die Aussageabsicht des Verfassers lautet also: Armut und Bedürfnislosigkeit ermöglichen Zufriedenheit, Reichtum und Macht dagegen führen zu Unzufriedenheit. Im Gleichnis symbolisiert der König den unzufriedenen Reichen und Mächtigen; der Schweinehirt, der an der untersten Stelle der sozialen Hierarchie steht, den zufriedenen Armen.

Als die Berater des Königs den Schweinehirt finden, bietet sich ihnen eine unrealistische Idylle: Der Schweinehirt liegt gemächlich bei seiner Herde im Gras, er hat Zeit. Seine Frau, ein Kind auf dem Arm, bringt ihm das Morgenbrot. Der Hirt setzt sich vergnüglich zum Essen und „verzehrt, was ihm gebracht war“. Befragt, wie es komme, dass er trotz seiner Armut vergnügt sei, antwortet er: „Das kommt daher, weil ich mit dem, was ich habe, zufrieden bin.“ Dem König kann er aber nicht helfen, weil er nicht einmal ein Hemd besitzt. Eine solche Idylle hat nichts mehr mit der Wirklichkeit zu tun, sondern suggeriert dem Leser ein freies, sorgloses Leben, das von der Armut herrührt. Dem Leser wird vor Augen geführt, wie schwer die Last der Herrschaft ist, Reichtum führt nur zu Unzufriedenheit.

Das Gleichnis empfiehlt also dem Einzelnen, sein Schicksal ergeben zu ertragen und dem Reichtum und der Macht zu misstrauen. Die Armut wird glorifiziert.

Ist aber dieses Gleichnis wirklich allgemein gültig? Das ist anzuzweifeln. Zur Selbstverwirklichung des Menschen gehört ein gewisses Maß an Unabhängigkeit, auch im materiellen Bereich. Wer hungert, friert, keine Behausung hat, kann nicht zufrieden sein. Die scheinbare Idylle des Sauhirten täuscht. Außerdem zeigt die Geschichte der Menschheit, dass Hochkulturen nur dann entstanden sind, wenn so viel produziert werden konnte, dass zumindest ein Teil der Bevölkerung mehr als die unmittelbaren Bedürfnisse befriedigen konnte. Ein gewisses Mindesteinkommen ist die Voraussetzung für die Zufriedenheit eines Menschen. Auch lässt sich nicht verallgemeinern, dass ein hoher sozialer Status und Reichtum zwangsläufig unzufrieden machen. Man kann also der Aussage von Wilhelm Busch nur eingeschränkt zustimmen.

Wilhelm Busch war Pessimist und stand unter dem Einfluss des Philosophen Schoppenhauer. Hinter seinen humorvollen Zeichnungen verbirgt sich oft eine bittere Lebensweisheit. Vielleicht fasste Wilhelm Busch seinen Text nur als Utopie auf, als einen Traum von einer Welt, in der sowohl Arme als auch Reiche durch einen sozialen Ausgleich zufrieden sein könnten.

(Wolfgang, 17 Jahre)

3. Beispiel: Interpretation der Erzählung

Zwei Lügen oder eine Antikische Tragödie
von Heimito von Doderer (1896–1966)
Der Text kann in dem Buch Doderers „Die Peinigung der Lederbeutelchen“, Erzählungen, nachgelesen werden.

Wie die Überschrift verrät, handelt es sich um die Darstellung einer „Tragödie“, die sich zu einer unbestimmten Zeit und in einem nicht genannten Dorf abspielt.

Zu dem Haus des Kleinbauern Stacho kommt ein Fremder und bittet gegen Bezahlung um Essen und ein Nachtquartier. Die Anwesenden, Stacho, sein Weib und der jüngere Sohn, erklären sich einverstanden. Ihr älterer Sohn ist seit 18 Jahren verschollen. Er ist nicht aus dem Krieg heimgekehrt. Die Bäuerin richtet dem Fremden in einer Kammer ein Lager und trägt seine Habe dorthin. Dabei stellt sie fest, dass der Fremde in einem Beutel Gold aufbewahrt hat. Das erweckt in der Bäuerin den Gedanken, den Fremden zu töten und zu berauben, denn die Bauersleute befinden sich in einer Notlage. Sie sehen sich genötigt, einem Händler, der sich an demselben Abend im Dorfgasthaus aufhält, ein Wäldchen zu verkaufen. Dieser Verkauf könnte vermieden werden, wenn ...

Stacho stimmt den Vorhaben seiner Frau zu und überlässt ihr alles Weitere. Er selbst geht in den Dorfkrug. Dort erfährt er, dass der Fremde sein verschollener Sohn Janko ist, der nach dem Besuch des Dorfgasthauses den elterlichen Bauernhof aufgesucht habe. Doch Stacho lügt und erklärt, dass bei ihnen niemand eingekehrt wäre (erste Lüge!).

Verzweifelt hetzt er nach Hause. Aber er kommt zu spät. Der Fremde liegt erschlagen auf dem Bett. Auf dem Tisch findet er Goldmünzen aufgestapelt. Auf seine Frage, wer den Fremden getötet habe, antwortet sein jüngerer Sohn: „Die Mutter und ich." Muttermale auf dem Rücken des Toten schaffen Gewissheit, dass der Fremde der ältere Sohn ist. Stacho verlangt nun im Zorn, dass sich seine Frau an einem Balken erhängen soll. Seinen jüngeren Sohn jedoch will er schützen. Er befiehlt ihm, sich schlafen zu legen und später zu sagen, er habe während der Tatzeit geschlafen und nichts gehört und gesehen.

Danach verlässt Stacho seinen Hof und kehrt ins Dorfgasthaus zurück. Vor den anderen Bauern legt er ein Geständnis ab und bittet, seinen überlebenden Sohn zu schonen, da er von der Tat nichts gewusst habe (zweite Lüge!). Kurz darauf fällt Stacho tot um.

Wie bei einer antiken Tragödie ist das Schicksal der Personen vorherbestimmt. Der Bauer befindet sich in einer ausweglosen Situation, seine Schuld besteht darin, der Tötungsabsicht seiner dämonischen Gattin zugestimmt zu haben. Er ist in einer Rolle gefangen, die ihn zwingt so und nicht anders zu handeln. Er hat keine Alternative. Er stirbt an seinem Schicksal.

Wie in einer antiken Tragödie wird der Konflikt eines Helden mit der sittlichen Weltordnung gezeigt. Wie in den Tragödien von Aischilos, Euripides und Sophokles wird den Menschen gezeigt, dass ein bestimmtes Verhalten zwangsläufig zum Untergang führt. Wie in den antiken Tragödien finden wir auch in dieser Erzählung die Einheit von Zeit, Ort und Handlung.

Die Tragödie ereignet sich an einem Abend und wenige Stunden später ist alles vorüber. Auch das Gasthaus, der Dorfkrug, ist nicht weit von Stachos Hof entfernt. Die Einheit des Ortes ist also gegeben. Wie in den Tragödien der Antike gibt es nur eine einzige durchgehende Handlung. Ohne Abschweifungen wird erzählt, was für den Verlauf des Geschehens wichtig ist.

Auch der Aufbau der Erzählung gleicht dem antiken Drama: In der „Exposition“ werden alle Charaktere vorgestellt, Stacho, seine Frau, sein Sohn Mirko und der „Fremde“. Der „erregende Moment“ setzt ein, als die Frau das Gold entdeckt und von ihrem teuflischen Plan berichtet. Danach steigt die Spannung an, Stacho geht in den Krug und seine Frau bereitet alles für den hinterhältigen Mord vor.

Der Höhepunkt wird erreicht als der Kleinbauer Stacho im Wirtshaus erfährt, dass es sich bei dem Fremden um seinen zurückgekehrten älteren Sohn handelt. Daran schließt sich wie in der antiken Tragödie der „retardierende Moment“: Schweißgebadet hastet Stacho nach Hause, der Rückweg scheint kein Ende zu nehmen. Sein hohes Alter ist der physischen Überanstrengung kaum gewachsen. Es wird ihm bewusst, dass es vielleicht schon zu spät ist, seine dominierende Ehefrau ihre Absicht schon verwirklicht hat.

Hier fällt die Handlung ab: Er beweist seiner Frau, dass es sich bei dem Ermordeten um beider Sohn handelt. Der Leichnam wird gewaschen und Stacho bereitet alles für die „Katastrophe“, die Lösung, vor. Er knotet den Strick an einen Balken und fordert seine Frau auf sich zu erhängen. Stacho selbst bereut die Tat und gesteht vor Zeugen. Er will sich dem irdischen Richter stellen, doch Gott fällt sein eigenes Urteil: Stachos Herz versagt, er fällt tot um.

Auffällig ist die gedrängte Darstellung des Geschehens, die einsträngige Handlung, die Prägnanz der Sprache.

Der Text ist in fünf Abschnitte gegliedert, deren Überschriften auf den Verlauf der Handlung hinweisen.
Im Abschnitt „Der Fremde“ wird auf die Ankunft des Mannes hingewiesen, der nicht als Sohn erkannt wird.
Im Abschnitt „Der Vater“ erfährt dieser die wahre Identität des Fremden.

Der folgende Abschnitt „Ein Weg im Dunkeln“ beschreibt die tragische Situation, in der sich der Alte befindet. Das Wort „dunkel“ bezieht sich dabei auf seinen Gemütszustand.
In „Die Stunde des Zorns“ verkündet Stacho seiner Frau wütend die Wahrheit über den Erschlagenen.
Im letzten Abschnitt „Gerichtstag“ maßt sich der Bauer an, über Leben und Tod allein entscheiden zu können.

Die 1959 erschienene Erzählung ist durchaus zeitgemäß, denn täglich berichten Zeitungen von ähnlichen Familientragödien.
Eine durchaus empfehlenswerte Lektüre.

Heimito von Doderer lebte in Wien und wurde durch die umfangreichen Romane „Die Strudelhofstiege“ (1951) und „Die Dämonen“ (1956) berühmt. Sie geben ein universales Bild der Gesellschaft im ersten Drittel des 20. Jahrhunderts. Andere Werke neigen zum Grotesken und Absurden.

(Gerlinde, 18 Jahre)

Aufgaben:

1. *Versuche ein Gedicht zu interpretieren! Danach veröffentliche den Text in der Schülerzeitung!*
2. *Interpretiere die Kurzgeschichte „Nachts schlafen die Ratten doch!“ von Wolfgang Borchert (Text Seite 190)! Beachte dabei die Zeit und den Ort der Handlung: eine zerbombte Stadt in Deutschland unmittelbar nach dem Ende des Zweiten Weltkrieges 1945.*
   Beantworte vorher die folgenden Fragen:
   – Was kann den Autor veranlasst haben, seine Geschichte nicht mit den entsprechenden Informationen zu beginnen? Beachte, dass ein Satz im ersten Abschnitt beim Leser sogar falsche Erwartungen weckt.
   – In welcher Absicht führt der Mann von Anfang an das Gespräch mit Jürgen?
   – Welche verschiedenen Taktiken wendet er an, um sein Ziel zu erreichen? Wie ist ihre Wirkung auf Jürgen? (Achte auf die Adverbien, die Jürgens Sprechen kennzeichnen.)
3. *Verfasse eine Interpretation eines Romans, den du vor kurzem gelesen hast, z. B. „Schlafes Bruder“ von Robert Schneider!*

AUFSATZFORMEN DES ALLTAGS

(Gebrauchstexte)

Anmerkung: Das Abfassen von Briefen ist eine im Leben häufig vorkommende Form des schriftlichen Ausdruckes und muss daher auch in der Schule geübt werden. Allerdings sollten auch hier die Briefe aus einem natürlichen Anlass abgefasst werden. Besonders zu empfehlen ist ein Schülerbriefwechsel. Auf der Unter- und Mittelstufe werden die Briefe vorteilhaft von Schülergruppen abgefasst, da bei dieser Arbeitsweise der Lehrer bessere Lenkungsmöglichkeiten hat. Als Stoff dienen in erster Linie Schilderungen der engeren Heimat, der Sitten und Gebräuche; aber auch Berichte können für diesen Zweck abgefasst werden. Erlebnisschilderungen des Einzelnen müssen jedoch dem individuellen Briefschreiben vorbehalten bleiben. Ein Schülerbriefwechsel mit dem Ausland kann außerdem manches zur Völkerverständigung beitragen.

Bei allen Briefformen wird es allerdings nicht immer möglich sein, wirklichen Partnern zu schreiben.

Eingeübt muss vor allem das Formale werden, besonders bei den sachlichen Briefen. Letztere können jedoch erst vom 8. Schuljahr an erfolgversprechend behandelt werden, denn auch hierbei ist auf die geistige Entwicklung der Schüler Rücksicht zu nehmen.

Der persönliche Brief

Salzburg, am 12. März 20 . .

Liebe Helga!

Bitte entschuldige, dass dein Brief so lange unbeantwortet blieb. Meine Mutti war in letzter Zeit krank, und so musste ich in der Hauswirtschaft mithelfen. Ach, da gab es viel für mich zu lernen! Das

Aufräumen ging ja noch, aber das Kochen! O du mein Gott! Einmal sollte ich Grießnudeln machen. Unvorsichtigerweise ließ ich die Nudeln etwas zu lange kochen. Als ich sie dann in Grieß einwälzte, zerfielen sie zu meinem Entsetzen zu einem Brei. Bei Tisch hänselte mich dann mein Bruder, indem er dauernd fragte, was ich für eine neue Mehlspeise erfunden hätte oder ob das vielleicht gar ein neues Rezept für Milch und Grießauflauf sei. Obwohl ich meine Fehler in der Kochkunst einsah, ärgerte ich mich über diese Sticheleien und die Tränen liefen mir unaufhaltsam über die Wangen. Meine Mutti tröstete mich, indem sie sagte: „Es ist kein Meister vom Himmel gefallen!"

Aber, ehrlich gesagt, ich bin froh, dass meine Mutti nun wieder gesund ist und ich sie nicht mehr in der Küche zu vertreten brauche, denn die Hauswirtschaft ist nicht so leicht, wie sie aussieht.

Liebe Helga, wenn es dir möglich ist, besuche mich in der nächsten Woche, denn ich möchte dir gerne mein neues Kleid zeigen, das ich zum Geburtstag bekommen habe. Auch hätte ich dir noch viel zu erzählen. Ich freue mich schon auf ein Wiedersehen!

Viele Grüße!

Deine Margit

Der Dichter Anton Wildgans schreibt an seinen Sohn Fritz:

Mönichkirchen, 20. Oktober 1925

Mein liebes Bürschchen!

Ich danke dir für deinen schönen und klaren Brief, der mir viel Freude gemacht und Aufschluss gegeben hat. Du siehst also wieder einmal ein, dass du dich ohne Grund vor Französisch und Physik gefürchtet hast. Die Umrechnerei von Celsius in Reaumur usw. ist kein Hexenkunststück, sondern eine rein mechanische Sache. Auch das Klavierspiel, das dir so viel Entsetzen eingejagt hat, macht dir nun Freude, und das ist auch gut und notwendig so, da ein jeder gute Musiker die Beherrschung des Klaviers benötigt, ob er nun Komponist wird oder Orgelspieler oder Kapellmeister oder auch nur ein tüchtiger Dilettant. Musik ist die reinste und schönste Freude, die der Mensch im Leben hat. Die gute Beherrschung von Instrumenten ist eine große Empfehlung für einen jungen Menschen im späteren Daseinskampf und in der menschlichen Gesellschaft, ohne die wir ja nicht leben und nichts erreichen können. Besonders aber ist die Musik, wie gesagt, eine Freude und Freundin, die einem immer treu bleibt, während alle anderen Freuden mehr oder weniger vergänglich sind und einem im Alter verlassen. Wie viel Freude und Bildung hast du jetzt schon dadurch, dass du im Quartett mitspielst, ja sogar in einem Quartett die erste Geige spielst! Also sei schön fleißig bei Professor Feist und Direktor Gruber, solange es uns allen noch so gut geht, dass dieser Unterricht bezahlt werden kann. Wir stehen alle in Gottes Hand und können uns für die Zukunft nicht verbürgen.

Da du nach meiner Arbeit fragst, so sage ich dir, dass ich sehr fleißig dabei bin und hoffe, mit einem guten Stück geleisteter Arbeit nach Mödling zurückzukommen. Freilich werde ich in diesem Winter sehr dabei bleiben müssen, um das neue Buch vor dem Sommer fertig zu stellen und in Druck geben zu können, damit es im nächsten Herbst erscheint. Ich wünsche nur, dass wir alle gesund bleiben, damit ich durch nichts gestört werde. Gib daher auch du auf deine Gesundheit Acht!

Ich freue mich schon sehr, euch alle bald wiederzusehen. Das wird spätestens am 6. November sein. Am 7. nachmittags wird an dem Hause, wo Tante Marianne Schmedes wohnt, über meinen Antrag eine Grillparzer-Gedenktafel feierlich enthüllt werden, deren Inschrift ich verfasst habe. Am 8. vormittags ist eine festliche Aufführung der neunten Symphonie, wo Dr. Riemerschmied einen gleichfalls von mir verfassten Prolog sprechen wird. Zu dieser Aufführung werden wir, die Mutter, du und ich, gehen. Die Mutter soll schon heute Vorkehrungen treffen, dass sie an diesem Vormittag frei ist. Das lasse ich ihr mit vielen Grüßen sagen.

Dich küsse und umarme ich als dein

Vater

Beachte die folgenden Ratschläge:

Persönliche Briefe sind der Ausdruck der eigenen Gedanken und Gefühle, schreib sie daher völlig zwanglos und natürlich! Stelle dir den Empfänger beim Abfassen des Briefes vor und schreib so, wie du mit ihm s p r e c h e n würdest! Meide viele Fragen, teile den Empfänger jedoch Tatsachen mit, von denen du annimmst, dass er sie zu erfahren wünscht! Beginne ohne Umschweife mit der Mitteilung, leere Phrasen wirken abgedroschen! Achte besonders auch auf eine einwandfreie Rechtschreibung und eine gut lesbare, deutliche Schrift, denn der Brief ist das Aushängeschild des Absenders!

P o s t k a r t e n (Norm A6, 105 × 148 mm) verwende nur für kurze Mitteilungen, sie dürfen aber nie vertrauliche Nachrichten (Geheimnisse, Vorwürfe, Beschwerden) enthalten. Vorgesetzten oder gesellschaftlich Höherstehenden soll grundsätzlich keine Karte gesendet werden. Ausgenommen sind Karten mit Urlaubs-, Weihnachts- oder Neujahrsgrüßen.

A n m e r k u n g : Weitere Beispiele für persönliche Briefe bieten Stilproben im 1. Band des Aufsatzwerkes.

Einzelfragen:

D i e B r i e f a n s c h r i f t

Beachte die Empfehlungen des Weltpostvereines:

1. **Man schreibe die ganze Anschrift in der Längsrichtung des Briefumschlages.**
2. **In der ersten Zeile stehen besondere Beförderungsvermerke, wie: DURCH EILBOTEN! oder EINSCHREIBEN! Diese Zeile ist zu unterstreichen.**
3. **Darunter folgt (eine Zeile wird dazwischen leer gelassen) die Anrede: Herr (oder Herrn), Frau, Fräulein.**

4. **In der folgenden Zeile schreibt man den Vor- und Familiennamen des Empfängers und gegebenenfalls davor auch den Berufs- oder Ehrentitel (Kommerzialrat, Regierungsrat usw.) und den akademischen Titel (Dr., Dipl.-Ing., Mag. u. dgl.). Berufsbezeichnungen dagegen (Baumeister, Kaufmann u. dgl.) schreibt man, sofern man sie nicht überhaupt weglässt, auf die Zeile unterhalb des Namens.**
5. **Nun folgt zwei Zeilen darunter die Straße mit der Haus- und Türnummer.**
6. **In der nächsten Zeile wird die Postleitzahl mit dem Postort geschrieben. Vor die Postleitzahl setzt man bei Sendungen, welche in das Ausland gehen, noch das Autokennzeichen des betreffenden Staates: A für Österreich, D für Deutschland, CH für die Schweiz usw. Postleitzahl und Postort sollen innerhalb des sogenannten „Lesefeldes" stehen (siehe Beispiel Seite 343!).**
7. **In der letzten Zeile wird der Staat genannt, in welchem der Bestimmungsort liegt. Dies ist aber nicht unbedingt nötig, da der Buchstabe vor der Postleitzahl ohnedies den Staat angibt.**
8. **Die ganze Anschrift soll in lateinischer Schrift geschrieben werden, der Postort und der Staat jedoch in Blockschrift. Es dürfen nur arabische Ziffern verwendet werden.**
9. **Briefmarken klebe in die rechte obere Ecke der Anschriftseite, damit durch den Poststempel nicht der Name unleserlich wird.**
10. **Name und Adresse des Absenders werden gewöhnlich auf der Rückseite des Briefumschlages auf den obersten zwei Zeilen vermerkt. Vgl. die Beispiele!**

Aufgabe: Schreib drei Adressen in vorbildlicher Anordnung. Beachte besonders die richtige Schreibung der Straßen! (Siehe 1. Band!) Leserliche Handschrift!

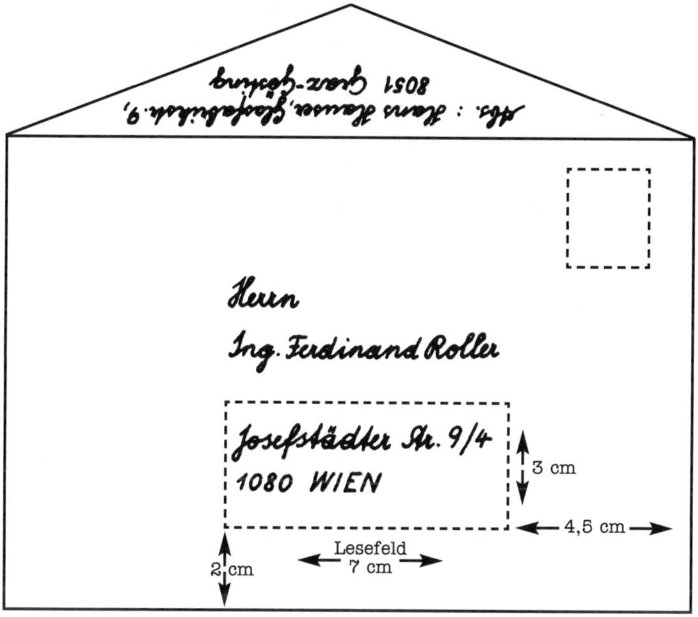
Abs.: Hans Hauser, Glasfabrikstr. 9,
8051 Graz-Gösting
Herrn
Ing. Ferdinand Roller
Josefstädter Str. 9/4
1080 WIEN
3 cm
4,5 cm
Lesefeld
7 cm
2 cm

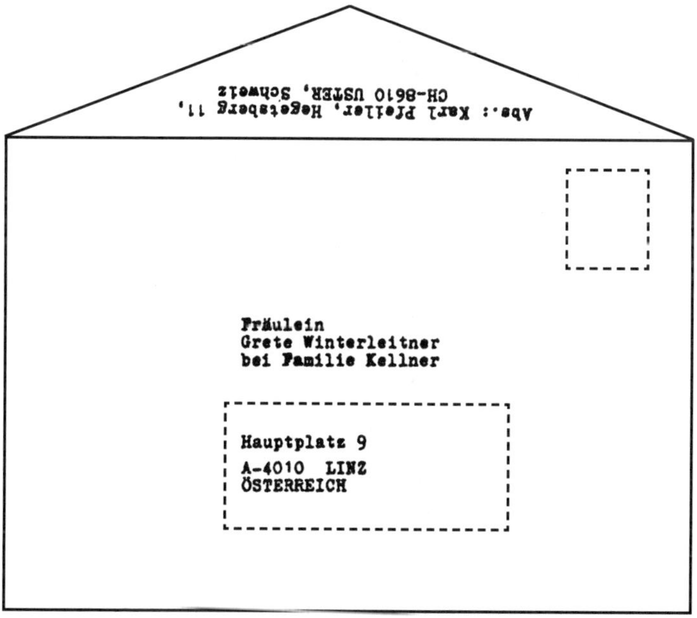
Abs.: Karl Pfeifer, Hegetsberg 11,
CH-8610 USTER, Schweiz
Fräulein
Grete Winterleitner
bei Familie Kellner
Hauptplatz 9
A-4010 LINZ
ÖSTERREICH

Die Anrede

Beachte:

Die Anrede- und Schlussformen müssen dem Herkommen entsprechen, sonst könnte es sein, dass du jemanden beleidigst.

An nahe Bekannte, an Verwandte oder an Freunde schreib:

Lieber Hans!
Liebe Waltraud!
Lieber Onkel! Liebe Tante!
Liebes Fräulein Hilde!
Meine Lieben!
Lieber Herr Doktor Berger!

An Fernstehende, doch persönlich Bekannte, kannst du schreiben:

Sehr geehrter Herr Dr. Reiter!
Sehr geehrter Herr Studienrat!
Sehr geehrte Frau Müller!
Sehr geehrte gnädige Frau!
Sehr geehrtes Fräulein Maria!

An Stelle des Namens kann auch bloß der Titel treten.

An persönlich Unbekannte schreibt man ebenso, doch lässt man gewöhnlich den Namen weg. Der Titel muss jedoch geschrieben werden, es sei denn, der Empfänger hätte keinen.

An höher gestellte oder ältere, verehrungswürdige Personen schreibt man:

Sehr verehrter Herr Hofrat!
Hochverehrter Herr Minister!
Hochgeschätzter Herr Präsident!
Sehr verehrte Frau Pichler!
Sehr verehrte gnädige Frau!

Völlig unbekannte Personen redet man mit P. T. (praemisso titulo = nach Vorausschickung Ihres Titels) an. Die Anredeform kommt meist nur in Antwortschreiben auf chiffrierte Zeitungsanzeigen vor.

Als weniger höflich gelten die Anreden „Werter Herr!“ oder „Geehrte Frau Schmalz“!

Aufgaben: Wie würdest du in Briefen anreden:
einen persönlich unbekannten Arzt,
einen dir bekannten Lehrer,
den Vater eines Mitschülers, der Regierungsrat ist,
die unverheiratete Schwester deines Freundes,
deinen Großvater,
die Frau des Präsidenten Huber?

Briefschlüsse:

Von Personen, die einem nahestehen, empfiehlt man sich mit den Worten:

Sei herzlich gegrüßt von deinem . . .
Viele herzliche Grüße, dein . . .
Mit herzlichen Grüßen, Ihr . . .
Auf Wiedersehen, dein . . .

Von Fernstehenden empfiehlt man sich mit den Worten:

Mit freundlichen Grüßen . . .
Mit höflichem Gruß . . .
Mit besten Grüßen . . .

Gegenüber Autoritätspersonen kann man anwenden:

Mit besonderer Hochachtung . . .
Mit vorzüglicher Hochachtung . . .

Mit den besten Empfehlungen . . .
In Verehrung . . .
In großer Dankbarkeit Ihr . . .
Ich grüße Sie hochachtungsvoll, Ihr . . .

Hüte dich jedoch vor Übertreibungen!

Beachte: Das Wörtchen „Ihr" soll nur dort verwendet werden, wo ein persönliches Verhältnis zum Empfänger besteht.

Vermeide leere Phrasen wie:

Am Anfang meines Schreibens begrüße ich dich herzlichst und teile dir mit, dass ich gesund bin, was ich auch von dir hoffe.

Mit Freuden ergreife ich die Feder, um Ihnen für Ihr Geehrtes zu danken.

Nun will ich schließen und grüße dich vielmals als deine dich liebende Schwester . . .

Aufgaben: Nimm folgende Situationen an und schreib Briefe:

a) Bei einem Schikurs hast du einen Freund gefunden, den du nun für die Ferien zu dir in die Stadt einlädst.

b) Ein Kamerad ist übersiedelt. Er hat von dir noch ein Buch. Fordere es zurück und bitte ihn, er möge dir auch mitteilen, wie es in seiner neuen Schule zugeht!

c) Ein Mitschüler liegt im Krankenhaus. Schreib ihm die Neuigkeiten aus der Schule!

d) Du bist mit einem Mädchen aus dem Ausland in Briefwechsel getreten und schilderst ihm nun deine engere Heimat, dein Zuhause.

Glückwunsch- und Beileidschreiben

Auch hier ist das Formelhafte zu vermeiden. Schreib natürlich und persönlich, stelle dir den Empfänger des Schreibens vor und versuche, mit ihm zu fühlen, dann wirst du wie von selbst die richtigen Worte finden. Hüte dich jedoch vor unechten Gefühlen! Ist deine Beziehung zum Empfänger weniger eng, so verzichte lieber auf Ausführlichkeit und drücke nur kurz deine Anteilnahme bzw. deine Glückwünsche aus! Dies gilt besonders für Beileidschreiben, wo ein lebhaftes Eingehen auf Einzelheiten den Schmerz der Hinterbliebenen nur vergrößern könnte.

Beispiele für Glückwunschschreiben:

Graz, den 19. März 20 . .

Lieber Hans!

In wenigen Tagen feierst du deinen 14. Geburtstag. Aus diesem Anlass wünsche ich dir, dass du gesund bleibst und die hohen Ziele, die du dir gesteckt hast, erreichen mögest. Von deinen Eltern und Geschwistern wirst du gewiss viele schöne Geschenke erhalten; aber auch ich habe dir ein Buch geschickt, das dir sicher gefallen wird. Es handelt von deinem Steckenpferd, der Eisenbahn. Sein Titel lautet: „Da staunt das Vorsignal.“ Mehr will ich davon nicht verraten.

Verbringe deinen Geburtstag recht froh und lass bald von dir hören!

Viele herzliche Grüße!
Dein Erich

Ein glücklicher Vater schreibt:

Meine Frau hat einem gesunden Mädchen das Leben geschenkt.
Edwin Müller

Sein Bekannter antwortet:

Ich freue mich mit Ihnen über die Geburt Ihres Kindes.

Ihr Karl Hauser

Du gratulierst einem Vorgesetzten:

Sehr geehrter Herr Hofrat!

Zu Ihrer Ernennung erlaube ich mir, Ihnen meine Glückwünsche zu übermitteln.

Ihr Fritz Jung

Aufgabe: Schreib einen Glückwunschbrief zur Vermählung eines persönlich Bekannten!

Beispiel für ein Beileidschreiben:

18. Juni 20 . .

Sehr verehrte gnädige Frau!

Es ist uns allen unfassbar, wie es geschehen konnte, dass unser Kamerad Hans, den wir wegen seines Humors und seiner Hilfsbereitschaft alle besonders geschätzt haben, so plötzlich aus dem Leben scheiden musste. Seit der überraschenden Todesnachricht weilen unsere Gedanken immer bei dem Verstorbenen.

Ihnen, sehr verehrte gnädige Frau, sprechen wir alle wegen des schweren Verlustes unsere aufrichtige Anteilnahme aus.

In tiefer Trauer
die Schulkameraden Ihres Sohnes

Aufgaben: Entwirf ein Beileidschreiben

a) an die Witwe deines Vorgesetzten oder Lehrers;

b) an den fernen Freund, dessen Mutter verschieden ist!

Kartengrüße

Kartengrüße sollen die Verbundenheit des Schreibers mit dem Empfänger ausdrücken und die Mitteilung enthalten, dass sich der Schreiber an einem bestimmten fernen Ort befindet. Wegen des geringen Platzes sind Kartengrüße möglichst kurz zu fassen. Phrasen sind auch hier zu vermeiden.

Beispiel:

28. Juni 20 . .

Liebe Eltern,

vom Dachstein sende ich euch die herzlichsten Grüße. Wir sind vor einer halben Stunde wohlbehalten an unserem Tagesziel, der Schutzhütte angelangt. Leider haben wir wegen der späten Stunde keine Fernsicht mehr. Morgen Früh wollen wir jedoch den Sonnenaufgang beobachten.

Auf Wiedersehen zu Hause!
Euer Richard

Es gehört zum guten Ton, zum Oster- und Weihnachtsfest sowie zum Jahreswechsel Verwandten und Freunden, aber auch Vorgesetzten und Berufskollegen Glückwünsche zu senden. Da es bei einem großen Bekanntenkreis nicht möglich ist, allen Briefe zu schreiben, sendet man Weihnachts- bzw. Neujahrs k a r t e n oder eigens für diesen Zweck angefertigte B i l l e t t s .

Bei mehrseitigen Billetts muss die erste, zweite und vierte Seite unbeschrieben bleiben, unter den vorgedruckten Text kommt nur die Unterschrift des Absenders. (Mit Tinte geschrieben!)

Wie bei allen Billetts darf auch bei den Glückwunschkarten die Anrede wegbleiben, man trachte aber auch hier, eine möglichst persönliche Form zu finden. Für alle erhaltenen Glückwünsche muss man sich bedanken oder diese erwidern.

Beispiele:

Gesegnete Weihnachten und ein glückliches neues Jahr wünscht dir und den deinen

Erich

Die besten Wünsche zum Weihnachtsfest und zum Jahreswechsel entbietet

Ihr Hans Hiller

Ein frohes Weihnachtsfest wünscht

Karl Hermann

Zum Jahreswechsel alles erdenklich Gute, vor allem Gesundheit, Glück und Erfolg!

Dein Fritz

Ein gesegnetes Osterfest wünscht

dein Ludwig

Aufgabe: Verfasse Weihnachts- und Neujahrsgrüße an deinen Freund, an deinen Onkel, an einen Vorgesetzten! Achte auf den Unterschied im Ton!

Die Zeitungsanzeige

Wer eine Stelle sucht, wer etwas verkaufen oder kaufen will, bedient sich häufig der Zeitungsanzeigen. Diese wirkungsvoll zu gestalten ist nicht so leicht, wie es im ersten Augenblick scheint. Die Geschäftsleute bedienen sich hierfür oft eigener Werbetexter und Werbegrafiker, doch der kleine Mann muss sich seinen Text selbst zusammenstellen.

An der Spitze der Anzeige soll (möglichst fett gedruckt) das Wesentliche stehen: bei Stellengesuchen der Beruf, bei Verkaufsinseraten, was zu verkaufen ist. Wie beim Telegramm darf auch hier eine kurze Ausdrucksform gewählt werden, man achte jedoch auf Sprachrichtigkeit, besonders aber darauf, dass das Beziehungswort nicht vom Fürwort getrennt wird.

Wo steckt der Fehler?

Waschmaschinenverkaufskanone frei!
Zweijährige Stenotypistin sucht passenden Posten.
Suche Fahrer für einen PKW, der auch den Garten betreuen kann.
Suche Vertretung in Textilwaren.

Verbessere die vorstehenden Anzeigen!

Wenn zwei dasselbe tun, ist es nicht dasselbe.

Welche Anzeige ist besser? Begründe deine Meinung!

Einträglichen Posten sucht ehrliche, fleißige Persönlichkeit mit Organisationstalent. Unter „Strebsam“ an die Verwaltung des Blattes.

Organisator, 35 Jahre, gesund und agil, kaufmännisch geschult, Führerschein B, jahrelange Industriepraxis, sucht verantwortungsvollen Posten. Unter „Branche egeal“ an die Verwaltung.

Beachte:

Der Verfasser der zweiten Anzeige wird sicher mehr Erfolg haben, denn er stellt das Wesentliche an die Spitze, gibt das Alter, die Schulbildung und seine Erfahrungen an. Augenblicklich nicht nachweisbare Eigenschaften (z. B. verlässlich, ehrlich, fleißig) erwähnt er nicht. Diese wird er erst durch seine Referenzen nachzuweisen suchen.

Weitere Beispiele für Zeitungsanzeigen:

Lehrstelle als Verkäuferin wird für 14-jähriges Mädchen mit guten Umgangsformen gesucht. Sichere Rechnerin. Abschlusszeugnis der Hauptschule. Zuschriften erbeten an H. Baumer, Postfach 67, 9020 Klagenfurt.

Absolvent der HTL für Elektrotechnik, 20 Jahre, strebsam, sucht Stelle in Elektroindustrie. Unter „Anfänger" an den Verlag.

Aufgaben: Verfasse Zeitungsanzeigen mit folgenden Gegebenheiten:

a) Ein Schüler sucht eine Lehrstelle. Er ist 15 Jahre alt, kräftig, Sohn eines Werkmeisters, hat gute Schulzeugnisse und will einen Metall verarbeitenden Beruf erlernen.

b) Eine Frau verkauft ein Klavier, Marke Bösendorfer. Es ist ein Stutzflügel, schwarz poliert. Das Instrument wurde 1925 gebaut und wenig bespielt. Der Schätzwert des Flügels beträgt 1.000 Euro.

c) Ein Korrespondent mit guten Kenntnissen slawischer Sprachen, Absolvent einer Handelsakademie, sucht für Herbst eine Stelle in der Heimat. Er war drei Jahre im Ausland tätig und kennt sich besonders im Handel mit Maschinen aus. Daneben besitzt er auch gute EDV-Kenntnisse. Sein Alter beträgt 29 Jahre, er ist unverheiratet.

Das Bewerbungsschreiben und der Lebenslauf

Wer sich um eine Stelle bewirbt, muss trachten, einen guten Eindruck zu machen. Grammatische und orthografische Richtigkeit sowie guter Stil sind unerlässliche Voraussetzungen für den Erfolg eines Bewerbungsschreibens. Selbstverständlich muss es auch inhaltlich genügen und genaue Auskunft über die Person des Bewerbers geben.

Leite an den folgenden Beispielen die Merkmale eines Bewerbungsschreibens ab!

a)

Helene Becker
Beatrixgasse 27/9
1030 Wien

Direktion der „Vereinigten Stahlwerke"

Alpenstraße 3
4045 LINZ

Wien, 7. Nov. 20 . .

Bewerbung um Posten einer Stenotypistin

Auf Ihre Anzeige in der „Tageszeitung" vom 5. Nov. dieses Jahres bewerbe ich mich um den Posten einer Stenotypistin.
Derzeit bin ich in ungekündigter Stellung bei der Firma Braun & Co., Elektrogroßhandel, Wien, tätig, doch möchte ich aus familiären Gründen nach Linz übersiedeln und suche daher dort eine Beschäftigung.
Ich schreibe 160 Silben Kurzschrift in der Minute und beherrsche das Maschinschreiben fehlerfrei. Meine überdurchschnittlichen Rechtschreibkenntnisse fanden bei meinen Vorgesetzten stets Anerkennung. Ich kann auch einen PC bedienen.
Seit drei Jahren bin ich als Stenotypistin tätig und selbständiges Arbeiten gewöhnt. Gelegentlich musste ich in der Buchhaltungsabteilung aushelfen, sodass ich meine Schulkenntnisse auch aus diesem Fach vertiefen konnte.
Über meine Zuverlässigkeit und meinen Fleiß werden Ihnen gerne meine bisherigen Vorgesetzten Auskunft geben.
Ich würde mich freuen, wenn Sie mir Gelegenheit geben wollten, mich vorzustellen. Hierbei könnten Sie sich persönlich von meinem

Können überzeugen. Ich werde alle meine Kräfte einsetzen, um Ihre Erwartungen zu erfüllen.

Mit höflichem Gruß
Helene Becker

3 Beilagen:
Lebenslauf
2 Zeugnisabschriften

b)

Hans Schmiedhofer
Maria-Theresien-Str. 11/18
6020 Innsbruck

Versicherungsgesellschaft Universum

Wörgler Straße 17
6020 INNSBRUCK

Innsbruck, 30. Mai 20 . .

Bewerbung um eine Lehrstelle

Da ich im Juni dieses Jahres meine Schulpflicht erfüllt habe und Versicherungskaufmann werden möchte, erlaube ich mir höflich anzufragen, ob ich in Ihrer Firma als Bürolehrling eingestellt werden könnte.

Über meinen Fleiß und meine Schulleistungen möge Ihnen mein letztes Schulzeugnis aus dem Polytechnischen Lehrgang Auskunft geben. Es liegt diesem Schreiben bei.

Besonders interessiere ich mich für das kaufmännische Rechnen.

Ich bitte mir mitzuteilen, wann ich mich vorstellen darf.

Mit freundlichen Grüßen
Hans Schmidhofer
(Unterschrift)

1 Beilage

Beachte die folgenden Ratschläge:

Als Anrede verwendet man den Namen der Firma bzw. jenen des Inhabers oder – wenn dieser nicht bekannt ist – P. T.

Man leitet das Bewerbungsschreiben gewöhnlich damit ein, dass man sich auf eine Aufforderung, eine Anzeige und dergleichen bezieht. Vermeiden sollte man starre Formen („Unter Bezugnahme auf . . .“), sondern ganz natürlich schreiben: „Aus der Zeitung ersehe ich, dass Sie . . .“ oder: „Auf Ihre Anzeige bewerbe ich mich um die freie Lehrstelle . . .“!

Danach folgt der Hauptteil mit Angaben der gegenwärtigen Beschäftigung, der Ausbildung, der Kenntnisse und Fertigkeiten und der bisher gesammelten Erfahrungen (Praxis). Auch die Gründe für den Stellenwechsel sollen angeführt werden. Einzelheiten über Herkunft, Alter, Stand, Ausbildungsgang und über die bisherigen Stellungen verrät der beigefügte handgeschriebene Lebenslauf. Wird dieser nicht gefordert, so können das Alter, der Stand (ledig, verheiratet usw.) und die Schulbildung auch im eigentlichen Bewerbungsschreiben mitgeteilt werden.

Die äußere Form: Weißes Papier im Normformat A4 (210 × 297 mm) und als Briefhülle die Norm C 6 (114 × 162 mm)! Schreib das Bewerbungsschreiben möglichst mit der Schreibmaschine oder dem Personalcomputer, den Lebenslauf jedoch mit der Hand! Verwende keinen Kugelschreiber! Alle Schriftstücke sind mit äußerster Sorgfalt zu schreiben.

Beispiele von Bewerbungsschreiben mit Lebenslauf:

a)

Hans Lauber
Rauchstraße 73
D 8000 München

München, 2. März 20 . .

Stellenbewerbung

Sehr geehrter Herr Unger!

Wie ich aus Ihrer Anzeige im „Merkur" entnehme, suchen Sie einen Lehrjungen, der den Beruf eines Optikers erlernen möchte. Da dies seit langem mein Wunsch ist und meine Eltern mit meinem Entschluss einverstanden sind, bewerbe ich mich um die freie Lehrstelle in Ihrem Betrieb.
Ich wurde am 29. Mai 19.. in München als einziges Kind des Bundesbahnsekretärs Richard Laubner und seiner Ehefrau Maria geboren, bekenne mich zur römisch-katholischen Religion und bin deutscher Staatsbürger. Von 19.. bis 19.. besuchte ich die Volksschule in München, danach in den Jahren 19.. bis 19.. die ersten sechs Klassen des Gymnasiums. Über meine Schulleistungen möge Ihnen das beigefügte Jahreszeugnis aus der sechsten Klasse Auskunft geben. Besondere Neigungen habe ich für Mathematik gezeigt. Gerne würde ich Ihnen auch meine Hefte und Zeichnungen vorlegen.
Sollten Sie mich in Ihrer Firma als Lehrling einstellen, so werde ich mich bemühen, durch Fleiß und gewissenhafte Arbeit Ihre Zufriedenheit zu erwerben.

Hochachtungsvoll
Hans Lauber

Beilage:
Zeugnisabschrift

b)

Inge Merkel
6143 Matrei 27
Tirol

Matrei, 26. Mai 20 . .

Bewerbung um Lehrstelle

P. T.

Wie ich aus Ihrer Anzeige in den „Tiroler Nachrichten" ersehe, suchen Sie ein Lehrmädchen für Ihren Frisiersalon.
Da es seit langem mein Wunsch ist, Frisörin zu werden, bewerbe ich mich um die freie Lehrstelle in Ihrem Betrieb. Auch meine Eltern sind mit meinem Entschluss einverstanden.
Ich wurde am 26. Oktober 19.. in Matrei am Brenner als viertes Kind des Landarbeiters Hans Merkel und seiner Gattin Elisabeth geboren und bin österreichische Staatsbürgerin.
Die vier Klassen der Volksschule besuchte ich in Matrei, anschließend absolvierte ich die Hauptschule in Steinach am Brenner und den Polytechnischen Lehrgang in Innsbruck.
Meine Schulleistungen erkennen Sie aus dem Abgangszeugnis der vierten Klasse der Hauptschule. Ich habe es in beglaubigter Abschrift diesem Bewerbungsschreiben beigelegt.
In Ihrem Betrieb werde ich mich bemühen, fleißig, gehorsam und höflich zu sein. Bitte geben Sie mir Gelegenheit, mich Ihnen vorzustellen.

Mit höflichem Gruß
Inge Merkel

1 Beilage

Versuche aus dem nachstehenden Lebenslauf die kennzeichnenden Merkmale herauszufinden!

August Rieder
Oberweg 22
6100 Seefeld

Seefeld, 10. Juni 20 . .

Mein Lebenslauf

Ich wurde am 20. April 19.. in Seefeld, Bezirk Innsbruck, geboren und bin österreichischer Staatsbürger.

Meine Eltern, Fritz und Marie Rieder, betreiben hier eine kleine Landwirtschaft. Als ältestes von fünf Kindern musste ich bereits früh im Betrieb meines Vaters mithelfen.

Von 19.. bis 19.. besuchte ich die zweiklassige Volksschule in Seefeld (vier Schulstufen), von 19.. bis 19.. die vier Klassen der Hauptschule in Telfs. Mein Abgangszeugnis aus der vierten Klasse liegt bei. Derzeit bin ich Schüler der Polytechnischen Schule.

Mit besonderem Eifer beteiligte ich mich am Unterricht in Physik und Mathematik. Mein Wunsch ist es, Automechaniker zu werden. Auch meine Eltern sind mit meinen Berufsabsichten einverstanden.

August Rieder

Ein Lebenslauf soll folgende Angaben enthalten:

Geburtstag;
Geburtsort;
Staatsbürgerschaft;
Name und Beruf der Eltern;
soziale Verhältnisse (ledig, verheiratet, Kinderzahl);
Schulbildung, Prüfungen (welche Schulen, Abschlusszeugnisse);
erlernter Beruf;
besondere Kenntnisse und Erfahrungen
(z. B. EDV-Kenntnisse, Fremdsprachen);
bisherige Beschäftigungen (Betrieb, Dauer, Auszeichnungen);
Berufsabsichten, Neigungen.

Erwachsene können Angaben über ihre Eltern weglassen, Jugendliche solche über die sozialen Verhältnisse.

Beispiel eines Lebenslaufes (ausführliche Form):

Erich Bauer
Semperstraße 18
8020 Graz

Graz, am ...

Mein Lebenslauf

Ich, Erich Bauer, wurde am 13. Mai 19.. in Graz geboren, bin österreichischer Staatsbürger und bekenne mich zur katholischen Religion. Meine Eltern heißen Hans und Frieda Bauer, beide sind kaufmännische Angestellte. Ich habe noch zwei ältere Geschwister.

Die Volks- und die Hauptschule besuchte ich in Graz. Derzeit bin ich Schüler der Polytechnischen Schule und werde im Juli dieses Jahres aus der Schule entlassen.

Ich möchte gerne Elektroinstallateur werden.

Erich Bauer

Beispiel eines stichwortartig abgefassten Lebenslaufes:

Fritz Maurer
Herrengasse 19
8020 Graz

Graz, 13. Nov. 20 . .

Lebenslauf

Angaben zur Person: Fritz Maurer, geb. am 28. Sept. 19.. in Graz, österreichischer Staatsbürger, unbescholten, völlig gesund.
Eltern: Josef Maurer, Buchhalter, und Maria Maurer, geb. Kern, beide wohnhaft in Graz, Semperstraße 33.
Schulbildung: Vier Jahre Volksschule, vier Jahre Gymnasium; dreijährige Handelsschule erfolgreich abgeschlossen.
Berufsausbildung: Zwei Jahre Volontär in der Verwaltung der Firma Gräf & Stift, Autofabrik, Wien.
Berufliche Tätigkeit: 19.. bis 19.. Sekretär des Generaldirektors der Puchwerke.
19.. bis 20.. Korrespondent und Abteilungsleiter bei der Firma Austro-Fiat, Wien.
Besondere Kenntnisse: Englisch und Französisch in Wort und Schrift, Erfahrungen in der Bedienung moderner Büro-Automaten, Führerschein der Klassen B und C.
Referenzen: Die nachstehend angeführten Personen geben bereitwillig über mich Auskunft:
Herr Direktor Grimmel von der Firma Gräf & Stift;
Herr Generaldirektor Gruber von den Puchwerken;
Herr Kommerzialrat Fellner von der Firma Austro-Fiat, Wien.

Fritz Maurer
(Unterschrift)

Aufgaben:

a) Schreib einen Bewerbungsbrief mit einem ausführlichen Lebenslauf und nimm dabei dein eigenes Leben zur Grundlage!

b) Schreib ein Bewerbungsschreiben mit eingebautem Lebenslauf! Denke dir dabei ein mögliches Schicksal aus!

Zeugnisabschriften

Abschriften können mit der Schreibmaschine oder handschriftlich ausgeführt werden. Dabei muss nicht unbedingt die äußere Form des Originals nachgeahmt werden, nur der I n h a l t *muss wortgetreu übereinstimmen. Soll die Abschrift auch vor Behörden gültig sein, muss sie gerichtlich oder notariell beglaubigt werden, das heißt, der Notar muss durch seine Unterschrift und sein Siegel bestätigen, dass die Abschrift den gleichen Wortlaut wie das Original hat. Bewerbungsschreiben lege man nur beglaubigte Abschriften bei, niemals Originaldokumente, denn sie sind oft unersetzlich.*

Statt der Abschrift von Zeugnissen kannst du auch beglaubigte Fotokopien dem Bewerbungsschreiben beifügen. In diesem Fall ist es ratsam um die Rücksendung der Fotokopien zu bitten, falls die Bewerbung nicht günstig ausfallen sollte. Hierzu legt man einen an sich selbst adressierten Briefumschlag, mit der entsprechenden Marke frankiert, dem Bewerbungsschreiben bei. Im Ansuchen selbst muss dann am Schluss etwa Folgendes vermerkt werden:

Falls meine Bewerbung nicht berücksichtigt werden kann, bitte ich höflich, die Fotokopien meiner Zeugnisse an mich zurückzusenden (Briefumschlag liegt bei).

Dasselbe gilt auch für den Fall, dass du ein Foto (Passbild) dem Bewerbungsschreiben beigefügt hast, was manchmal gewünscht wird.

Bewährt hat sich auch, die Unterlagen zur Stellenbewerbung (Ansuchen, Lebenslauf, Zeugnisabschriften u. dgl.) in eine durchsichtige Plastikmappe zu stecken und in einem entsprechend großen Briefumschlag „eingeschrieben" abzusenden.

A u f g a b e : Fertige Abschriften von deinen letzten Zeugnissen an!

Die Vollmacht

Nicht immer kann man alles persönlich erledigen. In diesem Falle wird eine Person des Vertrauens (Mandatar = Beauftragter) schriftlich bevollmächtigt, für den Auftraggeber (Mandanten) eine bestimmte Handlung vorzunehmen.

Man unterscheidet General- und Spezialvollmachten. Im Besitze einer Generalvollmacht darf der Mandatar in allen Belangen für seinen Mandanten handeln, auf Grund einer Spezialvollmacht nur in bestimmten, genau umschriebenen Fällen. Die Vollmacht erlischt durch Widerruf des Mandanten oder durch dessen Tod. Die Ausfertigung einer Zweitschrift, auf welcher der Bevollmächtigte den Empfang zu bestätigen hat, ist unerlässlich. Die Vollmacht ist stempelpflichtig. Die Unterschrift muss notariell oder gerichtlich beglaubigt werden.

Leite von den nachstehenden Vollmachten die besonderen Merkmale einer derartigen Urkunde ab!

a)

Erwin Bär
Linzer Str. 23
4600 Wels

Wels, 14. April 20 . .

Vollmacht

Ich bevollmächtige hiermit Frau Josefine Schmidhuber in Wels, Pfarrgasse 19, welche sich durch den Reisepass Nr. 003457, ausgestellt von der Polizeidirektion Wien, ausweisen kann, bis auf weiteres alle für mich einlangenden Briefsendungen und Geldbeträge entgegenzunehmen.

Erwin Bär

b)

Franz Groß
Lerchengasse 16
1080 Wien

Wien, 17. Juni 20 . .

Generalvollmacht

Ich, Franz Groß, bevollmächtige meinen Bruder Ferdinand Groß, wohnhaft Wien, Yppenplatz 8, mich für die Dauer meiner Abwesenheit in allen Rechtsangelegenheiten, gerichtlich und außergerichtlich sowie vor Behörden zu vertreten, für mich Zustellungen aller Art entgegenzunehmen, Geld zu beheben und dessen Empfang in meinem Namen rechtsgültig zu bestätigen, Sachen zu erwerben oder zu veräußern, Darlehen aufzunehmen, Verträge abzuschließen und alles zu tun, was er nach seiner Meinung in meinen Angelegenheiten für vorteilhaft hält.

Diese Vollmacht erlischt am 31. Dezember 20 . .

Franz Groß

Beachte:

Eine Vollmacht soll folgende Angaben enthalten:

Name und Anschrift des Auftraggebers;
Name und Anschrift des Beauftragten;
die genaue Beschreibung des Auftrages;
Ort und Datum der Ausstellung;
eigenhändige Unterschrift des Auftraggebers.

Als Papierformat kann der sogenannte „Halbbrief" (Norm A5, 210 × 148 mm) verwendet werden.

Aufgaben: Nimm an,

a) jemand ist erkrankt und beauftragt eine andere Person, die Monatsbezüge bei seinem Dienstgeber abzuholen;

b) jemand muss verreisen und beauftragt die Nachbarin, Einschreibsendungen in Empfang zu nehmen und dafür zu quittieren;

c) ein Geschäftsmann gibt seiner Tochter Handlungsvollmacht für alle mit der Führung des Geschäftes zusammenhängenden Handlungen.

Schreib auf Grund der oben angeführten Gegebenheiten Vollmachten!

Der Leihvertrag

Wenn jemand einem anderen einen wertvollen Gegenstand für eine bestimmte Zeit leihweise überlässt, tut er gut daran, sich darüber eine Bestätigung geben zu lassen. Diese Bestätigung ist ein Leihvertrag über ein unverbrauchbares Gut.

Der Leihvertrag soll folgende Angaben enthalten:

Name und Anschrift des Entlehners;
Name und Anschrift des Verleihers;
die genaue Bezeichnung und Beschreibung des Gegenstandes, der verliehen wird;
Angaben über die Entlehnfrist und gegebenenfalls über die Leihgebühr;
Angaben über Ort und Datum der Ausstellung;
die eigenhändige Unterschrift des Entlehners.

Beispiel:

Rudolf Albrecht
Hauptplatz 77
D 8230 Bad Reichenhall

Bad Reichenhall, 17. Jänner 20 . .

Leihvertrag

Ich, Rudolf Albrecht, bestätige, am heutigen Tage von Herrn Max Baier, Bad Reichenhall, Alpenweg 9, eine Büro-Schreibmaschine, Marke Adler, Fabrikationsnummer 0074567, zum persönlichen Gebrauch auf die Dauer eines Jahres leihweise übernommen zu haben. Die Schreibmaschine befindet sich in völlig einwandfreiem Zustand; für alle Schäden hafte ich als Entlehner.

Ich verpflichte mich hiermit, die Maschine spätestens am 16. Jänner 20.. in die Wohnung des Herrn Baier zurückzubringen.

Rudolf Albrecht

Aufgabe: Nimm an, du wolltest von einem Bekannten ein Klavier ausborgen. Das Klavier, Marke Ehrbar, Fabrikationsnummer 93456/47, ist vor dem Verleihen von einem Schätzmeister begutachtet worden, und dieser fand es in völlig einwandfreiem Zustand. Der Schätzwert betrug 2 900 Euro. Du willst das Klavier für drei Jahre entlehnen und verpflichtest dich, dem Besitzer jährlich 152 Euro als Leihgebühr zu bezahlen. Schreib einen Leihvertrag!

Der Schuldschein

Ein Schuldschein beurkundet einen Darlehensvertrag. Er dient dem Darlehensgeber als Beweismittel gegenüber dem Darlehensnehmer. Sowohl Leihverträge als auch Schuldscheine sind stempelpflichtig. (Im Allgemeinen 1 Prozent des Darlehens.)

Aufgabe: Nimm folgenden Fall an und formuliere einen Schuldschein:

Herr Josef Haas, wohnhaft in Wiesbaden, Rößlerstraße 18, borgt Herrn Hans Dietke, wohnhaft Wiesbaden, Lange Gasse 9, einen Betrag in der Höhe von 1 000 Euro für die Dauer von drei Jahren. Er verlangt dafür jährlich 4 Prozent Zinsen. Die Zinsen sind jedoch erst gleichzeitig mit dem Darlehen fällig. Beachte dabei die nachstehend angeführten Merkmale eines Schuldscheines!

Der Schuldschein muss folgende Angaben enthalten:

Name und Anschrift des Darlehensgebers (Gläubigers);
Name und Anschrift des Darlehensnehmers (Schuldners);
genaue Angaben über die Höhe des Darlehens;
alle Bedingungen hinsichtlich Rückzahlung und Verzinsung;
die Unterschrift des Schuldners.

Vergleiche deinen Entwurf mit dem nachstehenden Darlehensvertrag:

Josef Haas
Rößlerstr. 8
D 6200 Wiesbaden

Wiesbaden, 2. Dezember 20 . .

Schuldschein

Ich, Josef Haas, Bahninspektor, erhielt heute von Herrn Hans Dietke, Wiesbaden, Lange Gasse 9, € 1 000,– (in Worten: eintausend Euro) auf drei Jahre geliehen. Ich verpflichte mich, diesen Betrag einschließlich 4 Prozent Zinsen pro Jahr, beginnend mit dem heutigen Tage, bis zum 1. Dezember 20. . Herrn Hans Dietke oder dessen Erben zurückzuzahlen.

Josef Haas
(Unterschrift)

Aufgabe: Stelle einen ähnlichen Schuldschein für 1250 Euro bei 7 Prozent Zinsen pro Jahr aus! Denke dir weitere Einzelheiten aus!

Das Entschuldigungsschreiben

Nimm an, du hättest 12 Tage den Unterricht in der Schule versäumt, weil du an Grippe erkrankt warst. Verfasse nun an Stelle deines Vaters ein Entschuldigungsschreiben!

Wie müsste es lauten? Wenn du fertig bist, überprüfe, ob du die nachstehend angeführten Merkmale eines Entschuldigungsschreibens berücksichtigt hast!

Ein Entschuldigungsschreiben muss folgende Angaben enthalten:

Name des Schülers;
genaue Angaben über Dauer des Fernbleibens vom Unterricht;
Begründung;
Bitte um Entschuldigung des Versäumnisses;
Ort und Datum der Ausstellung;
Unterschrift des Erziehungsberechtigten (auf der Oberstufe des Schülers).

Beispiel:

Augsburg, 30. März 20 . .

Sehr geehrter Herr Oberstudienrat!

Mein Sohn, Fritz Lauer, hat vom 17. bis einschließlich 29. März 20.. den Unterricht versäumt, weil er an Grippe erkrankt war. Ich bitte, sein Fernbleiben zu entschuldigen.

Otto Lauer
(Unterschrift)

Aufgaben:

a) Ersuche deinen Lehrer, am kommenden Freitag wegen der Hochzeit deines Bruders dem Unterricht fernbleiben zu dürfen!

b) Ersuche dein Fernbleiben vom Nachmittagsunterricht nachträglich zu entschuldigen! Dir war übel.

c) Entschuldige im Namen deines Vaters deine jüngere Schwester! Sie hat den Schulunterricht 14 Tage wegen einer Mittelohrentzündung versäumt.

Anfrage und Bestellung

Nimm an, du wolltest im Sommer 14 Tage am Bodensee verbringen. Um nicht gebunden zu sein und um billiger leben zu können, ziehst du ein Privatquartier einer Unterkunft in einem Gasthof oder Hotel vor. Aus einer Zuschrift des Fremdenverkehrsamtes weißt du bereits einige Adressen von Vermietern. Du fragst nun bei einem von ihnen an, ob er für die von dir festgelegte Urlaubszeit ein Zimmer frei hat, wie das Zimmer ausgestattet ist (Fließwasser, ruhige Lage, Seeblick u. a. m.) und wieviel die Nächtigung kostet.

Vergleiche deinen Entwurf anschließend mit der nachstehenden Anfrage und sieh besonders darauf, ob du nichts Wesentliches vergessen hast!

Franz Hauser
Heilmannstraße 18
D 8000 München

Herrn Richard Schmid

Montafoner Straße 17
A 6900 BREGENZ (Vorarlberg)

München, 17. Mai 20 . .

Anfrage wegen Unterkunft

Sehr geehrter Herr!

Vom Fremdenverkehrsamt habe ich erfahren, dass Sie Zimmer vermieten. Da ich meinen diesjährigen Sommerurlaub am Bodensee verbringen will, ersuche ich um Auskunft, ob Sie für die Zeit vom 14. bis 28. 7. dieses Jahres ein Einbettzimmer frei haben. Für mich kommt nur ein ruhig gelegener Raum mit Bad und WC in Frage. Gerne hätte ich jedoch Aussicht auf die Alpen oder auf den See.
Ich ersuche, mir auch bekannt zu geben, wie hoch der Zimmerpreis mit und ohne Frühstück ist.

Mit höflichem Gruß
Franz Hauser
(Unterschrift)

Nachdem die Antwort zufriedenstellend ausgefallen ist, bestellt Herr Hauser ein Zimmer für die vorgesehene Zeit. Wie müsste die B e s t e l l u n g *formuliert werden? Vergleiche anschließend mit dem nachstehenden Text!*

Franz Hauser
Heilmannstraße 18
D 8000 München

Herrn Richard Schmid

Montafoner Straße 17
A 6900 BREGENZ (Vorarlberg)

München, 4. Juni 20 . .

Zimmerbestellung

Sehr geehrter Herr Schmid,

ich bin mit Ihrem Angebot einverstanden und bestelle für die Zeit vom 14. bis 28. 7. dieses Jahres in Ihrem Hause ein Einbettzimmer mit Bad und WC.
Mit gleicher Post sende ich Ihnen auch eine Angabe, damit Sie mir das Zimmer verlässlich bereithalten. Den genauen Zeitpunkt meiner Ankunft werde ich Ihnen noch rechtzeitig bekannt geben.

Mit freundlichen Grüßen
Franz Hauser
(Unterschrift)

Aufgaben:

a) Ersuche die Zeitschriften-Großhandlung Hermann Waldbaur, A-5016 Salzburg, Imbergstraße 16, um Zusendung eines Probeexemplares der Jugendzeitschrift „Gib acht!“.

b) Du hast die Zeitschrift geprüft, sie gefällt dir. Bestelle nun ein Jahresabonnement und gib an, auf welche Weise du die Abonnementgebühr bezahlen willst!

Die Eingabe

Darunter versteht man einen Brief (Ansuchen, Beschwerde) an eine Behörde.

Beim Schriftverkehr mit Ämtern wird der Briefkopf ebenso angeordnet wie bei Geschäftsbriefen. Der Inhalt ist stets knapp und völlig sachlich wiederzugeben. Die sonst üblichen Empfehlungsformen dürfen wegbleiben. Am Schluss des Schreibens steht bloß die Unterschrift.

Eingaben sind stempelpflichtig. Man achte auch auf das vorgeschriebene Format (Norm A4, 210 × 297 mm). Beschrieben wird, wie bei Geschäftsbriefen, nur die Vorderseite. Man lasse breite Ränder; Einrückungen sind nicht nötig, doch gliedere man durch Abstände. Die Zahl der beigelegten Dokumente (Abschriften) ist genau anzuführen.

Beispiele:

a)

Erich Frey
Mirabellplatz 9
5010 Salzburg

Salzburg, 17. November 20 . .

An das Standesamt
Wien-Währing

Ansuchen um Ausstellung einer Geburtsurkunde

Ich ersuche um Ausstellung einer Zweitschrift meiner Geburtsurkunde, da ich durch einen Unfall sämtliche Originaldokumente eingebüßt habe. Als Beweis für die Richtigkeit meiner Behauptung lege ich eine Bestätigung der Polizeidirektion Salzburg bei.

Ich wurde am 17. Mai 1943 in Wien-Währing geboren.
Mein Vater ist Karl Frey, geb. am 23. 9. 1905 in Brünn, meine Mutter Edith Frey, geborene Müller; sie kam am 27. 11. 1914 in Wien zur Welt. Ich bitte, mir das Dokument ehestens zuzusenden, da ich es für eine Stellenbewerbung dringend benötige. Etwaige Gebühren bitte ich durch Nachnahme kassieren zu lassen.

Erich Frey

1 Beilage

b)

Hans Roller
Brünner Straße 38
1210 WIEN

Finanzamt für den 21. Bezirk
Lohnsteuerreferat

Vordere Zollamtstraße 3
1030 Wien

Wien, 3. Jänner 20 . .

Jahresausgleich 20.., Aktenzahl AW 65/73-F 274

Ich ersuche um Aufschub der mit Bescheid über den Lohnsteuer-Jahresausgleich 20.. vom 3. Dez. 20.. vorgeschriebenen Zahlungen bis zur Neufestsetzung des Lohnsteuer-Ausgleichsbetrages auf Grund meines Einspruches vom 12. Dez. 20...
Begründung:
Bei der Kontrolle des Bescheides über den Jahresausgleich 20.. vom 3. Dez. 20.. stellte ich fest, dass ein auf der Lohnsteuerkarte eingetragener Freibetrag für die Monate Jänner bis August 20.. irrtümlich nicht berücksichtigt wurde.
Ich erhob daher am 12. Dez. 20.. schriftlich Einspruch gegen diesen Bescheid. Meine Eingabe wurde jedoch bis heute nicht beantwortet, obwohl die Zahlung am 10. Jänner 20.. fällig ist.

Hans Roller

Aufgaben: Nimm folgende Situation an und verfasse Eingaben:

a) *Ein Kaufmann bittet das Finanzamt um Stundung seiner Steuerschuld, da der Geschäftsgang in den letzten Monaten sehr schlecht gewesen ist.*

b) *Eine Frau reklamiert bei der Postdirektion ein Paket, das den Empfänger nicht erreicht hat. Das Paket hatte einen Wert von 30 Euro und enthielt Wäschestücke. Sie fordert Vergütung.*

c) *Ein alter Mann beschwert sich über die Unhöflichkeit eines Polizeibeamten.*

d) *Ein Bundesbeamter beklagt sich bei der Polizei über den Lärm, den sein Nachbar tagsüber erzeugt. Er könne, wenn er vom Nachtdienst nach Hause kommt, nicht schlafen.*

e) *Ein Student fragt beim Arbeitsamt an, welche Beschäftigungsmöglichkeiten für ihn während der Ferien bestehen.*

Verhaltenssteuernde Texte

Vorschriften, Regelungen, Betriebs- und Hausordnungen, Gesetze, Verordnungen u. dgl. sind für Gemeinschaften notwendig, damit ein reibungsloses Zusammenleben gewährleistet wird.

Sie sollten allerdings von allen Betroffenen (oder zumindest von ihren Vertretern und Beauftragten) beschlossen werden und nicht von Einzelnen verfügt werden.

Die Sprache solcher Texte sollte allgemein verständlich, der Inhalt sachlich und zweckbezogen sein (kurze Sätze, knappe Darstellung, übersichtliche Gliederung).

Beispiel:

Hausordnung

Für die durch das Zusammenwohnen mehrerer Mietparteien in einem Hause gebotene gegenseitige Rücksichtnahme, die Pflege des Hauses sowie die allgemeine Ordnung und Sicherheit gilt folgende Hausordnung:

Gegenseitige Rücksichtnahme

1. **Schutz vor Lärm**
   Die Ruhe störende Geräusche sind zu vermeiden.
   Hausmusik und das Spielen von Tonbandgeräten dürfen nicht zur Störung der übrigen Hausbewohner führen. Zimmerlautstärke ist daher einzuhalten. Dies gilt ganz besonders für die Zeit von 13 bis 15 Uhr und ab 22 bis 8 Uhr.
   Badeeinrichtungen in den Wohnungen dürfen nur zum eigenen Gebrauch und im Allgemeinen nur in der Zeit von 7 bis 22 Uhr benutzt werden.
   Hauswirtschaftliche Arbeiten, insbesondere mit elektrischen Geräten, bei denen sich Ruhestörungen nicht vermeiden lassen, sind nach Möglichkeit nur werktags in der Zeit von 8 bis 13 Uhr und von 15 bis 18 Uhr auszuführen.
   Mistbehälter dürfen nur in der Zeit von 7 bis 20 Uhr benutzt werden.

2. **Spielen von Kindern**
   Es ist darauf zu achten, dass Kinder in der Wohnung bei ihren Spielen auf die Hausbewohner Rücksicht nehmen, nicht auf Treppen, vor Haustüren und in Hausfluren spielen oder lärmen, die Rasenflächen nicht betreten sowie Wände und Gänge weder beschreiben noch beschmutzen.
   Die Spielplätze dürfen in der Zeit von 8 bis 13 Uhr und von 15 bis 19 Uhr und im Allgemeinen nur von Kindern bis zum Alter von 10 Jahren benutzt werden.
   Die Benutzung von Spielplätzen und Spielgeräten (wie Klettergerüsten usw.) geschieht auf eigene Gefahr.

3. Haustierhaltung
Haustiere sind von Kinderspielplätzen fernzuhalten und innerhalb des Grundstückes des Wohnungsunternehmers an der Leine zu führen.
Durch Haustiere verursachte Verunreinigungen sind sofort zu beseitigen; andernfalls kann das Wohnungsunternehmen die Säuberung auf Kosten des betreffenden Mieters veranlassen.

Die Hausverwaltung

Aufgaben:

Überlege, für welche Personen und durch welche Mittel die Hausordnung Geltung bekommt!

Schreib auf, was du an dieser Hausordnung ändern würdest!

Verfasse eine Schulordnung und besprich den Entwurf dann mit deinen Mitschülern!

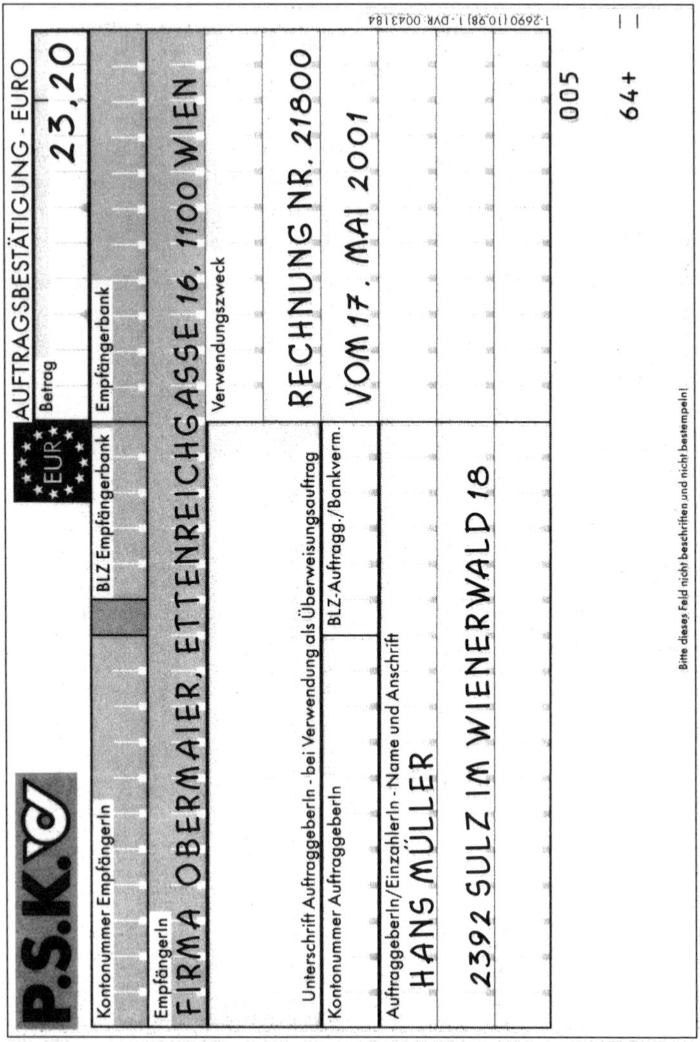
P.S.K.

EUR

AUFTRAGSBESTÄTIGUNG - EURO

Betrag

23,20

Kontonummer EmpfängerIn

BLZ Empfängerbank

Empfängerbank

EmpfängerIn

FIRMA OBERMAIER, ETTENREICHGASSE 16, 1100 WIEN

Verwendungszweck

RECHNUNG NR. 21800

VOM 17. MAI 2001

Unterschrift AuftraggeberIn - bei Verwendung als Überweisungsauftrag

Kontonummer AuftraggeberIn

BLZ-Auftragg./Bankverm.

AuftraggeberIn/EinzahlerIn - Name und Anschrift

HANS MÜLLER

2392 SULZ IM WIENERWALD 18

1-2690 (10.98) 1 - DVR: 0043184

005

64+

Bitte dieses Feld nicht beschriften und nicht bestempeln!

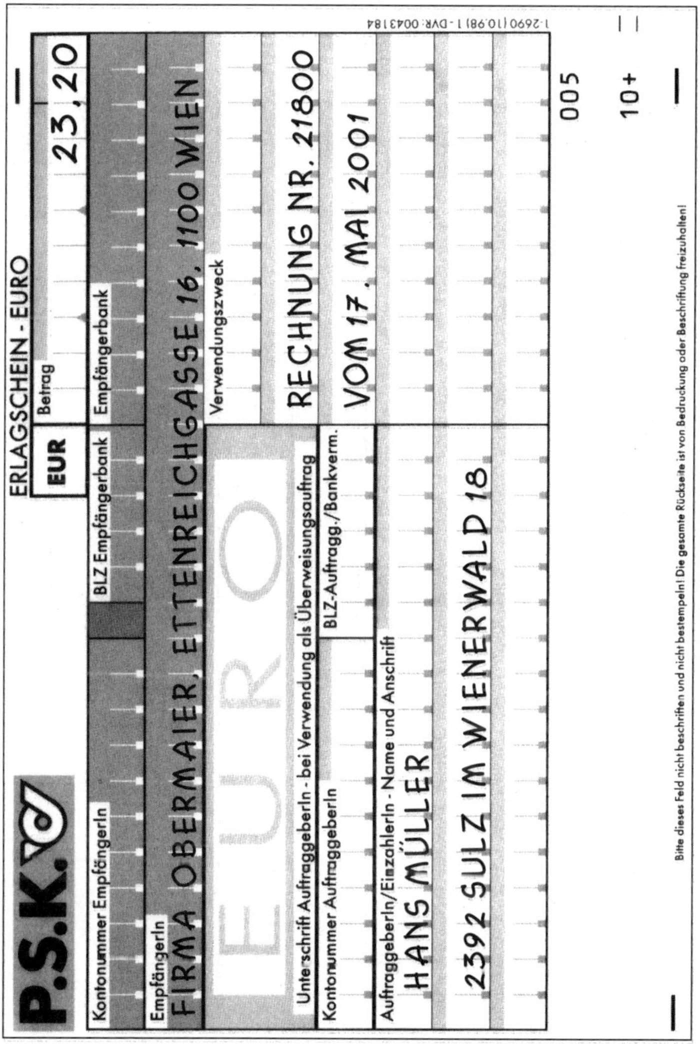

P.S.K.

ERLAGSCHEIN - EURO

EUR | Betrag: 23,20

Kontonummer EmpfängerIn

BLZ Empfängerbank

Empfängerbank

EmpfängerIn: FIRMA OBERMAIER, ETTENREICHGASSE 16, 1100 WIEN

EURO

Verwendungszweck: RECHNUNG NR. 21800 VOM 17. MAI 2001

Unterschrift AuftraggeberIn - bei Verwendung als Überweisungsauftrag

Kontonummer AuftraggeberIn

BLZ-Auftragg./Bankverm.

AuftraggeberIn/EinzahlerIn - Name und Anschrift: HANS MÜLLER, 2392 SULZ IM WIENERWALD 18

005

10+

Bitte dieses Feld nicht beschriften und nicht bestempeln! Die gesamte Rückseite ist von Bedruckung oder Beschriftung freizuhalten!

1.2690 (10.98) 1 - DVR: 0043184

Zutreffendes bitte ankreuzen ☒ !

Meldezettel

Bitte die Erläuterungen auf der Rückseite beachten!

FAMILIENNAME (in Blockschrift), AKAD. GRAD (abgekürzt)

Geschlecht ☐ männlich ☐ weiblich

VORNAMEN lt. Geburtsurkunde (bei Fremden laut Reisedokument)

STAATSANGEHÖRIGKEIT ☐ Österreich ☐ anderer Staat (Name)

Familienname vor der ersten Eheschließung

GEBURTSDATUM

GEBURTSORT laut Geburtsurkunde (bei Fremden laut Reisedokument), Bundesland bzw. Staat (Ausland)

REISEDOKUMENT bei Fremden (Art, z. B. Reisepaß, Personalausweis; Nummer; Ausstellungsdatum; ausstellende Behörde)

UNTERKUNFT ORDENTLICHER WOHNSITZ? ☐ ja ☐ nein

Straße (Platz) bzw. Ort ohne Straßennamen | Haus-Nr. | Stiege | Tür-Nr.

Postleitzahl | Ortsgemeinde

Bei gleichzeitiger Aufgabe eines bisherigen ordentlichen Wohnsitzes diesen hier eintragen

Straße (Platz) bzw. Ort ohne Straßennamen | Haus-Nr. | Stiege | Tür-Nr.

Postleitzahl | Ortsgemeinde | Staat, falls Ausland

Allfällige weitere Wohnsitze

Postleitzahl, Ortsgemeinde, Bundesland bzw. Staat (Ausland)

VERZOGEN NACH (Ortsgemeinde, Bundesland bzw. Staat, falls Ausland)

Unterkunftgeber (Name in Blockschrift, Unterschrift)

Unterschrift des Meldepflichtigen

Raum für behördliche Vermerke

ANGEMELDET am (Amtsstampiglie, Unterschrift)

ABGEMELDET am (Amtsstampiglie, Unterschrift)

Bestell-Nr. 130/50 Meldezettel 5fach HF Gemeindeverlag - Nachdruck verboten!

60915/8695

REGISTER

(Die Zahlen nach den Stichwörtern geben die Seiten an)